Dipl.-Hdl. Hans Jecht, Dipl.-Hdl. Marcel Kunze, Dipl.-Hdl. Peter Limpke, Dipl.-Hdl. Rainer Tegeler, Ingrid Stephan

Büro & Co.

Kaufmann/Kauffrau für Büromanagement
3. Ausbildungsjahr

1. Auflage

Bestellnummer 6859

Die in diesem Produkt gemachten Angaben zu Unternehmen (Namen, Internet- und E-Mail-Adressen, Handelsregistereintragungen, Bankverbindungen, Steuer-, Telefon- und Faxnummern und alle weiteren Angaben) sind i. d. R. fiktiv, d. h., sie stehen in keinem Zusammenhang mit einem real existierenden Unternehmen in der dargestellten oder einer ähnlichen Form. Dies gilt auch für alle Kunden, Lieferanten und sonstigen Geschäftspartner der Unternehmen wie z. B. Kreditinstitute, Versicherungsunternehmen und andere Dienstleistungsunternehmen. Ausschließlich zum Zwecke der Authentizität werden die Namen real existierender Unternehmen und z. B. im Fall von Kreditinstituten auch deren IBANs und BICs verwendet.

Die in diesem Werk aufgeführten Internetadressen sind auf dem Stand zum Zeitpunkt der Drucklegung. Die ständige Aktualität der Adressen kann vonseiten des Verlages nicht gewährleistet werden. Darüber hinaus übernimmt der Verlag keine Verantwortung für die Inhalte dieser Seiten.

Druck: westermann druck GmbH, Braunschweig

service@winklers.de
www.winklers.de

Bildungshaus Schulbuchverlage Westermann Schroedel Diesterweg Schöningh Winklers GmbH, Postfach 33 20, 38023 Braunschweig

ISBN 978-3-8045-**6859-4**

© Copyright 2016: Bildungshaus Schulbuchverlage Westermann Schroedel Diesterweg Schöningh Winklers GmbH, Braunschweig
Das Werk und seine Teile sind urheberrechtlich geschützt. Jede Nutzung in anderen als den gesetzlich zugelassenen Fällen bedarf der vorherigen schriftlichen Einwilligung des Verlages.
Hinweis zu § 52a UrhG: Weder das Werk noch seine Teile dürfen ohne eine solche Einwilligung eingescannt und in ein Netzwerk eingestellt werden. Dies gilt auch für Intranets von Schulen und sonstigen Bildungseinrichtungen.

Vorwort

Büro&Co : Alle Titel dieser Buchreihe unterstützen das folgende Unterrichtskonzept:

- Schulische Inhalte sollen näher an die berufliche Erlebniswelt der Schüler herangebracht werden.
- Das **selbstständige Lernen** der Schülerinnen und Schüler soll unterstützt werden.
- Den Schülerinnen und Schülern soll ein umfassender Kompetenzerwerb ermöglicht werden. Vermittelt werden daher umfangreiche Fachinformationen. Wir haben versucht, diese möglichst anschaulich darzustellen. Gleichberechtigt und gleichrangig unterstützen wir auch den Erwerb von Methoden- und Sozialkompetenzen, um das Ziel „Können soll mehr als Wissen sein" zu erreichen.

Auch im dritten Band der Schulbuchreihe *Büro & Co.* möchten wir die Handlungskompetenz der Lernenden explizit und nachhaltig fördern. Um diese Handlungskompetenz bei den Schülerinnen und Schülern zu entwickeln, folgt der KMK-Rahmenlehrplan für den neuen Ausbildungsberuf der Lernfeldkonzeption, die das Lernen in berufstypischen Situationen und vollständigen Handlungen vollziehen lässt. Die Reihe *Büro & Co.* bildet die Inhalte des neuen KMK-Rahmenlehrplans ab und unterstützt den handlungsorientierten Unterricht, indem sie neben der Darbietung von Fachinhalten auch die Methoden- und Medienkompetenz fördert, die die Voraussetzung für selbstständiges, zielgerichtetes Arbeiten sind. Sie erfüllt die Aufgabe einer Informationsquelle, aus der die Schüler Lerninhalte entnehmen, die sie zur Lösung umfangreicher Problemstellungen aus den betrieblichen Handlungssituationen benötigen.

Durchgehend basiert die Schulbuchreihe auf einem Modellunternehmen – der Hoffmann KG –, sodass es den Lernenden erleichtert wird, die Strukturen, Prozesse, Phänomene und Probleme abzubilden und nachzuvollziehen, mit denen sie auch in ihrer betrieblichen Praxis konfrontiert werden.

In einem von dem neuen Rahmenlehrplan geforderten Unterricht muss ein Schulbuch

- den von den Lernsituationen ausgelösten Lernprozess strukturieren,
- die zur Erreichung der geforderten Kompetenzen notwendigen Inhalte und Methoden darstellen,
- zum Lesen und zum Lernen bewegen und motivieren.

Vor diesem Hintergrund sind die einzelnen Kapitel des vorliegenden, umfassenden und verständlichen **Schulbuchs** einheitlich gegliedert:

1. **Einstieg:** Jedes Kapitel beginnt mit einer anschaulichen Fallschilderung oder Darstellung, die auf eine Problemstellung des Kapitels hinweist.

2. **Information:** Es schließt sich ein ausführlicher Informationsteil mit einer großen Anzahl von Beispielen und weiteren Veranschaulichungen an.

3. **Aufgaben:** Lernaufgaben dienen der Erschließung des Textes. Sie sollen von den Schülern mithilfe des Informationsteils selbstständig gelöst werden.

4. **Aktionen:** Durch Anwendung wichtiger Lern-, Arbeits- oder Präsentationstechniken im Zusammenhang mit dem behandelten Thema werden Grundlagen zum Erwerb der beruflich geforderten Handlungskompetenz gelegt. Die interaktive Arbeit in Teams fördert die Sozialkompetenz.

5. **Zusammenfassung:** Am Ende des Kapitels werden die wesentlichen Lerninhalte in einer Übersicht zusammengefasst, die Zusammenhänge grafisch und farblich verdeutlicht und dadurch das Lernen und Wiederholen unterstützt.

Zu diesem Schulbuch gibt es ein **Arbeitsbuch**. Dieses enthält Lernsituationen, die einen klaren Bezug zu beruflichen Situationen ausweisen und komplexe Handlungsaufgaben enthalten, die problemlösend bearbeitet werden. Im Rahmen der Bearbeitung vollziehen die Schüler vollständige berufliche Handlungen nach. Das Arbeitsbuch stellt somit eine ideale Ergänzung zum Schulbuch dar und ermöglicht die Erarbeitung, Sicherung und Vertiefung der Unterrichtsinhalte im Rahmen komplexer Handlungen und ergänzender Aufgaben.

In diesem Buch werden viele Begriffe wie z. B. Verkäufer und Kunde neutral verwendet, d. h., sie bezeichnen Personen beider Geschlechter. Wir bitten speziell die Leserinnen um Verständnis dafür, dass wir zugunsten der Lesefreundlichkeit auf die zusätzliche Erwähnung der weiblichen Formen verzichtet haben.

September 2015   Die Verfasser

INHALTSVERZEICHNIS

Lernfeld 9: Liquidität sichern und Finanzierung vorbereiten

9.1	Wir sichern die Liquidität des Unternehmens.	7
9.2	Wir prüfen den Zahlungsverzug und berechnen Verzugszinsen	17
9.3	Wir mahnen kaufmännisch, um Forderungsausfälle zu verhindern	25
9.4	Wir wenden das gerichtliche Mahnverfahren an, um die Liquidität zu sichern	30
9.5	Wir lassen eine Zwangsvollstreckung durchführen.	35
9.6	Wir beachten Verjährungsfristen	40
9.7	Wir sichern uns mit Factoringmaßnahmen gegen Forderungsausfälle ab	45
9.8	Wir gründen eine Einzelunternehmung.	49
9.9	Wir kennen die Merkmale von Personengesellschaften.	51
9.10	Wir informieren uns über die Merkmale von Kapitalgesellschaften	56
9.11	Wir treffen Finanzierungsentscheidungen für Investitionen	63
9.12	Wir nehmen Kredite auf	69
9.13	Wir leasen Güter des Anlagevermögens	79

Lernfeld 10: Wertschöpfungsprozesse erfolgsorientiert steuern

10.1	Wir unterscheiden im Rechnungswesen die Geschäftsbuchführung und die Kosten-und Leistungsrechnung.	87
10.2	Wir stellen die Kostenarten fest	95
10.3	Wir führen eine Kostenstellenrechnung durch	109
10.4	Wir arbeiten mit der Kostenträgerrechnung	119
10.5	Wir kalkulieren Preise	128

Lernfeld 11: Geschäftsprozesse darstellen und optimieren

11.1	Wir erkennen die Kundenorientierung als wichtigsten Erfolgsfaktor	143
11.2	Wir vollziehen die Organisation des Ausbildungsbetriebs nach	151
11.3	Wir wenden Verfahren der Ablauforganisation an	159
11.4	Wir kennen Führungsverhalten in unterschiedlichen Prozessen	168
11.5	Wir erkennen die Vorteile der Geschäftsprozessorientierung	174
11.6	Wir visualisieren Geschäftsprozesse zur Geschäftsprozessoptimierung	186
11.7	Wir sichern die Qualität von Geschäftsprozessen	193

INHALTSVERZEICHNIS

Lernfeld 12: Veranstaltungen und Geschäftsreisen organisieren

12.1	Wir planen Veranstaltungen	201
12.2	Wir führen Veranstaltungen durch und werten diese aus	209
12.3	Wir planen Geschäftsreisen	214
12.4	Wir werten Geschäftsreisen aus und rechnen diese ab	232
12.5	Wir beachten interkulturelle Besonderheiten	242

Lernfeld 13: Ein Projekt planen und durchführen

13.1	Wir erkennen, dass viele komplexe und neuartige Aufgaben im Unternehmen mit Projekten gelöst werden können.	255
13.2	Nach der Entscheidung zur Durchführung eines Projekts definieren wir die Ziele eines Projekts in der Projektstartphase.	260
13.3	Wir planen das Projekt	271
13.4	Wir führen das Projekt durch	279
13.5	Wir sorgen für einen erfolgreichen Projektabschluss	285
13.6	Wir führen ein Projekt in der Schule durch	290

Existenzgründung
Ergebnisverteilung Gesellschafter
Kreditvertrag Investitionen
Hypothek Mahnverfahren Leasing
Zwangsvollstreckung
Factoring Forderungsausfall
Insolvenzmasse Pfändung
Gläubigerversammlung
Zahlungsrückstand
Verjährung

Lernfeld 9

Liquidität sichern und Finanzierung vorbereiten

9.1 Wir sichern die Liquidität des Unternehmens

Einstieg

Dominik Schlote erhält von dem Leiter Rechnungswesen der Hoffmann KG den Auftrag, die Liquidität der Hoffmann KG anhand der vorliegenden Bilanz zum 31.12... zu analysieren.

AKTIVA	Bilanz der Hoffmann KG zum 31.12.20..			PASSIVA
I. Anlagevermögen		I. Eigenkapital		336.300,00
1. Grundstücke und Bauten	57.000,00			
2. Technische Anlagen und Maschinen	380.000,00	II. Fremdkapital		
3. Betriebs- und Geschäftsausstattung	68.000,00	1. Hypotheken		670.000,00
		2. Darlehen		227.000,00
II. Umlaufvermögen		3. Verbindlichkeiten aus LuL		204.000,00
1. Handelswaren	120.000,00	4. Sonstige Verbindlichkeiten (kurzfristig)		4.000,00
2. Fertige Erzeugnisse	69.300,00			
3. Forderungen aus LuL	182.000,00			
4. Bank	44.000,00			
5. Kasse	8.000,00			
	1.441.300,00			1.441.300,00

1. Erläutern Sie, was Sie unter Liquidität verstehen.
2. Welche der Bilanzpositionen sind für die Bestimmung der Liquidität der Hoffmann KG relevant?
3. Geben Sie mit eigenen Worten an, wie man die Liquidität eines Unternehmens anhand einer Bilanz bestimmen kann.
4. Geben Sie an, welche Aspekte bei der Betrachtung der Liquidität eines Unternehmens relevant sein können, die man nicht aus der Bilanz entnehmen kann.

INFORMATIONEN

Liquidität

Sobald ein Unternehmen seinen Zahlungsverpflichtungen nicht mehr fristgerecht nachkommen kann, ist es zahlungsunfähig. Die Zahlungsunfähigkeit eines Unternehmens stellt gem. § 17 Insolvenzordnung den Eröffnungsgrund für das Insolvenzverfahren und somit die drohende Auflösung des Unternehmens dar.

Ein wichtiges Ziel der unternehmerischen Tätigkeit ist somit die Sicherung der Liquidität des Unternehmens.

DEFINITION

> Unter Liquidität versteht man die Fähigkeit eines Unternehmens seine kurzfristigen Zahlungsverpflichtungen (Verbindlichkeiten) aus den vorhandenen finanziellen Mitteln termingerecht zu bedienen.

Geschäftsprozesse mit konkreter Auswirkung auf die Liquidität

Um die Liquidität eines Unternehmens zu sichern, ist es wichtig, dass die Vorgänge identifiziert werden, die sich auf die Liquidität auswirken.

Als solche Vorgänge kommen zum Beispiel in Frage:

- Auftragsannahme
- Rechnungserstellung
- Zahlungseingangsüberwachung
- Mahnwesen
- Inkasso

Die Auftragsannahme führt in der Regel zunächst zum Abfluss von Zahlungsmitteln, da der Unternehmer für Entwicklung, Produktion und Versand der bestellten Waren oder Dienstleistungen Kosten zu tragen hat.

Andererseits ist mit der Annahme aber auch die Aussicht auf einen Zufluss von Zahlungsmitteln beim späteren Verkauf verbunden.

BEISPIEL

> Bei der Hoffmann KG geht eine Großbestellung für individuell gefertigte Damenblusen aus einer bestimmten Seide ein. Die Hoffmann KG muss zunächst die Seide einkaufen und die Blusen entwerfen und anfertigen. Hierfür fallen unter anderem Material- und Personalkosten an, die zum Abfluss von Zahlungsmitteln führen. Gleichzeitig ist mit dem Auftrag aber auch der zukünftige Zufluss des Kaufpreises (und somit von Zahlungsmitteln) verbunden.

Der Unternehmer geht zunächst in Vorleistung. Daher ist es wichtig, dass die Zeit zwischen Auftragsannahme und den damit verbundenen Zahlungsausgängen und dem Verkauf und den damit verbundenen Zahlungseingängen möglichst gering gehalten wird.

Dies kann durch eine gute Organisation des Prozesses der Rechnungserstellung verbunden mit einem kurzen Zahlungsziel durchgesetzt werden.

Allerdings ist durch die Rechnungserstellung der Geldeingang noch nicht gewährleistet. Um die Liquidität final zu sichern muss die Überwachung der Zahlungseingänge stetig und schnell erfolgen, damit bei Überschreitung der Zahlungsziele durch die Kunden sofort der Prozess des Mahnwesens und wenn nötig des Eintreibens der Forderung mit Inkassomaßnahmen angestoßen werden kann (vgl. hierzu im Detail Kapitel 9.2 bis 9.6).

Liquiditätsstatus feststellen und überwachen

Mit der Feststellung des Liquiditätsstatus will der Unternehmer versuchen, alle Zu- und Abflüsse an liquiden Mitteln gegenüberzustellen, um so zu sehen, ob seine liquiden Mittel ausreichen, um die Verbindlichkeiten zu bedienen. Er konstruiert praktisch aus seinem aktuellen Konto- und Kassenbestand den zukünftigen Konto- und Kassenbestand und achtet darauf, dass dieser nicht negativ wird.

Um einen solchen Überblick über die Liquidität eines Unternehmens zu erhalten, ist es wichtig, dass der Betrachtungszeitraum festgelegt wird. Die Liquiditätsplanung muss auf mehreren Ebenen, das heißt kurz-, mittel- und langfristig erfolgen. Die kurzfristige Liquiditätsplanung legt einen Zeithorizont von bis zu einem Jahr zugrunde. Allerdings ist es in der Praxis notwendig, dass eine konkretere Planung (in der Regel auf Monatsbasis) erfolgt.

Um eine Liquiditätsplanung für einen Monat zu erstellen bzw. den Liquiditätsstatus zu überwachen, muss zunächst der aktuelle Liquiditätsstatus des Unternehmens festgestellt werden. Hierbei müssen folgende Aspekte einbezogen werden:

- Bestand an liquiden Mitteln (Kasse, Bank, Postbank)
- Einzahlungen, die im Betrachtungszeitraum erfolgen sollen
- Verbindlichkeiten, die im Betrachtungszeitraum fällig werden

BEISPIEL

Liquiditätsstatus der Hoffmann KG auf den 31.01.2017	
Tag der Planung	31.12.2016
Planungszeitraum	Monat
	EUR
Bankguthaben 31.12.16	44.000,00
Kassenbestand 31.12.16	8.000,00
Forderungen (fällig bis 31.01.2017)	182.000,00
– Verbindlichkeiten (fällig bis 31.01.2017)	–208.000,00
Über-/Unterdeckung	**26.000,00**

Wird für den Betrachtungszeitraum eine Überdeckung festgestellt, so kann der Unternehmer darüber nachdenken, ob er diese Überdeckung investiert. Wird eine Unterdeckung festgestellt, so muss der Unternehmer Maßnahmen ergreifen, um dies zu verhindern, bzw. zu minimieren. Eine Über-/Unterdeckung, die sich in einer kurzfristigen Feinplanung für einen Monat ergibt, ist dabei zu unterscheiden von langfristigen Über-/Unterdeckungen. Eine stetige langfristige Überdeckung sollte zu Investitionen führen. Bei stetiger langfristiger Unterdeckung droht die Insolvenz.

Um jederzeit einen Überblick über die Ein- und Auszahlungen zu haben, die innerhalb eines bestimmten Zeitraums fällig werden, wird in Betrieben oftmals eine „OPOS-Liste" geführt. Die Abkürzung „OPOS" steht für offene Posten.

Liquiditätsplanung und -überwachung mit der OPOS-Liste

In der OPOS-Liste für die Zahlungseingänge sind Informationen zu sämtlichen offenen Forderungen enthalten. In der OPOS-Liste für die Zahlungsausgänge sind die Informationen zu den offenen Verbindlichkeiten enthalten. In modernen Buchhaltungsprogrammen kann die OPOS-Liste auf jeden beliebigen Zeitpunkt erstellt werden. Die OPOS-Liste kann zum Beispiel wie folgt aussehen:

9.1 WIR SICHERN DIE LIQUIDITÄT DES UNTERNEHMENS

BEISPIEL OPOS-LISTE DEBITOREN DER HOFFMANN KG ZUM 31.12.2016

Hoffmann KG

offene Posten zum 31.12.2016   Postenumfang: nur offene Posten

Konto	Beschriftung	Rechnungs-Nr.	Datum	Fälligkeit	Gegenkonto	Betrag Soll	Betrag Haben	Saldo
10001	Holzhäuser GmbH & Co. KG	201600103	16.11.16	31.12.16	5100	12.600,00		
		201600121	11.12.16	08.01.17	5100	3.685,00		
					Gesamt	16.285,00	0,00	16.285,00
10002	Franz Stallmann Fashion OHG	201600107	22.11.16	20.12.16	5100	8.640,00		
		201600115	11.12.16	08.01.17	5000	12.342,00		
		201600119	07.12.16	04.01.17	5100	3.680,00		
		201600130	08.12.16	05.01.17	5000	6.800,00		
					Gesamt	31.462,00	0,00	31.462,00
10003	Silke Bachmann e. Kffr.	201600112	22.11.16	20.12.16	5100	1.200,00		
		201600116	03.12.16	31.12.16	5100	6.850,00		
		201600124	14.12.16	11.01.17	5100	7.430,00		
					Gesamt	15.480,00	0,00	15.480,00
10004	STOLCO eG	201600118	30.11.16	28.12.16	5000	3.600,00		
		201600120	09.12.16	06.01.17	5100	10.005,00		
		201600122	20.12.16	17.01.17	5100	8.200,00		
					Gesamt	21.805,00	0,00	21.805,00
10005	Adlatus GmbH	201600125	04.12.16	01.01.17	5100	3.600,00		
		201600127	06.12.16	03.01.17	5100	5.120,00		
		201600129	07.12.16	04.01.17	5000	1.950,00		
					Gesamt	10.670,00	0,00	10.670,00
10006	ELKO AG	201600131	21.12.16	18.01.17	5100	2.825,00		
		201600132	28.12.16	25.01.17	5100	6.740,00		
					Gesamt	9.565,00	0,00	9.565,00
10007	Beckermann Moden	201600136	05.12.16	02.01.17	5000	9.750,00		
		201600139	11.12.16	08.01.17	5100	3.630,00		
					Gesamt	13.380,00	0,00	13.380,00
10008	Bykes-Fascination	201600140	18.12.16	15.01.17	5000	4.710,00		
					Gesamt	4.710,00	0,00	4.710,00
10010	Spindler KG	201600104	17.11.16	15.12.16	5100	5.800,00		
		201600128	28.12.16	25.01.17	5100	14.658,00		
					Gesamt	20.458,00	0,00	20.458,00
10011	Grotex GmbH	201600105	11.12.16	08.01.17	5100	9.745,00		
		201600110	14.12.16	11.01.17	5000	10.100,00		
		201600138	19.12.16	16.01.17	5100	8.400,00		
					Gesamt	28.245,00	0,00	28.245,00
10110	Ambiente Warenhaus AG	201600133	23.12.16	20.01.17	5100	7.200,00		
		201600126	29.12.16	26.01.17	5100	2.740,00		
					Gesamt	9.940,00	0,00	9.940,00
					Total	182.000,00		

Damit die OPOS-Liste als Hilfsmittel genutzt werden kann, ist es notwendig, dass die Unternehmen ihre Debitoren- und Kreditorenbuchhaltung entsprechend pflegen. Dazu gehört, dass zu sämtlichen Belegen die Fälligkeiten, Zahlungsbedingungen und ggf. Ratenzahlungen eingegeben werden.

Weitere Informationen, die für die Feststellung des Liquiditätsstatus relevant sein können, sind zum Beispiel die Abbuchungstermine für Verbindlichkeiten (und ggf. auch für Forderungen) falls ein SEPA-Lastschriftmandat vorliegt.

Liquiditätsplanung und -überwachung mit Liquiditätsgraden

Zur Beurteilung der Liquidität mithilfe der aus der Bilanz hervorgehenden Informationen über ein Unternehmen werden häufig die Liquiditätsgrade herangezogen.

DEFINITION

$$\text{Liquidität 1. Grades in \%} = \frac{\text{flüssige Mittel}}{\text{kurzfristige Verbindlichkeiten}} \cdot 100$$

Bei der Liquidität 1. Grades werden die vorhandenen flüssigen Mittel des Unternehmens ins Verhältnis zu den kurzfristigen Verbindlichkeiten gesetzt. Sie wird auch als Barliquidität bezeichnet. Beträgt die Liquidität 1. Grades über 100 %, so ist das Unternehmen in der Lage sämtliche kurzfristig fällig werdenden Zahlungsverpflichtungen allein aus den flüssigen Mitteln zu bestreiten. Dies ist allerdings nicht erforderlich. Als Zielwert für die Liquidität 1. Grades gelten 10 % bis 30 %.

DEFINITION

$$\text{Liquidität 2. Grades in \%} = \frac{\text{flüssige Mittel} + \text{kurzfristige Forderungen}}{\text{kurzfristige Verbindlichkeiten}} \cdot 100$$

Bei der Errechnung der Liquidität 2. Grades werden die flüssigen Mittel zuzüglich der kurzfristigen Forderungen ins Verhältnis zu den kurzfristigen Verbindlichkeiten gesetzt. Die kurzfristigen Forderungen sind dem Unternehmen noch nicht zugeflossen. Sie müssen noch von den Schuldnern eingezogen werden. Daher wird die Liquidität 2. Grades auch als **einzugsbedingte Liquidität** bezeichnet. Die Liquidität 2. Grades sollte 100 % betragen. Dadurch ist gewährleistet, dass das Unternehmen die kurzfristig anfallenden Verbindlichkeiten durch die bestehenden flüssigen Mittel und die kurzfristigen Forderungen bestreiten kann und somit aus eigenen Mitteln zahlungsfähig ist.

BEISPIEL

Liquidität 1. Grades:
Die Liquidität 1. Grades bei der Hoffmann KG (siehe Einstieg) ermittelt sich wie folgt:
flüssige Mittel:
Bank 44.000,00 € + Kasse 8.000,00 € = 52.000,00 €
kurzfristige Verbindlichkeiten:
Verbindlichkeiten aus Lieferungen und Leistungen 204.000,00 € + sonstige Verbindlichkeiten (kurzfristig) 4.000,00 € = 208.000,00 €

$$\frac{\text{flüssige Mittel } 52.000,00 \text{ € } \cdot 100}{\text{kurzfristige Verbindlichkeiten } 208.000,00 \text{ €}} = 25 \%$$

Die Hoffmann KG verfügt am 31.12.20.. somit über eine hinreichende Barliquidität.

Liquidität 2. Grades:
Die Liquidität 2. Grades bei der Hoffmann KG ermittelt sich wie folgt:

$$\frac{(\text{flüssige Mittel } 52.000,00 \text{ €} + \text{kurzfristige Forderungen } 182.000,00 \text{ €}) \cdot 100}{\text{kurzfristige Verbindlichkeiten } 208.000,00 \text{ €}}$$

$$= 112,5 \%$$

Die Hoffmann KG verfügt am 31.12.20.. somit über eine hinreichende einzugsbedingte Liquidität.

Eine bloße Messung der Liquidität anhand von Liquiditätsgraden ist nicht empfehlenswert, da sie

- nur eine Momentaufnahme auf den Zeitpunkt des Jahresabschlusses darstellen,
- die Liquidität nur rückwirkend betrachten und somit im Zeitpunkt ihrer Berechnung häufig veraltet sind,
- sich ausschließlich auf der Datenbasis der Bilanz ermitteln (laufende Verbindlichkeiten wie z. B. Zinsen oder Mieten werden nicht einbezogen),
- exakte Fälligkeiten einzelner Verbindlichkeiten nicht berücksichtigen können,
- vorhandene Kreditlinien, welche zur Vermeidung von Liquiditätsproblemen genutzt werden können, nicht berücksichtigen.

Werden in die Ermittlung von Liquiditätsgraden die Daten des internen Rechnungswesens einbezogen, so werden die Ergebnisse aussagekräftiger. Der verwendete Daten-

9.1 WIR SICHERN DIE LIQUIDITÄT DES UNTERNEHMENS

bestand ist dadurch aktueller und es könnten beispielsweise laufende Verbindlichkeiten wie Zinsen und Mieten einbezogen werden.

Maßnahmen zur Sicherung der Liquidität

Um die Liquidität in einem Unternehmen zu sichern, hat der Unternehmer neben der sorgfältigen Feststellung, Planung und Überwachung des Liquiditätsstatus weitere Möglichkeiten.

Als solche Möglichkeiten kommen zum Beispiel in Frage:

- Zahlungsausgänge optimal planen (Ausnutzung, Überprüfung und ggf. Anpassung der Zahlungsmodalitäten)
- Zahlungseingänge überwachen und sichern (Forderungsmanagement, Ausnutzung, Überprüfung und ggf. Anpassung der Zahlungsmodalitäten)
- Bonitätsprüfung durch Bankauskünfte
- Bonitätsprüfung durch Selbstauskünfte

Die OPOS-Liste ist ebenfalls ein Instrument, welches zur Überwachung der Zahlungseingänge und -ausgänge und somit der Sicherung der Liquidität dient. Mit ihr können Zahlungsstörungen frühzeitig identifiziert und entsprechende Maßnahmen (Erinnerung, Mahnung) ergriffen werden.

Zahlungsausgänge optimal planen

Der Unternehmer muss jederzeit einen Überblick über die Zahlungsmodalitäten haben, die ihm von seinen Lieferanten und Banken eingeräumt werden. Durch eine optimale Ausnutzung der vorgegebenen Zahlungsmodalitäten kann der Unternehmer seine Liquidität sichern.

Zahlungsmodalität	Erläuterung
Kreditlinie	Höhe, bis zu welcher der Unternehmer einen eingeräumten (flexiblen) Kredit in Anspruch nehmen darf
Zahlungsziele	Frist, die von Lieferanten für die Bezahlung von offenen Rechnungen eingeräumt wird
Skonti	Preisnachlass auf einen Rechnungsbetrag bei Zahlung innerhalb eines vereinbarten kurzen Zeitraums
Rabatte	Nachlass auf den Listenpreis einer Ware, welcher zum Beispiel bei Abnahme größerer Mengen gewährt wird
Boni	Gutschrift, die der Unternehmer nachträglich dafür erhält, dass er zum Beispiel eine bestimmte Menge an Waren abgenommen hat

Zur Sicherung der Liquidität kann der Unternehmer versuchen die Chancen, die durch Zahlungsmodalitäten eingeräumt werden, möglichst optimal auszunutzen. In modernen Buchführungsprogrammen werden daher zum Beispiel die Zahlungsmodalitäten jedes Lieferanten (Kreditors) eingegeben und bei der Ermittlung von Zahlungsterminen berücksichtigt.

BEISPIEL 1 SKONTOABZUG UND ZAHLUNGSZIEL

Die Hoffmann KG erhält von der STO AG eine Rechnung über 25.000,00 € brutto. Es wird ein Zahlungsziel von 7 Tagen mit 2 % Skonto, bzw. 60 Tagen netto eingeräumt. Die Konten der Hoffmann KG weisen genügend Liquidität zur Zahlung auf.
Wenn die Hoffmann KG den Skontoabzug nutzen will, sollte sie frühestens nach 7 Tagen zahlen. Dadurch wird die Liquidität für 7 Tage erhalten und der Skontovorteil ausgenutzt. Der Skontovorteil beträgt 25.000,00 € · 2 % = 500,00 € als absoluter Eurobetrag[1].

BEISPIEL 2 KREDITLINIE UND ZAHLUNGSZIEL

Es geht die Rechnung aus Beispiel 1 ein, allerdings ist die Kreditlinie der Hoffmann KG bereits stark beansprucht und würde bei einer zeitnahen Zahlung der 25.000,00 € weit überschritten werden.
Die Hoffmann KG muss die Zahlung der Verbindlichkeit einplanen. Eine Zahlung sollte unter Ausnutzung des Zahlungsziels von 60 Tagen möglichst spät erfolgen, um die Liquidität so lange wie möglich zu schonen. Maßnahmen zur Herstellung einer ausreichenden Liquidität bei Fälligkeit müssen eingeleitet werden (ggf. sogar eine Kreditaufnahme).

Der Unternehmer sollte stets darauf bedacht sein, dass die ihm gewährten Zahlungsbedingungen nachverhandelt, also verbessert, werden. Hierfür sind Vergleichsangebote einzuholen. Diese sind (zum Beispiel im Rahmen einer Nutzwertanalyse) nicht nur hinsichtlich des Preises, sondern auch hinsichtlich der eingeräumten Zahlungsmodalitäten zu bewerten und vergleichen.

---

[1] In der Liquiditätsplanung werden in der Regel Bruttowerte zugrunde gelegt, da die Liquidität in Höhe des Bruttowertes beeinträchtigt wird. Es wird daher eine Bruttobetrachtung vorgenommen. Eine Vergleichsberechnung mit Zinsvorteil wird an dieser Stelle aus Vereinfachungsgründen nicht vorgenommen.

Zahlungseingänge überwachen und sichern

In ähnlicher Weise wie die Zahlungsmodalitäten die Liquidität auf der Seite der Auszahlungen beeinflussen, geschieht dies auch auf der Seite der Einzahlungen.

Anhand der eingeräumten Zahlungsziele sowie der gewährten Skonti, Rabatte und Boni kann die Liquidität dadurch gesichert werden, dass möglichst hohe Einzahlungen (durch geringe Skonti, Rabatte und Boni) in möglichst schneller Zeit (kurze Zahlungsziele) erzielt werden. Zusätzlich sorgt ein effektives Forderungsmanagement (OPOS-Liste, Erinnerungen, kaufmännisches und gerichtliches Mahnverfahren[1]) für pünktlichen Geldeingang und Sicherung der Liquidität. Das Forderungsmanagement besteht aus zahlreichen Komponenten, die allesamt dem Ziel dienen, für einen möglichst schnellen Geldeingang zu sorgen und somit die Liquidität des Unternehmens zu sichern. Mögliche Komponenten sind der folgenden Mindmap zu entnehmen.

Nach einer kostenpflichtigen Mahnung wird sofort das gerichtliche Mahnverfahren eingeleitet. Wegen dieser Vorgehensweise hat sich die Grotex GmbH bereits bei der Hoffmann KG beschwert.

Die Grotex GmbH hat vergleichbare Lieferantenangebote eingeholt. Preislich sind die Unterschiede nur gering. Allerdings räumt der Konkurrent ein Zahlungsziel von „10 Tagen bei 1% Skonto, sonst 60 Tage netto" ein. Es besteht ein großes Risiko, dass die Grotex GmbH den Zulieferer wechselt und die Hoffmann KG den Kunden verliert, da in der Vergangenheit Probleme mit den Zahlungsmodalitäten aufgetreten sind und ein Konkurrent bei nahezu gleichen Preisen wesentlich bessere Bedingungen anbietet.

Je nach Lage des Einzelfalls sollte zur Pflege der Kundenbeziehung auf die Einforderung von Mahnkosten und Verzugszinsen verzichtet werden.

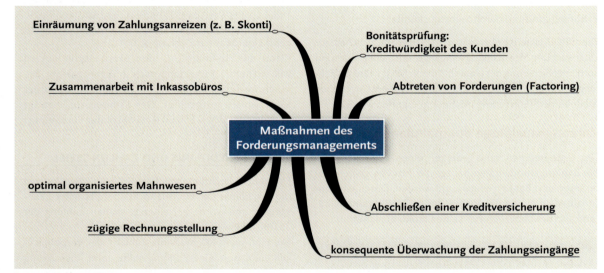

Bei kurzfristigen Überschreitungen der Zahlungsziele sollte den Kunden ein Kulanzzeitraum (z. B. eine Woche) eingeräumt werden. Innerhalb dieses Kulanzzeitraums erfolgt keine weitere Maßnahme zur Durchsetzung der Forderung. Erst bei Überschreitung wird das kaufmännische Mahnverfahren in Gang gesetzt. Dadurch soll gewährleistet werden, dass die Kundenbeziehung langfristig gepflegt wird und die Kunden nicht zu einem Wechsel des Lieferanten aufgrund der schlechten Zahlungsmodalitäten animiert werden.

BEISPIEL

Die Hoffmann KG gewährt der Grotex GmbH ein Zahlungsziel von 10 Tagen netto. Bei Überschreitung dieses Zahlungsziels hat die Hoffmann KG die Grotex bereits mehrfach gemahnt. Die Mahnung erfolgt am sofort bei Überschreitung des Zahlungsziels.

Um die Liquidität des Unternehmens optimal zu sichern genügt es nicht, dass der Unternehmer die Zahlungseingänge und -ausgänge isoliert betrachtet. Er muss dafür sorgen, dass diese im Zusammenhang in die Liquiditätsplanung einbezogen werden.

BEISPIEL

Die Hoffmann KG hat derzeit nur noch 1.000,00 € auf dem Bankkonto zur Verfügung. Die eingeräumte Kreditlinie der Bank beträgt 10.000,00 €. Es geht die Rechnung aus Beispiel 1 in Höhe von 25.000,00 € ein. Gleichzeitig wird auf den Geldeingang aus einer offenen Rechnung über 20.000,00 € gewartet (Zahlungsziel in 10 Tagen erreicht).

---

[1] Das kaufmännische Mahnverfahren wird in Lernfeld 9 Kapitel 3 genauer betrachtet. Das gerichtliche Mahnverfahren wird in Lernfeld 9 Kapitel 4 genauer betrachtet.

9.1 WIR SICHERN DIE LIQUIDITÄT DES UNTERNEHMENS

> Die Hoffmann KG kann die Rechnung derzeit nicht begleichen, da die Kreditlinie überschritten werden würde. Sie hat zur Zahlung jedoch 60 Tage Zeit. Sobald die offene Rechnung über 20.000,00 € eingegangen ist, kann (unter Ausnutzung des Kreditrahmens) gezahlt werden. Der Kunde ist zur Zahlung zu animieren. Falls er das Zahlungsziel nicht einhält, ist unverzüglich mit dem Mahnprozess zu beginnen, um sicherzustellen, dass die eigenen Verbindlichkeiten termingerecht getilgt werden können. Auf den Skontoabzug muss verzichtet werden, da eine Zahlung innerhalb von 7 Tagen unwahrscheinlich erscheint. Nach Eingang der 20.000,00 € kann die Hoffmann KG bis zum Erreichen des Zahlungsziels der Eingangsrechnung mit dem Geld arbeiten. Der Zahlungstermin ist vorzumerken, damit am Tag der Fälligkeit mindestens die zu leistenden 25.000,00 € verfügbar sind.

Bonitätsprüfung durch Bankauskünfte

Gerade bei neuen Kunden ist es wichtig, dass der Unternehmer sich vor den ersten Lieferungen ein möglichst gutes Bild von den Vermögensverhältnissen des Neukunden verschafft. Dadurch versucht er bereits im Vorfeld sicherzustellen, dass der Kunde in der Lage ist, die gelieferten Waren zu bezahlen. Durch diese Maßnahme wird die eigene Liquidität gesichert, indem (wenn möglich) nur an liquide Kunden mit guter Zahlungsmentalität auf Rechnung geliefert wird. Um sich von der Zahlungsfähigkeit von Neukunden zu überzeugen kann der Unternehmer zum Beispiel Bank- und Selbstauskünfte einholen.

Die Einholung einer Bankauskunft erfolgt bei dem Kreditinstitut des Kunden. Sie wird von der Bank des Unternehmers an die Bank des Kunden gestellt. In der Regel soll die Bankauskunft vom anfragenden Kreditinstitut

- schriftlich,
- unter Angabe und Glaubhaftmachung des Anfragegrundes und
- ohne Nennung des Anfragenden beantragt werden.

Im Rahmen der Bankauskunft erhält das Kreditinstitut des Anfragenden von der Hausbank des Angefragten eine Bankauskunft die unter anderem folgende Inhalte hat:

- Bankverbindung,
- Dauer des Bestehens der Bankverbindungen,
- Umsatzhöhe (unterteilt in „geringe" oder „größere" Umsätze),
- Art und Inanspruchnahme gewährter Kredite,
- Inanspruchnahme von Überziehungen,
- Existenz von Scheck-/Lastschriftrückgaben und Wechselprotesten in den letzten 12 Monaten,
- allgemeine Beurteilung des Kontoinhabers (z. B. Entwicklung des Unternehmens, Grundbesitzbelastungen, angespannte Finanzsituation),
- Kreditbeurteilung in Bezug auf den angefragten Kreditbetrag.

Der Angefragte kann der Erteilung von Bankauskünften widersprechen[1].

Die Auskünfte werden weitestgehend durch Ankreuzen von Aussagen erteilt. Dadurch wird gewährleistet, dass die Auskünfte möglichst allgemein gehalten werden. Es werden also keine betragsmäßigen Angaben über Guthaben, Verbindlichkeiten und Kreditlinien gemacht. Die Auskünfte, die der Unternehmer im Rahmen einer Bankauskunft erhält, dürfen ausschließlich für den angegebenen Zweck verwendet und nicht an Dritte weitergegeben werden.

Bonitätsprüfung durch Selbstauskünfte

Eine Selbstauskunft ist eine Möglichkeit, durch die sich der Unternehmer einen Überblick über die Vermögensverhältnisse des Kunden verschaffen kann.

Im Rahmen der Selbstauskunft legt der Kunde seine Vermögensverhältnisse offen. Dazu gehören zum Beispiel Informationen über:

- betrieblichen Erfolg und Vermögen (z. B. Jahresabschluss, betriebswirtschaftliche Auswertungen, Business Plan),
- vorhandenes Kapitalvermögen,
- vorhandenes Immobilien- und Grundvermögen,
- sonstige wesentliche Vermögenswerte (z. B. Anteile an Kapital- oder Personengesellschaften, Bausparguthaben, Lebensversicherungswerte, Antiquitäten, Kunstgegenstände etc.),
- vorhandene Verbindlichkeiten,
- Haushaltseinkommen (bei Privatpersonen als Schuldner).

Mithilfe der Jahresabschlüsse und der Auswertungen aus der Buchführung kann sich der Unternehmer einen Überblick über die wirtschaftlichen Verhältnisse des Kunden verschaffen.

---

[1] Handelt es sich bei dem Angefragten um eine Privatperson, so muss er vor der Erteilung der Auskunft ausdrücklich zustimmen.

Hinzu können Angaben zu verschiedenen Vermögenswerten und Verbindlichkeiten auch aus dem privaten Bereich des Schuldners kommen, da auch diese die Kreditwürdigkeit einer Person beeinflussen. Durch die Gegenüberstellung von Vermögenswerten und Verbindlichkeiten wird das Nettovermögen errechnet.

Fällt die Beurteilung der Liquidität des Neukunden nach Einholung der Selbstauskunft und der Bankauskunft schlecht aus, sollte dieser Kunde nicht bedingungslos auf Rechnung beliefert werden. Der Unternehmer kann diesen Kunden trotzdem beliefern. Er sollte in diesem Fall zum Beispiel gegen Barzahlung ausliefern. Dadurch entfällt das Forderungsausfallrisiko. Eine weitere Möglichkeit besteht darin, dass er gegen Sicherheiten oder Anzahlungen ausliefert.

AUFGABEN

1. Beschreiben Sie mit eigenen Worten, was man unter Liquidität versteht.
2. Geben Sie an, warum Liquidität für ein Unternehmen wichtig ist.
3. Geben Sie Geschäftsprozesse an, die sich auf die Liquidität auswirken können.
4. Entwerfen Sie drei unterschiedliche Sachverhalte, die sich auf die Liquidität der Hoffmann KG auswirken.
5. Erläutern Sie, wie ein Unternehmer seinen Liquiditätsstatus feststellt. Geben Sie dabei an, welche Aspekte beachtet werden müssen.
6. Geben Sie an, was eine OPOS-Liste ist und welcher Zweck mit dieser Liste verfolgt wird.
7. Geben Sie an, was man unter „Liquidität 2. Grades" versteht, wie man sie ermittelt und wie hoch diese sein sollte.
8. Ermitteln Sie für die Unternehmen A, B und C mit den unten angegebenen Bilanzwerten
    a) die Liquidität 1. Grades.
    b) die Liquidität 2. Grades.
    c) Beurteilen Sie anhand Ihrer Ergebnisse aus a) und b) den Liquiditätsstatus der Unternehmen.
    d) Geben Sie an, warum die Betrachtung der Liquidität eines Unternehmens anhand von Liquiditätsgraden problematisch ist.
9. Geben Sie an, welche Maßnahmen ein Unternehmen ergreifen kann, um seinen Liquiditätsstatus zu sichern und zu überwachen.
10. Geben Sie drei eigene Beispiele, die Sie mit Zahlen belegen, um zu verdeutlichen, wie ein Unternehmer die Zahlungsmodalitäten bei seinen Zahlungsausgängen nutzt, um seinen Liquiditätsstatus zu optimieren.
11. Geben Sie zwei eigene Beispiele, die Sie mit Zahlen belegen, um zu verdeutlichen, wie ein Unternehmer die Zahlungsmodalitäten bei seinen Zahlungseingängen anpassen kann, um seinen Liquiditätsstatus zu optimieren.
12. Geben Sie an
    a) was man unter einer Bankauskunft versteht,
    b) welche Inhalte eine Bankauskunft in der Regel hat,
    c) was man unter einer Selbstauskunft versteht.

	A	B	C
I. Anlagevermögen			
1. Grundstücke und Bauten	120.000,00 €	560.000,00 €	150.000,00 €
2. Maschinen	80.000,00 €	840.000,00 €	123.000,00 €
3. BGA	23.000,00 €	142.000,00 €	35.500,00 €
II. Umlaufvermögen			
1. Handelswaren	75.000,00 €	206.000,00 €	
2. Fertige Erzeugnisse	24.000,00 €	420.000,00 €	
3. Forderungen aus LuL	48.000,00 €	280.000,00 €	90.000,00 €
4. Bank	20.000,00 €	40.000,00 €	80.000,00 €
5. Kasse	2.000,00 €	4.000,00 €	10.000,00 €
Vermögen	392.000,00 €	2.492.000,00 €	488.500,00 €
I. Eigenkapital	237.000,00 €	22.000,00 €	57.300,00 €
II. Fremdkapital			
1. Hypotheken	45.000,00 €	1.800.000,00 €	84.500,00 €
2. Darlehen	60.000,00 €	420.000,00 €	46.700,00 €
3. Verbindlichkeiten aus LuL	48.000,00 €	250.000,00 €	288.000,00 €
4. Sonst. Verb. (kurzfristig)	2.000,00 €	0,00 €	12.000,00 €
Kapital	392.000,00 €	2.492.000,00 €	488.500,00 €

9.1 WIR SICHERN DIE LIQUIDITÄT DES UNTERNEHMENS

AKTIONEN

1.

a) Übertragen Sie die folgende Bilanz der Grotex GmbH in ein Tabellenkalkulationsprogramm (z. B. Microsoft Excel). Berücksichtigen Sie dabei folgende Vorgaben.

- Achten Sie dabei darauf, dass Sie die Formatierungen übernehmen (z. B. Zahlen rechtsbündig, zwei Nachkommastellen, 100er-Trennzeichen etc.).

- Erstellen Sie eine automatische Summe für die Aktivseite der Bilanz.
- Setzen Sie die Passivseite gleich der Aktivseite der Bilanz.
- Erstellen Sie eine Formel für die Berechnung des Eigenkapitals in der entsprechenden Zelle.

AKTIVA	Bilanz der Grotex GmbH zum 31.12.20..		PASSIVA
I. Anlagevermögen		I. Eigenkapital	1.202.770,00
1. Grundstücke und Bauten	1.122.000,00		
2. Technische Anlagen und Maschinen	458.610,00	II. Fremdkapital	
3. Betriebs- und Geschäftsausstattung	84.250,00	1. Hypotheken	750.000,00
		2. Darlehen	778.500,00
II. Umlaufvermögen		3. Verbindlichkeiten aus LuL	300.000,00
1. Handelswaren	427.150,00	4. Sonstige Verbindlichkeiten (kurzfristig)	3.000,00
2. Fertige Erzeugnisse	538.260,00		
3. Forderungen aus LuL	325.000,00		
4. Bank	70.000,00		
5. Kasse	9.000,00		
	3.034.270,00		3.034.270,00

b) Erstellen Sie jeweils eine Excel-Zelle, in welcher die Liquidität 1. Grades, die Liquidität 2. Grades und die Über-/Unterdeckung aus der von Ihnen erstellten Bilanz ermittelt werden.

c) Schreiben Sie die in Aufgabenteil b) erstellten Formeln jeweils in eine weitere Zelle der Tabelle. Setzen Sie vor die Formel ein Leerzeichen, damit die Formel sichtbar bleibt.

d) Beurteilen Sie die Liquidität der Grotex GmbH anhand der Ergebnisse aus Aufgabenteil b).

2. Die Leitner GmbH hat im letzten Jahr 144.000,00 € Umsatzerlöse erzielt. Hinzu kamen weitere Einnahmen aus Zinsen in Höhe von 2.000,00 € und Mieten in Höhe von 15.000,00 €.

Den Einnahmen stehen folgende Ausgaben gegenüber: Wareneinkäufe 64.000,00 €, Personalkosten 44.000,00 €, Anschaffungen 27.500,00 €, Versicherungen 6.000,00 €, Pkw-Kosten 5.400,00 €, Porto, Telefon 740,00 €, Bürobedarf 2.600,00 €, sonstige betriebliche Aufwendungen 4.200,00 €.

Der Geschäftsführer möchte von Ihnen in einem Tabellenkalkulationsprogramm (z. B. Microsoft Excel) eine tabellarische Auflistung der Einnahmen und der Ausgaben. Aus dieser tabellarischen Auflistung sollen dann in Diagrammform sowohl die Struktur der Einnahmen, als auch die Struktur der Ausgaben als Kreis- und als Säulendiagramm erstellt werden, da er sich ein Bild von der Einnahmen- und Ausgabenstruktur verschaffen möchte. Außerdem möchte er ein Kreisdiagramm, in welchem die Einnahmen den Ausgaben gegenübergestellt werden. Die Diagramme sollen folgende Beschriftungen enthalten: Eurowert, Bezeichnung der Einnahmen-/Ausgabenposition.

LF 9 — 9 LIQUIDITÄT SICHERN UND FINANZIERUNG VORBEREITEN

ZUSAMMENFASSUNG

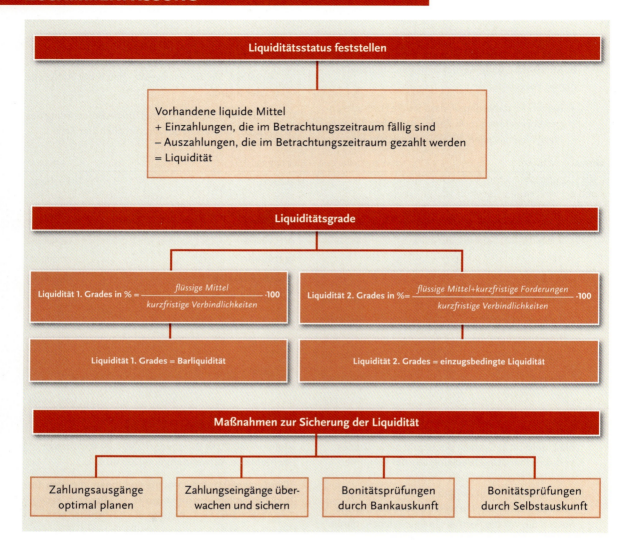

9.2 Wir prüfen den Zahlungsverzug und berechnen Verzugszinsen

Einstieg

Carolin Saager und Dominik Schlote treffen sich in der Mittagspause.

Carolin Saager:
„Bei uns gibt es gerade Ärger. Gestern wurde entdeckt, dass eine Firma seit sechs Monaten nicht gezahlt hat."

Dominik Schlote:
„Wie konnte das denn passieren? Die Abteilung ist doch optimal organisiert. Ich war ja selbst schon drei Monate dort eingesetzt."

Carolin Saager:
„Hängt irgendwie damit zusammen, dass Frau Schellack, die die Firma betreute, vor sechs Monaten nach München gegangen ist. Dann hat sich wohl keiner richtig zuständig gefühlt. Frau Duchnik hat ja gerade angefangen bei uns und hat das jetzt – während sie sich eingearbeitet hat – entdeckt."

Dominik Schlote:
„Und was nun?"

Carolin Saager:
„Jetzt habe ich von Herrn Hoffmann die Aufgabe bekommen, das ausstehende Geld einzutreiben. Ich habe aber erst vor drei Tagen in der Abteilung angefangen und muss mich in die ganze Thematik erst mal einarbeiten."

Dominik Schlote:
„Das habe ich in der Abteilung schon mehrmals mitmachen können – da kann ich dir helfen. Ich brauche allerdings noch ein paar Informationen, um beurteilen zu können, ob und was wir machen können."

Carolin Saager:
„Es geht um eine Lieferung von Waren im Wert von 13.800,00 € an die Firma Gertrud Schön e. Kffr., Textileinzelhandel, Sundernstr. 34, 22159 Hamburg. Ausgeliefert wurde am 17.03 dieses Jahres. Das Rechnungsdatum war der 15.03. Vereinbart war sofortige Zahlung. Bis heute am 30.10. ist kein Zahlungseingang zu verzeichnen gewesen."

1. Beurteilen Sie, ob die Hoffmann KG gegen die Firma Gertrud Schön e. Kffr. vorgehen kann.

2. Stellen Sie fest, welche Rechte die Hoffmann KG im Fall einer ausstehenden Zahlung in Anspruch nehmen kann.

INFORMATIONEN

Nicht-Rechtzeitig-Zahlung

DEFINITION

Eine **Nicht-Rechtzeitig-Zahlung** liegt vor, wenn jemand seine Geldschulden nicht oder nicht rechtzeitig begleicht.

Bei dieser häufig auch Zahlungsverzug genannten Kaufvertragsstörung stehen dem Gläubiger bestimmte Rechte zu. Um diese in Anspruch nehmen zu können, müssen jedoch bestimmte Voraussetzungen erfüllt sein.

Voraussetzungen des Zahlungsverzugs

Der Zahlungsverzug gilt bei fehlender Zahlungsfähigkeit immer als verschuldet, auch wenn der Grund der Zahlungsunfähigkeit unverschuldet eingetreten ist.

Die offenen Rechnungen übersteigen die finanziellen Mittel.

Zahlungsverzug bei Fälligkeit und Mahnung

Erste Voraussetzung ist, dass die Zahlung tatsächlich fällig sein muss. Abgesehen von einigen gesetzlich bestimmten Fällen muss immer noch eine Mahnung erfolgen, um den Schuldner in Verzug zu setzen. Als Mahnung gilt auch die Zustellung eines Mahnbescheids[1] beziehungsweise die Erhebung einer Zahlungsklage.

Zahlungsverzug bei Fälligkeit ohne Mahnung

In bestimmten Fällen kann der Schuldner auch ohne Mahnung in Verzug geraten:

- Der Zahlungstermin ist kalendermäßig bestimmt oder in Abhängigkeit von einem bestimmten Ereignis bestimmbar.
- Der Schuldner verweigert ernsthaft und endgültig die Zahlung.
- Es sind 30 Tage seit Rechnungszugang vergangen. Dann kommt ein Schuldner automatisch in Verzug. Beim einseitigen Handelskauf gilt diese Regelung nur, wenn der Endverbraucher ausdrücklich auf diese Rechtsfolge hingewiesen wurde.

BEISPIEL

Aus der Rechnung eines Einzelhandelsunternehmens an einen Endverbraucher:

„Kann innerhalb von 30 Tagen nach Zugang kein Zahlungseingang festgestellt werden, kommt der Zahlungspflichtige automatisch in Verzug."

Voraussetzungen des Zahlungsverzugs	
Fälligkeit	
Mahnung	keine Mahnung
Der Zahlungstermin ist kalendermäßig nicht bestimmt oder nicht bestimmbar.	Der Zahlungstermin ist kalendermäßig genau bestimmt beziehungsweise bestimmbar.
BEISPIELE • Formulierung „Zahlung sofort" • kein Hinweis in einer Rechnung an einen Endverbraucher, dass er nach 30 Tagen automatisch in Zahlungsverzug gerät • bei Hinweis auf 30-Tage-Klausel, wenn der Gläubiger die Zahlung vor Ablauf der 30-Tage-Frist wünscht	**BEISPIELE** • zahlbar bis zum 15. Juli 20.. • zahlbar bis Ende August • zahlbar in der 40. Kalenderwoche

Rechte beim Zahlungsverzug

Liegt ein Zahlungsverzug vor, hat der Gläubiger zwei Alternativen:
- Er besteht auf der Zahlung.
- Er lehnt die Zahlung ab und fordert die Ware zurück.

Bestehen auf der Zahlung

Der Gläubiger kann auf der Zahlung bestehen. Zusätzlich kann er den Ersatz des Verzögerungsschadens sowie Verzugszinsen verlangen:

- Als **Schadensersatz** wegen der Verzögerung der Zahlung kann der Gläubiger alle für die Durchsetzung seines Anspruchs notwendigen Auslagen geltend machen.

BEISPIELE

- Kosten der Mahnung (Papier, Porto, Telefonkosten)
- Rechtsanwaltskosten oder Kosten für ein Inkassobüro nach Eintritt des Verzugs

---

1 siehe Kap. 9.9 und 9.10

9.2 WIR PRÜFEN DEN ZAHLUNGSVERZUG UND BERECHNEN VERZUGSZINSEN

- Ab Eintritt des Zahlungsverzugs kann der Gläubiger **Verzugszinsen** verlangen. Angewendet werden im Normalfall die gesetzlichen Verzugszinsen. Beim einseitigen Handelskauf und beim bürgerlichen Handelskauf betragen die gesetzlichen Verzugszinsen 5 % über dem aktuellen Basiszinssatz der Deutschen Bundesbank.

BEISPIEL

Wenn der aktuelle Basiszinssatz zum Zeitpunkt der Kreditaufnahme −0,83 % beträgt, muss ein Schuldner 4,17 % Verzugszinsen bei einer Nicht-Rechtzeitig-Zahlung im Rahmen einseitiger Handelskäufe oder bürgerlicher Käufe zahlen.

Bei zweiseitigen Handelskäufen liegt der gesetzliche Zinssatz 9 % über dem aktuellen Basiszinssatz der Deutschen Bundesbank.

BEISPIEL

Bei einem aktuellen Basiszinssatz von −0,83 % muss die Firma Gertrud Schön e. Kffr. 8,17 % gesetzliche Verzugszinsen zahlen.

Falls vertraglich ein höherer Verzugszinssatz vereinbart wurde oder tatsächlich angefallene höhere Bankzinsen nachgewiesen werden können, hat der Gläubiger auch die Möglichkeit, diese einzufordern.

Ablehnen der Zahlung

Der Gläubiger kann die vereinbarte Zahlung ablehnen. Im Normalfall muss er dies aber dem Schuldner androhen und ihm eine **angemessene Nachfrist** setzen. Diese ist nicht notwendig, falls

- die Zahlung durch den Schuldner endgültig verweigert wird,
- ein Fix- oder Zweckkauf vorliegt,
- ein besonderer Umstand gegeben ist, der den sofortigen Rücktritt bei Abwägung der beiderseitigen Interessen rechtfertigt.

Ist nach Ablauf der Nachfrist immer noch kein Zahlungseingang zu verzeichnen, wird der Gläubiger die Herausgabe der Ware fordern. Zusätzlich kann er Schadensersatz statt der Leistung verlangen.

Berechnung der Verzugszinsen

Im Fall des Zahlungsverzugs muss der Unternehmer die Verzugszinsen von dem Schuldner einfordern. Hierfür muss er die Verzugszinsen in seiner Forderungsaufstellung angeben und somit berechnen.

Die Verzugszinsen werden taggenau mit der Tageszinsformel berechnet. Die Ergebnisse werden kaufmännisch auf zwei Nachkommastellen gerundet.

DEFINITION

$$z = \frac{K \cdot p \cdot t}{100 \cdot 360}$$

z = Zinsen in Euro
K = Kapital
p = Zinssatz in %
t = Tage

DEFINITION

Da sich der Nenner des Bruches nie verändert, kann er in der Formel auch direkt ausmultipliziert verwendet werden. Die Formel lautet dann:

$$z = \frac{K \cdot p \cdot t}{36.000}$$

Bei einer Forderung gegenüber einem Schuldner der Privatperson ist, wird als Zinssatz der aktuelle Basiszinssatz + 5% angesetzt.

BEISPIEL

Die Verzinsung einer Forderung gegenüber einer Privatperson in Höhe von 10.000,00 € für eine Verzugsdauer von 50 Tagen berechnet sich wie folgt:

$$z = \frac{10.000,00\ € \cdot 4,17 \cdot 50}{36.000} = 57,92\ €$$

Der Unternehmer würde also 10.057,92 € von dem Schuldner einfordern.

Ein abweichender Zinssatz kann gegebenenfalls geltend gemacht werden, wenn dieser vertraglich vereinbart wurde, oder tatsächlich höhere Zinsen nachgewiesen werden können.

Berechnung der Zinstage

Für die Berechnung der Verzugszinsen sind auch die Zinstage, also der Verzinsungszeitraum, nötig. Es wird die kaufmännische (deutsche) Methode der Zinsrechnung angewendet. Hierbei sind folgende Aspekte zu beachten:

- Der Tag der Fälligkeit, oder des Zugangs der Mahnung wird nicht in den Verzinsungszeitraum einbezogen wird. Die Verzinsung beginnt ab dem folgenden Tag.
- Ein Monat wird in der kaufmännischen Zinsrechnung stets mit 30 Tagen berechnet.
- Fällt der Beginn oder das Ende eines Verzinsungszeitraums auf den 31. Tag eines Monats ist dieser für die Berechnung durch den 30. Tag zu ersetzen.
- Das Jahr hat somit 360 Tage. Daher wird in der Formel auch durch 360 geteilt.

9 LIQUIDITÄT SICHERN UND FINANZIERUNG VORBEREITEN

BEISPIELE

Die Hoffmann KG liefert am 3. Februar Hemden im Wert von 10.000,00 € an die Grotex GmbH. In der mit der Ware übersandten Rechnung wird vereinbart, dass die Zahlung 14 Tage nach Erhalt fällig ist. Bis zum 23. April wurde kein Geldeingang festgestellt.
Die Forderung war am 17. Februar fällig. Somit ist die Grotex GmbH auch ohne Mahnung ab dem 18. Februar im Verzug.
Die Berechnung der Zinstage ergibt einen Verzinsungszeitraum von 66 Tagen.

Für die Berechnung der Zinstage kann man folgendes Schema anwenden:

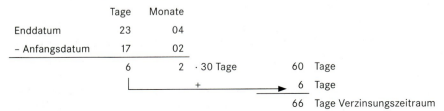

Bei der Anwendung ist Folgendes zu beachten:
- als Anfangsdatum stets das Fälligkeitsdatum bzw. den Tag vor dem Verzugsbeginn einsetzen und nicht das Datum des Verzugs selbst
- sollte Anfangs- oder Enddatum am 31. Tag eines Monats liegen, so ist dieser durch den 30. Tag zu ersetzen
- negative Ergebnisse werden bei der Berechnung der Tage abgezogen

Fallen Anfangs- und Enddatum in verschiedene Kalenderjahre, so kann das Schema ebenfalls angewendet werden. Es ist eine weitere Spalte in die Berechnung aufzunehmen, in welcher die Jahre voneinander abgezogen werden. Hier können entweder die richtigen Jahreszahlen (z. B. „2017" und „2018"), oder fiktive Jahreszahlen (z. B. „00" für Anfangsjahr und „01" für Folgejahr, in welchem der Zinslauf endet) eingesetzt werden. Die Jahre werden ebenfalls voneinander abgezogen. Das Ergebnis wird dann mit 360 multipliziert.

BEISPIELE

Die Hoffmann KG hat das Geld von der Grotex GmbH auch bis zum 9. Januar des Folgejahres nicht erhalten. Nun soll anwaltlich gemahnt werden. Die Verzugszinsen für das Aufforderungsschreiben berechnen sich wie folgt:

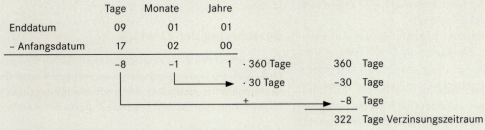

Die Berechnung der Verzugszinsen ergibt sich dann wie folgt:

$$z = \frac{10.000,00\ € \cdot 8,17 \cdot 322}{36.000} = 730,76\ €$$

Die Hoffmann KG fordert nun also 10.730,76 € von der Grotex GmbH.

Bonitätsprüfungen zur Vermeidung von Zahlungsverzügen

Ein ganz wichtiges Instrument des Forderungsmanagements ist die **Bonitätsprüfung**. Ein Unternehmen sollte diese durchführen, wenn es Kredite vergibt. Um ihre Absatzchancen zu vergrößern, bieten Lieferanten ihren potentiellen Kunden z. B. oft ein Zahlungsziel ein. Dies bedeutet, sie gewähren dem Abnehmer ihrer Waren einen Lieferantenkredit.

9.2 WIR PRÜFEN DEN ZAHLUNGSVERZUG UND BERECHNEN VERZUGSZINSEN

BEISPIELE

Die Hoffmann KG bietet in einem Angebot der Ambiente Warenhaus AG die folgende Zahlungskondition an: „90 Tage Ziel, bei Zahlung innerhalb von zehn Tagen zwei Prozent Skonto". Die Ambiente Warenhaus AG bekommt damit für 90 Tage einen Kredit eingeräumt. Sollte sie aber innerhalb von zehn Tagen bezahlen, darf sie sich zwei Prozent Skonto abziehen.

Wenn Kredite vergeben werden, besteht jedoch immer das Risiko ein, dass dieser nicht oder nur teilweise zurückgezahlt wird. Deshalb sollte vor einer Kreditvergabe eine Bonitätsprüfung vorgenommen werden.

Untersucht wird bei der Bonitätsprüfung:

- **Die Kreditfähigkeit des Kreditnehmers**
  Kontrolliert wird, ob der Kreditnehmer den Kreditvertrag rechtswirksam abschließen kann. Bei juristischen Personen (Personengesellschaften oder Kapitalgesellschaften) wird deshalb geprüft, wer zur Kreditaufnahme befugt ist. Ist der Kreditnehmer eine natürliche Person, wird festgestellt, ob diese unbeschränkt geschäftsfähig ist.

- **Die Kreditwürdigkeit des Kreditnehmers**
  Geprüft wird auch die Fähigkeit – und voraussichtliche Bereitschaft - des Kreditnehmers, für einen zur Verfügung gestellten Kredit anschließend vereinbarungsgemäß Zahlungen für Zinsen und Tilgung vornehmen zu können. Die Kreditwürdigkeit wird beeinflusst von persönlichen Eigenschaften des Kreditnehmers und dessen sachlichen Voraussetzungen.

- **Sicherheiten des Kreditnehmers**
  Für den Fall, dass es trotz gegebener Kreditfähigkeit und Kreditwürdigkeit zu Problemen bei der Rückzahlung des Kredites kommen sollte, wird oft auch noch festgestellt, ob der Kreditnehmer über Sicherheiten verfügt.

Im Rahmen der Bonitätsprüfung können eine oder mehrere der folgenden Vorgehensweisen angewendet werden:

- **Die eigene Prüfung**
  Es wird in den im Unternehmen vorliegenden Unterlagen geschaut, ob sich dort positive oder negative Informationen über die Kreditwürdigkeit des Kreditnehmers ergeben. Da im Fall einer Kreditaufnahme ein berechtigtes Interesse vorliegt, kann das Unternehmen auch öffentliche Register wie das Handelsregister, das Genossenschaftsregister oder das Grundbuch einsehen.

- **Selbstauskunft**
  Soll einen Kreditvertrag abgeschlossen werden, kann der Kreditgeber den Kreditnehmer auffordern, eine Selbstauskunft zu geben. Dazu füllt er i.d.R. einen vom Kreditgeber vorbereiteten Fragebogen mit gezielten Fragen zur Vermögenssituation aus. Die Antworten sollten nach Möglichkeit mit entsprechenden Belegen nachgewiesen werden.

- **Bankauskunft**
  Der Kreditgeber kann sich auch an die Hausbanken seines Kunden wenden: Auch Banken können Auskunft über die wirtschaftlichen Verhältnisse eines ihrer Kunden, seine Kreditwürdigkeit und Zahlungsfähigkeit geben. Über Privatkunden dürfen Banken nur Auskünfte erteilen, wenn diese allgemein oder im Einzelfall ausdrücklich zugestimmt haben. Eine Bank ist – meistens in den AGB festgehalten - berechtigt, über juristische Personen und Kaufleute Bankauskünfte zu erteilen. Dies gilt aber nicht, wenn eine anders lautende Anordnung ihres Kunden vorliegt. In diesem Fall gilt das Bankgeheimnis: Nur mit Einwilligung des Kunden dürfen Informationen weitergegeben werden.
  Die Bankauskunft umfasst normalerweise nur allgemeine Angaben: Die Kreditinstitute müssen gegenüber ihren Kunden einerseits das Bankgeheimnis beachten, andererseits sind sie aber den Anfragenden gegenüber bei unrichtigen Auskünften schadensersatzpflichtig.

- **Informationen durch professionelle Wirtschaftsauskunfteien**
  Oft wenden sich Unternehmen im Rahmen einer Bonitätsprüfung auch an Wirtschaftsauskunfteien. Dies sind Firmen, die sich darauf spezialisiert haben, wichtige wirtschaftliche Daten von Unternehmen zu sammeln.

BEISPIELE

Bekannte Wirtschaftsauskunfteien sind u.a. „Creditreform", „Bürgel", „Schufa", „Deltavista"

Bei berechtigten Interesse - und dies liegt bei einer Kreditaufnahme vor – dürfen entsprechende Informationen über den Kreditnehmer an den möglichen Kreditgeber verkauft werden.

9 LIQUIDITÄT SICHERN UND FINANZIERUNG VORBEREITEN

BEISPIELE

Die Hoffmann KG möchte die Bonität des Kunden Alfred E. Neumann überprüfen. Von einer damit beauftragten Wirtschaftsauskunftei erhält sie die folgende Auskunft:

Rechtsform	Einzelfirma
Gründung	01.04.2004 als Gewerbebetrieb 01.03.2005 als Einzelfirma
Handelsregister	02.04.2005 AG Braunschweig HRA502
Inhaber	Alfred E. Neumann, Kaufmann, geb. 01.10.1977, kinderlos verheiratet mit Edith, geb. Weit, geb. 15.03.1980, Hamburger Str. 6, 38108 Braunschweig
Allgemeines	Schreinerei, Innenausbau Handel mit Möbeln und Fertigteilen Firma arbeitet vorwiegend für Großkunden, wie Behörden, Kirchen, Körperschaften öffentlichen Rechts Betriebsräume Hildesheimer Str. 66, 38108 Braunschweig, Größe ca. 160 qm, Monatsmiete ca. 1.000,00 €
Mitarbeiter	3 Angestellte, 10 Facharbeiter
Jahresumsatz	2015 ca. 1,5 Mio €, 2014 ca. 1,4 Mio €, Umsatzerwartung 2016 ca. 1,8 Mio €
Immobilien	keine
Aktiva	Betriebseinrichtung ca. 80.000,00 € Material- und Warenlager ca. 30.000,00 € Außenstände ca. 50.000,00 €
Passiva	Lieferantenverbindlichkeiten ca. 20.000,00 €
Anmerkung	Wohnhaus Hamburger Str. 6, 38108 Braunschweig, Eigentum der Ehefrau, Verkehrswert ca. 250.000,00 €, Belastung ca. 100.000,00 € Überprüfung der Angaben zum Immobilieneigentum durch Grundbucheinsicht nicht möglich
Banken	Stadtsparkasse Braunschweig
Zahlung	innerhalb vereinbarter Ziele
Kredit	Höchstkredit 20.000,00 €

Im Normalfall wird eine Haftung bei falsch erteilten Auskünften ausgeschlossen.

Bonität	Ausfallwahrscheinlichkeit	Bonitätsindex
ausgezeichnet	0,10 %	100 – 149
sehr gut	0,44 %	150 – 200
gut	0,99 %	201 – 250
mittel	1,87 %	251 – 300
angespannt	6,94 %	301 – 350
sehr schwach	17,27 %	351 – 499
massive Zahlungsverzüge	–	500
harte Negativmerkmale	–	600

Bei den Bonitätsprüfungen der Banken und der professionellen Wirtschaftsauskunfteien erfolgt die Einstufung des Kreditantragstellers in so genannte Bonitätsstufen. Sie drücken in absteigender Rangfolge das Risiko eines späteren Zahlungsausfalls aus.
Als Beispiel hier die Bewertungsskala des Wirtschaftsauskunftsunternehmens „Creditreform".

AUFGABEN

1. Was versteht man unter einer Nicht-Rechtzeitig-Zahlung?

2. Die Hoffmann KG vermisst einen Zahlungseingang der Hampe KG, Textilgroßhandel, Südstraße 6, 06132 Halle.
   a) Welche Voraussetzungen müssen gegeben sein, damit die Hampe KG sich im Zahlungsverzug befindet?
   b) Welche Rechte kann die Hoffmann KG bei einem Zahlungsverzug gegenüber der Hampe KG geltend machen?

3. Muss in den folgenden Fällen gemahnt werden?
   a) „zahlbar bis Ende Juli"
   b) „zahlbar sofort"
   c) „zahlbar bis zur 20. Kalenderwoche"

4. Die Hoffmann KG besteht gegenüber der Hampe KG auf Zahlung. Welche Kosten können beim Schadensersatz wegen Verzögerung der Zahlung geltend gemacht werden?

5. Wie hoch sind die gesetzlichen Verzugszinsen bei
   a) bürgerlichen Käufen,
   b) einseitigen Handelskäufen,
   c) zweiseitigen Handelskäufen?

9.2 WIR PRÜFEN DEN ZAHLUNGSVERZUG UND BERECHNEN VERZUGSZINSEN

6. Die Hoffmann KG hat 500 Herrenanzüge an die Firma Wolfgang Mehlert e. Kfm, Textileinzelhandel, Böhmerstr. 5, 60437 Frankfurt geliefert. Der Zugang der Rechnung dort erfolgt am 14. Februar 20… Stellen Sie für die folgenden Situationen fest, ab wann sich die Firma Wolfgang Mehlert in Zahlungsverzug befindet.
   a) Die Rechnung der Hoffmann KG enthält die Formulierung „zahlbar sofort". Am 22. Februar hat die Hoffmann KG eine Mahnung versandt.
   b) Die Rechnung der Hoffmann KG enthält die Formulierung „zahlbar sofort". Es wird keine Mahnung versandt.
   c) Die Rechnung der Hoffmann KG enthält die Formulierung „Zahlung bis spätestens 3. März".

7. Svenja Ambroß kauft am 1. Februar ein Notebook bei der Notebooks-günstiger GmbH. Als Zahlungsbedingung wurde „Zahlung sofort nach Rechnungserhalt" vereinbart. Am 11. Februar tritt Svenja ihren fünfwöchigen Kuraufenthalt an der Ostsee an. Am 12. Februar wird in ihren Briefkasten die Rechnung eingeworfen. Am 19. März ist Svenja aus dem Urlaub zurück. Prüfen Sie, ob bereits ein Zahlungsverzug vorliegt.

8. Berechnen Sie für die folgenden Sachverhalte die gesetzlichen Verzugszinsen des Unternehmers:
   a) Forderung gegenüber Privatperson über 25.000,00 € wird für 93 Tage verzinst.
   b) Forderung gegen einen Unternehmer über 25.000,00 € wird für 93 Tage verzinst.
   c) Forderung aus zweiseitigem Handelskauf über 134.000,00 € wird über einen Zeitraum von 212 Tagen verzinst.
   d) Forderung in Höhe von 2.350,00 € gegen einen industriellen Großkunden wird über 101 Tage verzinst.
   e) Forderung gegenüber dem Endkunden Lodders über 450,00 € wird über 45 Tage verzinst.

9. Berechnen Sie für die folgenden Sachverhalte die Zinstage.
   a) Verzinsung vom 17. März bis zum 23. November
   b) Verzinsung vom 2. März bis zum 26. Juli
   c) Verzinsung vom 2. April bis zum 17. Mai
   d) Verzinsung vom 31. März bis zum 9. November
   e) Verzinsung vom 27. November bis zum 14. April
   f) Verzinsung vom 7. Januar bis zum 13. März
   g) Verzinsung vom 6. Juni bis zum 31. Dezember
   h) Verzinsung vom 9. August bis zum 13. Februar des übernächsten Jahres

10. Die Hoffmann KG hat gegenüber der Adlatus GmbH eine Forderung über 10.500,00 €. Die Forderung war am 7. Juli fällig. Am 23. Oktober wird die Forderung im Rahmen einer Mahnung inklusive Verzugszinsen geltend gemacht. Berechnen Sie die Verzugszinsen.

11. Die Hoffmann KG hat gegenüber der ELKO AG eine Forderung über 37.300,00 €. Die Forderung war am 4. Januar fällig. Am 13. Mai wird die Forderung im Rahmen einer Mahnung inklusive Verzugszinsen geltend gemacht. Berechnen Sie die Verzugszinsen.

12. Gegenüber der STOLCO eG hat die Hoffmann KG aus einer Lieferung eine Forderung über 9.800,00 €. Die Lieferung erfolgte am 2. März. In den Zahlungsbedingungen war ein Zahlungsziel von 20 Tagen angegeben. Am 13. April wurde eine Mahnung zugestellt. Bis zum 18. August konnte noch kein Geldeingang festgestellt werden. Es soll nun kaufmännisch gemahnt werden inklusive gesetzlicher Verzugszinsen. Berechnen Sie die Verzugszinsen.

13. Die Holzhäuser GmbH & Co. KG befindet sich seit dem 11. November mit einer Zahlung von 112.000,00 € im Verzug. Am 23. Februar des Folgejahres soll die Mahnung inklusive gesetzlicher Verzugszinsen geschrieben werden. Berechnen Sie die Verzugszinsen.

AKTIONEN

1. a) Ermitteln Sie auf der Internetadresse der Bundesbank (www.bundesbank.de) den aktuellen Basiszinssatz der Deutschen Bundesbank.
   b) Berechnen Sie daraufhin die momentan gültigen Zinssätze für Verzugszinsen bei:
      - bürgerlichen Käufen
      - einseitigen Handelskäufen
      - zweiseitigen Handelskäufen

2. Erstellen Sie eine Mindmap, die alle wichtigen Inhalte des Themas Nicht-Rechtzeitig-Zahlung zusammenfasst.

9 LIQUIDITÄT SICHERN UND FINANZIERUNG VORBEREITEN

ZUSAMMENFASSUNG

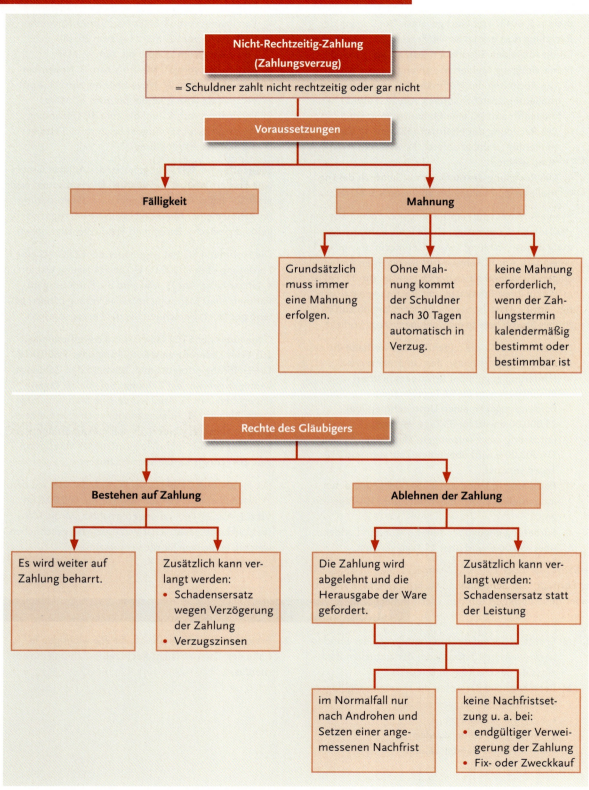

9.3 Wir mahnen kaufmännisch, um Forderungsausfälle zu verhindern

Einstieg

Heute in der Rechnungswesenabteilung der Hoffmann KG:

Frau Bertram:
„Hallo Carolin, haben Sie mal die Offene-Posten-Liste durchgeguckt? Irgendetwas auffällig?"

Carolin Saager:
„Eigentlich alles in Ordnung, bis auf eine Forderung. Die Firma Söffgen OHG – Rechnungsdatum war vor 14 Tagen – hat noch nicht gezahlt. Es geht immerhin um einen Betrag von 3.476,00 €. Müssen wir da jetzt eine Klage vorbereiten?"

Frau Bertram:
„Nein, da machen wir erst einmal etwas anderes."

1. Stellen Sie fest, warum die Hoffmann KG zunächst nicht den Klageweg einschlägt.

2. Machen Sie Vorschläge, wie die Hoffmann KG vorgehen könnte, um an den ausstehenden Geldbetrag zu kommen.

INFORMATIONEN

Außergerichtliches Mahnverfahren

Leistet ein Schuldner absichtlich oder versehentlich eine Zahlung trotz Fälligkeit nicht, wird ein Gläubiger ihm in der Regel im Rahmen des außergerichtlichen Mahnverfahrens Mahnungen schicken.

Im kaufmännischen Geschäftsleben hat sich die Praxis bewährt, ein oder mehrere Mahnschreiben in abgestufter Form an den Schuldner zu verschicken. Man möchte dabei den säumigen Kunden (der die Rechnung ja vielleicht nur versehentlich verlegt hat) nicht durch sofortiges gerichtliches Vorgehen verärgern. Stattdessen wird er zunächst mehr, dann etwas weniger höflich an seine Zahlungspflicht erinnert.

Ziel der Mahnung ist es, einerseits den Schuldner rechtlich in Verzug zu setzen und andererseits schnell und kostengünstig den Schuldner zur Zahlung zu bringen.

Zu beachten bei einer Mahnung ist: Eine Mahnung ist grundsätzlich formfrei. Sie kann schriftlich, mündlich oder auch durch schlüssiges Verhalten erfolgen. Zu empfehlen ist aus Beweissicherungsgründen jedoch immer, die Mahnung in schriftlicher Form abzugeben.

Damit klar ist, was der Gläubiger anmahnt, sollte eine schriftliche Mahnung nach Möglichkeit folgende Punkte enthalten:

- Datum und Nummer der Rechnung
- gegebenenfalls Datum und Nummer des Lieferscheins
- Zahlungsziel

Mahnung

DEFINITION

Eine **Mahnung** ist eine einseitige, empfangsbedürftige Willenserklärung. Sie fordert den Schuldner auf, die fällige Zahlung zu leisten.

9 LIQUIDITÄT SICHERN UND FINANZIERUNG VORBEREITEN

Ablauf des außergerichtlichen Mahnverfahrens

Das außergerichtliche Mahnverfahren wird oft angewandt in den Fällen, in denen der Schuldner sich auch ohne Mahnung in Verzug befindet. Dabei möchte man z. B. schon seit längerem bestehende gute Geschäftsbeziehungen nicht belasten. Befindet sich der Schuldner bei einer fälligen Forderung noch nicht in Verzug, ist gesetzlich eine Mahnung notwendig, damit die Rechte aus einer Nicht-Rechtzeitig-Zahlung in Anspruch genommen werden können.

Für das außergerichtliche Mahnverfahren gibt es kein allgemeingültiges Schema. Typisch für ein kaufmännisches Vorgehen sind jedoch drei Mahnungen.

Zahlungserinnerung

Die Zahlungserinnerung ist die erste Mahnung. Der Schuldner wird höflich darauf hingewiesen, dass die ausstehende Rechnung noch nicht beglichen wurde.

Der Gläubiger bittet den Schuldner, die Forderung zu begleichen. Für den Fall, dass die Rechnung auf dem Postweg verloren gegangen sein sollte oder beim Kunden versehentlich verlegt wurde, sollte der Zahlungserinnerung eine Kopie der Rechnung beigelegt werden.

Ausdrückliche Mahnung

Ist nach der Zahlungserinnerung kein Zahlungseingang zu verzeichnen, sollte an den Schuldner eine zweite Mahnung verschickt werden: die ausdrückliche Mahnung. Diese ist eindeutig formuliert. Es wird nachhaltig zum Ausdruck gebracht, dass die Zahlung verlangt wird. Oft wird auch schon eine Zahlungsfrist angegeben.

Verschärfte Mahnung

Reagiert der Schuldner auf die zweite Mahnung nicht, wird häufig noch eine verschärfte Mahnung geschickt. Als letzte Mahnung droht der Gläubiger dem säumigen Zahler die Einleitung weiterer rechtlicher Schritte an. Dies können sein:
- Beauftragung eines Inkassoinstituts,
- Einschaltung eines Rechtsanwalts,
- Übergang in das gerichtliche Mahnverfahren,
- Klage zur Zahlung des ausstehenden Betrags.

Bei der verschärften Mahnung werden dem Schuldner oft auch die schon angefallenen Kosten in Rechnung gestellt.

Einige Unternehmen versuchen manchmal noch vor oder nach der dritten Mahnung den überfälligen Betrag durch Postnachnahme einzuziehen.

9 LIQUIDITÄT SICHERN UND FINANZIERUNG VORBEREITEN

Hoffmann KG
seit 1949

Hoffmann KG | Goseriede 41 | 30159 Hannover

Söffgen OHG
Bergstr. 11
51503 Rösrath

Hoffmann KG | Goseriede 41 | 30159 Hannover
Telefon | 0551 4155-0
Telefax | 0551 4155-10
Internet | www.hoffmann-kg-wvd.de
E-Mail | info@hoffmann-kg-wvd.de

Ihr Zeichen, Ihre Nachricht vom

Unser Zeichen, unsere Nachricht vom
re-be ..-07-15

Telefon, Name
0511 4155-
52 Martina Bertram

Datum
..-08-01

Letzte Mahnung: Rechnung 2010140632 vom 14. Juni d. J.

Sehr geehrte Damen und Herren,

trotz einer Zahlungserinnerung vom 28. Juni und einer Mahnung vom 15. Juli wurde unsere Rechnung 2010140632 vom 14. Juni leider immer noch nicht beglichen.

Wir fordern Sie daher letztmals auf, die Zahlung des Rechnungsbetrags in Höhe von 3.476,00 € zuzüglich 15,00 € Mahnkosten spätestens bis zum 15. August d. J. vorzunehmen.

Sollte nach diesem Termin bei uns kein Zahlungseingang zu verzeichnen sein, werden wir unverzüglich gerichtliche Schritte ergreifen.

Mit freundlichen Grüßen

Hoffmann KG

Martina Bertram

Martina Bertram

AUFGABEN

1. Was versteht man unter dem außergerichtlichen Mahnverfahren?
2. Warum wendet ein Unternehmen das außergerichtliche Mahnverfahren an?
3. In welcher Form kann gemahnt werden?
4. Wodurch unterscheiden sich die drei typischen Mahnstufen?
5. Ab welchem Zeitpunkt gerät der Schuldner beim außergerichtlichen Mahnverfahren spätestens in Verzug (wenn der Zahlungstermin nicht genau festgelegt ist)?
   a) mit der 3. Mahnung
   b) mit 2. Mahnung
   c) mit der 1. Mahnung
   d) mit der Postnachnahme
   e) mit dem Mahnbescheid

6. Geben Sie an, welche Art Mahnung bei dem jeweiligen Auszug aus einem Mahnschreiben vorliegt.
   a) „... Leider haben Sie unser Schreiben vom 19.01. nicht beachtet. Der Rechnungsbetrag von 1.376,80 € ist seit dem 12.01. überfällig. Wir fordern Sie daher auf, den fälligen Rechnungsbetrag bis zum 01.03. zu begleichen ..."
   b) „... bei Durchsicht unserer Konten mussten wir feststellen, dass noch die folgende Rechnung trotz einer Zahlungserinnerung vom 03.01. sowie einer Mahnung vom 01.02. zur Zahlung offensteht: Rechnung vom 18.11. über die Lieferung von 100 Jeans. Zahlungstermin für den Betrag von 4.250,00 € war der 15.12. Zusätzlich sind uns Mahnkosten von 24,98 € entstanden, die wir Ihnen jetzt ebenfalls in Rechnung stellen. Wegen unserer langjährigen guten Geschäftsbeziehungen setzen wir Ihnen einen letzten Zahlungs-

9.3 WIR MAHNEN KAUFMÄNNISCH, UM FORDERUNGSAUSFÄLLE ZU VERHINDERN

termin. Sollte bis dahin nicht gezahlt werden, werden wir gerichtlich gegen Sie vorgehen ..."

c) „... Wir haben großes Verständnis dafür, wenn bei der täglichen Hektik die pünktliche Bezahlung einer Rechnung beziehungsweise die Rechung selbst einmal übersehen wird. Daher erinnern wir Sie heute an die Begleichung des Rechnungsbetrags über 4.500,00 €. In der Anlage befindet sich zu Ihrer Information eine Kopie der Rechnung. Wir bitten Sie, den fälligen Betrag von 4.500,00 € in den nächsten Tagen zu überweisen ..."

AKTIONEN

1. Die Hoffmann KG hat eine Forderung gegenüber der Firma
   Ivakno GmbH
   Schützenwiese 34
   31139 Hildesheim
   in Höhe von 2.448,00 €. Grundlage dafür ist die Rechnung 214078 vom 12.04. des Jahres. Spielen Sie mithilfe eines Textverarbeitungsprogramms das außergerichtliche Mahnverfahren durch. Erstellen Sie in diesem Zusammenhang alle drei Mahnungen, die im Rahmen des außergerichtlichen Mahnverfahrens normalerweise an den Schuldner geschickt werden.

2. Hat eine verschärfte Mahnung keinen Erfolg, versuchen einige Unternehmen, den fälligen Betrag über Postnachnahme oder die Einschaltung eines Inkassounternehmens einzutreiben.
   Informieren Sie sich im Internet über diese beiden Maßnahmen. Erstellen Sie ein Wandplakat, das die beiden Maßnahmen vorstellt.

ZUSAMMENFASSUNG

9.4 Wir wenden das gerichtliche Mahnverfahren an, um die Liquidität zu sichern

Einstieg

Frau Bertram:
„Hat die Söffgen OHG eigentlich auf die dritte Mahnung reagiert?"

Carolin Saager:
„Nein, die dort gesetzte Frist ist abgelaufen."

Frau Bertram:
„Tja, dann wird es jetzt so richtig ernst ..."

Stellen Sie fest, welche zwei Möglichkeiten die Hoffmann KG hat, um den Zahlungsanspruch durchzusetzen.

INFORMATIONEN

Alternativen: gerichtliches Mahnverfahren – Zahlungsklage

Hat das kaufmännische Mahnverfahren gegenüber einem säumigen Schuldner keinen Erfolg gehabt, gibt es für das Unternehmen noch zwei Möglichkeiten, das zustehende Geld einzutreiben:

- Das Unternehmen erhebt vor Gericht Klage gegen den Schuldner. Einen Prozess vorzubereiten kostet Zeit, und man benötigt in der Regel einen Rechtsanwalt. Es fallen zunächst einmal Kosten an.
- Das Unternehmen leitet ein gerichtliches Mahnverfahren ein.

Das gerichtliche Mahnverfahren ist ein einfaches Verfahren, um einen Zahlungsanspruch durchzusetzen. Hierbei wird der Schuldner durch das Gericht aufgefordert, den Forderungsbetrag zu begleichen. Dabei ist ein Gericht zwar für die Durchführung des Mahnverfahrens sachlich zuständig. Es finden jedoch

- weder eine Prüfung, ob die Forderung des Gläubigers zu Recht besteht,
- noch eine Beweiserhebung statt.

Dadurch wird im Normalfall das gerichtliche Mahnverfahren schneller und kostengünstiger als eine aufwendige Klage. Es empfiehlt sich vor allem dann, wenn mit keinen Einwänden des Schuldners gerechnet wird.

Ziel des gerichtlichen Mahnverfahrens ist es, für den Gläubiger einen Vollstreckungstitel zu erhalten.

Mit diesem kann er den offenstehenden Geldbetrag durch einen Gerichtsvollzieher eintreiben lassen.

Kann dagegen damit gerechnet werden, dass der Schuldner Einwendungen macht, sollte überlegt werden, ob nicht die Klage der direktere und damit schnellere Weg ist.

Sämtliche Kosten für das Erwirken eines gerichtlichen Mahnbescheids sind in voller Höhe vom Schuldner zu tragen, vorausgesetzt, dass

- die Forderung berechtigt ist,
- der Schuldner sich in Zahlungsverzug befindet und
- nicht zahlungsunfähig ist.

Voraussetzungen des gerichtlichen Mahnverfahrens

Um ein gerichtliches Mahnverfahren durchführen zu können, müssen bestimmte Voraussetzungen beachtet werden:

- Es dürfen nur Zahlungsansprüche auf eine bestimmte Geldsumme geltend gemacht werden.
- Der Betrag der Geldsumme muss auf Euro lauten. Geldforderungen in ausländischer Währung müssen durch Klage geltend gemacht werden. Dies gilt auch für Zinsforderungen aus Verbraucherdarlehensverträgen.
- Der Anspruch muss fällig sein.
- Der Anspruch darf nicht abhängig sein von einer nicht erbrachten Gegenleistung.

9.4 WIR WENDEN DAS GERICHTLICHE MAHNVERFAHREN AN, UM DIE LIQUIDITÄT ZU SICHERN

Einleitung des gerichtlichen Mahnverfahrens

Ein Unternehmen, das ein gerichtliches Mahnverfahren einleiten möchte, muss sich – z. B. im örtlichen Schreibwarenhandel oder auch bei Fachverlagen – zunächst einmal einen Vordruck für einen Antrag auf Erlass eines Mahnbescheids besorgen. Dem Antrag, der zwingend zu verwenden ist, liegen Ausfüllhinweise bei.

Der Antragsteller füllt das offizielle Formular vollständig aus.

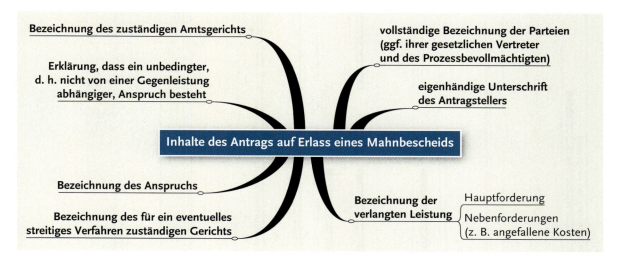

Der ausgefüllte Vordruck ist beim Amtsgericht des Antragstellers abzugeben. Davon abweichend haben die Landesregierungen einiger Bundesländer die Verordnung erlassen, dass Mahnbescheide ausschließlich von bestimmten, eigens damit beauftragten Amtsgerichten bearbeitet werden dürfen.

> Mittlerweile kann der Antrag auf Erlass eines Mahnbescheids auch online gestellt werden. Dazu wird der Antrag im Internet ausgefüllt und anschließend elektronisch an das zuständige Mahngericht geschickt. Notwendig ist dazu allerdings eine qualifizierte elektronische Signatur.

Wird der Mahnbescheid beantragt, muss der Antragsteller Gebühren zahlen, die sich nach der Höhe der offenen Forderung richten. Der Gläubiger erhält vom Gericht eine Kostenrechnung.

Ablauf des gerichtlichen Mahnverfahrens

Liegen nach Abgabe des Antrags auf Erlass eines Mahnbescheids alle formellen Voraussetzungen vor, wird der Mahnbescheid vom zuständigen Amtsgericht unverzüglich erlassen und dem Schuldner förmlich durch die Post zugestellt. Es findet dabei keine Prüfung statt, ob dem Gläubiger der geltend gemachte Anspruch auch tatsächlich zusteht.

Vonseiten des Schuldners, dem eine zweiwöchige Widerrufsfrist eingeräumt wird, sind nun drei Reaktionen denkbar:

Schuldner zahlt
Der Schuldner bezahlt innerhalb der 14 Tage die komplette Forderung. Das gerichtliche Mahnverfahren hat seinen Zweck erfüllt. Der Zahlungsanspruch ist durchgesetzt.

Schuldner reagiert nicht
Reagiert der Schuldner innerhalb der Widerspruchsfrist von zwei Wochen nicht (beziehungsweise verspätet), kann der Gläubiger beim zuständigen Amtsgericht einen Vollstreckungsbescheid beantragen. Dies muss er allerdings innerhalb einer Frist von sechs Monaten nach Zustellung des Mahnbescheids machen.

Das Amtsgericht wird dann auf der Grundlage des durch den Schuldner nicht angefochtenen Mahnbescheids einen Vollstreckungsbescheid erlassen. Dies ist ein Vollstreckungstitel, mit dem das Zwangsvollstreckungsverfahren eingeleitet werden kann. Damit erfüllt das gerichtliche Mahnverfahren auch hier seinen Zweck.

Den Vollstreckungsbescheid schickt das Amtsgericht an die im Mahnbescheid angegebene Adresse. Der Vollstreckungsbescheid kann innerhalb von zwei Wochen teilweise oder im Ganzen schriftlich und ohne Begründung angefochten werden: Das Verfahren wird an das zuständige Prozessgericht abgegeben.

Reagiert aber der Schuldner weiterhin nicht, kann die Zwangsvollstreckung eingeleitet werden.

LF 9   9 LIQUIDITÄT SICHERN UND FINANZIERUNG VORBEREITEN

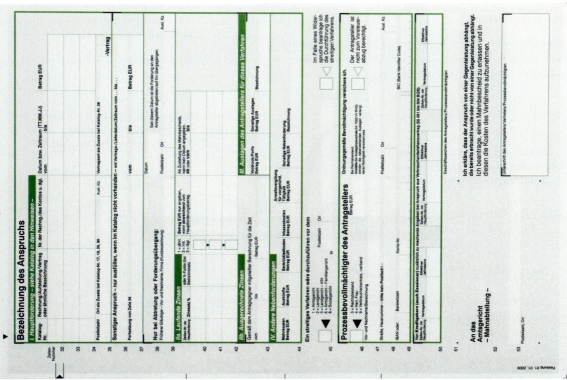

Antragsformular auf Erlass eines Mahnbescheids – Rückseite

Antragsformular auf Erlass eines Mahnbescheids – Vorderseite

9.4 WIR WENDEN DAS GERICHTLICHE MAHNVERFAHREN AN, UM DIE LIQUIDITÄT ZU SICHERN

Schuldner legt Widerspruch ein

Der Schuldner legt Widerspruch ein. In der Regel wird dies mit dem Vordruck für das Einlegen eines Widerspruchs, der dem Mahnbescheid beiliegt, gemacht. Der Widerspruch muss nicht begründet werden. Beginn der zweiwöchigen Widerspruchsfrist ist die Zustellung des Mahnbescheids. Sollte danach noch kein Vollstreckungsbescheid erlassen worden sein, ist auch ein späterer Widerspruch ausnahmsweise noch wirksam.

Wurde rechtswirksam Widerspruch eingelegt, kann jede der beiden Parteien die Durchführung des streitigen Verfahrens beantragen. Das für das Mahnverfahren zuständige Amtsgericht gibt dann den Rechtsstreit an das zuständige Prozessgericht ab. Dieses fordert den Gläubiger innerhalb von zwei Wochen auf, seinen Zahlungsanspruch zu begründen. Der Schuldner kann sich hier gegen die Forderung mit sachlichen Argumenten wehren.

AUFGABEN

1. Dominik Schlote meint: „Manchmal ist es bei einem Zahlungsverzug sinnvoll, zunächst einmal mit dem kaufmännischen Mahnverfahren sanft zu mahnen." Beurteilen Sie diese Aussage.

2. Was ist das gerichtliche Mahnverfahren?

3. Welche Vorteile hat das gerichtliche Mahnverfahren gegenüber einer Klage?

4. In welchem Fall sollte – um ausstehende Geldbeträge einzutreiben – gleich Klage eingereicht werden?

5. Führen Sie die Voraussetzungen des gerichtlichen Mahnverfahrens auf.

6. Auf welche Weise kann der Antrag auf Erlass eines Mahnbescheids beim Amtsgericht gestellt werden?

7. Was muss der Antrag auf Erlass eines Mahnbescheids enthalten?

8. Wie lang ist die Widerspruchsfrist nach Zustellung des Mahnbescheids?

9. Welche drei Reaktionen sind nach Zustellung des Mahnbescheids denkbar?

10. Was geschieht, wenn der Schuldner beim gerichtlichen Mahnverfahren innerhalb von zwei Wochen dem Mahnbescheid des Gläubigers widerspricht?
    a) Der Gläubiger kann einen Vollstreckungsbescheid beantragen.
    b) Das strittige Verfahren wird vor Gericht durchgeführt.
    c) Der Gläubiger kann die Zwangsvollstreckung beantragen.
    d) Es geschieht nichts.
    e) Das Gericht zwingt den Schuldner zur Zahlung des Betrags.

11. Welche Aussage trifft auf das gerichtliche Mahnverfahren zu?
    a) Das gerichtliche Mahnverfahren wird immer von einem Landgericht durchgeführt.
    b) Die Hoffmann KG als Antragsteller muss dem zuständigen Gericht nachweisen, dass sein Anspruch zu Recht besteht.
    c) Wenn der Schuldner der Hoffmann KG gegen den Mahnbescheid Widerspruch erhebt, kann die Hoffmann KG die Zustellung eines Vollsteckungsbescheids beantragen.
    d) Wenn der Schuldner der Hoffmann KG nichts gegen den Vollstreckungsbescheid unternimmt, kann eine Zwangsvollstreckung durchgeführt werden.

12. Die Milchreit GmbH hat mehrere Rechnungen der Hoffmann KG nicht gezahlt. Obwohl im Rahmen des außergerichtlichen Mahnverfahrens drei Schreiben an den Schuldner gingen, hat dieser bisher nicht gezahlt. Bei der Hoffmann KG wird entschieden, einen Antrag auf Erlass eines Mahnbescheids zu stellen.
    a) Wo muss der Antrag gestellt werden?
    b) Die Milchreit GmbH legt nach Zustellung des Mahnbescheids Widerspruch ein. Welche Folgen hat dies?

9 LIQUIDITÄT SICHERN UND FINANZIERUNG VORBEREITEN

AKTIONEN

1. Berechnen Sie mithilfe der Internetadresse www.mahngerichte.de/verfahrenshilfen/kostenrechner.htm die Kosten für einen Mahnbescheid, wenn das gerichtliche Mahnverfahren selbst durchgeführt wird, für eine ausstehende Forderung in Höhe von:
   a) 500,00 €
   b) 5.000,00 €

2. Ermitteln Sie mithilfe der Internetadresse aus der Aktion 1 die Höhe der Gesamtkosten, wenn mit der Durchführung des Verfahrens ein Rechtsanwalt beauftragt wird.

ZUSAMMENFASSUNG

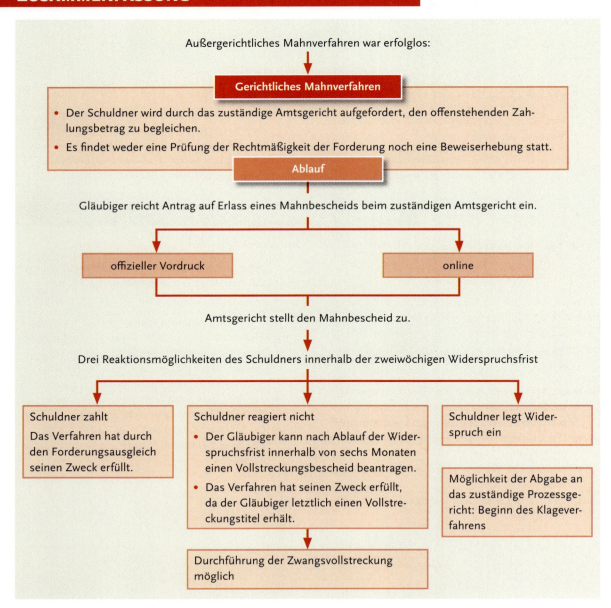

9.5 Wir lassen eine Zwangsvollstreckung durchführen

Einstieg

Carolin Saager:
„Jetzt haben wir ja im Rahmen des gerichtlichen Mahnverfahrens einen Vollstreckungsbescheid gegenüber der Söffgen OHG. Wie kommen wir denn jetzt endlich an unser Geld?"

Frau Bertram:
„Eigentlich sind wir nur noch zwei Schritte vor unserem Geld. Wir müssen bestimmte Voraussetzungen prüfen. Liegen diese vor, müssen wir eine passende Zwangsvollstreckungsmaßnahme auswählen und beantragen."

Carolin Saager:
„Na, dann schauen wir doch mal …"

1. Stellen Sie fest, welche Voraussetzungen vorliegen müssen, damit ein Zwangsvollstreckungsverfahren eingeleitet werden kann.
2. Führen Sie mögliche Zwangsvollstreckungsmaßnahmen auf.
3. Erläutern Sie, welche Maßnahme ergriffen werden kann, wenn das Zwangsvollstreckungsverfahren erfolglos blieb.

INFORMATIONEN

Ist ein Schuldner zahlungsunwillig, kann er letztlich mit Maßnahmen der Zwangsvollstreckung gezwungen werden, doch zu zahlen.

DEFINITION
Die **Zwangsvollstreckung** ist ein staatliches Verfahren zur zwangsweisen Durchsetzung von Leistungsansprüchen.

Dabei wird mit Machtmitteln des Staates auf Vermögenswerte des Schuldners zugegriffen. Diese werden zugunsten des Gläubigers verwertbar gemacht oder verwertet. Der Staat besitzt hierzu ein Vollstreckungsmonopol: Nur er darf dazu Gewalt anwenden.

Voraussetzungen

Um als Gläubiger das Zwangsvollstreckungsverfahren durchführen zu können, sind drei Voraussetzungen nötig:

- ein Vollstreckungstitel
- eine Vollstreckungsklausel
- die Zustellung des Vollstreckungstitels

Vollstreckungstitel

Der Gläubiger muss sich zunächst einen Vollstreckungstitel beschaffen. Dies ist eine gerichtlich bestätigte Urkunde, aus der hervorgeht, dass einer Person ein Anspruch auf Zahlung zusteht, aber eventuell auch auf:

- eine Handlung
  BEISPIEL

  Ein Schuldner zahlt nicht. Er wird gezwungen, einen unter Eigentumsvorbehalt stehenden Artikel herauszugeben.

- Unterlassung
  BEISPIEL

  Eine Person wird gezwungen, beleidigende Äußerungen in Zukunft nicht mehr abzugeben.

- Duldung
  BEISPIEL

  Ein Unternehmen weigert sich, Kontrolleuren einer Aufsichtsbehörde Zugang zu den Betriebsräumen zu gewähren. Mit einem Vollstreckungstitel kann sie gezwungen werden, dies zuzulassen.

Als Vollstreckungstitel gelten u. a.:
- Vollstreckungsbescheide im Rahmen des gerichtlichen Mahnverfahrens[1]
- rechtskräftige oder für vorläufig vollstreckbar erklärte Endurteile
- in bestimmten Fällen auch Teil-, Versäumnis-, Anerkenntnis- und Vorbehaltsurteile (§ 704 Absatz 1 ZPO)
- gerichtliche Vergleiche
- notarielle Urkunden
- Kostenfestsetzungsbeschlüsse
- bestandskräftig gewordene Zahlungsaufforderungen von Behörden

Vollstreckungsklausel

Ein Vollstreckungstitel muss zusätzlich – dies trifft nur auf den Vollstreckungsbescheid und einige wenige Ausnahmen nicht zu – eine Vollstreckungsklausel enthalten. Diese bezeugt das Bestehen des Vollstreckungstitels. Nur mit ihr entsteht eine vollstreckbare Ausfertigung des Vollstreckungstitels, mit der das Zwangsvollstreckungsverfahren betrieben werden kann.

> **BEISPIEL**
>
> Eine Vollstreckungsklausel könnte lauten:
> „Vorstehende Ausfertigung wird der Hoffmann KG zum Zwecke der Zwangsvollstreckung erteilt."

Man erhält die Vollstreckungsklausel, indem man
- bei der Stelle, die den Vollstreckungstitel erlassen hat, die Erteilung der Vollstreckungsklausel auf den Vollstreckungstitel beantragt.
- bereits vorher – z. B. in der Klageschrift – die Erteilung einer vollstreckbaren Ausfertigung (nebst Zustellvermerk) beantragt.

Zustellung des Vollstreckungstitels

Damit der Schuldner noch eine letzte Chance hat, dem Anspruch nachzukommen, muss fast jeder Vollstreckungstitel dem Schuldner vor der Vollstreckung zugestellt werden. Die Zustellung wird als ein gesonderter Schritt angesehen, der nicht mit anderen Vollstreckungshandlungen kombiniert werden kann.

Bei den meisten Vollstreckungstiteln darf mit der Zwangsvollstreckung erst begonnen werden, wenn seit der Zustellung an den Schuldner zwei Wochen vergangen sind. Eine Ausnahme ist die Vollstreckung durch den Gerichtsvollzieher.

---

[1] siehe Kap. 9.10

> **BEISPIEL**
>
> Gerichtsvollzieher Hansen hat einen Vollstreckungstitel zugestellt. Unmittelbar nach der Zustellung kann er mit der Zwangsvollstreckung beginnen, ohne dass es dadurch zu einer großen zeitlichen Verzögerung kommt.

Vollstreckungsmaßnahmen

Der Gläubiger hat verschiedene Möglichkeiten, wie er das Zwangsvollstreckungsverfahren betreiben möchte, wenn die Voraussetzungen erfüllt sind.

Pfändung beweglicher Sachen

Der Gläubiger kann die Pfändung beweglicher Sachen des Schuldners beim zuständigen Amtsgericht beantragen. Dieses beauftragt einen Gerichtsvollzieher, der sich zum Wohnort beziehungsweise Sitz des Schuldners begibt. Der Gerichtsvollzieher fordert dort den Schuldner zur Zahlung auf. Zahlt dieser wider Erwarten, wird ihm der Vollstreckungstitel ausgehändigt. Zahlt er dagegen nicht, wird die Pfändung durchgeführt.

Trifft der Gerichtsvollzieher den Schuldner nicht an, fordert er diesen auf, sich mit ihm in Verbindung zu setzen. Gleichzeitig hinterlässt der Gerichtsvollzieher eine Nachricht, dass er beim nächsten Besuch – wenn der Gläubiger dies beantragt – sich gewaltsam, eventuell mit Unterstützung von Polizei und Schlüsseldiensten, Zugang zu den Räumen verschaffen wird.

Bei der Pfändung beweglicher Sachen nimmt der Gerichtsvollzieher Gegenstände, über die der Schuldner die tatsächliche Verfügungsgewalt hat, in Besitz. Geld und Wertsachen des Schuldners werden mitgenommen. Andere Sachen können zwar zunächst noch beim Schuldner bleiben, an ihnen wird aber ein Pfandsiegel angebracht.

> Die Pfandsiegelmarke darf nie eigenmächtig entfernt werden. Dies ist strafbar, auch wenn der Schuldner beziehungsweise der rechtmäßige Eigentümer die Pfändung für unrechtmäßig hält.

Verwertet werden die mitgenommenen beziehungsweise gepfändeten Sachen später meist durch Versteigerung. Der sich daraus ergebende Betrag wird dem Gläubiger ausgehändigt. Gepfändete Geldbeträge werden dem Gläubiger direkt übergeben.

9.5 Wir lassen eine Zwangsvollstreckung durchführen

Der Gerichtsvollzieher muss beachten, dass

- nicht mehr gepfändet wird, als es zur Befriedigung des Gläubigers und zur Deckung der Kosten der Zwangsvollstreckung erforderlich ist;
- bestimmte Sachen von der Pfändung ausgeschlossen sind.

BEISPIEL

Zum Schutz der wirtschaftlichen Existenz und unter Berücksichtigung der sozialen Belange des Schuldners sehen die Gesetze Ausnahmen von der Pfändbarkeit vor. Nicht gepfändet werden dürfen Sachen, die dem persönlichen Gebrauch oder dem Haushalt dienen, wie z. B.:
- Kleidungsstücke
- Möbel
- Kühlschrank
- Fernsehgerät
- Wäsche
- Betten
- Nahrungsmittel
- Haustiere

Höherwertige Sachen, die unpfändbar sind, können jedoch im Wege der sogenannten Austauschpfändung durch geringwertige Gegenstände ersetzt werden.

Der PC des Büroarbeitsplatzes kann als Grundlage der wirtschaftlichen Existenz nicht gepfändet werden.

Lohnpfändung

Eine offene Forderung kann auch im Zuge der Lohnpfändung eingetrieben werden. Dazu wird beim Amtsgericht, in dem der Schuldner seinen Sitz hat, ein entsprechender Antrag gestellt. Das Amtsgericht lässt dann sowohl dem Schuldner als auch dessen Arbeitgeber den Pfändungs- und Überweisungsbeschluss zukommen. Der Arbeitgeber muss dann so lange Geldbeträge an den Gläubiger abführen, bis dessen Forderung einschließlich Zinsen und Kosten ausgeglichen ist. Der Arbeitgeber muss aber nicht den gesamten Lohn abführen: ein gewisser Betrag muss dem Schuldner bleiben, damit er seinen Lebensunterhalt bestreiten kann. Wie hoch diese Pfändungsfreigrenze ist, hängt von der jeweiligen Situation des Schuldners ab (unterhaltsberechtigter Ehegatte, Kinder).

Kontopfändung

Ähnlich wie eine Lohnpfändung funktioniert auch eine Kontopfändung. Hauptunterschied ist, dass die Zahlungen nicht vom Arbeitgeber, sondern von der Bank des Schuldners an den Gläubiger erfolgen.

Forderungspfändungen

Es können alle weiteren Forderungen und Ansprüche des Schuldners gepfändet werden.

BEISPIELE

- Sozialansprüche
- Ansprüche aus Lebensversicherungen
- Steuererstattungsansprüche
- Anteile an Gesellschaften

Pfändung unbeweglicher Vermögensgegenstände

Unbewegliche Vermögensgegenstände wie z. B. Grundstücke, Wohnungen, Häuser können entweder mit Zwangshypotheken belegt oder zwangsversteigert werden. Ebenfalls möglich ist die Anordnung der Zwangsverwaltung.

Eidesstattliche Versicherung

Ist eine Zwangsvollstreckungsmaßnahme erfolglos gewesen, hat der Gläubiger noch die Möglichkeit, beim zuständigen Gerichtsvollzieher zu beantragen, dass der Schuldner eine eidesstattliche Versicherung abgibt. Diese ähnelt in verschiedenen Punkten dem früheren „Offenbarungseid". Dieser Begriff wird heute häufig noch umgangssprachlich verwendet, obwohl er nicht ganz korrekt ist. Mit der eidesstattlichen Versicherung soll die Offenlegung des Vermögens des Schuldners erzwungen werden, um dem Gläubiger die erfolgreiche Zwangsvollstreckung zu erleichtern.

Der Schuldner muss einen mehrseitigen Vordruck – das sogenannte *Vermögensverzeichnis* – ausfüllen und die Richtigkeit und Vollzähligkeit seiner Angaben an Eides statt versichern. Vorsätzliche und fahrlässige Falschangaben sind strafbar: Sie gelten als Meineide und werden mit Gefängnis bestraft.

Falls der Schuldner die eidesstattliche Versicherung nicht freiwillig abgibt, kann das Amtsgericht auf Antrag des Gläubigers einen Haftbefehl erlassen. Die Haft dauert so lange, bis die eidesstattliche Versicherung abgegeben wird, jedoch maximal sechs Monate.

Nach Abgabe der eidesstattlichen Versicherung wird der Schuldner grundsätzlich für drei Jahre beim zuständigen Amtsgericht im Schuldnerverzeichnis geführt. Für den Schuldner bedeutet dies einen Riesennachteil: Er verliert endgültig seine Kreditwürdigkeit.

BEISPIEL

Kreditauskunfteien wie z. B. creditreform oder die Schufa werten die Schuldnerverzeichnisse bundesweit aus und geben die Informationen an ihre Mitglieder oder Kunden weiter.

Die Löschung des Eintrags im Schuldnerverzeichnis erfolgt taggenau automatisch nach drei Jahren. Der Schuldner kann vorher eine Löschung beantragen, wenn er die Befriedigung desjenigen Gläubigers nachweist, der die eidesstattliche Versicherung veranlasst hatte.

AUFGABEN

1. Was ist eine Zwangsvollstreckung?
2. Beurteilen Sie die folgende Meinung: „Falls einer meiner Schuldner nicht zahlt, beauftrage ich ein russisches Unternehmen zum Forderungseinzug, das eine Zweigstelle in Berlin hat. Deren Vertreter fackeln nicht lang und holen mit Gewalt die mir zustehenden Beträge."
3. Führen Sie Beispiele für einen Vollstreckungstitel auf.
4. Was ist Aufgabe der Vollstreckungsklausel?
5. Was passiert, wenn der Schuldner bei der Pfändung beweglicher Sachen doch noch zahlt?
6. Wie läuft die Pfändung beweglicher Sachen ab?
7. Was muss im Zusammenhang mit Pfandsiegeln beachtet werden?
8. Auf welche Arten kann die Pfändung unbeweglicher Sachen erfolgen?
9. Bei Jan Verstraaten taucht der Gerichtsvollzieher auf. Als er einen 9.000,00 € teuren Fernseher pfänden möchte, weist Jan Verstraaten auf die Notwendigkeit aktueller Informationen für seine beruflichen Chancen hin. Welche Möglichkeit hat hier der Gerichtsvollzieher?
10. Unterscheiden Sie Lohn- und Kontopfändung.
11. Was ist eine Pfändungsfreigrenze?
12. Was ist Aufgabe einer eidesstattlichen Versicherung?

AKTIONEN

1. Ein Unternehmer nimmt bei einem Arbeitnehmer eine Lohnpfändung vor. Dieser hat eine Frau und zwei Kinder. Sein bereinigtes Nettoeinkommen beträgt 2.499,00 €. Berechnen Sie mithilfe der Internetadresse www.sozialleistungen.info/con/themen/pfaendungstabelle.html, wie viel Euro gepfändet werden können.
2. Bearbeiten Sie den Inhalt dieses Kapitels zur Zwangsvollstreckung mit der Methode des Gruppenlesens.

Warum hat Ihre Lehrkraft diese Aktion mit dieser Methode ausgewählt?
Das Gruppenlesen (auch *reziprokes Lesen* genannt) ist eine Methode, mit der durch das gewählte Vorgehen
- einerseits die Texte besser verstanden werden, als wenn sie allein bearbeitet werden,
- andererseits die Inhalte der Texte besser behalten werden (dafür sorgt die aktive Auseinandersetzung mit dem Text in der Gruppe), als wenn sie nur einmal kurz gelesen werden.

9.5 WIR LASSEN EINE ZWANGSVOLLSTRECKUNG DURCHFÜHREN

a) Bilden Sie aus drei Personen bestehende Gruppen.
b) Die drei Personen werden abwechselnd – parallel zu den Abschnitten des Textes – die Gruppenleitung übernehmen.
c) Die erste Person, die die Gruppenleitung übernimmt, sorgt dafür, dass der erste Abschnitt in Einzelarbeit still gelesen wird.
d) Anschließend sorgt die Gruppenleitung für folgendes Vorgehen:

- Die Gruppenleitung fragt nach schwierigen Wörtern beziehungsweise gegebenenfalls nach Sätzen, die nicht verstanden wurden. Zusammen in der Gruppe wird versucht, die Erklärung zu finden.
- Das zweite Gruppenmitglied stellt Fragen zu den verschiedenen Inhalten des Abschnitts. Die anderen Gruppenmitglieder beantworten diese.
- Das dritte Gruppenmitglied fasst den Inhalt des Abschnitts kurz zusammen.
- Da nun ein neuer Absatz ansteht, wechselt die Gruppenleitung.

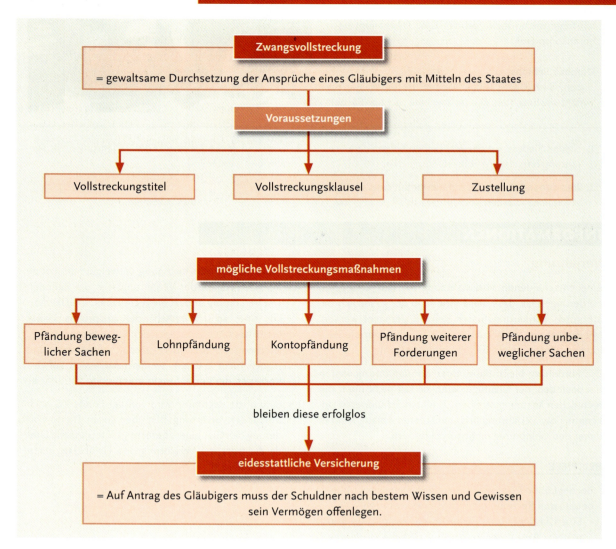

9.6 Wir beachten Verjährungsfristen

Einstieg

Dominik Schlote unterhält sich während der Pause in der Berufsschule mit Sven Lakenmacher, der seine Ausbildung in der Lohde KG macht.

Dominik Schlote:
„Und? Was gibt es bei euch Neues?"

Sven Lakenmacher:
„Wir haben gerade mal wieder ein Problem. Obwohl wir das kaufmännische Mahnverfahren angewandt haben, hat ein Textileinzelhändler seit dem 11. Juli 2012 nicht gezahlt – und jetzt haben wir den 14. Dezember 2015! Ich frage mich, ob wir an das Geld überhaupt noch herankommen?"

Dominik Schlote:
„Doch, da hat man Möglichkeiten. Ihr müsst nur die Verjährung beachten. Das ist aber eine wichtige Sache!"

1. Stellen Sie fest, welche rechtlichen Folgen eine Verjährung hat.
2. Berechnen Sie den Beginn der Verjährung.
3. Wie kann der Endzeitpunkt der Verjährung herausgeschoben werden?

INFORMATIONEN

Verjährung

Eine entscheidende Voraussetzung für den Erhalt von Forderungen ist, dass diese innerhalb der gesetzlich bestimmten Verjährungsfristen geltend gemacht werden. Mit Eintritt der Verjährung kann der Schuldner die Zahlung von Forderungen berechtigt verweigern.

Die Forderung bleibt dabei trotz der Verjährung weiterhin bestehen, der Gläubiger kann sie nur nicht mehr mit rechtlichen Mitteln eintreiben. Zahlt ein Schuldner in Unkenntnis der Verjährungsfrist nach deren Ablauf, kann er daher den Geldbetrag nicht zurückfordern.

BEISPIELE

Bei der Lohde KG sind durch ein Versehen eines Mitarbeiters drei Rechnungen nicht bezahlt worden.
- Eine Gläubigerfirma versucht, mit rechtlichen Mitteln vor Ablauf der Verjährungsfrist die Forderung einzutreiben: Da die Verjährung noch nicht eingetreten ist, wird ihr dies gelingen.
- Bei einer zweiten Rechnung verweigert die Lohde KG nach Ablauf der Verjährungsfrist die Zahlung: Die Verjährung ändert die rechtliche Durchsetzbarkeit eines an sich bestehenden Anspruchs. Daher bleibt der Anspruch gegen den Schuldner bestehen, auch wenn er verjährt ist. Der Schuldner muss ihn jedoch nicht erfüllen, sondern kann sich auf das Vorliegen der Verjährung berufen.
- Eine dritte Rechnung wird von der Lohde KG nach Ablauf der Verjährungsfrist überwiesen: Da die Forderung des Gläubigers berechtigt war, kann die Lohde KG trotz der Verjährung den Geldbetrag nicht zurückfordern.

9.6 Wir beachten Verjährungsfristen

Verjährungsfristen

Regelmäßige Verjährungsfrist von drei Jahren

Die regelmäßige Verjährungsfrist ist eine gesetzliche Vorschrift. Sie beträgt drei Jahre und gilt grundsätzlich für alle Ansprüche des täglichen Lebens, soweit diese nicht anderweitig geregelt sind. Es gibt dabei keinen Unterschied zwischen Kaufleuten und Privatpersonen.

BEISPIELE

- Lieferansprüche aus Kaufverträgen
- Lieferansprüche aus Werkverträgen
- Ansprüche auf Erfüllung aus Aufträgen
- Ansprüche auf Erfüllung aus Dienstleistungsverträgen
- Zahlungsansprüche aus sämtlichen Verträgen

Die dreijährige Verjährungsfrist beginnt mit dem Ende des Jahres, in dem der Anspruch entstanden ist.

BEISPIEL

Die Hoffmann KG liefert der Spindler KG am 15.06.2011 Waren im Wert von 1.678,00 €, die sie am 15.07. in Rechnung stellt. Trotz dreier Mahnungen am 15.09, 15.10 und 15.11 erfolgt keine Zahlung.

Die Verjährungsfrist beginnt am 31.12.2011 (24:00 Uhr) und endet am 31.12.2014 (24:00 Uhr).

In Ausnahmefällen kann die regelmäßige Verjährung zehn oder 30 Jahre dauern. Dies ist der Fall, wenn

- es erst Jahre später in zumutbarer Weise möglich war zu erfahren, dass eine Forderung überhaupt existiert;
- trotz Durchführung zumutbarer Maßnahmen der Schuldner nicht ermittelbar war.

Besondere Verjährungsfristen

Zu der regelmäßigen Verjährungsfrist von drei Jahren gibt es viele Ausnahmen.

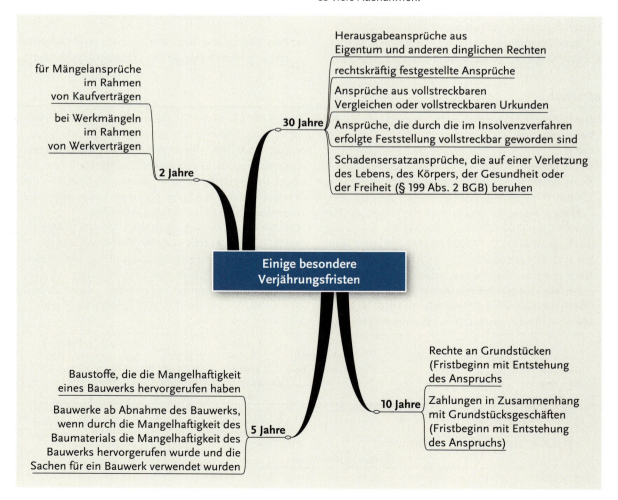

Hemmung und Neubeginn der Verjährung

Hemmung und Neubeginn der Verjährung führen zu einem Hinausschieben des Endzeitpunkts der Verjährung.

Hemmung der Verjährung

Durch bestimmte Ereignisse kann die Verjährung gehemmt werden. Das bedeutet, dass die Verjährung gewissermaßen pausiert: Bei der Hemmung kommt die Verjährung also durch einen Hemmungsgrund zu einem Stillstand. Nach Wegfall des Hemmungsgrunds läuft die Verjährung weiter. Die Zeit, während der die Verjährung gehemmt war, wird nicht in die Verjährungsfrist eingerechnet.

Eine Hemmung endet sechs Monate nach
- rechtskräftiger Entscheidung oder
- anderweitiger Erledigung des eingeleiteten Verfahrens oder
- der letzten Verfahrenshandlung bei Stillstand wegen Nichtbetreiben des Verfahrens durch die Parteien.

Hemmungsgründe können sein:
- Klageerhebung
- Zustellung eines gerichtlichen Mahnbescheids
- Anmeldung des Anspruchs im Insolvenzverfahren
- Einreichung eines Antrags auf Prozesskostenhilfe
- Verhandlungen zwischen Schuldner und Gläubiger (dieser muss die Verhandlungen beweisen können)

Neubeginn der Verjährung

Der Neubeginn der Verjährung wurde früher oft auch Unterbrechung der Verjährung genannt: Hier wird die bereits verstrichene Frist – anders als bei der Hemmung – nicht berücksichtigt. Die zu Beginn des Ereignisses angelaufene Verjährungsfrist wird hinfällig. Die Verjährungsfrist beginnt komplett wieder von vorn zu laufen.

Gründe für den Neubeginn können sein:
- die Anerkenntnis des Anspruchs durch den Schuldner

> **BEISPIEL**
> - Abschlagszahlungen
> - Zinszahlungen
> - Leistung von Sicherheiten
> - Handlungen des Schuldners, die sich als Anerkennung der Forderungen deuten lassen

- Beantragung und Durchführung einer gerichtlichen beziehungsweise behördlichen Vollstreckungshandlung.

BEISPIELE

Die Hoffmann KG hat zweimal Waren verkauft, die nicht bezahlt wurden.

Fall 1:
Die Hoffmann KG hat am 17.06.2011 an die Firma Ria Knorr Boutique KG in Überlingen Waren im Wert von 1.200,00 € mit 30 Tagen Ziel geliefert. Da bis dahin kein Zahlungseingang zu verzeichnen ist, schickt die Hoffmann KG am 17.09.2011 eine Mahnung. Die Verjährungsfrist beginnt am 31.12.2011 (24:00 Uhr) und endet regulär am 31.12.2014 (24:00 Uhr).
Nach mehr als zwei Jahren entschließt sich die Hoffmann KG, das gerichtliche Mahnverfahren einzuleiten. Der Firma Ria Knorr Boutique KG wird am 01.04.2014 ein Mahnbescheid zugestellt. Damit beginnt die **Hemmung**.

Am 15.04.2014 bekommt die Hoffmann KG die Nachricht, dass Widerspruch eingelegt wurde. Da wegen organisatorischer Schwierigkeiten und interner Absprachprobleme die Angelegenheit bei der Hoffmann KG nicht weiterverfolgt wird, ist damit der 15.04.2014 die letzte Verfahrenshandlung. 6 Monate später endet die Hemmung, also am 15.10.2014 (24:00 Uhr).
Die Zeit der Hemmung dauerte 6,5 Monate (6 Monate nach Ende der letzten Verfahrenshandlung und die 14 Tage zwischen Mahnbescheidzustellung und Widerspruch). Diese Zeit wird nun zu dem Datum, an dem die Verjährung normalerweise endet, addiert. Damit tritt die Verjährung am 15.07.2015 (24:00 Uhr) in Kraft.

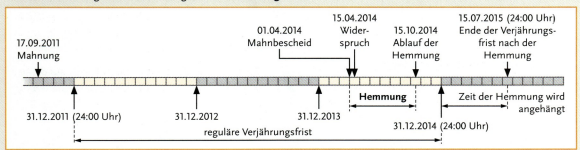

9.6 WIR BEACHTEN VERJÄHRUNGSFRISTEN

Fall 2:
Die Hoffmann KG hat am 23.06.2011 an die Firma Schneider Moden GmbH in Hildesheim Waren im Wert von 3.600,00 € mit 30 Tagen Ziel geliefert. Da bis dahin kein Zahlungseingang zu verzeichnen ist, schickt die Hoffmann KG am 18.09.2011 eine Mahnung. Die Verjährungsfrist beginnt am 31.12.2011 (24:00 Uhr) und endet regulär am 31.12.2014 (24:00 Uhr).

Am 02.05.2013 überweist Schneider Moden GmbH einen Teilbetrag von 900,00 €. Da dies als Anerkenntnis der Schuld zu werten ist, beginnt die Verjährungsfrist neu zu laufen. Es kommt zu einem **Neubeginn der Verjährung.** Die Verjährungsfrist beginnt nun nicht erst wieder mit dem 1. Januar des Folgejahres zu laufen, sondern unmittelbar nach dem Tag des Ereignisses, das zum Neubeginn der Verjährung geführt hat (03.05.2013). Die Verjährung endet am 02.05.2016.

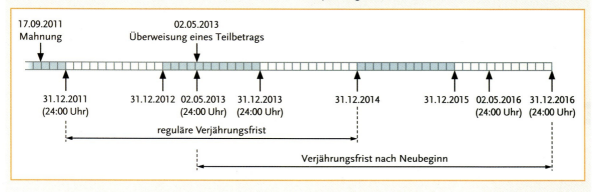

AUFGABEN

1. Welche rechtlichen Folgen hat eine Verjährung?
2. Wie lange dauert die regelmäßige Verjährungsfrist?
3. In welchen Fällen gilt die besondere Verjährungsfrist von 30 Jahren?
4. Die Hoffmann KG kauft am 27. März 2014 Waren ein. Ab wann tritt die Verjährung ein?
5. Die Hoffmann KG verkaufte am 7. April 2010 eine Lieferung Herrenanzüge an die Grotex GmbH. Da am 14. Juli 2012 noch kein Zahlungseingang zu verzeichnen ist, ergreift die Hoffmann KG den Klageweg. Am 20. Oktober 2012 wird die Grotex GmbH zur Zahlung rechtskräftig verurteilt. Wann ist die Forderung der Hoffmann KG verjährt?
6. Zwei wichtige Begriffe im Verjährungsrecht sind Hemmung und Neubeginn der Verjährung.
   a) Was haben die Hemmung und der Neubeginn gemeinsam?
   b) Wodurch unterscheiden sie sich?
7. Entscheiden Sie, ob in den folgenden Fällen eine Hemmung oder ein Neubeginn der Verjährung eintritt.
   a) Der Grotex GmbH wird ein Mahnbescheid zugestellt.
   b) Die Spindler KG zahlt überraschend einen Teil der ausstehenden Forderung.
   c) Die Firma Roswitha Warnke e. Kffr. bittet die Hoffmann KG um Stundung der Forderung in Höhe von 12.786,00 €.
   d) Die Rudolf Schmidt KG reicht Klage gegen die Emmermann Textil GmbH wegen ausstehender Zahlungen ein.
8. Die Boutique Bijou hat die am 12. September 2010 fällige Zahlung am 15. Dezember 2013 immer noch nicht bezahlt. An diesem Tag setzt sich Herr Hoffmann mit der Inhaberin der Boutique zusammen und verhandelt über die Zahlungsabwicklung. Man kann sich aber nicht einigen, sodass es am 15. März 2014 zu einem Abbruch der Verhandlungen kommt. Herr Hoffmann verlangt daraufhin die sofortige Zahlung aller ausstehenden Forderungen.

   Die Inhaberin der Boutique beruft sich auf die Verjährung: „Die Verjährungsfrist ist am 31. Dezember 2013 abgelaufen."
   Hat sie recht?

AKTIONEN

1. Suchen Sie sich drei Termine aus, an denen eine Forderung entstanden sein könnte.
   a) Stellen Sie fest, ab wann diese verjährt sind.
   b) Überprüfen Sie Ihre Lösung mit einem Verjährungsrechner:
   www.creditreform.de/Deutsch/Creditreform/Info-Center/Online-Rechner/verjaehrungsrechner.jsp

2. In dieser Aktion soll das gesamte Kapitel mithilfe der Fragenkettenmethode bearbeitet werden.
   a) Lesen Sie das Kapitel.
   b) Formulieren Sie eine Frage zu einem bestimmten Inhalt des Textes und halten Sie diese und die Antwort dazu schriftlich fest.
   c) Ihre Lehrkraft wählt einen Schüler aus, der seine Frage an die Klasse stellt.
   d) Der Mitschüler, der sich als erstes meldet, beantwortet die Frage. War die Antwort richtig, darf er seine Frage der Klasse vorstellen.
   e) Jeder Mitschüler, der einmal richtig geantwortet hat, braucht nicht mehr zu antworten.
   f) Hat jeder geantwortet, ist diese Unterrichtsphase beendet.

ZUSAMMENFASSUNG

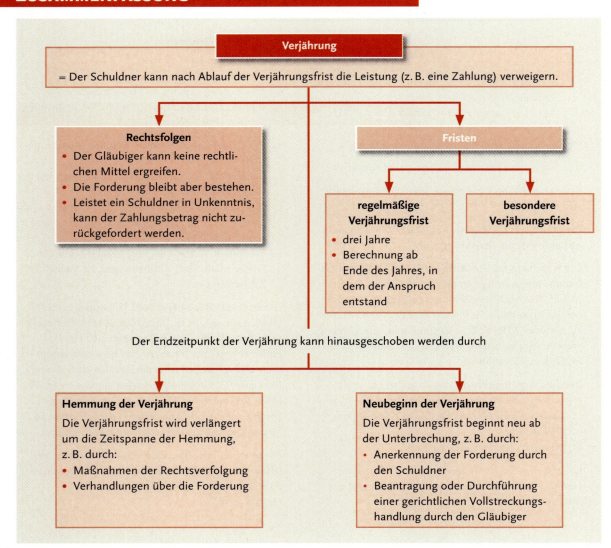

9.7 Wir sichern uns mit Factoringmaßnahmen gegen Forderungsausfälle ab

Einstieg

Am 15. August verkauft die Hoffmann KG Waren im Wert von 120.000,00 € an die Gero Schenke GmbH. Das Zahlungsziel beträgt 90 Tage.
Anschließend verkauft die Hoffmann KG die Forderung an das Factoringinstitut defacto GmbH.

1. Stellen Sie fest, was Factoring ist.
2. Erläutern Sie, welche Vorteile die Hoffmann KG durch den Verkauf der Forderung hat.

INFORMATIONEN

DEFINITION

Beim **Factoring** verkauft ein Unternehmen seine Forderungen gegen Kunden an eine spezielle Finanzierungsgesellschaft, den sogenannten Factor. Der Factor zahlt dem Unternehmen dafür sofort den Kaufpreis der Forderung abzüglich einer Factoringgebühr sowie oft auch eines Sicherheitseinbehalts.

Factoringvertrag

Der Factor schließt mit dem Factoringkunden zunächst einen Factoringvertrag, der normalerweise eine Laufzeit von ein bis zwei Jahren hat. In diesem verpflichtet sich der Factoringkunde, alle zukünftigen Forderungen dem Factor zum Kauf anzubieten.

Ablauf des Factorings

BEISPIEL

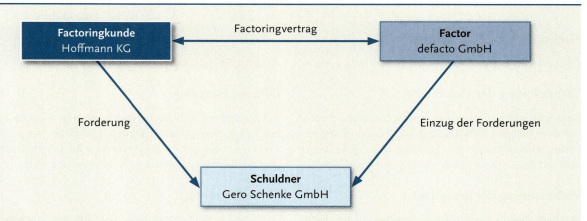

Die Hoffmann KG ist der sogenannte Factoringkunde. Er hat eine Forderung an seinen eigenen Kunden – die Gero Schenke GmbH – und verkauft diese an den Factor, die defacto GmbH.
Die defacto GmbH bezahlt der Hoffmann KG die Forderungen unter Abzug der Factoringgebühr und übernimmt für die Hoffmann KG die Aufgaben rund um die Forderungen, u. a. die Bonitätsprüfung der Gero Schenke GmbH.
Die Gero Schenke GmbH als Schuldner zahlt auf das in der Rechnung angegebene Konto des Factors, die defacto GmbH.

Der Factoringkunde nummeriert die Rechnungen fortlaufend und reicht sie in regelmäßigen Abständen beim Factor ein. Die Rechnungen enthalten einen Vermerk, dass nur an den Factor mit schuldbefreiender Wirkung gezahlt werden kann. Der Factor versendet die Rechnungen dann an die Schuldner weiter.

Innerhalb kurzer Zeit nach Einreichung der Rechnungen überweist der Factor dem Factorkunden zunächst zwischen 80 % und 90 % des Bruttorechnungsbetrags.

Der Restbetrag setzt sich aus der Factoringgebühr und dem Sicherheitseinbehalt zusammen.

- **Factoringgebühr**
  Diese Gebühr berechnet der Factor dem Factoringkunden für seinen Service sowie die damit verbundenen Kosten wie z. B.:
    - Kontoführung
    - Schriftverkehr
    - Inkasso
    - Zinskosten
    - Übernahme des Kreditrisikos

- **Sicherheitseinbehalt**
  Zudem behält der Factor einen gewissen Betrag des Forderungskaufpreises ein, um etwaige Preisnachlässe aufgrund von Mängeln, Reklamationen, Skonti, Rückgaben und Ähnlichem auszugleichen. Hat der Schuldner dem Factor dann die Rechnung bezahlt, überweist der Factor dem Factoringkunden den Sicherheitseinbehalt beziehungsweise das, was nach eventuellen Abzügen davon übrig geblieben ist.

Funktionen des Factorings

Das Factoring bringt einem Unternehmen viele Vorteile:

Verbesserung der Liquidität

Der Factor zahlt dem Unternehmen die Forderungen sofort – also vor Fälligkeit – aus. Dadurch erhält das Unternehmen einen größeren finanziellen Spielraum. Die eigene Bonität wird verbessert. Skonti können eher genutzt werden.

Verbesserung der Sicherheit

Mit dem Ankauf der Forderung übernimmt der Factor auch das Ausfallrisiko in voller Höhe. Diese Übernahme der Haftung für den Forderungsverlust durch Zahlungsunfähigkeit eines Drittschuldners nennt man Delkredere.

Die Übernahme des Delkredererisikos stellt für das Unternehmen eine Kreditsicherung dar. Im Gegensatz zu Kreditversicherungen zahlt der Factor dem Unternehmen im Falle eines Forderungsausfalls den gesamten Forderungsbetrag (abzüglich der Factoringgebühr und eventuellen Abzügen im Rahmen des Sicherheitseinbehalts).

Service

Über die Finanzierungs- und Sicherungsfunktion hinaus bietet der Factor noch eine ganze Reihe von Serviceleistungen. Hierzu gehören u. a.:

- Überwachen und Einziehen der Forderungen
- Führen der Debitorenbuchhaltung
- Übernahme des Mahn- und Inkassowesens
- Überprüfung der Bonität der Schuldner
  Factoringgesellschaften haben häufig ausgeklügelte und detaillierte Kundeninformationssysteme zur Überprüfung und Einschätzung der Schuldner.

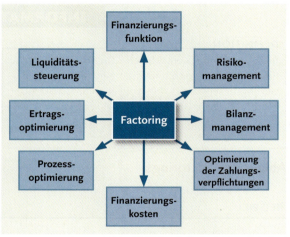

nach: www.commerzfactoring.de/de/basiswissenfactoring/vorteile_factoring/main.htm

Arten des Factorings

Offenes Factoring

In Deutschland wird überwiegend das offene Factoring praktiziert. Beim offenen Factoring-Verfahren wird der Schuldner über den Forderungsverkauf informiert. Dabei wird er aufgefordert, direkt an den Factor zu zahlen.

Stilles Factoring

Wird die Forderungsabtretung dem Debitor gegenüber nicht offengelegt, liegt das stille Factoring vor. Dadurch werden Irritationen zwischen Factoringkunden und Debitoren vermieden. Das Debitorenmanagement verbleibt damit zwar beim Factoringkunden. Dieser hat jedoch weiterhin eine 100%ige Ausfallabsicherung seiner verkauften Forderungen.

9.7 WIR SICHERN UNS MIT FACTORINGMASSNAHMEN GEGEN FORDERUNGSAUSFÄLLE AB

Echtes Factoring

Echtes Factoring bedeutet, dass der Factor das Ausfallrisiko (Delkredererisiko) übernimmt. Dies ist in Deutschland beim Factoring der Normalfall.

Unechtes Factoring

Wenn der Factor die Forderungen nur ankauft, liegt das unechte Factoring vor.

AUFGABEN

1. Was ist Factoring?
2. Wie heißen die beiden Parteien, die einen Factoringvertrag abschließen?
3. Erläutern Sie den Ablauf des Factorings.
4. Wie viel Prozent des Rechnungsbetrags bekommt der Factoringkunde sofort vom Factor ausgezahlt?
5. Welche Aufgaben übernimmt der Factor für den Factoringkunden?
6. Welchen Nutzen hat der Factoringkunde vom Factoring?
7. Die Grotex GmbH schließt am 1. März mit der NIFA GmbH einen Factoringvertrag ab. Gleichzeitig verkauft sie am 15. März Waren im Wert von 19.000,00 € an die Firma Adamski in Hildesheim mit einem Zahlungsziel von 120 Tagen.
   a) Stellen Sie fest, wer Factoringkunde, Factor und Schuldner ist.
   b) Welche Pflichten ergeben sich für die NIFA GmbH aus dem Factoringvertrag?
   c) Über welchen Betrag kann der Factoringkunde sofort verfügen?
   d) Warum wird nicht der gesamte Forderungsbetrag sofort überwiesen?

AKTIONEN

1. Gehen Sie zur Internetadresse http://www.bundesverband-factoring.de/ und bearbeiten Sie die folgenden Fragen:
   a) Was ist Factoring?
   b) Wer sind die Beteiligten am Factoring?
   c) In welcher Weise finanziert sich ein Unternehmen durch Factoring?
   d) Welche Leistungen werden von Factoringgesellschaften angeboten?
   e) Welche Vorteile ergeben sich beim Factoring?

2. Überlegen Sie ansatzweise, warum und wie in den beiden Fällen die Probleme der Unternehmen mit Factoring gelöst werden können.

   Fall 1: Großhandelsbetrieb
   Die Kontokorrentlinien bei zwei Banken sind dauerhaft vollständig ausgeschöpft (insgesamt 100.000,00 €). Zu einer Ausweitung ist keine der Banken bereit, da keine weiteren Sicherheiten zur Verfügung stehen. Die bisher bestehenden Forderungen sind im Rahmen einer Zession an eine der Banken abgetreten.
   Der Großhändler kann aufgrund seiner finanziellen Situation kein Skonto ziehen (bis zu 4 % bei Hauptlieferant) oder große Mengen (Mengenrabatt) einkaufen. Großaufträge seiner Kunden kann er nur nach Vorkasse ausführen, was bereits zu Verstimmungen geführt hat.

   Fall 2: Produktionsbetrieb
   Das Unternehmen hat volle Auftragsbücher und erzielt ansehnliche Margen. Durch das starke Wachstum werden jedoch mehr liquide Mittel benötigt, als derzeit über Bankkredite zur Verfügung stehen.
   Das Unternehmen bezieht einzelne Bauteile aus dem Ausland und muss hier Vorkasse leisten. Die Bank möchte keine weiteren Kredite mehr vergeben (Fachausdruck: Die Bank steht nicht mit einem Akkreditiv zur Verfügung), da dies einer Kreditausweitung entspräche.
   Bei Verhandlungen mit neuen Interessenten wird neuerdings über außerordentliche Nachlässe verhandelt. Das Unternehmen möchte jedoch keine Nachlässe einräumen.

3. Bearbeiten Sie den Inhalt dieses Kapitels zum Factoring mit der Methode des Gruppenlesens.
   a) Bilden Sie aus drei Personen bestehende Gruppen.
   b) Die drei Personen werden abwechselnd – parallel zu den Abschnitten des Textes – die Gruppenleitung übernehmen.
   c) Die erste Person, die die Gruppenleitung übernimmt, sorgt dafür, dass der erste Abschnitt in Einzelarbeit still gelesen wird.
   d) Anschließend sorgt die Gruppenleitung für folgendes Vorgehen:
      - Die Gruppenleitung fragt nach schwierigen Wörtern beziehungsweise gegebenenfalls nach Sätzen, die nicht verstanden wurden. Zusammen in der Gruppe wird versucht, die Erklärung zu finden.
      - Das zweite Gruppenmitglied stellt Fragen zu den verschiedenen Inhalten des Abschnitts. Die anderen Gruppenmitglieder beantworten diese.
      - Das dritte Gruppenmitglied fasst den Inhalt des Abschnitts kurz zusammen.
      - Da nun ein neuer Absatz ansteht, wechselt die Gruppenleitung.

Diese auch *reziprokes Lesen* genannte Methode hat gegenüber dem Lesen in der reinen Einzelarbeit verschiedene Vorteile: Durch diese Art der aktiven Auseinandersetzung mit dem Text wird der Text besser verstanden. Untersuchungen haben auch gezeigt, dass deutlich mehr Informationen behalten werden.

ZUSAMMENFASSUNG

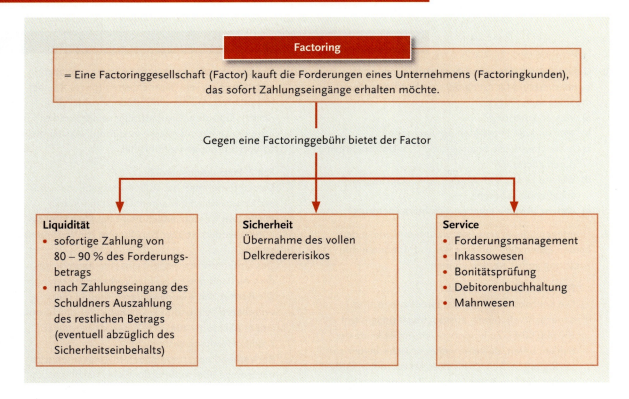

9.8 Wir gründen eine Einzelunternehmung

Einstieg

Herr Müller hat eine Erbschaft gemacht und verfügt über das notwendige Kapital für den Start in die Selbstständigkeit. Er mietet ein Ladenlokal in günstiger Lage, das er einzurichten beginnt. Für seinen Einstieg in die Selbstständigkeit hat er die Rechtsform der Einzelunternehmung gewählt.

Stellen Sie fest, durch welche Merkmale eine Einzelunternehmung gekennzeichnet ist.

INFORMATIONEN

DEFINITION

Eine **Einzelunternehmung** ist ein Unternehmen, dessen Eigenkapital von einer Person aufgebracht wird.

Diese Unternehmensform hat also nur einen Inhaber, der für die Unternehmung mit seinem ganzen Privatvermögen haftet. Da der Eigentümer daher das Unternehmensrisiko allein zu tragen hat, steht ihm als Ausgleich auch der gesamte erzielte Gewinn zu.

Der Eigentümer leitet die Einzelunternehmung sowohl im Innenbereich als auch in der Vertretung nach außen eigenverantwortlich. Er kann aber verschiedene Aufgaben der Geschäftsführung an von ihm dazu ermächtigte Personen (Handlungsbevollmächtigte oder Prokuristen) übertragen.

Seit 1. August 1998 müssen alle neu gegründeten im Handelsregister eingetragenen Unternehmen einen eindeutigen Rechtsformzusatz führen. Dies gilt auch für einen Einzelkaufmann oder eine Einzelkauffrau. Sie haben die Wahl, „e. K.", „e. Kfm." (eingetragener Kaufmann) oder „e. Kffr." (eingetragene Kauffrau) zu führen (§ 19 Abs. 1 HGB). Auch fantasievolle, werbewirksame und ins Auge springende Unternehmensnamen sind erlaubt.

BEISPIELE

Für die Einzelunternehmung Müller wäre also möglich:
„Heinz Müller e. Kfm."
„Heinz Müller e. K. – English Fashion Shop"
„Die feine englische Art e. K."

Die meisten Betriebe in der Bundesrepublik (ca. 90 %) sind Einzelunternehmungen. Sie beschäftigen aber nur ungefähr ein Drittel aller Arbeitnehmer. Es handelt sich dabei in der Regel um Kleinbetriebe mit wenigen Beschäftigten. Die Bedeutung dieser Unternehmungsform geht stark zurück.

Dies ist auch auf den Hauptnachteil der Einzelunternehmungen zurückzuführen. Ihre mangelnde Kapitalstärke bewirkt oft, dass notwendige Betriebsinvestitionen nicht durchgeführt werden können, die eventuell für die Zukunft des Unternehmens sehr wichtig sind. Ebenfalls negativ wirkt sich aus, dass das Geschick des Betriebs unlösbar mit dem Schicksal des Einzelunternehmers verbunden ist.

Die Einzelunternehmung hat aber auch Vorteile. Der Unternehmer kann seine Entscheidungen selbstständig, frei und vor allem schnell treffen. Das hat für das Marktgeschehen positive Auswirkungen. Der Einzelunternehmer ist unabhängig von kontrollierenden Organen und ist niemandem Rechenschaft schuldig. Es gibt auch keine Meinungsverschiedenheiten in der Geschäftsführung, wie es bei Gesellschaftsunternehmen häufig der Fall ist.

AUFGABEN

1. Durch welche Merkmale ist eine Einzelunternehmung gekennzeichnet?
2. Welche Vorteile bringt die Gründung einer Einzelunternehmung?
3. Wodurch könnte ein Unternehmer veranlasst sein, seine Einzelunternehmung in eine Gesellschaft umzuwandeln?
4. Welche Bedeutung hat die Einzelunternehmung?
5. Können Einzelunternehmungen folgendermaßen firmieren?
   a) „E. Surmann – Haushaltswaren"
   b) „Max Büsing – Spirituosen"
   c) „4812 – Parfümerie"
   d) „Gänseblümchen e. K."

AKTIONEN

1. Öffnen Sie folgende Website: http://www.existenzgruender.de/DE/Gruendungswerkstatt/Online-Training/eTraining-Rechtsformen/inhalt.html
   - Starten Sie das Programm Existenzgründungsberater-online.
   - Gehen Sie auf den Link *Rechtsformen*.
   - Erstellen Sie mit Word eine Tabelle nach folgendem Muster (Querformat):

Art der Rechtsform	wesentliche Merkmale	Vorteile	Nachteile

2. Überprüfen Sie Ihre „Qualitäten" als Unternehmer/als Unternehmerin. Rufen Sie dazu den Persönlichkeitstest „Sind Sie ein Unternehmertyp?" (Link unten) auf und bearbeiten Sie ihn.
http://www.existenzgruender.de/static/etraining/existenzgruendung/existenz/kapitel_2.html#kapitel-02-01

ZUSAMMENFASSUNG

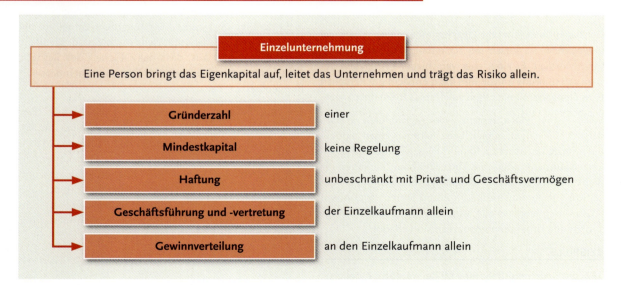

9.9 Wir kennen die Merkmale von Personengesellschaften

Einstieg

Das Unternehmen „Heinz Müller e. K. – English Fashion Shop" ist schnell sehr erfolgreich, und dementsprechend hoch wird die Arbeitsbelastung für Herrn Müller. Aus Gesprächen mit Kunden erfährt er, dass diese zu den hochwertigen Modeartikeln auch gern die passenden Schuhe kaufen möchten. Herr Müller überlegt also, sein Unternehmen auf eine breitere Kapitalbasis zu stellen und zusätzlich mit einer Abteilung für Schuhe zu ergänzen.

In dieser Situation trifft er zufällig Sigrid Kurz, die, nachdem sie mehrere Jahre in einem Schuhgeschäft gearbeitet hat, eine neue, anspruchsvolle Beschäftigung sucht. Da Frau Kurz sehr sparsam ist, verfügt sie über ein Kapital von 120.000,00 €.

Herr Müller schlägt Sigrid Kurz die Gründung einer offenen Handelsgesellschaft vor.

Stellen Sie fest, welche Überlegungen zur Gründung einer offenen Handelsgesellschaft führen.

INFORMATIONEN

Gesellschaften entstehen immer dann, wenn sich mindestens zwei Personen zur Erreichung eines genau bestimmten Zwecks zusammenschließen. Die Gründung erfolgt durch einen Gesellschaftsvertrag.

DEFINITION

Personengesellschaften sind dadurch gekennzeichnet, dass die persönliche Mitarbeit und Haftung der Unternehmer im Vordergrund stehen.

Der Zusammenschluss zu Personengesellschaften beruht auf dem persönlichen Vertrauen, das die einzelnen Gesellschafter einander entgegenbringen. Deshalb ist der Fortbestand einer Personengesellschaft grundsätzlich von der unveränderten Zusammensetzung des Personenkreises abhängig, der sich zu der Gesellschaft zusammengeschlossen hat. Das bedeutet u. a.: Im Zweifel endet die Gesellschaft mit dem Tod eines Gesellschafters, da sich grundsätzlich keiner der Gesellschafter gegen seinen Willen einen anderen Gesellschafter aufzwingen lassen muss.

Die Gründung einer Personengesellschaft erfordert einen geringen Kapitalbedarf und ist relativ einfach durchzuführen. Die Geschäftsführung ist auf einen oder mehrere Inhaber zugeschnitten. Kredite können wegen der persönlichen Haftung wenigstens einer Person leicht beschafft werden.

Offene Handelsgesellschaft

Ist die Kapitalgrundlage einer Einzelunternehmung zu schwach, kommt es oft zur Gründung einer offenen Handelsgesellschaft (abgekürzt OHG).

DEFINITION

Die **OHG** ist eine vertragliche Vereinigung von mindestens zwei Personen, die Eigenkapital zum Betrieb eines Handelsgewerbes zur Verfügung stellen. Alle Gesellschafter sind zur Geschäftsführung berechtigt und verpflichtet.

Gesellschafter und Haftung

Die Inhaber der OHG haften für die Verbindlichkeiten der Gesellschaft mit ihrem gesamten Privatvermögen und nicht nur mit ihren Anteilen am Gesellschaftsvermögen. Die Haftung ist also *unbeschränkt*. Darüber hinaus haftet jeder Gesellschafter *unmittelbar*. Die Gläubiger der OHG können jeden Gesellschafter daher direkt, ohne zuvor bei der Gesellschaft einen Ausgleich der Verbindlichkeiten gesucht zu haben, in Anspruch nehmen. Dabei liegt es im Ermessen der Gläubiger, ob ein Gesellschafter die Schulden der OHG in voller Höhe oder nur zu einem Teil begleichen soll. Jeder Gesellschafter haftet mit den anderen Gesellschaftern als Gesamtschuldner (*solidarische Haftung*).

Eine Regelung zur Beschränkung der Haftung ist zwar im Innenverhältnis möglich (Gesellschaftsvertrag), Dritten gegenüber (Außenverhältnis) jedoch unwirksam.

BEISPIELE

Die Gesellschafter einer OHG schließen einen Gesellschaftsvertrag. Einer der Gesellschafter soll im Fall einer Insolvenz nicht mit seinem Privatvermögen haften.

Rechtliche Wirkung: Dieser Gesellschafter haftet gegenüber den Gläubigern weiterhin unbeschränkt.

Ergebnisverteilung

Wegen der unbeschränkten Haftung wird das Risiko der Gesellschafter nicht von den Kapitaleinlagen, sondern von der Höhe des vorhandenen Privatvermögens bestimmt. Deshalb ist eine Gewinnverteilung nur nach Kapitalanteilen in der Regel nicht angemessen. Falls nichts anderes vereinbart wurde, gilt die gesetzliche Regelung, wonach sowohl die Kapitaleinlage als auch die Arbeitsleistung der Teilhaber bei der Verteilung der Gewinne berücksichtigt werden sollen. Die Gesellschafter erhalten zunächst vom Reingewinn der OHG 4 % ihrer Einlage als Kapitalverzinsung. Der sich ergebende Gewinnrest wird als Entgelt für die Arbeitsleistung nach Köpfen verteilt.

Firmierung

Die Firma (Name) muss einen Hinweis auf die Rechtsform enthalten (z. B. „offene Handelsgesellschaft" oder „oHG" oder „OHG"), im Übrigen aber darf der Name Fantasiebezeichnungen enthalten; die Nennung des Namens eines Gesellschafters ist nicht mehr erforderlich.

Kündigung von Gesellschaftern

Die Kündigung eines Gesellschafters kann, wenn die Gesellschaft für unbestimmte Zeit eingegangen worden ist, nur für den Schluss eines Geschäftsjahrs erfolgen. Sie muss mindestens sechs Monate vor diesem Zeitpunkt stattfinden. Die Ansprüche gegen einen Gesellschafter aus Verbindlichkeiten der Gesellschaft verjähren fünf Jahre nach dem Ausscheiden des Gesellschafters.

Auflösung

Die OHG wird aufgelöst:
- durch den Ablauf der Zeit, für die sie eingegangen worden ist
- durch den Beschluss der Gesellschafter
- durch die Eröffnung des Insolvenzverfahrens über das Vermögen der Gesellschaft
- durch den Tod eines Gesellschafters, sofern sich aus dem Gesellschaftsvertrag nicht anderes ergibt

Bedeutung

Die Unternehmensform der OHG hat besondere Bedeutung für klein- und mittelständische Unternehmen. Sie ist vor allem geeignet, wenn ein überschaubarer Kreis von Gesellschaftern ihr Kapital und ihre volle Arbeitskraft einsetzen wollen. Zwischen ihnen muss ein enges Vertrauensverhältnis bestehen. Wegen der strengen Haftungsgrundsätze genießt die OHG in der Regel hohen Kredit. Das volle Haftungsrisiko, das die Gesellschafter einer OHG zu tragen haben, ist der Hauptgrund dafür, dass Gesellschaftsgründer oft nach Unternehmensformen suchen, die eine geringere Haftungsgefahr mit sich bringen.

nach: Bergmoser + Höller Verlag AG

Kommanditgesellschaft

BEISPIELE

Die Verkaufsräume von Herrn Müller und Frau Kurz haben sich als zu klein erwiesen. Für die Anmietung und Einrichtung eines neuen, größeren Geschäfts benötigen die beiden Kapital, das sie allein nicht aufbringen können. Zwei Bekannte von Herrn Müller, der Rechtsanwalt Werner Naumann und die Steuerberaterin Anneliese Otto, sind bereit, sich zu beteiligen. Sie möchten allerdings im Geschäft nicht mitarbeiten und auch nicht mit ihrem Privatvermögen haften. Herr Müller schlägt die Gründung einer Kommanditgesellschaft vor.

Gesellschafter und Haftung

Die Kommanditgesellschaft (abgekürzt KG) unterscheidet sich von der OHG dadurch, dass bei einem oder einem Teil der Gesellschafter die Haftung gegenüber den Gesellschaftsgläubigern auf den Betrag einer bestimmten Vermögenseinlage beschränkt bleibt. Es gibt daher in einer KG zwei Arten von Gesellschaftern, von denen mindestens je einer vorhanden sein muss:

- **Komplementäre (= Vollhafter)**
  Sie haben als persönlich haftende Gesellschafter die gleiche Stellung wie die Gesellschafter einer OHG. Sie haften mit ihrem ganzen Vermögen. Das Recht, Entscheidungen im Unternehmen zu treffen, liegt allein bei ihnen. Auch nach außen vertreten nur die Komplementäre die Gesellschaft.

- **Kommanditisten (= Teilhafter)**
  So heißen die Gesellschafter, deren Haftung den Gesellschaftsgläubigern gegenüber auf den Betrag ihrer Kapitaleinlage beschränkt ist. Ihnen stehen gewisse Kontrollrechte zu. Sie dürfen Bilanzabschriften und Bucheinsichten verlangen.

Ergebnisverteilung

Bei der Gewinnverteilung bekommt zunächst einmal jeder Gesellschafter 4 % seines Kapitalanteils. Der Gewinnrest wird in einem angemessenen Verhältnis, das in dem Gesellschaftsvertrag festgelegt wird, verteilt. Dabei steht den Komplementären, die die Geschäftsführung innehaben und zudem mit ihrem ganzen Vermögen haften, im Allgemeinen ein größerer Gewinnanteil zu als den Kommanditisten.

Die Verteilung eines Verlusts wird im Gesellschaftsvertrag geregelt. An dem Verlust darf der Kommanditist aber nur bis zum Betrag seines Kapitalanteils beteiligt werden.

Firmierung

Die Firma (Name) muss einen Hinweis auf die Rechtsform enthalten (z. B. „Kommanditgesellschaft" oder „KG"), im Übrigen aber darf der Name Fantasiebezeichnungen enthalten; die Nennung des Namens des Komplementärs ist nicht mehr erforderlich.

BEISPIELE

„Gänseblümchen KG" für einen Bücherladen oder ein Bekleidungsgeschäft für Kindertextilien

nach: Bergmoser + Höller Verlag AG

Bedeutung

Die Kommanditgesellschaft hat im Wirtschaftsleben ständig an Bedeutung gewonnen. Die Möglichkeit der Aufnahme neuer Gesellschafter ist größer als bei der OHG. Kommanditisten gehen nicht das Risiko ein, auch ihr Privatvermögen bei Verlusten der Gesellschaft zu verlieren. Durch den Eintritt von Kommanditisten erhöht sich das Eigenkapital des Unternehmens, wodurch die Kreditwürdigkeit gestärkt wird.

Stille Gesellschaft

BEISPIELE

> Der Rechtsanwalt Naumann, Kommanditist der Müller KG, ist mit einer Kapitaleinlage noch an einem anderen Unternehmen beteiligt. In einem Vertrag mit dem Einzelunternehmer Gerd Vesper wurde vereinbart, dass Herr Naumann in keiner Weise haften und das Verhältnis zu der Firma „Gerd Vesper – Eisenwaren e. Kfm." nach außen nicht in Erscheinung treten soll.

Gesellschafter und Haftung

Viele Einzelunternehmungen nehmen zur Erweiterung ihrer Kapitalgrundlage einen stillen Gesellschafter auf. Dieser ist nur mit einer Kapitaleinlage, die in das Vermögen der Firma übergeht, an der Einzelunternehmung beteiligt. Er muss kein Kaufmann sein.

Der stille Gesellschafter haftet nicht persönlich, auch nicht mit seiner Einlage. Gläubiger können sich nicht an den stillen Gesellschafter, sondern nur an den Geschäftsinhaber wenden.

Rechte des stillen Gesellschafters

Die Einlage des stillen Gesellschafters bildet einen Teil des langfristigen Fremdkapitals. Da der stille Gesellschafter – im Gegensatz zum Kommanditisten – nicht Mitinhaber, sondern lediglich Darlehensgeber ist, kann er selbst als Insolvenzgläubiger auftreten.

Der stille Gesellschafter hat keinen Einfluss auf die Geschäftsführung. Er ist nicht befugt, unternehmerische Entscheidungen zu treffen. Er hat auch bei außergewöhnlichen Geschäften kein Widerspruchsrecht, sondern ist bei Pflichtverletzungen auf Schadensersatzansprüche gegen den tätigen Teilhaber oder notfalls auf die Kündigung der Gesellschaft angewiesen. Da die stille Gesellschaft nach außen hin nicht in Erscheinung tritt, wird auch keine neue Firma gegründet.

BEISPIELE

> Auch nach Aufnahme des stillen Gesellschafters Naumann lautet die Firma „Gerd Vesper – Eisenwaren e. Kfm."

Ergebnisverteilung

Bei einer stillen Gesellschaft muss der stille Gesellschafter am Gewinn beteiligt sein. Die Gewinnverteilung erfolgt nach Vereinbarung. Die Beteiligung am Verlust kann dagegen ausgeschlossen werden.

Bedeutung

Die stille Gesellschaft bietet sich als Unternehmensform an, wenn jemand mit seiner Beteiligung nach außen unerkannt bleiben will. Sie dient dem Zweck, mittels einer Vermögenseinlage Gewinn zu erzielen. Stille Gesellschafter sind auch bei einer OHG oder KG denkbar.

AUFGABEN

1. Was ist eine OHG?

2. Die Schulz & Otto OHG hat einen Jahresgewinn von 90.000,00 € erwirtschaftet. Herr Schulz hat sich mit 400.000,00 €, Herr Otto mit 150.000,00 € am Unternehmen beteiligt.
Wie viel Euro erhält jeder der beiden Gesellschafter vom Gewinn, wenn der Gesellschaftsvertrag über die Gewinnverteilung nichts aussagt?

3. Erläutern Sie am Beispiel der OHG die folgenden Begriffe:
   a) unbeschränkte Haftung
   b) unmittelbare Haftung
   c) solidarische Haftung

4. Wie firmiert eine Kommanditgesellschaft?

5. Was sind
   a) Komplementäre,
   b) Kommanditisten?

6. Welche Stellung hat ein stiller Gesellschafter im Insolvenzfall seiner Gesellschaft?

9.9 WIR KENNEN DIE MERKMALE VON PERSONENGESELLSCHAFTEN

AKTIONEN

1. a) Erstellen Sie mithilfe von Excel eine Tabellenkalkulation, mit der Sie die gesetzliche Gewinnverteilung in einer OHG berechnen können.
   a) Testen Sie Ihre Kalkulation mit der folgenden Aufgabe:
   Herr Böttger bringt 60.000,00 €, Frau Greiser 40.000,00 € und Herr Dessin 20.000,00 € in die OHG ein. Erfreulicherweise machen sie im ersten Jahr 100.000,00 € Gewinn.

2. In dieser Aktion führen Sie eine Skriptkooperation zum Thema Personengesellschaften durch:

Ablauf
- Suchen Sie sich einen Partner.
- Teilen Sie das Kapitel in zwei Teile auf: Teil 1 umfasst den Abschnitt „Offene Handelsgesellschaft", Teil 2 besteht aus dem Abschnitt „Kommanditgesellschaft".
- Lesen Sie den Ihnen zugeteilten Teil in zirka zehn Minuten gründlich durch.
- Fassen Sie den Inhalt auf maximal einer handgeschriebenen Seite strukturiert oder thesenartig zusammen (zirka zehn Minuten).

- Tragen Sie nun Ihrem Partner den Inhalt in fünf Minuten mündlich vor. Sie sollten versuchen, den Text nicht nur einfach vorzulesen, sondern möglichst frei zu sprechen. Ebenso müssen Sie entscheiden, welche Informationen relevant und welche nicht so wichtig sind.
- Verständnisfragen sind zugelassen.
- Nun ist Ihr Partner an der Reihe, den Inhalt Ihres Vortrags in zirka fünf Minuten wiederzugeben. Achten Sie darauf, dass dies möglichst vollständig geschieht, und korrigieren beziehungsweise ergänzen Sie seine Ausführungen bei Bedarf.
- Sind alle Fragen zu Ihrem Fachtext geklärt, erfolgt ein Rollenwechsel. Ihr Partner trägt Ihnen nun seinen Text vor und Sie geben den Text mit eigenen Worten wieder.
- Gibt es zu Ihren Texten Fragen, werden diese anschließend im Plenum besprochen.

Bearbeitungszeit insgesamt: 45 Minuten

ZUSAMMENFASSUNG

Personen-gesellschaften	Offene Handelsgesellschaft – alle Gesellschafter haften persönlich	Kommanditgesellschaft – mindestens ein Vollhafter (Komplementär) und mindestens ein Teilhafter (Kommanditist)	Stille Gesellschaft – Beteiligung an einer Einzelunternehmung, OHG oder KG, ohne dass dies öffentlich bekannt wird
Mindestgründerzahl	zwei	zwei	zwei
Mindestkapital	–	–	–
Haftung	alle Gesellschafter unbeschränkt, unmittelbar, solidarisch	Komplementär wie bei der OHG, Kommanditist mit Einlage	stiller Gesellschafter nur mit Einlage
Geschäftsführung und -vertretung	jeder Gesellschafter	nur Komplementäre	nur Geschäftsinhaber
Gewinnverteilung	falls keine vertragliche Regelung: 4 % der Kapitaleinlage, Rest nach Köpfen	falls keine vertragliche Regelung: 4 % der Kapitaleinlage, Rest im angemessenen Verhältnis	angemessene Anteile

9.10 Wir informieren uns über die Merkmale von Kapitalgesellschaften

Einstieg

Herr Müller, mittlerweile ja Komplementär der Müller KG, hat Sorgen. In der Nachbarschaft hat sich ein Warenhaus eine hochwertige Modeabteilung mit Textilien im Landhausstil zugelegt. Vor der Stadt bieten zwei neu gegründete Factory-Outlets ebenfalls Textilien des gehobenen Bedarfs an. Die Umsatzzahlen des bisher erfolgreichen Unternehmens gehen stark zurück.

Da die Situation momentan nicht gerade rosig ist, macht sich Herr Müller vorsichtshalber Gedanken um die Zukunft. Im Insolvenzfall würde er als Komplementär wegen der vollen Haftung sein ganzes Privatvermögen aufs Spiel setzen. Herr Müller sucht eine Unternehmensform, bei der er als Gesellschafter nicht persönlich haften muss. Nachdem er einige Erkundigungen eingezogen hat, wandelt er mit Zustimmung der übrigen Gesellschafter die bisherige Firma in die Müller GmbH um.

Klären Sie, warum Herr Müller die Unternehmensform der GmbH wählt.

INFORMATIONEN

Kapitalgesellschaften unterscheiden sich von den Einzelunternehmungen und den Personengesellschaften dadurch, dass das zum Betrieb erforderliche Kapital hier nicht von Einzelpersonen unter ihrem Namen gegeben wird, sondern von einem nicht mit Namen genannten größeren Personenkreis, der Anteile erwirbt. Kapitalgesellschaften sind dadurch anonymer als Einzelunternehmungen und Personengesellschaften.

> **DEFINITION**
> Bei den **Kapitalgesellschaften** haften die Kapitalgeber nicht mit dem eigenen privaten Vermögen, sondern nur mit der Kapitaleinlage.

Die Höhe der Kapitalbeteiligung ist die Grundlage für Haftung, Stimmrecht und Gewinnbeteiligung der Gesellschafter.

Die Gesellschafter sind meist nur an der Geldanlage und nicht an der Führung des Unternehmens interessiert. Die Geschäftsführung wird daher von besonderen, gesetzlich vorgeschriebenen Organen wahrgenommen.

Gesellschaft mit beschränkter Haftung

Die Gesellschaft mit beschränkter Haftung (abgekürzt GmbH) ist eine Kapitalgesellschaft, die nicht nur zum Betrieb eines Handelsgewerbes, sondern zu jedem gesetzlich zulässigen Zweck errichtet werden kann. Die GmbH hat eine eigene Rechtspersönlichkeit. Sie ist eine juristische Person, die selbstständig ihre Rechte und Pflichten hat. Sie kann beispielsweise Eigentum und Rechte an Grundstücken erwerben, vor Gericht klagen und verklagt werden.

Kapitalaufbringung

Das Gesellschaftskapital wird Stammkapital genannt und muss mindestens 25.000,00 € betragen. Stammeinlagen sind die Beiträge der einzelnen Gesellschafter zum Stammkapital. Die Höhe der Stammeinlage kann für die einzelnen Gesellschafter unterschiedlich groß sein.

Haftung

Für die Verbindlichkeiten der Gesellschaft haftet den Gläubigern grundsätzlich nur die GmbH mit ihrem Gesellschaftsvermögen. Die Gesellschafter haften nicht mit ihrem Privatvermögen.

9.10 WIR INFORMIEREN UNS ÜBER DIE MERKMALE VON KAPITALGESELLSCHAFTEN

Gesellschaft mit beschränkter Haftung (GmbH)

Gründung Müller GmbH
- Stammkapital mindestens 25.000,00 €
- ggf. notarielles Musterprotokoll mit Mindestangaben
- Gesellschaftsvertrag
- Eintragung ins Handelsregister

Geschäftsführung
- Gesellschafterversammlung
- Weisung / Kontrolle
- Geschäftsführer (Müller GmbH)
- bei mehr als 500 Arbeitnehmern: Aufsichtsrat

Gewinn/Verlust
- Beteiligung nach Geschäftsanteilen
- keine Gewinnausschüttung, bis Verlust abgedeckt ist

Haftung
- Haftung der Gesellschaft: beschränkt auf das Gesellschaftsvermögen
- ggf. private Haftung des Geschäftsführers oder der Gesellschafter bei Verletzung gesetzlicher Pflichten

Finanzierung
- Fremdfinanzierung u. a. durch Bankkredit, Privatdarlehen, Lieferantenkredit
- Kapitalerhöhung: Zuführung neuen Eigenkapitals durch bisherige oder neu eintretende Gesellschafter

Besteuerung
- GmbH: selbstständiges Steuersubjekt
- mit Körperschaftsteuerpflicht
- Einkommensteuerpflicht der Gesellschafter

nach: Bergmoser + Höller Verlag AG

Ergebnisverteilung

Die Gesellschafter haben Anspruch auf den von der GmbH erzielten Reingewinn. Falls der Gesellschaftsvertrag nichts anderes bestimmt, wird dieser nach dem Verhältnis der Geschäftsanteile verteilt.

Organe der GmbH

Die gesetzlich vorgesehenen Organe zur Vertretung, Überwachung und Beschlussfassung der GmbH sind:

- **Geschäftsführer**
  Durch die Geschäftsführer handelt die GmbH.

- **Gesellschafterversammlung**
  Die Gesellschafterversammlung, die in der Regel durch die Geschäftsführer einberufen wird, ist das oberste Organ der GmbH. Hier entscheiden die Gesellschafter über alle grundsätzlichen Angelegenheiten.

- **Aufsichtsrat**
  Als Kontrollorgan kann ein Aufsichtsrat eingerichtet werden. Gesetzlich vorgeschrieben ist er nur für Gesellschaften mit beschränkter Haftung, die mehr als 500 Arbeitnehmer beschäftigen.

Firmierung

Die Firma der GmbH muss sich durch einen eindeutigen Zusatz „GmbH" identifizieren lassen. Wie bei anderen Rechtsformen sind auch bei der Gesellschaft mit beschränkter Haftung Fantasiefirmennamen möglich.

Bedeutung

Die GmbH wird als Unternehmensform oft gewählt, wenn eine einzelne Person oder ein überschaubarer Kreis mehrerer Personen ein kaufmännisches Unternehmen führen wollen, bei dem keiner die volle Haftung übernehmen will. Sie ist daher hauptsächlich bei kleineren und mittleren Unternehmen anzutreffen. Auch die meisten Neugründungen erfolgen als Gesellschaften mit beschränkter Haftung.

Neben der eingeschränkten Haftung hat die GmbH weitere Vorzüge:
- Die Zahl der Gesellschafter ist unbegrenzt.
- Das zur Gründung notwendige Mindestkapital beträgt lediglich 25.000,00 €.
- Die gesetzlichen Vorschriften, die für eine GmbH gelten, sind relativ einfach zu erfüllen. Daher kann die GmbH über den Gesellschaftsvertrag den Besonderheiten des Einzelfalls besonders gut angepasst werden.

Haftungsbeschränkte Unternehmergesellschaft

Am 26. Juni 2008 wurde vom Deutschen Bundestag das Gesetz zur Modernisierung des GmbH-Rechts und zur Bekämpfung von Missbräuchen (MoMiG) beschlossen. Die neue GmbH-Variante entsteht bereits mit der Einzahlung von einem Euro durch die Gesellschafter. Diese UG (haftungsbeschränkt) darf ihre jährlichen Gewinne allerdings nicht in vollem Umfang ausschütten, sondern muss das Mindeststammkapital der normalen GmbH von 25.000,00 € nach und nach ansparen.

GmbH & Co. KG

Eine spezielle Unternehmensform stellt die GmbH & Co. KG dar. Sie ist eine Personengesellschaft, als deren Komplementär eine Kapitalgesellschaft – nämlich die GmbH – auftritt. Der Unterschied zur KG liegt darin, dass in dieser Gesellschaft eine juristische Person die Unternehmung führt. Dadurch gelingt es, die unmittelbare und unbeschränkte Haftung des Komplementärs in eine mittelbare und beschränkte Haftung zu verwandeln.

Die Firma der GmbH & Co. KG muss die volle Bezeichnung der GmbH enthalten. Außerdem ist ein das Vorhandensein eines Gesellschaftsverhältnisses andeutender Zusatz („& Co. KG") enthalten.

BEISPIEL

Müller GmbH & Co. KG

Limited

Eine Alternative zur GmbH stellt seit einiger Zeit die Limited dar. Die Private Company Limited by Shares – so die komplette Bezeichnung für die Limited (Abkürzung: Ltd.) – eignet sich vor allem für kleinere und mittlere Unternehmen. Bei dieser Rechtsform hat das Unternehmen seinen rechtlichen Sitz in England, seinen Verwaltungssitz aber in Deutschland. Wie bei der GmbH entfällt die persönliche Haftung. Die Limited ist aber erheblich leichter zu gründen:

- Die Gründungsdauer ist erheblich kürzer.
- Die Gründungskosten sind erheblich niedriger.
- Die Gründung muss nicht notariell beurkundet werden.
- Das notwendige Grundkapital beträgt nur 1,00 £ (Britisches Pfund).
- Als Sacheinlagen gelten auch Dienstleistungen.

nach: Bergmoser + Höller Verlag AG

Aktiengesellschaft

BEISPIEL

Herr Schmitt, Inhaber der „Feinkost GmbH", hat eine Marktlücke entdeckt, die verspricht, viel Gewinn abzuwerfen: die Gründung eines Unternehmens, das hormonfreies Kalbfleisch produziert und vertreibt. Vier seiner Bekannten sind von dieser Idee begeistert und möchten sich beteiligen.

Die Aufzucht von Kälbern verursacht jedoch zunächst einmal riesige Kosten. Da Herr Schmitt und die anderen Gesellschafter den für die nötigen Investitionen erforderlichen Kapitalbetrag nicht allein aufbringen können, suchen sie eine große Zahl weiterer Kapitalgeber, die zur Finanzierung des Vorhabens beitragen wollen. Zu diesem Zweck gründen sie eine Aktiengesellschaft.

Die Aktiengesellschaft (abgekürzt AG) ist eine Kapitalgesellschaft. Zur Gründung einer AG ist nur eine Person nötig. In der Satzung (dem Gesellschaftsvertrag) wird die Höhe des Grundkapitals festgelegt, das mindestens 50.000,00 € betragen muss.

Kapitalaufbringung

Das Kapital der AG wird durch den Verkauf von Aktien aufgebracht.

DEFINITION

Aktien sind Urkunden über Anteils- und Besitzrechte an einer Aktiengesellschaft. Der Aktionär – der Inhaber von Aktien – ist somit Teilhaber am Vermögen und den Erträgen einer Aktiengesellschaft.

Die Aktien können einen unterschiedlichen Nennwert haben. Der Nennwert ist der auf einer Aktie aufgedruckte Betrag in Euro. Er drückt aus, mit welchem Eurobetrag ein Aktionär am Grundkapital der AG beteiligt ist. Zum Nennwert wird eine Aktie meistens bei der Gründung der Aktiengesellschaft ausgegeben. Der Mindestnennwert beträgt 1,00 €.

BEISPIEL

Die Nordwestdeutsche Kalbfleisch AG hat ihr Grundkapital von 5.000.000,00 € in 100 000 Aktien zum Nennwert von je 50,00 € gestückelt. Herr Otte besitzt eine dieser Aktien. Dadurch ist er zu 1/100 000 am Vermögen und an den Erträgen des Unternehmens beteiligt. Außerdem hat er dadurch eine von insgesamt 100 000 Stimmen auf der Hauptversammlung, dem jährlichen Treffen der Aktionäre.

Haftung

Die Anteilseigner haften – im Gegensatz zu einer Personengesellschaft – nicht mit ihrem persönlichen Vermögen für die Verbindlichkeiten des Unternehmens, sondern ausschließlich mit ihrer Kapitaleinlage.

Ergebnisverteilung

Ein Aktionär erhält den auf ihn entfallenden Gewinn nur zum Teil in Form der Dividende ausbezahlt.

DEFINITION

Die **Dividende** ist der auf die einzelne Aktie entfallende Anteil des Jahresüberschusses der AG.

Sie ist das Entgelt dafür, dass der Aktionär dem Unternehmen Geld zur Verfügung stellt, mit dem es arbeiten kann.

Der größere Teil des Gewinns wird jedoch einbehalten und wieder in die AG investiert, um deren wirtschaftliche Leistungsfähigkeit zu verbessern. Werden ständig finanzielle Mittel in eine Aktiengesellschaft investiert, so wird das Unternehmen natürlich immer wertvoller. Dadurch steigt in der Regel auch der tatsächliche Wert der Aktie über den Nennwert. Der Preis der an der Börse gehandelten Aktie steigt. Dieser Börsenpreis wird auch Kurs oder Kurswert genannt.

Für den Kapitalanleger hat die Aktie den Vorteil, dass er immer am Gewinn des Unternehmens beteiligt ist. Einerseits fließt ihm der Gewinn in Form der Dividende zu. Werden Jahresüberschüsse aber einbehalten, dann steigt in der Regel der Kurs der Aktie. In diesem Fall lässt sich ein Gewinn erzielen, indem der Aktionär seine Aktien verkauft.

Aktienarten

Die in der Bundesrepublik Deutschland übliche Form der Aktie ist die **Inhaberaktie.** Bei ihr sind alle Rechte aus der Aktie (z. B. auf Dividendenzahlung) allein an den Besitzer der Aktie und nicht an eine namentlich bestimmte Person geknüpft. Eine Inhaberaktie kann jederzeit wie eine bewegliche Sache veräußert werden.

Seltener ist die Ausgabe von **Namensaktien,** bei denen der Name des Inhabers auf der Aktie vermerkt ist. An der Ausgabe von Namensaktien kann die Aktiengesellschaft ein Interesse haben, wenn sie anhand des Aktienbuchs den Bestand der Aktionäre überwachen will. Nur der im Aktienbuch eingetragene Besitzer einer Aktie gilt als Aktionär.

Eine weitere Einteilung der Aktien kann in Nennwertaktien und Stückaktien vorgenommen werden.

Bei **Nennwertaktien** wird mit dem Nennwert ein Geldbetrag festgelegt, der als Anteil am (ursprünglichen) Grundkapital der Gesellschaft gilt. Der Aktionär ist also mit dem Nennwert der Aktie am Grundkapital der AG beteiligt. Bei **Stückaktien** dagegen ist kein Geldbetrag festgelegt, sondern die Größe eines bestimmten Anteils am Kapital. Der Aktionär ist somit zu einem Bruchteil am Grundkapital der AG beteiligt.

BEISPIEL

Nennwertaktie

Das Grundkapital der Misomix AG beträgt 43.650.000,00 €. Der Nennwert der Aktie beträgt 100,00 €. Der Aktionär Holger Jung besitzt 400 Aktien. Damit ist er mit 40.000,00 € am Grundkapital der AG beteiligt

Stückaktie

Das Grundkapital der KSM AG beträgt 1.000.000,00 €. Es wurden 2 000 Stückaktien ausgegeben. Der Aktionär Martin Picke besitzt 25 Aktien.

Der rechnerische Anteil einer Aktie am Grundkapital – der rechnerische Nennwert – beträgt

$$500,00 € = \frac{1.000.000,00 €}{2 000}$$

Martin Picke ist demnach mit 12.500,00 € (25 · 500,00 €) am Grundkapital der AG beteiligt.

Martin Picke ist mit 1,25 % = $\frac{12.500 \cdot 100}{1.000.000,00}$ an der AG beteiligt

Organe der Aktiengesellschaft

Eine Aktiengesellschaft muss über folgende Organe verfügen.

Hauptversammlung

Die Hauptversammlung ist die Zusammenkunft aller Aktionäre, die regelmäßig jedes Jahr mindestens einmal einberufen wird. Die Aktionäre üben überwiegend hier ihre Rechte aus. Sie entscheiden u. a. über die Verwendung des ausgewiesenen Jahresgewinns oder über die Änderung von Grundkapital und Satzung. Die Hauptversammlung wählt mindestens die Hälfte der Mitglieder des Aufsichtsrats sowie den Aufsichtsratsvorsitzenden. Der Vorstand hat über die geschäftliche Lage zu berichten und sich vor den Aktionären zu verantworten.

Aufsichtsrat

Der Aufsichtsrat soll als Kontrollorgan der AG den Vorstand überwachen. Er wird auf vier Jahre gewählt. Der Aufsichtsrat besteht aus mindestens drei Personen, die nicht im Vorstand sein dürfen. Zu seinen Pflichten gehört die Berufung beziehungsweise Entlastung des Vorstands. Zusätzlich hat er den Jahresabschluss und den Geschäftsbericht zu prüfen.

Für die Zusammensetzung des Aufsichtsrats gilt das Betriebsverfassungsgesetz von 1952 für alle Unternehmen mit Ausnahme von Großunternehmen sowie Unternehmen des Bergbaus und der Eisen- und Stahlindustrie. Es sieht vor, dass in jeder AG mit mehr als 500 Beschäftigten zwei Drittel der Aufsichtsratsmitglieder von den Aktionären und ein Drittel von den Belegschaftsangehörigen gewählt werden. Für Großunternehmen mit über 2 000 Beschäftigten gilt das Mitbestimmungsgesetz von 1976. Dort stehen den Aktionärsvertretern im Aufsichtsrat ebenso viele Arbeitnehmervertreter (darunter ein Vertreter der leitenden Angestellten) gegenüber.

Vorstand

Der Vorstand führt als Leitungsorgan der Gesellschaft die Geschäfte. Er wird auf höchstens fünf Jahre bestellt, wobei aber eine wiederholte Bestellung zulässig ist. Der Vorstand vertritt die AG gerichtlich und außergerichtlich. Der Vorstand kann aus einer oder mehreren Personen bestehen, die nicht Aktionäre zu sein brauchen. Im Allgemeinen gehören dem Vorstand Fachleute („Manager") an, die keine Aktien des Unternehmens besitzen.

Es gehört zu den wesentlichen Merkmalen der Aktiengesellschaft, dass die Unternehmensleitung und die Mitgliedschaft an der Aktiengesellschaft grundsätzlich getrennt sind: Der einzelne Aktionär trägt zwar das wirtschaftliche Risiko – das allerdings auf den bei Erwerb der Aktien erbrachten Kapitaleinsatz beschränkt ist –, er ist aber nicht an der Unternehmensleitung beteiligt.

Firmierung

Die Firma muss den Zusatz „Aktiengesellschaft" enthalten.

BEISPIELE

Nordwestdeutsche Kalbfleisch AG, Bayerische Motoren Werke AG, Inktomi AG, Bookmark AG

Bedeutung

Die Aktiengesellschaft ist die geeignete Unternehmensform für Großunternehmen. Durch den Verkauf von Aktien an viele Personen kann der hohe Kapitalbedarf gedeckt werden. Das Vermögen Einzelner würde dafür nicht ausreichen.

Der Erwerb von Aktien wird für diese Personen interessant durch:

- die einfache Form der Beteiligung
- das geringe Risiko
- die freie Übertragbarkeit der Aktien
- den geringen Preis der einzelnen Aktie
- die Möglichkeit, sich ohne kaufmännische Fähigkeiten an einem Wirtschaftsunternehmen zu beteiligen

nach: Bergmoser + Höller Verlag AG

9.10 WIR INFORMIEREN UNS ÜBER DIE MERKMALE VON KAPITALGESELLSCHAFTEN

AUFGABEN

1. Welche Organe hat eine GmbH?
2. Welche Vorteile sprechen für die Unternehmensform der GmbH?
3. Was ist eine Einmann-GmbH?
4. Was ist eine GmbH & Co. KG?
5. Erklären Sie die folgenden Begriffe:
   a) Aktie
   b) Nennwert
   c) Kurs
   d) Grundkapital
   e) Dividende
6. Geben Sie fünf Beispiele für die Firma einer Aktiengesellschaft.
7. In welcher Situation wird die Unternehmensform der AG gewählt?

AKTIONEN

1. Die von Aktiengesellschaften herausgegebenen Aktien werden in der Regel an Börsen gehandelt. Zur Vertiefung des Wissens über Aktien sollen Sie in sechs Gruppen die folgenden Arbeitsaufträge bearbeiten:

   a) Gruppe 1 und 4:
   Welche Aktienarten gibt es und worin unterscheiden sich diese? Welche weiteren Wertpapiere können für die Anleger interessant sein?

   b) Gruppe 2 und 5:
   In welche Marktsegmente gliedert sich die Börse und welche Indizes zeigen dem Anleger Tendenzen auf?

   c) Gruppe 3 und 6:
   Wie ergeben sich die Kurse und was besagen die vielen Abkürzungen des Kursblatts?

   Denken Sie daran, Ihre Arbeit zu organisieren. So sind folgende Aufgaben innerhalb der Gruppe zu verteilen oder gemeinschaftlich zu erfüllen:
   - auf die von Ihrer Lehrerin beziehungsweise Ihrem Lehrer genannte Zeit achten
   - die Ergebnisse in Form einer PowerPoint-Präsentation festhalten und für die Präsentation aufbereiten
   - verschiedene Aspekte aufgreifen und bearbeiten
   - das Ergebnis der Klasse vorstellen

   Nutzen Sie zur Lösung Ihres Arbeitsauftrags die Internetseite www.boersenlexikon.de.

2. Nachdem Sie sich in Aktion 1 mit den grundlegenden Informationen zum Börsengeschehen vertraut gemacht haben, soll nun der Schritt an die Börse erfolgen. Aufgrund der doch meist eher knapp bemessenen finanziellen Mittel geschieht dies in Form eines Börsenspiels, das über einen längeren Zeitraum in den nächsten Wochen parallel zum Unterricht läuft.
   Sie spielen in Ihren bestehenden Arbeitsgruppen. Das Spielgeschehen erfolgt über das Internet (www.boersenspiel.faz.net). Ziel des Spiels ist es, die Ihnen fiktiv zur Verfügung gestellten 50.000,00 € durch geschicktes Anlegen möglichst zu vermehren.

   a) Machen Sie sich bei der angegebenen Internetadresse mit den Grundlagen des Spiels vertraut.
   b) Melden Sie sich individuell an.

9 LIQUIDITÄT SICHERN UND FINANZIERUNG VORBEREITEN

ZUSAMMENFASSUNG

Kapital-gesellschaften	Gesellschaft mit beschränkter Haftung (GmbH)	Aktiengesellschaft (AG)
	Eine Person (Einmann-GmbH) oder mehrere Personen beteiligen sich am Stammkapital, das mindestens 25.000,00 € betragen muss.	Eine oder mehrere Personen (Aktionäre) beteiligen sich an dem in Aktien zerlegten Grundkapital, das mindestens 50.000,00 € betragen muss.
Mindestgründerzahl	einer	einer
Mindestkapital	mindestens 25.000,00 € Stammkapital	mindestens 50.000,00 € Stammkapital
Haftung	Nur die Gesellschaft haftet mit ihrem Vermögen.	Nur die AG haftet.
Geschäftsführung und -vertretung	Geschäftsführer	Vorstand
Gewinnverteilung	im Verhältnis der Geschäftsanteile	im Verhältnis der Aktienanteile

9.11 Wir treffen Finanzierungsentscheidungen für Investitionen

Einstieg

Michael Hoffmann und Susanne Hahne überdenken gerade die Situation der Hoffmann KG:

Susanne Hahne:
„Insgesamt stehen wir ja sehr gut da. Wir sind stark gewachsen. Die Produktion von Textilien, aber auch die Herstellung von Fahrrädern ist vom Markt sehr gut angenommen worden."

Michael Hoffmann:
„Ja gut, aber wir haben auch Konkurrenz bekommen. Insgesamt ist zudem das Preisniveau abgebröckelt und unsere Kunden möchten die Ware schneller geliefert bekommen. Dies alles gefährdet unsere Stellung. Wenn wir nicht bald etwas tun, kann es bei der Fahrradproduktion zu Lieferengpässen kommen. Außerdem sind die Kosten der Herstellung zu hoch."

Susanne Hahne:
„Stimmt schon, aber was sollen wir machen?"

Michael Hoffmann:
„Wir sollten einmal nachdenken über neue, leistungsfähigere Produktionsmaschinen ..."

Susanne Hahne:
„Wo nehmen wir die Mittel her? Wir haben gerade in das neue Lager in Magdeburg investiert!"

Schlagen Sie Möglichkeiten vor, wie die Hoffmann KG an finanzielle Mittel kommen kann.

INFORMATIONEN

Investitionen

Um produktiv, wirtschaftlich und rentabel arbeiten zu können, benötigt ein Unternehmen Betriebsvermögen. Dazu gehören einerseits das Anlagevermögen und andererseits das Umlaufvermögen:

- Gegenstände des **Anlagevermögens** werden auf Dauer angeschafft. Mit dem Anlagevermögen wird die dauernde Betriebsbereitschaft des Unternehmens aufrechterhalten.
- Zum **Umlaufvermögen** gehören alle Vermögenswerte eines Unternehmens, die immer wieder kurzfristig umgeschlagen werden. Dazu zählen unter anderem Vorräte, Wertpapiere und Forderungen aus Warenlieferungen.

Um wettbewerbsfähig zu bleiben, muss ein Unternehmen in das Anlage- und Umlaufvermögen investieren. Dazu wird Kapital verwendet. Finanzielle Mittel werden zielgerecht eingesetzt, um Gegenstände des Vermögens, die den Unternehmenszwecken dienen, anzuschaffen.

DEFINITION
Eine **Investition** bedeutet die Beschaffung von Gegenständen des Anlage- und/oder Umlaufvermögens. Jede Investition hat damit Auswirkungen auf die Aktivseite der Bilanz.

Investitionsanlässe können sein:
- Gründung des Unternehmens
- Ersatz von Gütern des Anlagevermögens
- Rationalisierungserfordernisse
- Notwendigkeit von Erweiterungsinvestitionen

Beachtet werden sollte bei Investitionen:
- Die Investition sollte Vorteile bringen. Durch zielgerichteten Einsatz finanzieller Mittel sollten beispielsweise Erträge erwirtschaftet werden.
- Die Risiken sollten berechenbar sein und reduziert werden.

Finanzierung

Die benötigten finanziellen Mittel für Investitionen müssen beschafft werden. Dies ist Aufgabe der Finanzierung.

> **DEFINITION**
> Mit Maßnahmen der **Finanzierung** wird der Bedarf des Unternehmens an Kapital gedeckt. Dadurch wird die Passivseite der Bilanz berührt.

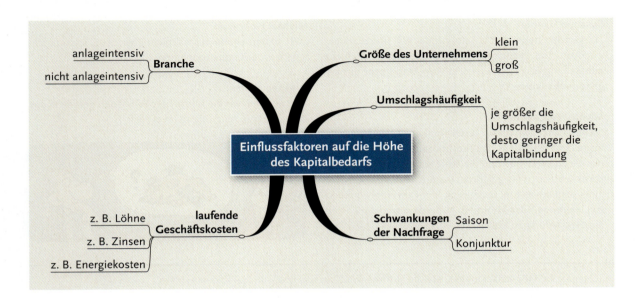

Kapitalbedarfsrechnung

Der Kapitalbedarf wird mithilfe der Kapitalbedarfsrechnung bestimmt. Dies ist eine Art langfristiger Vorschaurechnung, die den Kapitalbedarf als Soll- bzw. Plangrößen darstellt.

BEISPIEL

Die Hoffmann KG möchte eine neue Filiale in Weimar eröffnen. Herr Hoffmann ermittelt den zu erwartenden Kapitalbedarf aufgrund der folgenden Angaben:

Die Grundstückskosten sowie die Baukosten betragen 2.000.000,00 €. Für die Betriebs- und Geschäftsausstattung müssen 600.000,00 € aufgewendet werden. Herr Hoffmann geht von einer Grundausstattung an Waren in Höhe von 1.000.000,00 € aus. Er rechnet damit, dass dann täglich für durchschnittlich 20.000,00 € Waren eingekauft werden.

Die Hoffmann KG bekommt von ihren Lieferanten 60 Tage Ziel eingeräumt, gewährt ihren Kunden selbst 30 Tage Ziel. An Erfahrungswerten aus anderen Filialen lässt Herr Hoffmann in die Berechnung einfließen, dass die durchschnittliche Lagerdauer für einen Artikel 50 Tage beträgt und Handlungskosten (= alle Kosten der betrieblichen Tätigkeit wie z. B. Personalkosten, Raumkosten) von 4.000,00 € pro Tag anfallen.

Ermittlung des Anlagekapitalbedarfs		
Grundstück und Gebäude	2.000.000,00 €	
Betriebs- und Geschäftsausstattung	600.000,00 €	
Warengrundausstattung	1.000.000,00 €	
		3.600.000,00 €
Ermittlung des Umlaufkapitalbedarfs		
Waren	400.000,00 €	20.000,00 € (50 + 30 − 60)
Handlungskosten	320.000,00 €	4.000,00 € (50 + 30)
		720.000,00 €
Gesamtkapitalbedarf		**4.320.000,00 €**

Finanzierungsarten

Wird das benötigte Kapital dem Unternehmen aus Finanzierungsquellen außerhalb des Unternehmens zugeführt, liegt eine Außenfinanzierung vor. Bei einer Innenfinanzierung dagegen wird das benötigte Kapitel im betrieblichen Leistungsprozess erwirtschaftet.

Außenfinanzierung

Das Kapital kommt von außen in die Unternehmung.

Eigenfinanzierung

Bei der Eigenfinanzierung wird dem Unternehmen
- entweder durch den Einzelunternehmer,
- durch die Gesellschafter einer Personengesellschaft oder
- durch die Anteilseigner einer Kapitalgesellschaft

Eigenkapital von außen zugeführt: die Kapitaleinlage der Gesellschafter wird also erhöht. Bei der Eigenfinanzierung haben bzw. erwerben die Kapitalgeber Mitentscheidungsrechte und das Recht auf Gewinn. Man spricht daher auch von Beteiligungsfinanzierung.

Fremdfinanzierung

Bei der Fremdfinanzierung wird Kapital durch Aufnahme von Krediten[1] oder auch durch Ausgabe von Anleihen beschafft. Anleihen, auch Schuldverschreibungen oder Obligationen genannt, sind festverzinsliche Wertpapiere mit einer Laufzeit von bis zu 30 Jahren. Ein Unternehmen, das Anleihen herausgibt, bekommt vom Käufer Kapital und verpflichtet sich, dafür jährliche Zinsen zu zahlen und am Ende der Laufzeit den Anleihenbetrag zurückzuzahlen. Es wird also Fremdkapital bei Betriebsfremden aufgenommen. Dadurch entsteht ein schuldrechtliches Verhältnis zwischen dem Kapitalgeber als Gläubiger und dem Fremdkapital aufnehmenden Unternehmen als Schuldner. Die Fremdfinanzierung wird daher auch Kreditfinanzierung genannt.

Innenfinanzierung

Bei der Innenfinanzierung kommt das benötigte Kapital aus der Unternehmung.

Selbstfinanzierung

Die Selbstfinanzierung erfolgt durch Zurückbehaltung von Gewinnen im Unternehmen:

- **Selbstfinanzierung aus offenen Gewinnen**
  Hierbei verbleibt der in einem Wirtschaftsjahr erwirtschaftete und im Gewinn- und Verlustkonto ausgewiesene Gewinn im Unternehmen: Damit erhöht er das Eigenkapital.

- **Selbstfinanzierung aus versteckten Gewinnen**
  Hierbei sind die Gewinne zwar vorhanden, erscheinen aber nicht im Gewinn- und Verlustkonto. Dies kann erreicht werden, wenn Aufwendungen in der Gewinn-und-Verlust-Rechnung höher angesetzt werden, als sie in der Wirklichkeit angefallen sind. Der ausgewiesene Gewinn wird über Abschreibungsbeträge, die über die tatsächliche Wertminderung hinausgehen, oder durch überhöhte Rückstellungen gemindert. Diese Beträge stehen dem Unternehmen dann für Investitionen zur Verfügung.

> **BEISPIEL**
>
> Ein Unternehmen hat im Zusammenhang mit Gewährleistungen erfahrungsgemäß Kosten von 0,1 % des Umsatzes. Es bildet aus Vorsichtsgründen eine Rückstellung für solche Fälle, allerdings in Höhe von 0,8 % des Umsatzes. Durch diese Überbewertung entsteht eine stille Reserve.

Abschreibungsfinanzierung

Abschreibungen sollen den jährlichen Wertverlust von Anlagegütern erfassen. Da sie in die Verkaufspreise einkalkuliert werden, kommen die Abschreibungsgegenwerte als liquide Mittel über die Verkaufserlöse in das Unternehmen zurück. Diese liquiden Mittel werden im Normalfall angesammelt und führen erst dann zu Ausgaben, wenn die Lebensdauer der Anlagegüter beendet ist und Ersatzinvestitionen notwendig sind. Über die Abschreibungsfinanzierung kann ein Unternehmen die Anschaffung neuer, zusätzlicher Investitionsgüter dadurch finanzieren, dass es die Abschreibungsbeträge nicht für die spätere Ersatzbeschaffung zur Seite legt, sondern sofort für neue Investitionen ausgibt.

---

[1] siehe Kap. 9.6

9 LIQUIDITÄT SICHERN UND FINANZIERUNG VORBEREITEN

BEISPIEL

Die Hoffmann KG kauft fünf Maschinen zur Textilherstellung à 4.000,00 €. Die Maschinen werden linear mit 20 % abgeschrieben.

Anfang des Jahres	Anzahl der Maschinen	Anschaffungswert in €	Gesamt-abschreibung in €	mögliche Neuanschaffungen	Abgang	Rest in €
1	5	20.000,00	4.000,00	1	–	–
2	6	24.000,00	4.800,00	1	–	800,00
3	7	28.000,00	5.600,00	1	–	2.400,00
4	8	32.000,00	6.400,00	2	–	800,00
5	10	40.000,00	8.000,00	2	5	800,00
6	7	28.000,00	5.600,00	1	1	2.400,00
7	7	28.000,00	5.600,00	2	1	–
8	8	32.000,00	6.400,00	1	1	2.400,00
9	8	32.000,00	6.400,00	2	1	800,00

Der Gesamtabschreibungsbetrag für die fünf Maschinen am Ende des ersten Jahres in Höhe von 4.000,00 € wird nicht für die Neuanschaffung aller Maschinen in fünf Jahren beiseitegelegt, sondern sofort für die Anschaffung einer zusätzlichen Maschine verwendet. Die in den nächsten Jahren über die Verkaufspreise in den Betrieb fließenden Mittel werden ebenfalls nicht für eine spätere Neuanschaffung der dann abgeschriebenen Anlagegüter genutzt, sondern auch zur Anschaffung zusätzlicher Maschinen verwendet. Langfristig kommt es zu einer nachhaltigen Erhöhung der ursprünglichen Maschinenzahl (statt fünf Maschinen können immer zwischen sieben und zehn Maschinen finanziert werden).

Finanzplan

Viele Unternehmen arbeiten mit einem Finanzplan (Liquiditätsplan). Mit einem Finanzplan wird kurzfristig die Erhaltung der Zahlungsfähigkeit überwacht. Dies geschieht durch Planung der zukünftigen Ein- und Auszahlungen. Die Zahlungen stehen bereits fest und werden detailliert aufgeführt.

BEISPIEL

In der Rostocker Filiale der Hoffmann KG soll ein Finanzplan (Liquiditätsplan) für die Monate April, Mai und Juni aufgestellt werden:
Der gesamte Zahlungsverkehr wird über ein Bankkonto abgewickelt. Bei der Bank besteht ein Dispositionskredit über 50.000,00 €. Zum 31. März besteht ein Bankguthaben von 50.000,00 €.

Der Finanzstatus zum 31. März weist folgende Planzahlen auf:

Ausgaben zur Begleichung von Verbindlichkeiten
- im April: 300.000,00 €
- im Mai: 400.000,00 €
- im Juni: 450.000,00 €

Umsatzerlöse nach Ziel
- im April: 150.000,00 €
- im Mai: 400.000,00 €
- im Juni: 650.000,00 €

Ausgaben für Einkauf, Produktion und Verwaltung
- im April: 100.000,00 €
- im Mai: 140.000,00 €
- im Juni: 220.000,00 €

Einnahmen aus Warenverkäufen bar
- im April: 250.000,00 €
- im Mai: 50.000,00 €
- im Juni: 150.000,00 €

Einnahmen von 25.000,00 € im Mai durch den Verkauf einer gebrauchten Maschine.

9.11 WIR TREFFEN FINANZIERUNGSENTSCHEIDUNGEN FÜR INVESTITIONEN

	April	Mai	Juni
Stand Bankkonto Anfang des Monats	50.000,00 €	50.000,00 €	–15.000,00 €
Einzahlungen:			
Umsatzerlöse (Ziel)	150.000,00 €	400.000,00 €	650.000,00 €
Warenverkäufe (bar)	250.000,00 €	50.000,00 €	150.000,00 €
Verkauf gebrauchte Maschine		25.000,00 €	
Summe der Einzahlungen	400.000,00 €	475.000,00 €	800.000,00 €
Auszahlungen:			
Verbindlichkeiten	300.000,00 €	400.000,00 €	450.000,00 €
Einkauf, Produktion, Verwaltung	100.000,00 €	140.000,00 €	220.000,00 €
Summe der Auszahlungen	400.000,00 €	540.000,00 €	670.000,00 €
= Endbestand Bankkonto	50.000,00 €	–15.000,00 €	115.000,00 €

AUFGABEN

1. Was versteht man unter einer Investition?
2. Erläutern Sie den Begriff Finanzierung.
3. Wodurch unterscheiden sich Eigen- und Fremdfinanzierung?
4. „Deren Buchung als Kosten ist ja nicht mit Geldabgang verbunden – der fand schon früher bei dem Kauf einer Maschine statt."

   Welche Finanzierungsart wird hier angesprochen?
5. Welche Arten der Selbstfinanzierung gibt es?
6. Die Hoffmann KG möchte ein neues Zentrallager für den süddeutschen Raum in Heilbronn errichten. Die Unternehmensleitung überlegt, auf welchen Wegen dies finanziert werden kann.
   a) Nennen Sie mindestens zwei Beispiele für die Innenfinanzierung.
   b) Nennen Sie mindestens zwei Beispiele der Eigenfinanzierung.
   c) Führen Sie Nachteile der Kreditfinanzierung gegenüber der Beteiligungsfinanzierung auf.
7. Entscheiden Sie bei den folgenden Geschäftsvorfällen, welche Finanzierungsart vorliegt.
   a) Aufnahme eines neuen OHG-Gesellschafters
   b) Aufnahme eines kurzfristigen Bankkredits
   c) Kauf eines Lkw aus Abschreibungsgegenwerten
   d) Kauf von Waren auf Ziel für 5.000,00 €
   e) Einstellung des Gewinns in die freiwilligen Rücklagen
   f) Ausgabe neuer Aktien durch eine Aktiengesellschaft
8. Die Hoffmann KG möchte eine neue Filiale in Dresden eröffnen. Herr Hoffmann ermittelt den zu erwartenden Kapitalbedarf aufgrund der folgenden Angaben:
   - Die Grundstücks- sowie die Baukosten betragen 4.000.000,00 €.
   - Für die Betriebs- und Geschäftsausstattung müssen 700.000,00 € aufgewendet werden.
   - Herr Hoffmann geht von einer Grundausstattung an Waren in Höhe von 1.500.000,00 € aus.
   - Er rechnet damit, dass dann täglich für durchschnittlich 20.000,00 € Waren eingekauft werden.
   - Die Hoffmann KG bekommt von ihren Lieferanten 60 Tage Ziel eingeräumt, gewährt ihren Kunden selbst 30 Tage Ziel.
   - An Erfahrungswerten aus anderen Filialen lässt er in die Berechnung einfließen, dass die durchschnittliche Lagerdauer für einen Artikel 50 Tage beträgt und pro Tag 6.000,00 € Handlungskosten anfallen.

   Berechnen Sie den Kapitalbedarf.
9. Michael Hoffmann bittet die Verantwortlichen der neuen Heilbronner Filiale, einen Finanzplan (Liquiditätsplan) für die Monate Oktober, November und Dezember aufzustellen:

   Der gesamte Zahlungsverkehr wird über ein Bankkonto abgewickelt. Bei der Bank besteht ein Dispositionskredit über 50.000,00 €. Zum 30. September besteht ein Bankguthaben von 50.000,00 €.

   Der Finanzstatus zum 30. September weist folgende Planzahlen auf.

9 LIQUIDITÄT SICHERN UND FINANZIERUNG VORBEREITEN

Ausgaben zur Begleichung von Verbindlichkeiten
- im Oktober: 400.000,00 €
- im November: 300.000,00 €
- im Dezember: 250.000,00 €

Umsatzerlöse nach Ziel
- im Oktober: 200.000,00 €
- im November: 400.000,00 €
- im Dezember: 750.000,00 €

Ausgaben für Einkauf, Produktion und Verwaltung
- im Oktober: 100.000,00 €
- im November: 140.000,00 €
- im Dezember 220.000,00 €

Einnahmen aus Warenverkäufen bar
- im Oktober: 275.000,00 €
- im November: 50.000,00 €
- im Dezember: 200.000,00 €

AKTIONEN

1. Erstellen Sie eine Excel-Tabelle, mit der Sie den Kapitalbedarf berechnen können. Ziehen Sie zum Test die Aufgabe 3 hinzu.

2. Erstellen Sie eine Excel-Tabelle, mit der Sie eine Finanzplanung durchführen können. Ziehen Sie zum Test die Aufgabe 4 hinzu.

ZUSAMMENFASSUNG

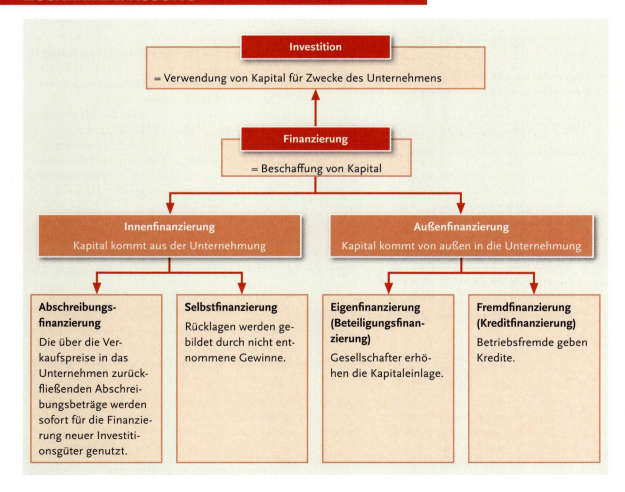

9.12 Wir nehmen Kredite auf

Einstieg

Vor fünf Jahren hat Michael Hoffmann seinem langjährigen Geschäftspartner Peter Noll 200.000,00 € geliehen.

Das Unternehmen von Peter Noll war jahrzehntelang finanziell sehr gesund. Vor drei Jahren aber geriet es überraschend in finanzielle Schwierigkeiten, die vor 15 Monaten zur Insolvenz führten. Peter Noll kann bis heute den Kredit an Michael Hoffmann nicht zurückzahlen.

Stellen Sie fest, auf welche Arten sich Michael Hoffmann gegen einen möglichen Zahlungsausfall hätte absichern können.

INFORMATIONEN

Kredit

Reichen eigene Mittel zur Finanzierung eines Investitionsvorhabens nicht aus, bietet sich die Aufnahme eines Kredits an. Bei einem Kredit werden Geldbeträge (manchmal auch Waren oder Dienstleistungen) von einer anderen Person auf Zeit gegen Zinszahlungen im Vertrauen auf eine Rückzahlung überlassen. Dies geschieht durch Abschluss eines Kreditvertrags zwischen dem Kreditgeber (dem Gläubiger oder Kreditor) und dem Kreditnehmer (dem Schuldner oder Debitor).

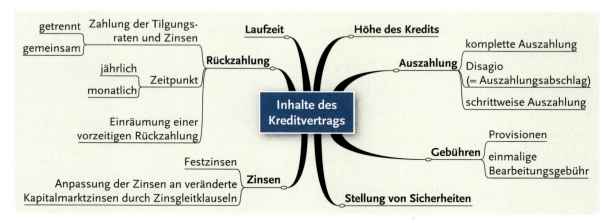

Kreditarten nach der Laufzeit

Nach der Dauer der Überlassung von Fremdkapital können kurzfristige, mittelfristige und langfristige Kredite unterschieden werden:

- **kurzfristige Kredite**
  Der Kreditnehmer muss das überlassene Fremdkapital innerhalb von sechs Monaten zurückzahlen.

- **mittelfristige Kredite**
  Mittelfristige Kredite haben eine Laufzeit von sechs Monaten bis vier Jahren. Sie dienen ähnlich wie die kurzfristigen Kredite häufig der Finanzierung von Umlaufvermögen.

- **langfristige Kredite**
  Zu den langfristigen Krediten zählen alle Kredite mit einer Laufzeit von über vier Jahren. Sie werden oft aufgenommen für die Finanzierung von Gütern des Anlagevermögens (z. B. für den Kauf oder Bau von Immobilien).

Kreditarten nach der Verfügbarkeit

Kredite können auf unterschiedliche Art und Weise zur Verfügung gestellt werden:
- Kontokorrentkredit
- Darlehen
- Lieferantenkredit

Kontokorrentkredit

Beim Kontokorrentkredit räumt der Kreditgeber dem Kreditnehmer einen bestimmten Höchstbetrag ein, die sogenannte Kreditlinie. Abhängig von seinem Finanzierungsbedarf kann dann der Kreditnehmer in wechselndem Umfang maximal bis zu diesem Höchstbetrag einen Kredit in Anspruch nehmen: Bis zu dieser Höhe darf das Konto des Kreditnehmers überzogen werden.

Für Unternehmen ist ein Kontokorrentkredit sehr komfortabel. Er kann jederzeit kurzfristig in Anspruch genommen werden. Berechnet werden ihm daher vom Kreditgeber – meist sind dies Banken – nur die tatsächlich beanspruchten Zinsen.

Darlehen

Ein Darlehen ist in der Regel ein langfristiger Kredit, bei dem ein Geldbetrag entweder in einer Summe oder in bestimmten Teilbeträgen an den Schuldner ausgezahlt wird. Häufig wird ein Darlehen für Investitionen im Bereich des Anlagevermögens aufgenommen.

Nach der Art der Tilgung unterscheidet man:

- **Fälligkeitsdarlehen**
  Das Fälligkeitsdarlehen wird oft auch Festdarlehen genannt. Der Kredit wird am Ende der Laufzeit in einer Summe getilgt.

- **Abzahlungsdarlehen (Ratentilgung)**
  Die Rückzahlung des Kredits erfolgt in Raten zu festgelegten Terminen. Dabei bleiben die Tilgungsbeträge gleich. Weil die Restschuld dadurch sinkt, ergeben sich sinkende Zinszahlungen. Die finanzielle Belastung des Schuldners wird daher von Jahr zu Jahr geringer.

- **Annuitätendarlehen**
  Über die gesamte Laufzeit werden an den Gläubiger gleich hohe – sich aus den Zins- und Tilgungsanteilen zusammensetzende – Beträge zurückgezahlt. Weil durch die Tilgung die Restschuld immer geringer wird, sinkt bei den gleich bleibenden Zahlungen des Schuldners die Zinsbelastung, und der Tilgungsbetrag steigt.

BEISPIEL

Um Güter des Anlagevermögens in der neuen Filiale in Weimar finanzieren zu können, nimmt die Hoffmann KG ein Darlehen über 200.000,00 € auf. Die Laufzeit beträgt vier Jahre, der Zinssatz 10 %.

Fälligkeitsdarlehen

			Tilgung 200.000,00 €
Zinsen 20.000,00 €	Zinsen 20.000,00 €	Zinsen 20.000,00 €	Zinsen 20.000,00 €
1. Jahr	2. Jahr	3. Jahr	4. Jahr

Abzahlungsdarlehen

Zinsen 20.000,00 €			
	Zinsen 15.000,00 €		
		Zinsen 10.000,00 €	
			Zinsen 5.000,00 €
Tilgung 50.000,00 €	Tilgung 50.000,00 €	Tilgung 50.000,00 €	Tilgung 50.000,00 €
1. Jahr	2. Jahr	3. Jahr	4. Jahr

Annuitätendarlehen

Tilgung 43.094,00 €	Tilgung 47.404,00 €	Tilgung 52.144,00 €	Tilgung 57.358,00 €
Zinsen 20.000,00 €			
	Zinsen 15.690,00 €		
		Zinsen 10.950,00 €	
			Zinsen 5.736,00 €
1. Jahr	2. Jahr	3. Jahr	4. Jahr

9.12 WIR NEHMEN KREDITE AUF

Merkmal	Kontokorrentkredit	Darlehen
typisches Einsatzfeld	Deckung kurzfristiger Liquiditätsschwankungen	Anschaffung von Gütern des Anlagevermögens
Laufzeit	kurzfristig	mittelfristig langfristig
Verfügbarkeit des Geldbetrags	sofort	Da erst ein Vertrag abgeschlossen werden muss, steht der Geldbetrag erst mit einer Verzögerung zur Verfügung.
Rückzahlung	Über den Zeitpunkt entscheidet der Kreditnehmer.	zum vereinbarten Termin
Sicherung	keine Sicherung im Normalfall bei einem vom Kreditinstitut einseitig eingeräumten Überziehungsrahmen	im Normalfall abgesichert z. B. durch Hypothek, Zession, Sicherungsübereignung, Bürgschaft
Kosten	vergleichsweise hoher Zinssatz	niedriger als beim Kontokorrentkredit
Beendigung	nach Wegfall des Überziehungsrahmens	nach der letzten Tilgungsrate
Inanspruchnahme	Entscheidung durch Kreditnehmer	nach vertraglicher Einigung beider Vertragspartner

Lieferantenkredit

Mithilfe eines Lieferantenkredits können Warenverkäufe finanziert werden. Diese Art des Kredits ist eine kurzfristige Form der Finanzierung. Dabei vereinbart der Einkäufer von Waren mit dem Lieferanten ein **Zahlungsziel**. Dies ist eine Frist, die der Lieferant für die Bezahlung der Rechnung setzt. In den meisten Fällen beträgt das Zahlungsziel 30, 60 oder 90 Tage. Da der Käufer innerhalb dieser Zahlungsfrist nicht zahlen muss, gewährt ihm der Lieferant einen Kredit.

Zahlt der Kunde die gelieferte Ware deutlich vor Ablauf des Zahlungsziels, darf er sich oft ein sogenanntes **Skonto** abziehen. Wartet er jedoch die volle Frist zur Bezahlung ab, muss er auf die Nutzung des Skonto verzichten.

Trotz der späteren Zahlung darf der Käufer ab dem Zeitpunkt der Lieferung über die Ware frei verfügen. Der Lieferant erhofft sich dadurch, dass die Ware innerhalb der Zahlungsfrist verkauft wird. Dadurch kann der Käufer dann die Rechnung begleichen. Der Lieferant sichert sich bis dahin aber oft durch einen Eigentumsvorbehalt ab.

Kunden sollten beachten, dass der Lieferantenkredit zwar sehr bequem, aber eine der teuersten Finanzierungsmöglichkeiten überhaupt ist. Es ist häufig sinnvoller, einen Kontokorrentkredit aufzunehmen, mit dem man die Rechnung innerhalb der Skontofrist bezahlen kann.

BEISPIEL

Der Hoffmann KG liegt eine Rechnung der Firma Bernhard Müller OHG aus Heidelberg über 6.000,00 € vor. Die Zahlungsbedingung lautet: „30 Tage Ziel. Bei Zahlung innerhalb von zehn Tagen 2 % Skonto."

Zur sofortigen Zahlung fehlt der Hoffmann KG die Liquidität. Sie könnte jedoch einen Bankkredit zu 10 % aufnehmen.

6.000,00 €		Preis bei Zahlung nach 30 Tagen
− 120,00 €		2 % Skonto
= 5.880,00 €		Preis bei Zahlung innerhalb 10 Tage

Der Skontobetrag von 120,00 € ist als Zinsbetrag dafür zu sehen, dass die Hoffmann KG die Rechnung erst nach 30 Tagen dem Lieferanten bezahlen muss.

Es lohnt sich in diesem Fall, für 20 Tage (der Bankkredit wird ja erst am zehnten Tag benötigt) den Bankkredit aufzunehmen und den Skontoertrag sofort mitzunehmen. Die Kosten für die Aufnahme des Bankkredits betragen dann nach der Zinsformel 32,67 €.

FORMEL

$$Z = \frac{\text{Kapital} \cdot \text{Laufzeit in Tagen} \cdot \text{Zinssatz}}{100 \cdot 360}$$

$$Z = \frac{5.880{,}00\ € \cdot 20 \cdot 10}{100 \cdot 360} = 32{,}67\ €$$

Zieht man die Kosten für den Bankkredit (32,67 €) vom Skontoertrag (120,00 €) ab, ergibt sich eine Einsparung von 87,33 €.

Kreditarten nach der Sicherheit

Einfacher Personalkredit

Wenn nur die Person des Kreditnehmers dem Kreditgeber als Sicherheit dient, liegt ein einfacher Personalkredit vor. Der Kredit wird also lediglich aufgrund der Kreditwürdigkeit des Schuldners gewährt. Personalkredite werden oft auch als Blankokredit oder als reiner Personalkredit bezeichnet.

Der Kreditgeber wird vor der Vergabe des Kredits eine umfangreiche Prüfung der Kreditfähigkeit und der Kreditwürdigkeit vornehmen. Dies geschieht mithilfe zahlreicher Unterlagen und Materialien, die der Kreditgeber sich selbst beschafft oder vom Schuldner erhält.

Verstärkte Personalkredite

Bei verstärkten Personalkrediten haftet neben der Person des Kreditnehmers mindestens noch eine weitere Person für die Erfüllung der Verbindlichkeit.

Bürgschaft

Bei einer Bürgschaft haftet eine weitere Person als Bürge für die Rückzahlung des Kredits. Der Kreditgeber hat damit für seine Forderung zwei Schuldner.

> **DEFINITION**
> Bei einer **Bürgschaft** verpflichtet sich der Bürge in einem Vertrag mit dem Gläubiger, für die Schuld des eigentlichen Kreditnehmers einzustehen.

> **BEISPIEL**
> Vor einiger Zeit befand sich die Hoffmann KG für kurze Zeit überraschend in Zahlungsschwierigkeiten. Sie konnte daraufhin aber einen Kredit bei der örtlichen Commerzbank aufnehmen, die zur Absicherung die Stellung eines Bürgen forderte. Michael Hoffmann konnte dafür den mit ihm befreundeten Gerd Spindler gewinnen.

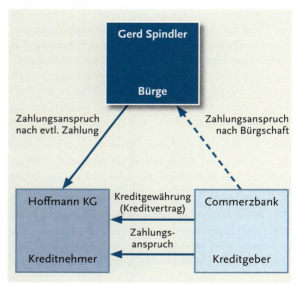

Der Bürge muss die Bürgschaftserklärung schriftlich abgeben. Bei einem Handelsgeschäft dürfen Kaufleute die Bürgschaft auch in mündlicher bzw. elektronischer Form abgeben. Aus Beweissicherungsgründen fordern Kreditgeber heute aber immer die Abgabe schriftlicher Erklärungen mithilfe standardmäßiger Vordrucke.

9.12 WIR NEHMEN KREDITE AUF

Es gibt zwei Arten von Bürgschaften:

- **selbstschuldnerische Bürgschaft**
  Bürgschaften von Kaufleuten sind immer selbstschuldnerisch. Banken verlangen aber von allen Kunden grundsätzlich selbstschuldnerische Bürgschaften. Bei dieser Form der Bürgschaft muss der Bürge ausdrücklich auf die Einrede der Vorausklage verzichten, das heißt, der Gläubiger darf sofort die Zahlung vom Bürgen verlangen, wenn der eigentliche Schuldner seinen Zahlungsverpflichtungen nicht nachkommt. Der Kreditgeber muss also weder eine erfolglose Zwangsvollstreckung in das Vermögen des Kreditnehmers nachweisen, noch sich erst einmal an andere Sicherheiten des Kreditnehmers halten.

- **Ausfallbürgschaft**
  Bei der Ausfallbürgschaft haftet der Bürge nur, soweit der Gläubiger seine Forderung durch Zwangsvollstreckung in das gesamte Vermögen des Schuldners nicht einzutreiben vermochte. Die Haftung erfolgt also erst dann, wenn der Ausfall nach Ausschöpfen aller gerichtlichen Möglichkeiten endgültig feststeht. Bei Insolvenz des Schuldners kann der Gläubiger erst nach Feststellung der Höhe des Ausfalls den Bürgen in Anspruch nehmen.

Die Verpflichtung aus der Bürgschaft ist abhängig (akzessorisch) von der Verbindlichkeit des eigentlichen Schuldners.

Das bedeutet:

- Der Umfang der Bürgschaft richtet sich, wenn nichts anderes vereinbart worden ist, nach der Hauptschuld.
- Stehen dem Schuldner Einwendungen gegen den Gläubiger zu, kann diese auch der Bürge geltend machen.
- Die Bürgschaft erlischt mit der Hauptschuld, z. B. durch Erfüllung. Der Bürge wird vorher von der Bürgschaftsverpflichtung nur dann befreit, wenn er sich lediglich für eine bestimmte Zeit verpflichtet hat.

BEISPIEL

Die Verbindlichkeit des Bürgen verringert sich, wenn die Verbindlichkeit des Schuldners geringer wird. Umgekehrt erhöht sich die Bürgschaftsverpflichtung, falls die Schuld des Kreditnehmers, z. B. durch Zinsen, größer wird.

Zession

DEFINITION

Eine **Zession** ist die Abtretung von Forderungen des Kreditnehmers gegenüber Dritten (sogenannter Drittschuldner) an den Kreditgeber zur Absicherung eines von ihm gewährten Kredits.

Dazu wird neben dem eigentlichen Kreditvertrag zwischen dem Kreditgeber und dem Kreditnehmer ein Zessionsvertrag abgeschlossen. Durch diesen geht die Forderung des Kreditnehmers gegenüber dem Drittschuldner an den Kreditgeber über. Damit hat der Kreditgeber zwei Ansprüche:

- Anspruch aus dem Kreditvertrag an den Kreditnehmer
- Anspruch aus dem Zessionsvertrag an den Drittschuldner

BEISPIEL

Die Hoffmann KG kann eine größere Menge Waren sehr preisgünstig einkaufen. Sie nimmt dafür einen kurzfristigen Kredit auf. Zur Absicherung tritt sie eigene Forderungen, die sie gegenüber der Firma Tina Hempe e. Kffr. in München hat, an die Commerzbank ab.

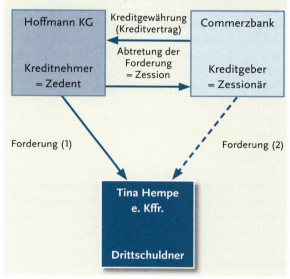

Die ursprüngliche Forderung des Zedenten (Forderung 1) an den Drittschuldner bekommt bei der Zession der Zessionär (Forderung 2).

Abhängig davon, inwieweit der Drittschuldner von der Abtretung benachrichtigt wird, werden zwei Arten der Zession unterschieden:

- **offene Zession**
  Bei der offenen Zession wird dem Drittschuldner mitgeteilt, dass die Forderungen abgetreten worden sind. Damit kann dieser mit schuldbefreiender Wirkung nur noch an den Kreditgeber zahlen. Der Nachteil einer offenen Zession liegt darin, dass der Drittschuldner von der Kreditaufnahme erfährt. Dies ist für den Kreditnehmer oft mit einer Rufschädigung verbunden.

- **stille Zession**
  Bei der stillen Zession wird der Drittschuldner über die Abtretung nicht informiert. Der Kreditnehmer leitet die

Zahlungen des Drittschuldners zur Begleichung der Verbindlichkeiten aus dem Kreditvertrag weiter an den Kreditgeber. Es besteht hier die Gefahr, dass der Kreditnehmer die gleiche Forderung gegenüber einem Drittschuldner mehrfach abtritt oder den Forderungsbetrag einfach nicht weiterleitet.

Zessionen unterscheiden sich auch dadurch, wie viele Forderungen abgetreten werden:

- **Einzelzession**
  Bei einer Einzelzession wird lediglich eine Zession an den Kreditgeber abgetreten. Diese Form der Absicherung wird nur dann gewählt, wenn ein einmaliger und kurzfristiger Kreditbedarf besteht.

- **Mantelzession**
  Bei der Mantelzession tritt der Kreditnehmer mehrere bereits bestehende Forderungen an seine Kunden zur Sicherung an den Kreditgeber ab. Er verpflichtet sich, laufend andere Forderungen abzutreten, wenn sich der alte Forderungsbestand durch Zahlung verringert hat. Dazu werden in regelmäßigen Zeitabständen, z. B. monatlich, Listen mit der Beschreibung der Forderungen eingereicht. Mit Einreichung der Liste ist die Abtretung wirksam. Diese Art der Zession wird bei den Banken zunehmend unbeliebter.

- **Globalzession**
  Bei der Globalzession tritt der Kreditnehmer alle gegenwärtigen und zukünftigen Forderungen gegenüber bestimmten Kunden, z. B. die mit den Anfangsbuchstaben N bis Z, ab. Der Kreditgeber wird Gläubiger der Forderung zum Zeitpunkt ihrer Entstehung.

Wechselkredit

Ein Wechselkredit diente früher häufig der Finanzierung von Warengeschäften. Dabei verpflichtet sich der Käufer (der Bezogene) durch Unterschrift einer vom Verkäufer ausgestellten Urkunde (dem Wechsel), eine bestimmte Geldsumme zu einem festgelegten Zeitpunkt (dem sogenannten Verfalltag) an ihn oder eine im Wechsel genannte Person zu zahlen.

Benötigt der Verkäufer nun selbst liquide Mittel, kann er den Wechsel jederzeit – also auch vor dem Verfalltag – an eine Bank verkaufen. Die Bank stellt damit Geld zur Verfügung, das sie erst am Verfalltag vom Bezogenen erhält. Für diese Kreditgewährung berechnet sie sogenannte Diskontzinsen.

Der Wechsel ist ein sehr sicherer Kredit. Der Bank gegenüber haften alle Beteiligten für die Einlösung des Wechsels. Zudem kann der Wechselgläubiger bei gerichtlichen Auseinandersetzungen seine Ansprüche unter erleichterten Bedingungen durchsetzen.

Realkredite

Bei einem Realkredit dient – neben der Person des Kreditnehmers – eine reale Sache als Sicherheit.

Lombardkredit

Der Lombardkredit wird oft auch Pfandkredit genannt. Zur Absicherung eines Kredits bekommt der Kreditgeber als Sicherheit vom Kreditnehmer einen Gegenstand aus dessen beweglichem Vermögen als Pfand. Als Pfandgegenstände eignen sich Rechte oder bewegliche Sachen, die dem Kreditnehmer gehören.

Der Lombardkredit ist vor allem geeignet für bewegliche, wertbeständige Sachen. Dies können u. a. Waren, Edelmetalle, Schmuck oder Wertpapiere sein.

> **BEISPIEL**
>
> Die Hoffmann KG nimmt bei der örtlichen Commerzbank einen Kredit auf. Zur Absicherung des Kredits wird vereinbart, dass die Hoffmann KG der Commerzbank Aktien der Ambiente Warenhaus AG als Faustpfand übergibt.

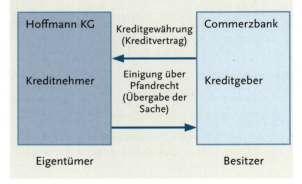

Durch die Übergabe des Pfands wird der Kreditgeber Besitzer der verpfändeten Sache. Der Kreditnehmer bleibt jedoch Eigentümer. Die Beleihungshöhe (= der Wert, der dem Pfandgegenstand zugeordnet wird) ist davon abhängig, wie leicht das Pfand zu veräußern ist.

Die Verwertung der Pfandgegenstände muss vorher angedroht werden. Wird der Kredit nicht zurückgezahlt, kann der Kreditgeber die Pfandgegenstände nach Ablauf einer Wartefrist öffentlich versteigern lassen oder nach einer öffentlichen Bekanntmachung über die Börse verkaufen. Der Kreditgeber bekommt dann den Verkaufserlös.

Sicherungsübereignung

Auch bei der Sicherungsübereignung dienen Gegenstände aus dem beweglichen Vermögen des Kreditnehmers als Kreditsicherung. Allerdings gehen sie in das Eigentum des Kreditgebers über. Der Kreditnehmer bleibt aber weiterhin Besitzer: Er übergibt die Sache nicht.

Es handelt sich dabei vor allem um Gegenstände, die der Kreditnehmer benötigt, um seiner Geschäftstätigkeit weiter nachgehen zu können. Aus den dadurch entstehenden Gewinnen kann dann der Kredit getilgt werden.

BEISPIEL

Die Hoffmann KG nimmt bei der örtlichen Commerzbank einen Kredit auf. Zur Absicherung des Kredits wird vereinbart, dass die Hoffmann KG der Commerzbank die Kfz-Briefe von zwei Firmen-Lkw übergibt.

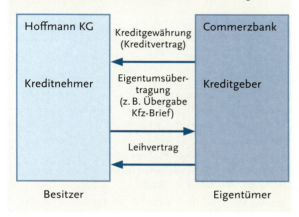

Mit der Tilgung der Schuld geht das Eigentum automatisch wieder auf den Kreditnehmer über. Wird der Kredit aber nicht zurückgezahlt, darf der Gläubiger den ihm gehörenden Gegenstand verkaufen.

Hypothek

Bei einer Hypothek wird unbewegliches Vermögen zur Absicherung meist langfristiger Kredite verpfändet. Da ein Grundstück und die damit verbundenen Gebäude nicht direkt als Faustpfand übergeben werden können, wird das Grundpfandrecht daher in ein amtliches Register eingetragen: das Grundbuch. Dieses ist ein vom Amtsgericht geführtes Verzeichnis aller Grundstückseigentümer einer Gemeinde.

Bei einer **Buchhypothek** erfolgt nur eine Eintragung in das Grundbuch. Bei einer **Briefhypothek** wird dem Gläubiger zusätzlich ein Hypothekenbrief übergeben.

Bei einem durch eine Hypothek abgesicherten Kredit besteht immer auch eine persönliche Haftung des Kreditnehmers. Er muss also beim Kreditausfall persönlich mit seinem ganzen Vermögen aufkommen. Das Grundstück dient dann nur zusätzlich als Pfand (dingliche Haftung).

Zahlt der Kreditnehmer den Kredit nicht zurück, kann der Kreditgeber das Grundstück zwangsversteigern oder auch zwangsverwalten lassen.

Oft ist ein Grundstück auch mit mehreren Hypotheken belastet. Die Hypothek, die als erste eingetragen wurde, hat bei der Rückzahlung den ersten Rang: Dieser Kredit wird aus dem Versteigerungsbeitrag als erster vollständig zurückgezahlt. Dann folgt der Kredit, dessen Hypothek sich auf dem zweiten Rang befindet. Da der Erlös aus der Versteigerung eventuell nicht ausreicht, um auch Hypotheken mit einem höheren Rang zurückzuzahlen, müssen für diese in der Regel höhere Zinsen gezahlt werden als für Kredite, die mit dem ersten Rang abgesichert sind.

BEISPIEL

Für das Grundstück eines Unternehmens wurden vor sieben Jahren eine erste Hypothek mit 150.000,00 €, vor fünf Jahren eine zweite Hypothek über 120.000,00 € und vor drei Jahren mit 60.000,00 € eine dritte Hypothek in das Grundbuch eingetragen. In diesem Jahr ging das Unternehmen in Insolvenz. Das Grundstück sowie die dazu gehörigen Gebäude wurden für 250.000,00 € zwangsversteigert.

Die zuerst eingetragene Hypothek hat den ersten Rang. Ausgezahlt werden die kompletten 150.000,00 €. Für die an zweiter Stelle stehende Hypothek werden nur noch 100.000,00 € ausgezahlt. Die dritte Hypothek geht leer aus.

Grundschuld

Bei einer Grundschuld gibt es ebenfalls ein Pfandrecht an einem Grundstück. Es besteht lediglich eine dingliche Haftung: Es haftet nur das Grundstück. Eine Forderung, die abgesichert werden soll, kann – muss aber nicht – vorliegen. Weil sie dadurch leichter zu handhaben ist, wird die Grundschuld mittlerweile in der Praxis häufiger verwendet als die Hypothek.

Die Eintragung einer Grundschuld dient dem Kreditgeber des Bauprojekts als Sicherheit.

9 LIQUIDITÄT SICHERN UND FINANZIERUNG VORBEREITEN

BEISPIEL

Ein Kreditnehmer hat seine Schulden vollständig beglichen. Dadurch ist die Hypothek erloschen. Der Kreditgeber muss dies dem zuständigen Notar mitteilen, der die Löschung der Hypothek im Grundbuch beim Amtsgericht veranlasst.

Ein anderer Kreditnehmer hat ebenfalls seine Verbindlichkeiten aus einem Kreditvertrag zurückgezahlt. Mit dem Kreditgeber war aber vereinbart, dass die Grundschuld nach der Rückzahlung des Kredits bestehen bleibt. Falls der Kreditnehmer irgendwann wieder einen Kreditvertrag abschließen möchte, braucht er nicht erneut eine Grundschuld ins Grundbuch eintragen zu lassen. Es werden dadurch sehr hohe Notarkosten und ein erheblicher Zeitaufwand eingespart.

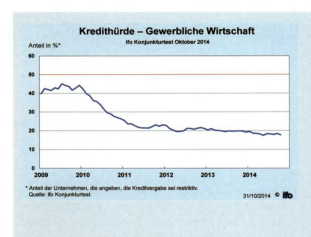

Die Unternehmen kommen bei den Banken momentan vergleichsweise leicht an Geld. Nur noch etwa 16 % der Unternehmen bezeichnen die Kreditvergabe der Banken als restriktiv. Das geht aus einer Erhebung des ifo-Instituts hervor. Damit sank die sogenannte Kredithürde bereits zum wiederholten Mal in Folge. Einige Jahr zuvor hatten noch 43 % der Firmen über die zurückhaltende Kreditvergabe der Banken geklagt und damit Sorgen vor einer drohenden Kreditklemme genährt. Wirtschaftsexperten hatten davor gewarnt, dass die restriktive Geldversorgung durch die Banken die Erholung der deutschen Wirtschaft gefährden könnte, weil den Firmen das Geld für dringend notwendige Investitionen fehle. Die gegenwärtige Politik der europäischen Zentralbank stellt den unternehmen jetzt jedoch sehr günstig Geld zur Verfügung.

AUFGABEN

1. Was ist ein Kredit?
2. Wodurch unterscheiden sich kurz-, mittel- und langfristige Kredite?
3. Erläutern Sie den Unterschied zwischen Darlehen und Kontokorrentkredit.
4. „Der Kredit wird in konstanten Raten zurückgezahlt. Dabei verringert sich der Zinsanteil der Rate zugunsten des Tilgungsanteils."

   Welche Art von Darlehen liegt vor?
5. Führen Sie einen Vorteil und einen Nachteil des Lieferantenkredits auf.
6. Die Hoffmann KG erhält Waren im Wert von 150.000,00 €. Die Zahlungsbedingung des Lieferanten lautet: „Zahlbar innerhalb von 30 Tagen netto Kasse oder 2 % Skonto bei Zahlung innerhalb von 10 Tagen." Die Hoffmann KG möchte zur Begleichung der Eingangsrechnung einen Kontokorrentkredit bei der Bank in Anspruch nehmen. Der Zinssatz für diesen beträgt momentan 15 % p. a. Lohnt sich die Aufnahme des Kredits, um den Skonto mitzunehmen?
7. Was versteht man unter einem einfachen Personalkredit?
8. Führen Sie Informationsquellen auf, die der Kreditgeber im Rahmen einer Kreditwürdigkeitsprüfung nutzen kann.
9. Was ist eine Bürgschaft?
10. Unterscheiden Sie die selbstschuldnerische Bürgschaft von der Ausfallbürgschaft.
11. Was ist eine Zession?
12. „Hierbei verzichtet der neue Gläubiger bei der Abtretung auf eine Benachrichtigung des Drittschuldners."
    a) Welche Art der Zession ist hier angesprochen?
    b) Welche Nachteile kann diese Zessionsart haben?
13. Wodurch unterscheiden sich Lombardkredit und Sicherungsübereignung?

9.12 WIR NEHMEN KREDITE AUF

14. Was ist eine Hypothek?

15. Für das Grundstück eines Unternehmens wurden vor sieben Jahren eine erste Hypothek mit 200.000,00 €, vor fünf Jahren eine zweite Hypothek über 240.000,00 € und vor drei Jahren mit 80.000,00 € und 100.000,00 € eine dritte und vierte Hypothek in das Grundbuch eingetragen. In diesem Jahr ging das Unternehmen in Insolvenz. Das Grundstück sowie die dazugehörigen Gebäude wurden für 460.000,00 € zwangsversteigert.
Wie viel bekommen die einzelnen Gläubiger ausbezahlt?

16. „Eine Grundschuld ist eine Schuld ohne Grund." Erläutern Sie diese Aussage.

AKTIONEN

1. Wir gehen davon aus, dass Sie 7.000,00 € für den Kauf eines Pkw benötigen. Sie verfügen aber leider über kein eigenes Kapital. Besuchen Sie mit einer Mitschülerin/einem Mitschüler ein Kreditinstitut Ihrer Wahl.
Bringen Sie dort in Erfahrung:
   a) Wie viel kostet der Kredit (Zinsen)?
   b) Zu welchen Konditionen würde er gewährt?

2. Bearbeiten Sie den Inhalt dieses Kapitels mit der Methode des Gruppenlesens.
   a) Bilden Sie aus drei Personen bestehende Gruppen.
   b) Die drei Personen werden abwechselnd – parallel zu den Abschnitten des Textes – die Gruppenleitung übernehmen.
   c) Die erste Person, die die Gruppenleitung übernimmt, sorgt dafür, dass der erste Abschnitt in Einzelarbeit still gelesen wird.
   d) Anschließend sorgt die Gruppenleitung für folgendes Vorgehen:
      - Die Gruppenleitung fragt nach schwirigen Wörtern bzw. gegebenenfalls nach Sätzen, die nicht verstanden wurden. Zusammen in der Gruppe wird versucht, die Erklärung zu finden.
      - Das zweite Gruppenmitglied stellt Fragen zu den verschiedenen Inhalten des Abschnitts. Die anderen Gruppenmitglieder beantworten diese.
      - Das dritte Gruppenmitglied fasst den Inhalt des Abschnitts kurz zusammen.
      - Da nun ein neuer Absatz ansteht, wechselt die Gruppenleitung.

Diese auch *reziprokes Lesen* genannte Methode hat gegenüber dem Lesen in der reinen Einzelarbeit verschiedene Vorteile: Durch diese Art der aktiven Auseinandersetzung mit dem Text wird der Text besser verstanden. Untersuchungen haben auch gezeigt, dass deutlich mehr Informationen behalten werden.

ZUSAMMENFASSUNG

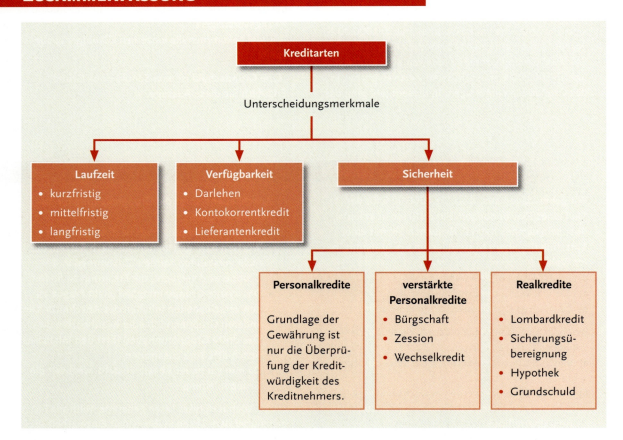

9.13 Wir leasen Güter des Anlagevermögens

Einstieg

Herr Hoffmann:
„Hallo Herr Mitschke, wie läuft es denn?"

Herr Mitschke:
„Eigentlich ganz gut. Wir haben durch die Einführung der neuen Warenwirtschaftssoftware immense Rationalisierungsvorteile festgestellt. Auch unsere Informationsbasis wird dadurch erheblich verbessert. Aber – und deswegen bin ich vorbeigekommen – wir haben ein Problem!"

Herr Hoffmann:
„Nanu, worum geht es denn?"

Herr Mitschke:
„Ein Teil unserer EDV-Geräte schafft die Anforderungen, die die neue Software stellt, nur mit Schwierigkeiten. Wenn unser Datenvolumen steigt – und damit ist durch die Gründung unserer neuen Filialen zu rechnen – ist eventuell hier und da in der Zentrale mit Systemabstürzen zu rechnen."

Herr Hoffmann:
„Diese Anschaffungen passen mir finanziell aber gar nicht ins Konzept. Durch die neuen Filialen sind wir kapitalmäßig schon ganz schön belastet."

Herr Mitschke:
„Das habe ich auch schon gedacht. Vielleicht sollten wir uns mal dieses Angebot der Hannoverschen Leasinggesellschaft anschauen. Die bieten für uns passende EDV-Anlagen unseres favorisierten Computerherstellers zum Leasen an."

1. Erklären Sie, welche Vorteile das Leasing der EDV-Anlagen für die Hoffmann KG hat.
2. Stellen Sie fest, welche Art Leasing hier angesprochen ist.

INFORMATIONEN

Leasing

Möchte ein Unternehmen für die Finanzierung eines Anlageguts weder Eigenkapital hinzuziehen noch einen Kredit aufnehmen, bietet sich das Leasing an. Das Leasing ist eine spezielle Art der Fremdfinanzierung. Ein Unternehmen erwirbt sich langfristige Nutzungsrechte an beweglichen und unbeweglichen Wirtschaftsgütern durch einen Mietvertrag.

Dabei übernimmt der Mieter, der Leasingnehmer, den Gegenstand vom Vermieter, dem Leasinggeber.

Für die Miete, z. B. einer Maschine oder eines Lkw, muss eine monatliche, manchmal auch vierteljährliche Leasingrate gezahlt werden. Deren Höhe richtet sich nach:

- der Laufzeit des Leasingvertrags
- den vom Leasinggeber zu erbringenden Serviceleistungen

DEFINITION
Unter **Leasing** versteht man das Mieten von Gegenständen des Anlagevermögens gegen Entgelt über einen bestimmten Zeitraum.

BEISPIEL
Geleast werden häufig:
- Büromaschinen
- Autos
- Immobilien
- EDV-Ausstattungen
- Produktionsanlagen

Der Unterschied zur eigentlichen Miete liegt darin, dass der Leasingnehmer nach Ablauf der Nutzungsdauer in der Regel mehrere Möglichkeiten hat, über das Leasingobjekt zu verfügen (Kauf-, Tausch-, Verlängerungsoption).

Darüber hinaus beinhalten die meisten Leasingverträge Serviceleistungen des Leasinggebers, die in einem Mietvertrag gewöhnlich nicht enthalten sind.

Die Leasingrate geht beim Leasingnehmer als Aufwand in die Gewinn-und-Verlust-Rechnung ein, der Gegenstand wird aber nicht ins Anlagevermögen in der Bilanz aufgenommen.

Eigentümer des Gegenstands ist nach wie vor die Leasinggesellschaft. Der Leasinggeber erhält nach Ablauf der Leasingdauer den überlassenen Gegenstand zurück.

Arten des Leasings

Abhängig von verschiedenen Kriterien können mehrere Arten des Leasings unterschieden werden.

Operate-Leasing und Finance-Leasing

Abhängig von der Art und Weise der Vertragsgestaltung kann man Operate-Leasing und Finance-Leasing unterscheiden.

Operate-Leasing

Das Operate-Leasing ist eine kurzfristige Vermietung von Wirtschaftsgütern. Es gibt keine fest vereinbarten Grundmietzeiten, beide Vertragsparteien können den Operate-Leasingvertrag jederzeit kündigen. Für diese Art des Leasings wird sich ein Leasingnehmer nur dann interessieren, wenn er das Anlagegut nur für kurze Zeit nutzen möchte. Ein Kauf kommt daher für ihn nicht infrage. Das gesamte Investitionsrisiko wird vom Leasinggeber getragen. Bis die Investitionskosten sich amortisiert haben, muss er das Anlagegut in der Regel mehrmals vermieten.

Finance-Leasing

Beim Finanzierungsleasing (Finance-Leasing) kann der Leasingvertrag während der Laufzeit von beiden Seiten nicht gekündigt werden. Durch den Abschluss langfristiger Verträge hat der Leasingnehmer das Investitionsrisiko, da er das Anlagegut – im Gegensatz zum Operate-Leasing – nicht jederzeit zurückgeben kann.

In der Variante der **Vollamortisation** wird die finanzierte Sache innerhalb der Grundmietzeit beinahe vollständig abbezahlt. Sie geht damit dann nahezu vollständig in das Eigentum des Leasingnehmers über. Am Ende der Grundmietzeit verbleibt dann meist nur noch ein geringer Restwert, der noch zu entrichten ist.

Bei der **Teilamortisation** wird während der Laufzeit des Leasingvertrags (also innerhalb der Grundmietzeit) nur ein Teil des Sachwerts durch die Leasingraten abgedeckt. Durch im Vertrag festgehaltene Verpflichtungen ist jedoch auch hier eine volle Deckung der Gesamtkosten des Leasinggebers gewährleistet: Entweder wird der Verkaufserlös des Leasingobjekts oder aber eine Schlusszahlung des Leasingnehmers zum Ausgleich herangezogen. Bei dieser Art von Verträgen hat der Leasinggeber – vertraglich vereinbart – oft ein sogenanntes Andienungsrecht: Zum möglichen Ausgleich des Wertverlusts wird dem Leasinggeber das Recht, aber nicht die Pflicht gewährt, am Ende der Leasingzeit vom Leasingnehmer zum vereinbarten Restwert den Kauf des Leasingobjekts zu verlangen.

Direktes und indirektes Leasing

Nach Anzahl der Beteiligten unterscheidet man indirektes und direktes Leasing.

Indirektes Leasing

Beim indirekten Leasing finanziert eine Leasinggesellschaft eine vom Leasingnehmer getroffene Investitionsentscheidung. Mit dem Leasingnehmer, dem Leasinggeber – also der Leasinggesellschaft – sowie dem Hersteller des Leasingguts gibt es hier drei Beteiligte.

Das Leasingobjekt wird beim Hersteller vom Leasingnehmer ausgewählt. Der Leasinggeber (die Leasinggesellschaft) erwirbt dieses daraufhin und überlässt es dem Leasingnehmer gegen Zahlung der Leasingrate. Das Leasinggut wird vom Hersteller direkt an den Leasingnehmer geliefert.

Direktes Leasing

Beim direkten Leasing gibt es nur zwei Beteiligte. Hier übernimmt der Hersteller die Finanzierung des Leasingobjekts und wird somit zum Leasinggeber. Das Hauptziel des Herstellers ist dabei die Absatzförderung: Es geht ihm darum, Kunden zu gewinnen und an sein Unternehmen zu binden.

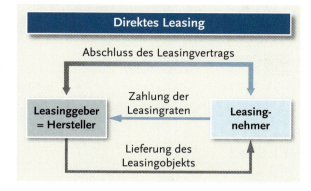

Immobilien-, Mobilien- und Plantleasing

Eine weitere Unterscheidung der Leasingarten ist nach Art der Leasingobjekte möglich.

Immobilienleasing

Beim Immobilienleasing erhält der Nutzer – statt die Immobilie zu kaufen – ein vertraglich eingeräumtes langfristiges Nutzungsrecht an einem Gebäude. Der Leasingnehmer kann das Gebäude nach seinen Vorstellungen planen und errichten. Der Leasinggeber kauft die Immobilie, die der Leasingnehmer dann mietet. Immobilien-Leasing hat sich als langfristige Investitionsfinanzierung bei hochwertigen Gewerbe- und Büroimmobilien bewährt.

Mobilienleasing

Beim Mobilienleasing handelt es sich um das Leasing beweglicher Güter. Werden Investitionsgüter geleast, so nennt man dies Equipment-Leasing. Leasingnehmer sind in der Regel gewerbliche Nutzer.

Plantleasing

Das Plantleasing ist eine Mischform aus Immobilien- und Mobilienleasing. Geleast werden ganze Industrieanlagen und Gebäude, aber auch deren Einrichtungen.

Investitions- und Konsumgüterleasing

Hauptanwendungsgebiet des Leasings ist das **Investitionsleasing.** Leasingnehmer ist ein Unternehmen, das Leasingobjekt ein Investitionsgut.

Beim **Konsumgüterleasing** sind – meist in Verbindung mit Servicepaketen – Konsumgüter Vertragsgegenstand. Diese Art des Leasings wird häufig durch Privatleute genutzt.

Sale-and-lease-back-Leasing

Das Sale-and-lease-back-Leasing ist eine Sonderform des Leasings. Beim Sale-and-lease-back-Leasing wird das Leasingobjekt vom Eigentümer zunächst an den Leasinggeber verkauft. Dieser verleast das Leasinggut dann an den früheren Eigentümer, den Leasingnehmer, zurück. Der Kauf- und der Leasingvertrag bilden bei dieser Form des Leasinggeschäfts eine rechtliche Einheit.

Leasingobjekte des Sale-and-lease-back-Vertrags können sowohl Wirtschaftsgüter sein, die von dem späteren Leasingnehmer neu erworben worden sind, als auch Wirtschaftsgüter, die sich bereits länger in seinem Eigentum befunden haben.

Vorteile des Leasings

Für Leasingnehmer können die folgenden Vorteile von Bedeutung sein:

- Der Hauptvorteil des Leasings liegt darin, dass, auch wenn das nötige Kapital zum Kauf fehlt, die Finanzierung von Gütern möglich ist. Das Unternehmen benötigt daher weniger Kapital, die Liquiditätslage verbessert sich. Zusätzlich verbessern sich verschiedene Bilanzkennzahlen. Dadurch bekommt der Leasingnehmer leichter Kredite. Sein Image verbessert sich.

- Wird im Leasingvertrag der Austausch der alten Leasingobjekte durch jeweils technisch neuere vereinbart, kann der Leasingnehmer das Risiko der technischen Überalterung auf den Leasinggeber übertragen.

- Häufig übernimmt der Leasinggeber zusätzliche Dienstleistungen wie Wartungen oder Reparaturen.

- Der Leasingnehmer hat kein Verwertungsrisiko am Ende der Vertragslaufzeit.

- Die Belastung durch gewinnabhängige Steuern wird durch die Leasingraten geringer. Leasingraten sind als Betriebsausgaben steuerlich voll absetzbar, wenn das Leasingobjekt steuerlich dem Leasinggeber zugeordnet ist.

- Leasing bietet Planungssicherheit: Die Vertragslaufzeit und die Höhe der Leasingraten stehen von Beginn an fest. Die Leasingrate wird auch langfristig nicht von Zinsänderungen oder Rating-Veränderungen beeinflusst. Sie dient so als sichere Kalkulationsgrundlage.

Nachteile des Leasings

Nicht immer überwiegen die Vorteile des Leasings. Zu prüfen ist in jedem Fall, ob sich die folgenden Nachteile möglicherweise negativ auf die Finanzierungssituation des Unternehmens auswirken:

- Die Gesamtkosten beim Leasing sind in der Regel größer als beim fremdfinanzierten Kauf des Anlageguts: Langfristig ist der Aufwand beim Leasing um ca. 20 % bis 40 % höher als der Zinsaufwand beim Kauf. Neben Abschreibungen und Zinsen sind in die Leasingrate auch der Verwaltungsaufwand, die Gewinnspanne und die Risikoprämie des Leasinggebers einkalkuliert.
- Zumindest beim Finanzierungsleasing ist der Leasingnehmer während der Grundmietzeit an das Leasingobjekt gebunden. Die langfristigen und unkündbaren Verträge können sich bei schlechter Auftragslage dann negativ auswirken.
- Es kann zu einer bestimmten Abhängigkeit vom Leasinggeber kommen.

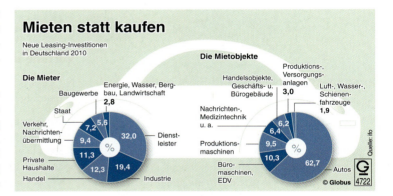

Vergleich der Leasingkosten mit den Kosten einer Kreditfinanzierung

Die Entscheidung, ob ein Anlagegut durch Leasing oder durch eine Kreditaufnahme finanziert wird, sollte genau abgewogen werden. Beide Finanzierungsmöglichkeiten bieten Vor- und Nachteile.

BEISPIEL

Die Hoffmann KG benötigt einen neuen LKW. Dieser wird für 90.000,00 € angeboten. Geplant ist eine Nutzungsdauer von 6 Jahren: Für den Wertverlust wird deshalb ein jährlicher Abschreibungsbetrag von 15.000,00 € eingeplant. Die Hoffmann KG überlegt nun, wie sie diese Anschaffung finanzieren kann. Sie hat 2 Möglichkeiten:

Sie finanziert mit Leasing:

Die Hannoversche Leasinggesellschaft bietet einen Vertrag mit einer Grundmietzeit von 4 Jahren an. Die jährliche Leasingrate würde 25.000,00 € betragen. Anschließend müsste noch einmal ein neuer Leasingvertrag mit einer jährlichen Leasingrate von 10.000,00 € abgeschlossen werden.

Jahr der Nutzung	Zu zahlende Leasingrate in €	Aufwand für die Hoffmann KG in €
1. Jahr	25.000,00	25.000,00
2. Jahr	25.000,00	25.000,00
3. Jahr	25.000,00	25.000,00
4. Jahr	25.000,00	25.000,00

9.13 WIR LEASEN GÜTER DES ANLAGEVERMÖGENS

Jahr der Nutzung	Zu zahlende Leasingrate in €	Aufwand für die Hoffmann KG in €
5. Jahr	10.000,00	10.000,00
6. Jahr	10.000,00	10.000,00
Gesamt	120.000,00	120.000,00

Die Kosten für 6 Jahre LKW-Nutzung würden beim Leasing 120.000,00 € betragen.

Sie finanziert mit Kredit:

Die Commerzbank Hannover bietet ein Darlehen mit einer Laufzeit von 6 Jahren an. Neben der jährlichen Tilgung von 15.000,00 € müssen 5 % Zinsen für den jeweiligen Restdarlehensbetrag zu Beginn des Jahres berücksichtigt werden.

Jahr der Nutzung	Restdarlehen zu Beginn des Jahres in €	Tilgung in €	Zinsen in €	Insgesamt aufzuwendender Betrag in €
1. Jahr	90.000,00	15.000,00	4.500,00	19.500,00
2. Jahr	75.000,00	15.000,00	3.750,00	18.750,00
3. Jahr	60.000,00	15.000,00	3.000,00	18.000,00
4. Jahr	45.000,00	15.000,00	2.250,00	17.250,00
5. Jahr	30.000,00	15.000,00	1.500,00	16.500,00
6. Jahr	15.000,00	15.000,00	750,00	15.750,00
Gesamt		90.000,00	15.750,00	115.750,00

Die Kosten für 6 Jahre LKW-Nutzung durch Kreditfinanzierung betragen 115.750,00 €.

Die Entscheidung zwischen Leasing oder Kreditaufnahme zur Finanzierung eines Anlagegutes hängt also immer von verschiedenen Faktoren ab:

- Ein ganz wichtiges Entscheidungskriterium ist der Kostenfaktor: In unserem Beispiel ist die Aufnahme eines Krediets zur Finanzierung eines Anlagegutes die kostengünstigere Alternative im Vergleich zur Finanzierung durch Leasing. Zu beachten ist noch, dass bei der Kreditfinanzierung oft noch weitere Kosten hinzukommen können wie z.B. Bearbeitungsgebühren, Disagios usw.

- Möchte man den LKW als Eigentümer nutzen, sollte man sich für eine Kreditfinanzierung entscheiden. Bei einer kurzen Leasingvertragszeit kann man den bis dahin gemieteten LKW entweder zum Restwert kaufen oder einen neuen leasingvertrag abschließen. Der Vorteil dabei wäre, dass man dann wieder einen neuen und technologisch sich auf dem letzten Stand befindenden LKW bekommt.

- In vielen Fällen ist die teurere Alternative das Leasing. Dennoch gibt es einige Gründe, sich dennoch dafür entscheiden. Da das Leasing kein Eigenkapital bindet, ändern sich verschiedene Bilanzkennzahlen (z.B. der Verschuldungsgrad) nicht. Die Möglichkeit, Kredite aufzunehmen, verschlechtert sich dadurch nicht.

- In einigen Fällen gibt es auch steuerliche Vorteile durch das Leasing.

AUFGABEN

1. Nehmen Sie Stellung zu folgender Aussage: „Leasing ist doch nur eine andere Form des Kredits."

2. Welche Anlagegüter werden oft geleast?

3. Zahlt der Leasingnehmer beim direkten Leasing seine Leasingraten an denselben Empfänger wie beim indirekten Leasing? Begründen Sie Ihre Antwort.

4. Was sind die Merkmale des Finanzierungsleasings?

5. Erläutern Sie die Begriffe
    a) Plantleasing
    b) Immobilienleasing
    c) Sale-and-lease-back-Leasing

6. Das Leasing bietet viele Vor-, aber auch einige Nachteile. Stellen Sie diese jeweils für folgende Situationen tabellarisch gegenüber:
    a) Die Hoffmann KG least fünf Lkws für ihren Fuhrpark.
    b) Volkan Karaca least einen VW Polo.

7. Welche Art von Leasing liegt vor?
    a) Eine Leasinggesellschaft ist zwischen Hersteller und Leasingnehmer geschaltet.
    b) Hochwertige Fernseher, Waschmaschinen oder Kühlschränke werden vermietet.
    c) Der Leasingvertrag hat langfristigen Charakter.
    d) Der Hersteller ist gleichzeitig der Leasinggeber.

AKTIONEN

1. Frau Hahne möchte ein Auto für 40.000,00 € leasen. Das Angebot für den Leasingvertrag sieht eine 48-monatige Laufzeit vor. Es sind 5.000,00 € Anzahlung zu leisten. Die Leasingrate ist vorschüssig monatlich zu zahlen. Der Zinssatz beträgt 8 %. Gehen Sie zu folgender Internetadresse: www.zinsen-berechnen.de/leasingrechner.php Lassen Sie sich dort die Leasingrate berechnen.

2. Erstellen Sie eine Powerpoint-Präsentation. Diese soll Ihre Mitschüler über die verschiedenen Leasingarten informieren.

ZUSAMMENFASSUNG

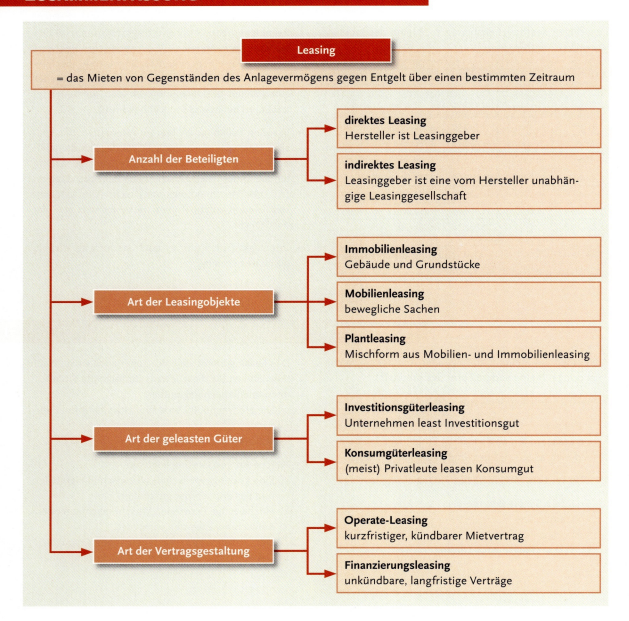

Leasing = das Mieten von Gegenständen des Anlagevermögens gegen Entgelt über einen bestimmten Zeitraum

Anzahl der Beteiligten
- **direktes Leasing** — Hersteller ist Leasinggeber
- **indirektes Leasing** — Leasinggeber ist eine vom Hersteller unabhängige Leasinggesellschaft

Art der Leasingobjekte
- **Immobilienleasing** — Gebäude und Grundstücke
- **Mobilienleasing** — bewegliche Sachen
- **Plantleasing** — Mischform aus Mobilien- und Immobilienleasing

Art der geleasten Güter
- **Investitionsgüterleasing** — Unternehmen least Investitionsgut
- **Konsumgüterleasing** — (meist) Privatleute leasen Konsumgut

Art der Vertragsgestaltung
- **Operate-Leasing** — kurzfristiger, kündbarer Mietvertrag
- **Finanzierungsleasing** — unkündbare, langfristige Verträge

Gewinn- und Verlustrechnung

Betriebsergebnis

Ertrag   Kalkulatorische Kosten   Aufwand

Gemeinkosten   Abschreibung

Betriebsabrechnungsbogen

Deckungsbeitrag   Break-Even-Point

Zweckaufwand   Handelsspanne

Preiskalkulation

Grundkosten   Kostenstellen

Lernfeld 10

Wertschöpfungsprozesse erfolgsorientiert steuern

10.1 Wir unterscheiden im Rechnungswesen die Geschäftsbuchführung und die Kosten-und Leistungsrechnung

Einstieg

Kurz vor Jahresende. Carolin Saager unterstützt Frau Duchnik im Rechnungswesen.

Carolin Saager:
„So, jetzt nur noch diesen außerordentlichen Zinsertrag gebucht, dann haben wir für heute die Buchführungsarbeiten erledigt. Dann können wir uns ja langsam dem Jahresabschluss zuwenden."

Frau Duchnik:
„Langsam, langsam ... Rechnungswesen besteht nicht nur aus der Geschäftsbuchführung, wir müssen uns noch um die Kosten- und Leistungsrechnung kümmern."

Carolin Saager:
„Kosten- und Leistungsrechnung: Was ist das überhaupt? Wozu brauchen wir das?"

Geben Sie an, wozu Unternehmen eine Kosten- und Leistungsrechnung durchführen.

INFORMATIONEN

Das Rechnungswesen hat die Aufgabe, für ein Unternehmen Informationen zur Verfügung zu stellen. Es besteht in den meisten Unternehmen aus mindestens zwei Bereichen, der Geschäftsbuchführung einerseits, der Kosten- und Leistungsrechnung andererseits.

Die Geschäftsbuchführung

Die Geschäftsbuchführung (oft auch Finanzbuchführung genannt) ist die lückenlose, planmäßige und ordnungsgemäße Aufzeichnung aller Geschäftsfälle eines Unternehmens. Alle unternehmensbezogenen Vorgänge, die sich in Zahlenwerten ausdrücken lassen, werden sachlich und zeitlich geordnet erfasst und mithilfe von Konten gebucht und dokumentiert.

Aufgezeichnet werden

- der aktuelle Stand und die Veränderungen des Anlage- und Umlaufvermögens bzw. des Eigen- und Fremdkapitals;
- die angefallenen Aufwendungen und Erträge.

Die Geschäftsbuchführung bildet die finanziellen Beziehungen des Unternehmens des Betriebes zu seiner Umwelt ab. Sie ist zudem die Grundlage für den handels- und steuerrechtlich geforderten Jahresabschluss: Die Ergebnisse fließen also in die Bilanz sowie in die Gewinn-und-Verlust-Rechnung des Unternehmens ein. Je nach Größe bzw. Gesellschaftsform des Unternehmens werden dabei jeweils bestimmte rechtliche Anforderungen an den Jahresabschluss gestellt.

Die Geschäftsbuchführung stellt also die Vorgänge in dem Unternehmen in einem Zahlenwerk dar. Dabei hat sie überwiegend die Aufgabe eines externen Informationsinstruments. Außenstehende – z. B. Steuerprüfer – müssen transparent den Erfolg des Unternehmens (Gewinn oder Verlust) beurteilen können.

Die Geschäftsbuchführung liefert Informationen für:
- Eigentümer
- Gläubiger
- Belegschaft
- Lieferanten
- Kunden
- Finanzämter
- andere Behörden
- und die Öffentlichkeit

Ermittlungsziel der Geschäftsbuchführung
Aufwendungen des Unternehmens
− Erträge des Unternehmens
= Unternehmenserfolg (Gewinn oder Verlust)
→ jährliche Ermittlung

Intern liefert sie zwar auch einige Informationen. Hier liegt ihre Bedeutung jedoch in der Bereitstellung der Ausgangsdaten für die anderen Bereiche des Rechnungswesens, der Kosten- und Leistungsrechnung sowie der Finanzrechnung.

Teilbereiche des Rechnungswesens			
Geschäftsbuchführung	**Kosten- und Leistungsrechnung**	**Statistik**	**Planung**
• unterliegt gesetzlichen Vorschriften • erfasst die Vermögens- und Kapitalbestände (und deren Veränderung), um so den Erfolg eines Rechnungszeitraums (Jahr, Monat) zu ermitteln • ermöglicht es externen Geschäftspartnern sowie dem Staat, die wirtschaftliche Lage des Unternehmens sofort zu erkennen • hat eine Rechenschafts- und Dokumentationsaufgabe • ist Datenquelle für die anderen Bereiche des Rechnungswesens • wird überwiegend in *Konten* durchgeführt	• überwacht die Wirtschaftlichkeit der betrieblichen Tätigkeit • vermittelt einen Überblick über den innerbetrieblichen Werteflus bzw. Werteverzehr • richtet sich an interne Nachfrager von Informationen • muss keine gesetzlichen Anforderungen erfüllen • wird überwiegend in *Tabellen* durchgeführt	• liefert in Form von *Kennzahlen* wichtige Informationen einerseits zur Überprüfung des Betriebsgeschehens, andererseits für die zukünftige Unternehmensplanung	• Die Vorschaurechnung stellt die Sollzahlen für begrenzte Zeiträume oder Projekte auf. • Mithilfe in der Vergangenheit gewonnener Daten können Strategien für die Zukunft entwickelt werden. • Aufgabe ist die Entscheidungsvorbereitung für unterschiedliche Organisationseinheiten des Unternehmens.

Die Kosten und Leistungsrechnung

Die Geschäftsbuchführung ermittelt das Gesamtergebnis des Unternehmens. Dieses kann oft auch zufällig entstanden sein. Das Unternehmen bekommt dann keine Informationen darüber, ob es in seinem Kerngeschäft tatsächlich erfolgreich war.

BEISPIEL

Die Gewinn-und-Verlust-Rechnung der Großhandlung Grotex GmbH zeigt einen Gesamtgewinn von 1.200.000,00 €. Dieser wird stark beeinflusst durch einen außerordentlichen Ertrag in Höhe von 2.000.000,00 €, der beim Verkauf von Wertpapieren durch eine extrem starke Kurssteigerung zustande kam. Berücksichtigt man diesen außerordentlichen Ertrag nicht, wird deutlich, dass die Großhandlung nicht gut gearbeitet hat. In ihrem eigentlichen Kerngeschäft – nämlich Ware einzukaufen, zu lagern und zu verkaufen – hat die Grotex GmbH sogar einen Verlust von 800.000,00 € gemacht.

Die Geschäftsbuchführung ermöglicht also nur eine pauschale Kontrolle der Wirtschaftlichkeit – und das auch überwiegend nur jährlich. Das Unternehmen benötigt jedoch eine ständige und sehr detaillierte Kontrolle: Es braucht Angaben über die Wirtschaftlichkeit einzelner Teilbereiche oder auch Produkte. Vor diesem Hintergrund entstand die Kosten- und Leistungsrechnung. Die Kosten- und Leistungsrechnung ist im Gegensatz zur Geschäftsbuchführung eine betriebsinterne, kalkulatorische und kurzfristige Rechnung, die sich zudem nicht an gesetzliche Vorschriften halten muss.

> „Wer zu spät an die Kosten denkt, ruiniert sein Unternehmen. Wer immer zu früh an die Kosten denkt, tötet die Kreativität."
>
> Philip Rosenthal

Die manchmal auch Betriebsbuchführung genannte Kosten- und Leistungsrechnung ermittelt das Betriebsergebnis. Dieses ergibt sich durch Gegenüberstellung des durch die eigentliche betriebliche Tätigkeit verursachten Wertzuwachs (= Leistungen) mit dem aus dem gleichen Grund entstandenen Werteverzehr (= Kosten). Die Kosten- und Leistungsrechnung dient somit der verursachungsgerechten Zurechnung der Kosten auf die einzelnen Leistungen, um Informationen für die Verbesserung der Wirtschaftlichkeit des Betriebes zu bekommen.

Ermittlungsziel der Kosten- und Leistungsrechnung

Kosten des Betriebs

− Leistungen des Betriebs

= Betriebsergebnis → ständige kurzfristige Ermittlung

10.1 WIR UNTERSCHEIDEN IM RECHNUNGSWESEN DIE GESCHÄFTSBUCHFÜHRUNG ...

Die Hauptaufgaben der Kosten- und Leistungsrechnung sind:

- Unterstützung der Preisgestaltung:
  Die Kosten- und Leistungsrechnung ermittelt die Selbstkosten eines produzierten oder angebotenen Artikels. Von diesen geht man bei der Gestaltung des Verkaufspreises aus. Die Selbstkosten umfassen alle Kosten des Unternehmens, die bis zur Vermarktung des Artikels bzw. Produkts anfallen. Sie sind die Grundlage für die Gestaltung des Verkaufspreises.

- Controlling:
  Eine reine Ermittlung der Selbstkosten reicht in Unternehmen nicht aus. Sie müssen auch ständig kontrolliert werden. Will man am Markt bestehen, müssen die Kosten permanent gesenkt und der Marktsituation angepasst werden.

- Grundlage für Entscheidungen:
  Erkenntnisse, die aus der Kosten- und Leistungsrechnung gezogen werden, zählen zu den wichtigsten Grundlagen für die Entscheidungen eines Unternehmens.

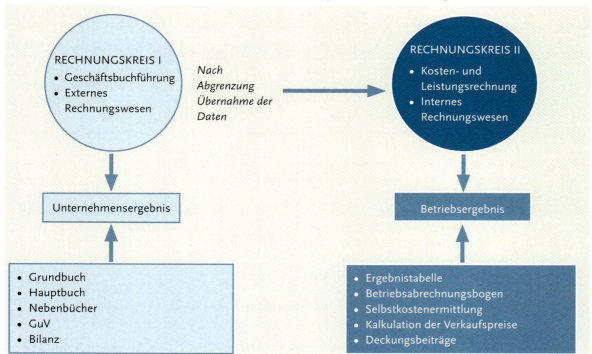

Aufbau der Kosten- und Leistungsrechnung

Die Kostenartenrechnung

Die Kostenartenrechnung trennt alle im Betrieb anfallenden Kosten einer Abrechnungsperiode von den insgesamt im Unternehmen verursachten Aufwendungen und erfasst sie systematisch nach Art ihrer Entstehung. Es wird also durch Herausfiltern aus den Aufwendungen und Erträgen ermittelt, welche Kosten und welche Leistungen im Betrieb entstanden sind.

> **DEFINITION**
> Die Kostenartenrechnung beantwortet die Frage: Welche Kosten sind in welcher Höhe entstanden?

Die Kostenstellenrechnung

In der Kostenstellenrechnung wird ermittelt, welche Stellen im Betrieb (z. B. das Lager oder die Produktion) welche Kosten verursachen: Alle angefallenen Kosten werden den in Anlehnung an die Aufbauorganisation des Betriebs gebildeten Kostenstellen zugeordnet.

> **DEFINITION**
> Die Kostenstellenrechnung beantwortet die Frage: Wo (also in welcher Organisationseinheit) im Betrieb sind Kosten entstanden?

Kostenträgerrechnung

Mit der Kostenträgerrechnung wird berechnet, wie teuer es für den Betrieb ist, ein bestimmtes Produkt (bzw. eine bestimmte Dienstleistung) anzubieten.

> **DEFINITION**
> Die Kostenartenrechnung beantwortet die Frage: Wofür sind die Kosten angefallen?

Begrifflichkeiten der Kosten- und Leistungsrechnung

Die Kosten- und Leistungsrechnung arbeitet mit verschiedenen Begrifflichkeiten, um genaue Informationen zu liefern. Diese Fachbegriffe dürfen nicht verwechselt werden, damit es nicht zu Verfälschungen bei der Interpretation kommen kann.

Begrifflichkeiten	Veränderung von Beständen	Bereich des Rechnungswesens
Einzahlungen/Auszahlungen	Liquide Mittel (Kasse und Bank)	Geschäftsbuchführung
Einnahme/Ausgabe	Geldvermögen	Geschäftsbuchführung
Ertrag/Aufwand	Gesamtvermögen	Geschäftsbuchführung
Leistung/Kosten	Betriebsnotwendiges Vermögen	Kosten- und Leistungsrechnung

Es müssen also einerseits die Begriffe Aufwand, Kosten, Auszahlung und Ausgaben trennscharf unterschieden werden.

Begriff:	Erläuterung:	Beispiel:
Auszahlung	• Bar- oder Buchgeld verlässt den Betrieb • Liquide Mittel (Bankguthaben und Kasse) des Unternehmens vermindern sich • Zahlungsmittelabflüsse nach außen	Herr Hoffmann kauft für die Hoffmann KG ein spezielles Briefpapier im örtlichen Schreibwarenhandel bar ein.
Ausgabe	• Ausgänge in Geldeinheiten, die auf den Finanzkonten gebucht werden. • Ausgaben vermindern das Nettogeldvermögen • Ausgaben = Auszahlungen + Forderungsabgang + Schuldenzugang	Die Hoffmann KG kauft Waren auf Ziel ein.
Aufwand	• Wert aller vom gesamten Unternehmen erzeugten Vermögensabgänge, durch die das Eigenkapital vermindert wird • In Geld gemessener gesamter Verbrauch von Gütern und Dienstleistungen • Werteverzehr	Die Hoffmann KG spendet an eine gemeinnützige Organisation.
Kosten	• Betriebsbedingter Werteverzehr • Aufwand, der aus dem betrieblichen Leistungsprozess heraus entstanden ist	Am 30. des Vormonats zahlt die Hoffmann KG die Löhne der Mitarbeiter.

Andererseits haben auch die Begriffe Einzahlungen, Einnahme, Ertrag und Leistung unterschiedliche Bedeutungen.

Begriff:	Erläuterung:	Beispiel:
Einzahlung	• Bar- oder Buchgeld kommt in den Betrieb • Liquide Mittel (Bankguthaben und Kasse) des Unternehmens vermehren sich • Zahlungsmittelzuflüsse (Geldstrom) von außen	Die Hoffmann KG verkauft auf einer Messe ein Ausstellungsstück gegen Barzahlung.
Einnahme	• Eingänge in Geldeinheiten, die auf den Finanzkonten gebucht werden • Einnahmen vergrößern das Nettogeldvermögen • Einnahmen = Einzahlungen + Forderungszugang + Schuldenabgang	Die Hoffmann KG verkauft an die Ambiente Warenhaus AG Waren auf Ziel.
Ertrag	• Wert aller vom gesamten Unternehmen erzeugten Vermögenszuwächse, durch die das Eigenkapital vermehrt wird • In Geld gemessener gesamter Verbrauch von Gütern und Dienstleistungen • Wertezufluss	Die Hoffmann KG bezieht Dividenden aus Aktien.
Leistung	• Betriebsbedingter Wertezufluss • Wertzugang aller in Erfüllung des eigentlichen Betriebszwecks erstellten Gütern oder Dienstleistungen eines Zeitraums	Die Hoffmann KG erzielt einen Umsatzerlös in einer neuen Warengruppe in Höhe von 230.035,00 €.

10.1 WIR UNTERSCHEIDEN IM RECHNUNGSWESEN DIE GESCHÄFTSBUCHFÜHRUNG ...

Die Unterscheidung zwischen den einzelnen Begrifflichkeiten ist in der Kosten- und Leistungsrechnung von besonderer Bedeutung. Es müssen genau abgegrenzt werden:

Einzahlungen und Einnahmen

Einzahlung			
	Einzahlung, aber keine Einnahme	Ein Kunde der Hoffmann KG begleicht seine Rechnung in Höhe von 10.000,00 €.	
	Einzahlung und Einnahme	Barverkauf einer Ware auf einer Messe	Einnahme
	Einnahme, aber keine Einzahlung	Verkauf von Waren auf Ziel durch die Hoffmann KG	

Auszahlungen und Ausgaben

Auszahlung			
	Auszahlung, aber keine Ausgabe	Die Hoffmann KG begleicht eine Verbindlichkeit in Höhe von 20.000,00 € per Banküberweisung.	
	Auszahlung und Ausgabe	Barverkauf auf einer Messe	
	Ausgabe, aber keine Auszahlung	Einkauf von Waren auf Ziel durch die Hoffmann KG	Ausgabe

Einnahmen und Erträge

Einnahme			
	Einnahme, aber kein Ertrag	Die Hoffmann KG verkauft Regale zum Buchwert von 2.500,00 €	
	Einnahme und Ertrag	Eine Maschine mit dem Buchwert von 3.000,00 € wird für 5.000,00 € verkauft.	Ertrag
	Ertrag, aber keine Einnahme	Die Hoffmann KG produziert Textilien und nimmt sie auf Lager (verkauft werden sie im nächsten Jahr)	

Ausgaben und Aufwendungen

Ausgabe			
	Ausgabe, aber kein Aufwand	Die Hoffmann KG kauft einen neuen Lkw für 67.000,00 €	
	Ausgabe und Aufwand	Die Hoffmann KG kauft für die Textilproduktion Rohstoffe und verbraucht sie im gleichen Jahr.	Aufwand
	Aufwand, aber keine Ausgabe	Die Hoffmann KG schreibt ein Gebäude planmäßig ab	

10 WERTSCHÖPFUNGSPROZESSE ERFOLGSORIENTIERT STEUERN

Leistungen und Erträge			Kosten und Aufwendungen		
Erträge	Erträge, aber keine Leistungen	Einem Kunden der Hoffmann KG werden Verzugszinsen in Rechnung gestellt.	**Aufwand**	Aufwand, aber keine Kosten	Die Hoffmann KG spendet für die Opfer einer Hochwasserkatastrophe.
	Erträge und Leistungen	Die Hoffmann KG produziert Textilien und verkauft diese auch.	**Leistungen**	Aufwand und Kosten	Die Hoffmann KG versichert die Warenvorräte.	**Kosten**
	Leistungen, aber keine Erträge	Differenzen bei der unterschiedlichen Bewertung der Vorräte zwischen Geschäftsbuchführung und Kosten- und Leistungsrechnung.		Kosten, aber kein Aufwand	In der Hoffmann KG wird der Unternehmerlohn für Herrn Hoffmann, der im Unternehmen mitarbeitet, einkalkuliert.

AUFGABEN

1. Aus welchen Teilbereichen besteht das Rechnungswesen?

2. Wodurch unterscheiden sich die Kosten- und Leistungsrechnung von der Geschäftsbuchführung?

3. Aus welchen drei Bereichen besteht die Kosten- und Leistungsrechnung?

4. Was verstehen Sie unter den Begriffen
   a) Auszahlungen,
   b) Einnahmen,
   c) Ertrag
   d) Kosten?

5. Welcher Begriff der Kostenrechnung ist gemeint?
   a) Zufluss von Zahlungsmitteln
   b) Darunter versteht man den bewerteten Verbrauch von Gütern und Dienstleistungen in einem bestimmten Zeitraum.
   c) Diese Minderungen des Geldvermögens eines Unternehmens setzen sich zusammen aus den Abgängen liquider Mittel sowie kurzfristiger Forderungen und dem Zugang von Verbindlichkeiten.

6. Entscheiden Sie bei den folgenden Buchungssätzen, um welche(n) Grundbegriff(e) der Kosten- und Leistungsrechnung (bzw. des Rechnungswesens) es sich handelt.
   a) Aufwendungen für Ware und Vorsteuer an Bank
   b) Aufwendungen für Ware und Vorsteuer an Verbindlichkeiten
   c) Forderungen an Umsatzerlöse und Umsatzsteuer

7. Beurteilen Sie die folgenden Fälle aus Sicht der Hoffmann KG:
   a) Letzte Woche wurde von der Hoffmann KG mehrere Kartons farbiges Kopierpapier bei einem Schreibwarengroßhändler bestellt.

10.1 WIR UNTERSCHEIDEN IM RECHNUNGSWESEN DIE GESCHÄFTSBUCHFÜHRUNG ...

Diese sind heute Morgen zusammen mit der Rechnung über 420,00 € abzüglich 3 % Skonto bei sofortiger Zahlung geliefert worden. Carolin Saager nimmt gerade die Überweisung vor.

b) Die Hoffmann KG hat Ware an die Ambiente Warenhaus AG geliefert. Die Ware muss erst in 90 Tagen bezahlt werden.

c) Gestern wurde in einen Lagergebäude der Hoffmann KG eingebrochen. Gestohlen wurden Anzüge einer italienischen Nobelmarke im Wert von 120.000,00 €

d) Es werden fünf neue Drucker auf Ziel (120 Tage) gekauft.

e) Heute Morgen wurde ein Darlehen zurückgezahlt, mit dem ein Lagergebäude der Hoffmann KG finanziert wurde.

AKTIONEN

Eine sehr schöne Einführung in die Kostenrechnung finden Sie im ersten Teil des E-Learning-Lernprogramms „Einführung in die Kostenrechnung" unter der Adresse http://wiwi.uni-giessen.de/lv/det/E-Campus/2366/wbt/ss-08-wbt-serie-einfuehrung-in-die-kostenrechnung/

Jede Lektion dauert ca. 45 Minuten.
Arbeiten Sie die erste Lektion durch.

ZUSAMMENFASSUNG

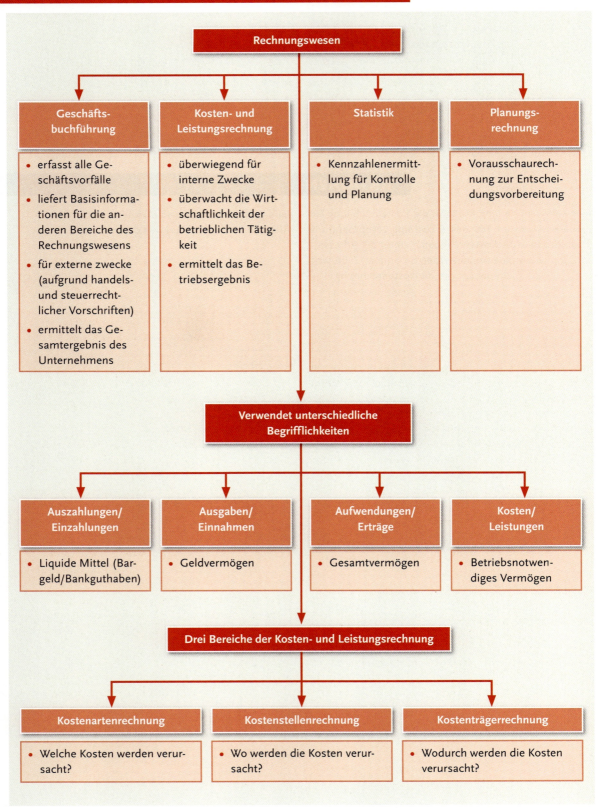

10.2 Wir stellen die Kostenarten fest

Einstieg

Carolin Saager schaut Frau Duchnik interessiert über die Schulter:

Carolin Saager:
„Wieso arbeiten Sie denn nicht mit einem Konto? Das sieht mir ja nach einer Tabelle aus!"

Frau Duchnik:
„Stimmt. Das ist eine Ergebnistabelle. Ich verrechne gerade kalkulatorische Abschreibungen."

Carolin Saager:
„Kalkulatorische Kosten, Ergebnistabelle: ich glaube, da müssen Sie mir noch einiges erklären.
Ich dachte, ich könnte mittlerweile die Buchführung."

Frau Duchnik:
„Die kannst du prima, aber hier geht es um die Kostenartenrechnung."

Erläutern Sie, warum im Rechnungswesen mit Ergebnistabellen gearbeitet wird.

INFORMATIONEN

Ziel der **Kostenartenrechnung** ist die artmäßige Erfassung aller Kosten: Alle kalkulierbaren Kosten werden nach ihrem Charakter aufgeschlüsselt.

In der Geschäftsbuchführung verbucht jedes Unternehmen Aufwendungen, die mit dem eigentlichen Betriebszweck nichts zu tun haben. Als erstes werden daher in der Kostenartenrechnung die Aufwendungen von den Kosten getrennt. Anschließend müssen jedoch noch Kosten hinzugerechnet werden, die entweder überhaupt keinen Aufwand darstellen oder sich in der Höhe von den entsprechenden Aufwendungen unterscheiden. Diese Kosten nennt man kalkulatorische Kosten.

Die Abgrenzung von Aufwand und Kosten

Unter Aufwand versteht man den gesamten Verzehr von Gütern bzw. Dienstleistungen innerhalb eines bestimmten Zeitraums. In einem ersten Schritt muss von dem gesamten Aufwand der neutrale Aufwand abgezogen werden.

Der neutrale Aufwand

Neutraler Aufwand wird in der Geschäftsbuchführung erfolgswirksam verbucht. Da er jedoch grundsätzlich nicht im Zusammenhang mit der Erreichung des Betriebszwecks steht, darf er in der Kostenrechnung jedoch nicht beachtet werden.

Zum neutralen Aufwand gehören:

- **Betriebsfremder Aufwand**:
Diese Aufwandsart entsteht nicht im Zusammenhang mit der eigentlichen betrieblichen Tätigkeit.

BEISPIELE

- Die Hoffmann KG spendet für ein Waisenhaus in Guatemala.
- Die Hoffmann KG besitzt ein größeres Aktienpaket einer niederländischen Textilfabrik. Hier kommt es zu Verlusten.

- **Außerordentlicher Aufwand**:
Zwar entsteht dieser Aufwand betrieblich bedingt, er tritt aber nur vereinzelt, unregelmäßig oder zufällig auf.

BEISPIELE

- Ein Lkw wird von der Hoffmann KG unter dem Buchwert verkauft
- Ein wichtiger Kunde der Hoffmann KG wird insolvent. Es entsteht ein Forderungsverlust in Höhe von 12.000,00 €.

- **Periodenfremder Aufwand**:
Dieser betrieblich bedingte Aufwand entsteht nicht in dem Abrechnungszeitraum, sondern zu einem späteren Zeitpunkt.

BEISPIEL

Die Hoffmann KG muss 17.000,00 € Steuern nachzahlen.

Checkliste zur Trennung von Kosten und neutralem Aufwand

Aufwand
- betriebsbezogener Aufwand?
  - Periodenbezogener Aufwand?
    - Ordentlicher Aufwand? → Kosten
    - Außerordentlicher Aufwand? → Neutraler Aufwand
  - periodenfremder Aufwand? → Neutraler Aufwand
- betriebsfremder Aufwand? → Neutraler Aufwand

Grundkosten und Zweckaufwand

Hat man vom gesamten Aufwand den neutralen Aufwand abgezogen, bleibt der *Zweckaufwand* über. Dieser Begriff der Geschäftsbuchführung wird in der Kosten- und Leistungsrechnung **Grundkosten** genannt. Dies sind Kosten, die in gleicher Höhe sowohl als Aufwand in die Geschäftsbuchführung eingehen als auch als Kosten in der Kostenrechnung verrechnet werden. Grundkosten sind also Kosten, die ebenfalls Aufwendungen sind.

BEISPIEL
Die Hoffmann KG verbucht in einer Warengruppe Aufwendungen für Waren in Höhe von 87.000,00 €. In der Kostenrechnung wird dies in gleicher Höhe als Grundkosten verrechnet.

Kalkulatorische Kosten

Manche Kosten sind in der Geschäftsbuchführung nicht oder nicht in dem Umfang enthalten, der nötig ist, um richtige betriebliche Entscheidungen treffen oder realistische Verkaufspreise kalkulieren zu können.

Kalkulatorische Kosten entsprechen also nicht direkt einer Aufwandsart der Geschäftsbuchführung. Sie werden in der Kosten- und Leistungsrechnung bei der Ermittlung des Betriebsergebnisses hinzugerechnet, um vorweggenommene Kosten bereits in die Kalkulation der Verkaufspreise einfließen zu lassen. Unternehmen verwenden – ohne Rücksicht auf handels- oder steuerrechtliche Vorschriften nehmen zu müssen – die kalkulatorischen Kosten zur Abbildung des tatsächlichen Werteverzehrs der für die Leistungserstellung eingesetzten Produktionsfaktoren. Im Gegensatz zu den Kosten der Geschäftsbuchführung liegen ihnen keine Verträge oder Rechnungen zugrunde.

Kalkulatorische Kosten setzen sich zusammen aus Zusatzkosten und Anderskosten.

10.2 WIR STELLEN DIE KOSTENARTEN FEST

Aufwand der Geschäftsbuchführung		
Neutraler Aufwand	Zweckaufwand (Aufwand, dem in gleicher Höhe Kosten entsprechen)	
	Grundkosten (Kosten, denen in gleicher Höhe Aufwand entspricht)	Kalkulatorische Kosten
		Anderskosten (haben eine Entsprechung als Aufwand, unterscheiden sich aber in der Höhe von diesem) / Zusatzkosten (diesen entspricht gar kein Aufwand in der Geschäftsbuchführung)
	Kosten der Kosten- und Leistungsrechnung	

Zusatzkosten

Zusatzkosten steht überhaupt kein Aufwand gegenüber.

Kalkulatorische Miete

In der Kosten- und Leistungsrechnung wird die kalkulatorische Miete für Räumlichkeiten berechnet, die zwar betrieblichen Zwecken dienen, aber keine Mietzahlungen verursachen. Dadurch wird die Kalkulation eines Unternehmens mit eigenen Gebäuden mit der Kostenrechnung eines Unternehmens, das Räumlichkeiten gemietet hat, vergleichbar: Beide Unternehmen können auf der gleichen Kostengrundlage kalkulieren.

Kalkulatorische Zinsen des Eigenkapitals

Wenn nur die tatsächlich gezahlten Zinsen für das Fremdkapital in die Kalkulation der Verkaufspreise eingehen würden, bekäme ein Unternehmer nicht die Zinsen für sein bereitgestelltes Eigenkapital über die Verkaufspreise in das Unternehmen zurück. Für eine genaue Kalkulation muss also von dem gesamten betriebsnotwendigen Kapital (Fremdkapital, aber auch Eigenkapital) ausgegangen werden. Die kalkulatorischen Zinsen sorgen also dafür, dass in den Verkaufspreisen die Zinsen sowohl für das im Betrieb arbeitende fremde als auch für das eigene Kapital enthalten sind.

Kalkulatorischer Unternehmerlohn

Wenn Einzelunternehmer oder Gesellschafter von Personengesellschaften (KG/OHG) in dem Unternehmen mitarbeiten, werden diese Arbeiten nicht als Betriebsausgaben in Form von Personalkosten in der Geschäftsbuchführung erfasst. Um einerseits Kapital- und Personalgesellschaften gleichzustellen, andererseits eine korrekte und realistische Kalkulation zu bekommen, müssen die kalkulierten Verkaufspreise diese im Prinzip eingesparten Personalkosten enthalten.

Anderskosten

Wird in der Kostenrechnung der Güterverbrauch anders berechnet als in der Geschäftsbuchführung, liegen Anderskosten vor.

Kalkulatorische Wagnisse

Besondere Risiken in der betrieblichen Tätigkeit werden durch kalkulatorische Wagnisse in der Kostenrechnung abgebildet.

> **BEISPIEL**
>
> In die Geschäftsbuchführung der Hoffmann KG fließt ein Forderungsausfall in der tatsächlich angefallenen Höhe ein. In der Kostenrechnung werden jedoch vorsichtig kalkulierte Durchschnittswerte angesetzt.

Kalkulatorische Abschreibungen

Den Unternehmen werden in der Geschäftsbuchführung vom Gesetzgeber handels- und steuerrechtliche Vorschriften für die Berechnung der Abschreibungshöhe vorgegeben. Oft kann jedoch der Fall eintreten, dass die Abschreibungshöhe im Hinblick auf den tatsächlichen Werteverzehr eines Anlageguts zu hoch oder zu niedrig ist. Die kalkulatorischen Abschreibungen sorgen deshalb für eine Erfassung der tatsächlichen Wertminderung der Anlagegüter.

Kalkulatorische Zinsen des Fremdkapitals

Unterscheiden sich die tatsächlich zu bezahlenden Fremdkapitalzinsen (verbucht in der Geschäftsbuchführung) von den in der Kostenrechnung angesetzten Beträgen, liegen kalkulatorische Fremdkapitalzinsen vor.

Kosten

Jetzt sind die gesamten Kosten des Betriebes ermittelt. Sie ergeben sich durch Zusammenrechnung der Grundkosten mit den Zusatz- sowie Anderskosten.

Die Abgrenzungen von Erträgen und Leistungen

Die Berechnung der Leistungen erfolgt analog dem Vorgehen bei der Abgrenzung von Aufwand und Kosten. Im Zuge eines Prozesses werden die Leistungen von den Erträgen getrennt. Zudem werden noch Zusatz- und Andersleistungen hinzugerechnet.

Erträge

Erträge stellen den Wertzuwachs an Gütern und Dienstleistungen innerhalb eines bestimmten Zeitraums dar. Von diesen werden zunächst die neutralen Erträge abgegrenzt.

Neutrale Erträge

Neutrale Erträge, die grundsätzlich nicht im Zusammenhang mit der Erreichung des eigentlichen Betriebszwecks im untersuchten Zeitraum stehen, setzen sich aus folgenden Erträgen zusammen:

- **Betriebsfremde Erträge**
  Betriebsfremde Erträge haben keinen Bezug zur eigentlichen betrieblichen Tätigkeit.

  > **BEISPIEL**
  > Die Hoffmann KG ist an einer Schweizer Unternehmung beteiligt, die einen beträchtlichen Gewinn ausschüttet.

- **Außerordentliche Erträge**
  Außerordentliche Erträge werden zwar betrieblich bedingt, treten aber nur unregelmäßig, vereinzelt und oft zufällig auf.

  > **BEISPIEL**
  > Die Hoffmann KG verkauft einen Pkw über dem Buchwert.

- **Periodenfremde Erträge**
  Periodenfremde Erträge sind betrieblich verursachte Erträge, die jedoch in einem andern Zeitraum anfallen.

  > **BEISPIEL**
  > Die Hoffmann KG bekommt überraschend im Vorjahr gezahlte Steuern zurückerstattet.

Grundleistungen und Zweckerträge

Wurden von den gesamten Erträgen die neutralen Erträge abgezogen, bleibt der Zweckertrag übrig. In der Leistungsrechnung ist dies die Grundleistung.

Kalkulatorische Leistungen

Zur Berechnung der gesamten Leistungen werden zu den Grundleistungen noch die Andersleistungen und die Zusatzleistungen hinzugerechnet.

Zusatzleistungen

Zusatzleistungen steht kein Ertrag in der Geschäftsbuchführung entgegen.

> **BEISPIEL**
> Die Hoffmann KG nutzt bei der Textilproduktion ein eigenes Patent.

Andersleistungen

Werden in der Geschäftsbuchführung und in der Leistungsrechnung Leistungen unterschiedlich bewertet, werden Andersleistungen in die Berechnung aufgenommen.

> **BEISPIEL**
> Ein Grundstück der Hoffmann KG in Rostock hat einen enormen Wertzuwachs bekommen. In der Geschäftsbuchführung darf in der Bilanz nur der Wert bis maximal zum ursprünglichen Anschaffungspreis angesetzt werden. Die Leistungsrechnung dagegen darf auch den Marktpreis als Andersleistung einkalkulieren.

Einteilung der Kosten

Nach Abgrenzung der Kosten von den Aufwendungen unterteilt die Kostenartenrechnung die Kosten nach einer Vielzahl von Kriterien. Die identifizierten Kosten werden also – um später besser Informationen gewinnen zu können – nach bestimmten Merkmalen eingeteilt: Von besonderer Bedeutung für die Kostenrechnung sind einerseits die Unterscheidung von Einzel- und Gemeinkosten, andererseits die Unterteilung der Kosten in fixe und variable Kosten.

10.2 WIR STELLEN DIE KOSTENARTEN FEST

Mögliche Einteilungen der Kostenarten

- **Art der Verrechnung**: Einzelkosten, Gemeinkosten
- **Art der verbrauchten Produktionsfaktoren**: Personalkosten, Materialkosten, Betriebsmittelkosten, Sonstige Kosten
- **Verhalten bei Kapazitätsänderungen**: Fixe Kosten, Variable Kosten
- **Art der Funktionen**: Beschaffungskosten, Fertigungskosten, Vertriebskosten, Verwaltungskosten

Aufteilung der Kosten nach der Zurechenbarkeit

Einzelkosten

Einzelkosten nennt man Kosten, die einem einzelnen Kostenträger (z. B. einem Artikel) direkt zugerechnet werden können. Oft werden sie auch als direkte Kosten bezeichnet.

BEISPIEL
Der Artikel Hoss Lederjacke verursacht im Lager der Hoffmann KG direkt nachweisbare Lagerkosten von 0,75 € pro Stück im Jahr.

Gemeinkosten

Gemeinkosten werden durch mehrere oder alle Kostenträger im Betrieb verursacht. Sie fallen für den Betrieb insgesamt an, können aber nicht direkt einem Kostenträger zugerechnet werden. Sie werden oft auch indirekte Kosten genannt.

BEISPIEL
Herr Trzensik, Hausmeister der Hoffmann KG, verursacht Personalkosten, die nicht direkt einem Kostenträger zugeordnet werden können.

Aufteilung der Kosten nach der Veränderbarkeit des Leistungsumfangs

Kosten werden hier danach aufgeteilt, wie sie sich bei einer Änderung der betrieblichen Auslastung verhalten. Wirtschaftswissenschaftler sprechen im Zusammenhang mit dieser Variation des Leistungsumfangs oft auch vom Beschäftigungsgrad.

Fixe Kosten

Diese Kosten bleiben bei Schwankungen der Auslastung konstant.

BEISPIEL
Die Hoffmann KG hat in Braunschweig ein Lagergebäude angemietet. Die Miete fällt an, egal ob das Lager leer oder gefüllt ist.

Die fixen Kosten können grafisch dargestellt werden:

Die fixen Kosten bleiben bei zunehmender Produktionsmenge gleich.

BEISPIEL
Unabhängig davon, ob z. B. 3 000 oder 6 000 Stück hergestellt werden, bleiben die fixen Kosten (z. B. 20.000,00 € für Miete von Räumen oder für Gehälter) gleich.

Untersucht man den Verlauf der fixen Stückkosten, ermittelt man, wie viel fixe Kosten für ein hergestelltes Stück anfallen.

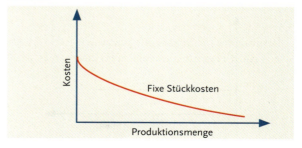

Je mehr ein Unternehmen herstellt, desto geringer werden die *fixen Stückkosten*.

BEISPIEL

Bei einer Produktion von 3 000 Stück fallen 6,66 € fixe Kosten pro Stück an.
(Rechnung: 10.000,00 € /3 000 Stück = 6,66 €)

Wird die Produktion dagegen auf 6 000 Stück gesteigert, sinken die fixen Kosten pro Stück auf 3,33 €.

Variable Kosten
Variable Kosten verändern sich als mengenabhängige Kosten bei Änderung der Produktions- bzw. Absatzmenge.

BEISPIEL

Je mehr die Hoffmann KG im Bereich der Textilproduktion anfertigt, desto größer werden die Beschaffungskosten für die Rohstoffe.

Bei einer Erhöhung der Produktionsmenge steigen also die variablen Kosten.

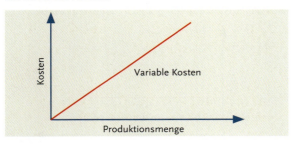

BEISPIEL

Fallen für ein Stück eines Produkts 5,00 € variable Kosten pro Stück an, ergeben sich variable Kosten für die Erstellung von 1 000 Stück in Höhe von 5.000,00 €.

Die *variablen Stückkosten* bleiben immer gleich, egal wie viel Stück hergestellt werden.

BEISPIEL

Egal, ob ein Stück oder 1 000 Stück produziert werden, die variablen Kosten pro Stück betragen immer 5,00 €.

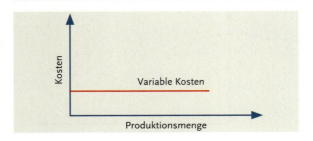

Verlauf variabler Kosten
Variable Kosten sind zwar beschäftigungsabhängig (also direkt beeinflusst durch die Ausbringungsmenge), können aber einen unterschiedlichen Verlauf haben:

Bei **proportionalen** Kosten verändern sich die variablen Kosten im gleichen Verhältnis wie die Ausbringungsmenge.

Degressive Kosten liegen vor, wenn die Kosten langsamer als z. B. die Produktionsmenge steigen.

BEISPIEL

Beim Bezug von Rohstoffen kann die Hoffmann KG durch Abnahme größerer Mengen Mengenrabatte und bessere Bezugskonditionen erzielen.

Bei **progressiven** Kosten nehmen die variablen Kosten bei steigender Ausbringungsmenge stärker zu.

BEISPIEL

Lohnkosten verteuern sich durch Überstundenzuschläge. Es kommt vermehrt zu Reparaturen aufgrund der Überbeanspruchung von Maschinen.

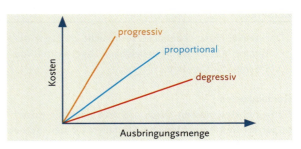

Ein Sonderfall sind die **sprungfixen** Kosten: Ab einer bestimmten Ausbringungsmenge ändert sich – sprunghaft – die Höhe der Fixkosten.

BEISPIEL

Ab einer gewissen Ausbringungsmenge muss die Hoffmann KG ein weiteres Gebäude für die Fertigung anmieten.

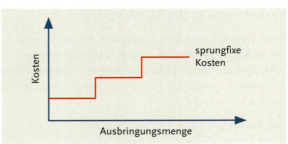

10.2 WIR STELLEN DIE KOSTENARTEN FEST

Gesamtkosten

Die Beziehung zwischen fixen und variablen Kosten lässt sich auch grafisch darstellen.

BEISPIEL

Carolin Saager soll die Gesamtkosten eines Bereichs des Braunschweiger Lagers berechnen. Frau Duchnik nennt ihr als fixen Anteil dieses Bereichs an der Lagermiete den Betrag von 3.500,00 €. Pro gelagerten Artikel fallen noch 0,70 € pro Stück an.

Carolin Saager macht sich noch einmal klar:
Gesamtkosten = Fixe Kosten + variable Kosten
Sie stellt daher die folgende Gleichung auf:
$y = 3.500,00 + 0,70 \cdot x$
Wenn sie nun die Gesamtkosten für einen durchschnittlichen Lagerbestand von 12 000 Stück berechnen soll, ergibt sich folgende Rechnung:
$y = 3.500,00\,€ + 0,70\,€ \cdot 12\,000$
$y = 3.500,00\,€ + 8.400,00\,€$
$y = 11.900,00\,€$
Die Gesamtkosten der Lagerung betragen somit 11.900,00 €.

BEISPIEL

Die Hoffmann KG produziert Pullover zu variablen Kosten in Höhe von 30,00 € je Stück.

In einem Monat fallen 14.000,00 € fixe Kosten an.

Im Juli produziert die Hoffmann KG 4 000 Stück, im August wird die Fertigung auf 6 000 Stück gesteigert.

Carolin Saager bekommt den Auftrag, die Kostensituation zu untersuchen.

		€	
		Juli	August
Variable Kosten	Stückzahl · 30,00 €	12.000,00	18.000,00
Fixe Kosten		14.000,00	14.000,00
Gesamtkosten	Variable und fixe Kosten	26.000,00	32.000,00
Gesamtkosten pro Stück	Gesamtkosten Herstellungsmenge	650,00	533,00

Carolin Saager erkennt, dass hier das Gesetz der Massenproduktion vorliegt: Mit steigender Produktionsmenge sinken die Gesamtkosten pro Stück.

Die Ergebnistabelle

Der Gewinn oder Verlust aus dem Gewinn- und Verlustkonto der Geschäftsbuchführung sagt noch nichts über den Erfolg der eigentlichen betrieblichen Tätigkeit aus. Zur Ermittlung dieses Betriebsergebnisses (Betriebsgewinn oder Betriebsverlust) benötigt das Unternehmen die genaue Höhe der Kosten und Leistungen. Dazu wird in der Kosten- und Leistungsrechnung die Ergebnistabelle verwendet. Zur Berechnung des Betriebsergebnisses grenzt diese die neutralen Aufwendungen und Erträge von den Kosten und Leistungen ab und erfasst diese gegliedert und systematisch geordnet.

Als wesentliches Instrument der Kostenartenrechnung hat die Ergebnistabelle die folgende Struktur.

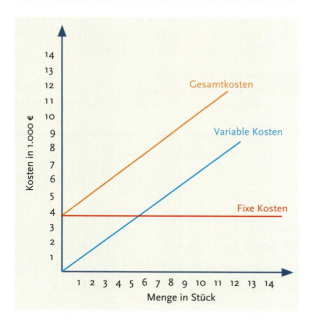

Das Gesetz der Massenproduktion

Je mehr ein Unternehmen produziert, desto stärker wird sich dessen Kostenstruktur verbessern. Dies sagt das Gesetz der Massenproduktion aus: Je höher die Ausbringungsmenge bei der Produktion von Gütern ist, desto geringer werden die gesamten Stückkosten.

GESCHÄFTSBUCHFÜHRUNG				KOSTEN- UND LEISTUNGSRECHNUNG					
Rechnungskreis I				Rechnungskreis II					
Erfolgsbereich				Abgrenzungsbereich				KLR-Bereich	
				Unternehmens-bezogene Abgrenzungen		Kostenrechnerische Korrekturen		Betriebsergebnis-rechnung	
Kto. Nr.	Konten-bezeichnung	Aufwen-dungen	Erträge	Aufwendungen	Erträge	Aufwendungen	Erträge	Kosten	Leistun-gen

Der erste größere Teil der Ergebnistabelle (der linke Bereich) erfasst unter der Überschrift „Rechnungskreis I" die Salden aller Aufwands- und Ertragskonten aus den Erfolgskonten der Geschäftsbuchführung. Er bildet den Inhalt des Gewinn- und Verlustkontos einschließlich des Gesamtergebnisses ab.

Der zweite größere Bereich der Ergebnistabelle ermöglicht unter der Überschrift „Rechnungskreis II" sowohl die Berechnung der Abgrenzungsergebnisse als auch die des Betriebsergebnisses. Dieser gesamte Bereich fasst alle Berechnungen der Kosten- und Leistungsrechnung zusammen.

Es findet hier noch eine Untergliederung statt in

1. Abgrenzungsrechnung:
- Aus dem Rechnungskreis I werden einerseits unter der Überschrift „Unternehmensbezogene Abgrenzungen" die neutralen Aufwendungen und Erträge übernommen. die nichts mit dem betrieblichen Leistungsprozess zu tun haben. Ermittelt wird das neutrale Ergebnis (neutraler Verlust oder neutraler Gewinn).
- Mithilfe der kostenrechnerischen Korrekturen werden die eigenen kalkulatorischen Kosten (z. B. für die Abschreibung) in die Kostenrechnung aufgenommen. Da die kalkulatorischen Kosten die betriebliche Wirklichkeit besser abbilden, ist es realistischer, diese auch in das Betriebsergebnis einfließen zu lassen.
- Kalkulatorische Kosten, die in der Kosten- und Leistungsrechnung als Kosten verrechnet werden, erscheinen in den kostenrechnerischen Korrekturen quasi als Erträge. Diese werden den Aufwendungen gegenübergestellt, die in der Geschäftsbuchführung des Rechnungskreises I erfasst wurden. Sie werden einerseits also in der Kostenrechnung als Kosten angesetzt, andererseits aber auch außerordentliche Erträge, damit das Gesamtergebnis nicht verfälscht wird.

2. Betriebsergebnisrechnung:
Aus dem Rechnungskreis I werden alle Kosten und Leistungen eingetragen. Ermittelt wird das Betriebsergebnis.

BEISPIEL

Carolin Saager soll für die Filiale in Köln eine Ergebnistabelle aus der Gewinn-und-Verlust-Rechnung erstellen. Kalkulatorische Kosten und Leistungen muss sie zunächst nicht berücksichtigen.

S	Gewinn- und Verlustkonto			H
2010 Außerord. Aufwendungen	34.500,00	2420 Betriebsfremde Erträge		262.800,00
2030 Periodenfremder Aufwand	120.000,00	26 So. Zinsen und ä. Erträge		107.700,00
2040 Verluste a. d. Abgang v. AV	17.100,00	8010 Warenverkauf		4.500.000,00
3010 Wareneingang	2.880.000,00			
40 Personalkosten	810.000,00			
42 Steuern und Beiträge	293.700,00			
44 Werbe- und Reisekosten	33.660,00			
48 AVK	56.760,00			
GEWINN	624.780,00			
	4.870.500,00			4.870.500,00

10.2 WIR STELLEN DIE KOSTENARTEN FEST

Carolin Saager stellt die folgende Ergebnistabelle auf:

		GESCHÄFTSBUCHFÜHRUNG		KOSTEN- UND LEISTUNGSRECHNUNG					
		Rechnungskreis I		Rechnungskreis II					
		Erfolgsbereich		Abgrenzungsbereich				KLR-Bereich	
				Unternehmensbez. Abgrenzungen		Kostenrechnerische Korrekturen		Betriebsergebnisrechnung	
Kto. Nr.	Kontenbe-zeichnung	Aufwendun-gen in €	Erträge in €	Aufwen-dungen in €	Erträge in €	Aufwen-dungen in €	Erträge in €	Kosten in €	Leistungen in €
2010	Außero. Aufwend.	34.500,00		34.500,00					
2030	Periodenfrem-der Aufw.	120.000,00		120.000,00					
2040	Verluste a. d. Abgang v. AV	17.100,00		17.100,00					
3010	Wareneingang	2.880.000,00						2.880.000,00	
40	Personalkosten	810.000,00						810.000,00	
42	Steuern und Beiträge	293.700,00						293.700,00	
44	Werbe- und Reisekosten	33.660,00						33.660,00	
48	AVK	56.760,00						56.760,00	
2420	Betriebsfr. Erträge		262.800,00		262.800,00				
26	So. Zinsen und ä. Erträge		107.700,00		107.700,00				
8010	Warenverkauf		4.500.000,00						4.500.000,00
	Summen:	4.245.720,00	4.870.500,00	171.600,00	370.500,00			4.074.120,00	4.500.000,00
	Salden	624.780,00	0	198.900,00				425.880,00	
		4.870.500,00	4.870.500,00	370.500,00	370.500,00			4.500.000,00	4.500.000,00

Sie ermittelt folgende Ergebnisse:

Gesamtergebnis =	Abgrenzungsergebnis	+ Betriebsergebnis
hier: Gesamtgewinn	hier: Abgrenzungsgewinn	+ hier: Betriebsgewinn
624.780,00 € =	198.900,00 €	+ 425.880,00 €

Berücksichtigung der kalkulatorischen Kosten in der Ergebnistabelle

Auch die kalkulatorischen Kosten müssen in der Ergebnistabelle berücksichtigt werden.

BEISPIEL

Frau Duchnik erklärt Carolin Saager mit einem einfachen Beispiel (zum besseren Verständnis), wie sie dabei vorzugehen hat. Sie nimmt an, dass das Unternehmen als einzigen Ertrag 600.000,00 € für Umsatzerlöse erzielt hat. Als einzige Aufwendung wurde in der Geschäftsbuchführung nur eine Abschreibung in Höhe von 200.000,00 € gebucht. In der Kostenrechnung müssen aber 250.000,00 € kalkulatorisch abgeschrieben werden. Carolin Saager muss in der Spaltengruppe „Kostenrechnerische Korrekturen" die auf das Gesamtunternehmen bezogenen Aufwendungen der Finanzbuchführung von den betriebsbezogenen

Aufwendungen abgrenzen. Muss sie wie in diesem Fall in der Kosten- und Leistungsrechnung höhere Kosten verrechnen als Aufwendungen in der Geschäftsbuchführung, so wird sie das im Vergleich zum Gesamtergebnis zu gering ausgewiesene Betriebsergebnis durch den Ausweis eines entsprechenden Mehrertrags ausgleichen und neutralisieren.

		GESCHÄFTSBUCHFÜHRUNG		KOSTEN- UND LEISTUNGSRECHNUNG					
		Rechnungskreis I		Rechnungskreis II					
		Erfolgsbereich		Abgrenzungsbereich				KLR-Bereich	
				Unternehmensbez. Abgrenzungen		Kostenrechnerische Korrekturen		Betriebsergebnisrechnung	
Kto. Nr.	Kontenbezeichnung	Aufwendungen in €	Erträge in €	Aufwendungen in €	Erträge in €	Aufwendungen in €	Erträge in €	Kosten in €	Leistungen in €
	Umsatzerlöse		600.000,00						600.000,00
	Abschreibungen	200.000,00				200.000,00	250.000,00	250.000,00	
	Summen:	200.000,00	600.000,00			200.000,00	250.000,00	250.000,00	600.000,00
	Salden	400.00,00				50.000,00		350.000,00	
		600.000,00	600.000,00			250.000,00	250.000,00	600.000,00	600.000,00

Als Ergebnis liest sie ab:

Gesamtergebnis =	Abgrenzungsergebnis	+ Betriebsergebnis
hier: Gesamtgewinn	hier: Abgrenzungsgewinn	hier: Betriebsgewinn
400.000,00 € =	50.000,00 €	+ 350.000,00 €

BEISPIEL

Carolin Saager erfährt gerade noch rechtzeitig, dass die vorläufig aufgestellte Gewinn- und Verlust-Rechnung korrigiert wurde: Abschreibungen in Höhe von 100.000,00 € mussten noch berücksichtigt werden. Die Gewinn- und Verlust-Rechnung sieht nun folgendermaßen aus:

S	Gewinn- und Verlustkonto		H
Außerord. Aufwend.	34.500,00	Betriebsfremde Erträge	262.800,00
Periodenfremder Aufw.	120.000,00	So. Zinsen und ä. Erträge	107.700,00
Verluste a.d. Abgang v. AV	17.100,00	Warenverkauf	4.500.000,00
Abschreibungen	100.000,00		
Wareneingang	2.880.000,00		
Personalkosten	810.000,00		
Steuern und Beiträge	293.700,00		
Werbe- und Reisekosten	33.660,00		
AVK	56.760,00		
GEWINN	52.4780,00		
	4.870.500,00		4.870.500,00

10.2 WIR STELLEN DIE KOSTENARTEN FEST

Herr Mitschke weist Carolin Saager darauf hin, dass in der Kostenrechnung aber noch 150.000,00 € kalkulatorisch abgeschrieben werden müssen. Sie stellt die folgende Ergebnistabelle auf:

GESCHÄFTSBUCHFÜHRUNG			KOSTEN- UND LEISTUNGSRECHNUNG					
Rechnungskreis I			Rechnungskreis II					
Erfolgsbereich			Abgrenzungsbereich				KLR-Bereich	
			Unternehmensbez. Abgrenzungen		Kostenrechnerische Korrekturen		Betriebsergebnisrechnung	
Kontenbezeichnung	Aufwendungen in €	Erträge in €	Aufwendungen in €	Erträge in €	Aufwendungen in €	Erträge in €	Kosten in €	Leistungen in €
Außero. Aufwend.	34.500,00	0,00	34.500,00					
Periodenfremder Aufw.	120.000,00	0,00	120.000,00					
Verluste a.d. Abgang v. AV	17.100,00	0,00	17.100,00					
Abschreibungen	100.000,00				100.000,00	150.000,00	150.000,00	
Wareneingang	2.880.000,00	0,00					2.880.000,00	
Personalkosten	810.000,00	0,00					810.000,00	
Steuern und Beiträge	293.700,00	0,00					293.700,00	
Werbe- und Reisekosten	33.660,00	0,00					33.660,00	
AVK	56.760,00	0,00					56.760,00	
Betriebsfr. Erträge	0,00	262.800,00		262.800,00				
So. Zinsen und ä. Erträge	0,00	107.700,00		107.700,00				
Warenverkauf	0,00	4.500.000,00						4.500.000,00
Summen:	4.345.720,00	4.870.500,00	171.600,00	370.500,00	100.000,00	150.000,00	4.224.120,00	4.500.000,00
Salden	524.780,00	0,00	198.900,00			50.000,00	275.880,00	
	4.870.500,00	4.870.500,00	370.500,00	370.500,00	150.000,00	150.000,00	4.500.000,00	4.500.000,00

Als Ergebnis liest Carolin Saager ab:

Gesamtergebnis =	Abgrenzungsergebnis	+ Betriebsergebnis
Hier: Gesamtgewinn	Hier: Abgrenzungsgewinn	+ hier: Betriebsgewinn
524.780 =	248.900	+ 275.880
	(198.900 + 50.000)	

AUFGABEN

1. Was versteht man unter neutralen Aufwand?
2. Was gehört zum neutralen Aufwand?
3. Was versteht man unter Grundkosten?
4. Beurteilen Sie die folgende Aussage: „In der Kosten- und Leistungsrechnung werden auch Kosten angesetzt, die keinen Aufwendungen in der Geschäftsbuchführung entsprechen."
5. Um welche Kosten handelt es sich?
   a) Ein Lkw der Spindler KG wird mit 2.000,00 € in der Bilanz abgeschrieben.
   b) In der Kostenrechnung wird der Lkw der Spindler KG aber mit 3.000,00 € abgeschrieben, da der der Wiederbeschaffungswert in der Zwischenzeit gegenüber dem ursprünglichen Anschaffungswert erheblich gestiegen ist.
   c) Herr Spindler arbeitet mit in der Spindler KG.
   d) Für das von Herrn Spindler in die Spindler KG eingebrachte Eigenkapital werden 30.000,00 € Zinsen, für die vom Unternehmen eigentlich keine verpflichtende Zinszahlungen zu leisten sind, in die Kostenrechnung aufgenommen.

6. Carolin Saager soll die Gesamtkosten einer Warengruppe im Lager Köln ermitteln. Der Anteil an der Lagermiete beträgt 12.000,00 €. Pro Stück betragen die Lagerkosten 1,75 €. Durchschnittlich waren im Untersuchungszeitraum 40 000 Stück auf Lager.

7. Was ist eine Ergebnistabelle?

8. Wodurch unterscheiden sich die Rechnungskreise I und II?

9. Beurteilen Sie den Ausschnitt aus der folgenden Ergebnistabelle

	GESCHÄFTSBUCHFÜHRUNG		KOSTEN- UND LEISTUNGSRECHNUNG					
	Rechnungskreis I		Rechnungskreis II					
	Erfolgsbereich		Abgrenzungsbereich				KLR-Bereich	
			Unternehmensbez. Abgrenzungen		Kostenrechnerische Korrekturen		Betriebsergebnisrechnung	
Kontenbezeichnung	Aufwendungen in €	Erträge	Aufwendungen	Erträge in €	Aufwendungen in €	Erträge	Kosten in €	Leistungen
Abschreibungen	40.000,00				40.000,00			
Kalkulatorische Abschreibungen							50.000,00	50.000,00

10. Entscheiden Sie in den folgenden Fällen, ob jeweils Einzelkosten oder Gemeinkosten vorliegen.
    a) Die Hoffmann KG hat im Wareneinkauf einer bestimmten Warengruppe Aufwendungen für Ware in Höhe von 456.954,00 €.
    b) An alle Auszubildenden der Hoffmann KG in allen Filialen werden dieses Jahr insgesamt 678.900,00 € Ausbildungsvergütung ausgezahlt.
    c) In einer Fachzeitschrift schaltet die Hoffmann KG eine Anzeige, um sich bekannt zu machen.
    d) Für den Versand der Artikel einer Warengruppe wird bei einem spezialisierten Lieferanten Verpackungsmaterial bestellt.
    e) Am Anfang des Jahres ordert die Hoffmann KG eine Palette mit Kopierpapier für die Kopiergeräte und Drucker des Unternehmens.

11. Beurteilen Sie die folgende Aussage: „Bei fixen Stückkosten bleiben die Kosten bei steigender oder fallender Absatzmenge gleich."

12. Entscheiden Sie in den folgenden Fällen, ob jeweils fixe oder variable Kosten vorliegen.
    a) Die für die Hoffmann KG arbeitenden Vertreter erhalten ihre Provision.
    b) In einer Filiale der Hoffmann KG werden 150.000,00 € Gehälter ausgezahlt.
    c) Die Hoffmann KG hat im Wareneinkauf einer bestimmten Warengruppe Aufwendungen für Ware in Höhe von 456.954,00 €.
    d) Beim Versand bestimmter Waren fallen Ausgangsfrachten in Höhe von 640,00 € an.
    e) In Hamburg wird ein Lagergebäude von der Hoffmann KG angemietet.
    f) Das neu gebaute Geschäftsgebäude der Hoffmann KG in Köln wird versichert.

13. Die Hoffmann KG muss überraschend Gewerbesteuer für das letzte Jahr nachzahlen. Was liegt vor?
    a) Zusatzkosten
    b) Anderskosten
    c) Grundkosten
    d) betriebsfremder Aufwand
    e) periodenfremder Aufwand
    f) außerordentlicher Aufwand

14. In die Kostenrechnung der Hoffmann KG werden auch kalkulatorische Zinsen einkalkuliert. Geben Sie an, worum es sich bei kalkulatorischen Zinsen handelt.
    a) Anderskosten
    b) Zusatzkosten
    c) Aufwand
    d) Auszahlungen
    e) Ausgaben

10.2 WIR STELLEN DIE KOSTENARTEN FEST

AKTIONEN

1. Erstellen Sie aus folgender Gewinn-und-Verlust-Rechnung (Angaben in 1.000,00 €) eine Ergebnistabelle. Kostenrechnerische Korrekturen müssen Sie in dieser Aktion nicht vornehmen.

S	Gewinn- und Verlustkonto		H
Aufwend. f. Waren	3.570	Umsatzerlöse	10.500
Personalkosten	6.314	Zinserträge	21
Außerord. Aufwand	49		
Mietaufwand (Lager)	343		
Gewinn	245		
	10.521		10.521

2. Für eine Filiale der Hoffmann KG wurde die folgende GuV-Rechnung (in 1.000,00 €) erstellt.

S	Gewinn- und Verlustkonto		H
Aufw. f. Ware	29.106	Umsatzerlöse	43.158
Zinsaufwand	660	Zinserträge	630
Personalkosten	7.182		
Abschreibungen	900		
Raumkosten (Lager)	2418		
Allg. Verwalt.-Kosten	846		
Gewinn	2.676		
	43.780		43.780

In der Kostenrechnung müssen noch berücksichtigt werden:
- Kalkulatorischer Unternehmerlohn 786.000,00 €
- Kalkulatorische Abschreibungen 1.080.000,00 €
- Kalkulatorische Zinsen 780.000,00 €

3. Für eine andere Filiale der Hoffmann KG wurde die folgende GuV-Rechnung (in 1.000,00 €) erstellt.

S	Gewinn- und Verlustkonto		H
Aufw. für Ware	1.425	Umsatzerlöse	5.040
Personalkosten	3.645	Mieterträge	828
Abschreibungen	195	Zinserträge	225
Außerord. Aufw.	48		
Allg. Verwalt.-Kosten	207		
Gewerbesteuer	81		
Zinsaufwand	90		
Gewinn	177		
	5.868		5.868

In die Kostenrechnung müssen noch einbezogen werden:
- Kalkulatorische Wagnisse 10.000,00 €
- Kalkulatorische Abschreibungen 210.000,00 €
- Kalkulatorische Zinsen 108.000,00 €

4. Die Berechnung des Betriebsergebnisses kann durch Anwendung von Tabellenkalkulationsprogrammen erheblich erleichtert werden.
   a) Erstellen Sie mithilfe von Excel eine Vorlage für eine Ergebnistabelle.
   b) Überprüfen Sie die Ergebnisse der Aktionen 1 bis 3 mithilfe der von Ihnen erstellten Exceltabelle.

5. Die Hoffmann KG produziert Hosen zu variablen Kosten in Höhe von 12,00 € je Stück.
   In einem Monat fallen 9.000,00 € fixe Kosten an.
   Im März produziert die Hoffmann KG 3 000 Stück, im April wird die Fertigung auf 16 000 Stück gesteigert.
   Zeigen Sie anhand dieser Daten mithilfe einer Berechnung die Gültigkeit des Gesetzes der Massenproduktion.

6. Bei einem bestimmten Artikel der Hoffmann KG liegt der folgende Kostenverlauf vor:

Ausbringungsmenge in Stück	Gesamtkosten in €
100	200,00
200	360,00
300	480,00
400	560,00
500	600,00

   a) Welcher Kostenverlauf liegt vor?
   b) Erstellen Sie einen grafischen Kostenverlauf mithilfe von Excel.

LF 10 — 10 WERTSCHÖPFUNGSPROZESSE ERFOLGSORIENTIERT STEUERN

ZUSAMMENFASSUNG

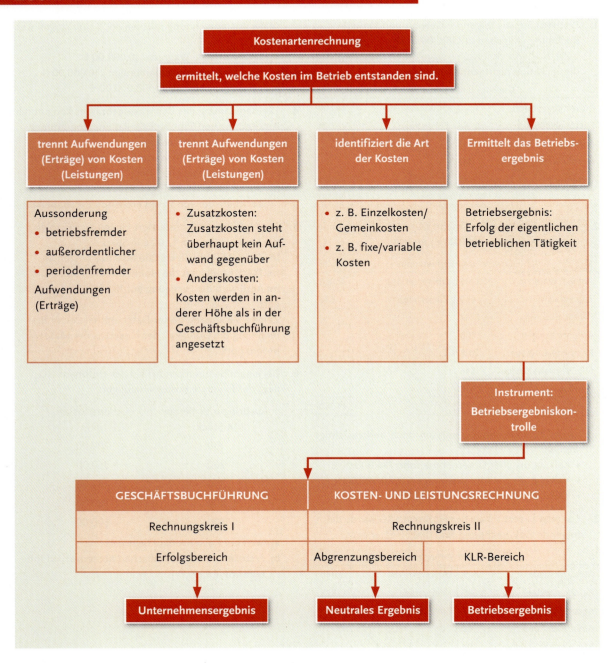

10.3 Wir führen eine Kostenstellenrechnung durch

Einstieg

Carolin Saager erzählt Frau Duchnik vom letzten Auszubildendenseminar der Hoffmann KG, das in Berlin stattfand.

Carolin Saager:
„... und dann haben sich 2 Auszubildende aus Braunschweig und Rostock fast in die Haare gekriegt. Es ging um die Fragen, welcher Standort besser gearbeitet hat und welche Abteilung jeweils nicht so gut war ..."

Frau Duchnik:
„Wir könnten uns ja mal aus dem jeweiligen Betriebsabrechnungsbogen der Kostenstellenrechnung die Zahlen besorgen – und die Fragen tatsächlich beantworten."

Carolin Saager:
„Ach ja, das geht?"

Frau Duchnik:
„Ja, hier sind die Zahlen aus Braunschweig und Rostock:"

Braunschweig	Plan	Ist
Material	290.000,00 €	310.000,00 €
Fertigung	560.000,00 €	624.000,00 €
Vertrieb	185.000,00 €	160.000,00 €
Verwaltung	78.000,00 €	89.000,00 €

Rostock	Plan	Ist
Material	280.000,00 €	335.000,00 €
Fertigung	540.000,00 €	720.000,00 €
Vertrieb	82.000,00 €	84.000,00 €
Verwaltung	88.000,00 €	91.000,00 €

Carolin Saager:
„Ja genau. Jetzt kann ich die Fragen auch beantworten. Aber das mit der Kostenstellenrechnung – das interessiert mich."

1. Stellen Sie fest und begründen Sie, welche Filiale erfolgreicher gearbeitet hat.
2. Ermitteln Sie, welche Abteilung nicht effizient gearbeitet hat.

INFORMATIONEN

Die **Kostenstellenrechnung** übernimmt die Aufgabe, die Kosten so zu erfassen, dass sie jeder Leistungseinheit eines Unternehmens (= Kostenstelle) zugeordnet werden können. Sie ordnet die Kosten also ihren Verursachungsbereichen zu. Die Kostenstellenrechnung identifiziert also wirtschaftliche bzw. unwirtschaftliche Bereiche des Betriebsprozesses. Sie dient damit einerseits der Gewinnung weiterer Informationen für die Kostenträgerrechnung, andererseits können dadurch einzelne Funktionsbereiche des Betriebes durch innerbetriebliche Vergleiche kontrolliert werden. Auch liefert sie Informationen für zukunftsorientierte Entscheidungen.

Die Kostenstellen

In der Kostenstellenrechnung wird das Unternehmen in kleine Teilbereiche – meistens sind dies Organisationseinheiten der Aufbauorganisation – zerlegt. Diesen werden die dort verursachten Kosten zugeordnet. Mit den ermittelten Kosten kann die betriebliche Tätigkeit kontrolliert werden. Wird beispielsweise eine Kostenüberschreitung bei einer Kostenstelle festgestellt, muss der für die Kostenstelle Verantwortliche Maßnahmen ergreifen. Die Kostenstellenrechnung ist ein wichtiges Mittel zur Unternehmenssteuerung durch den möglichen Vergleich zwischen Ist- und Sollzahlen.

Die Kostenstellenrechnung gliedert das gesamte Unternehmen in Abrechnungseinheiten, wo jeweils Kosten entstehen. Die Einteilung nach Kostenstellen kann nach unterschiedlichen Merkmalen erfolgen.

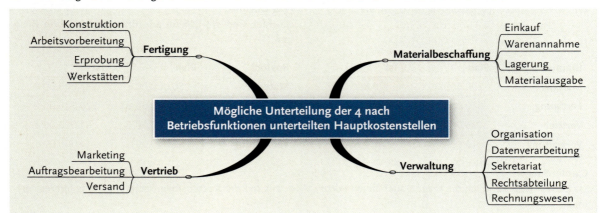

Sehr oft erfolgt die Einteilung der Kostenstellen nach den Funktionsbereichen eines Unternehmens.

BEISPIEL

Die Textil AG hat folgende Kostenstellen:

Funktionsbereiche	Beispiele für mögliche Kostenstellen
Einkauf	• Einkauf • Wareneingang • Lager
Produktion	• Vorbereitung • Montage • Endkontrolle
Verwaltung	• Personal • Rechnungswesen • EDV
Vertrieb	• Auftragsbearbeitung • Versand

Jede Kostenstelle kann entweder eine Hilfskostenstelle oder Hauptkostenstelle sein.

Hauptkostenstelle
Bei den Hauptkostenstellen erfolgt die eigentliche betriebliche Tätigkeit, nämlich die direkte Leistungserstellung.

Nebenkostenstelle
Sie unterstützen die Hauptkostenstellen bei der Erzeugung von deren Leistungen.

In vielen Unternehmen werden die verwendeten Kostenstellen in einem Kostenstellenplan aufgeführt.

Die Verteilung der Gemeinkosten

Im Vordergrund der Kostenstellenrechnung steht die Verteilung der Gemeinkosten auf die Kostenstellen. Gemeinkosten sind Kosten, die unbedingt nötig sind, um ein Produkt (bzw. eine Leistung) zu erstellen, können aber diesem Kostenträger nicht direkt zugeordnet werden. Gemeinkosten sind oft Kosten, die mit der Verwaltung, Kontrolle und Steuerung des Unternehmens zu tun haben.

BEISPIELE

Zu den Gemeinkosten gehören u. a. die Kosten, die verursacht werden durch
- das Rechnungsesen
- das Controlling
- die Marketingabteilung
- die Personalabteilung
- das Qualitätsmanagement.

10.3 WIR FÜHREN EINE KOSTENSTELLENRECHNUNG DURCH

Je komplexer die Organisation oder das Leistungsspektrum des Unternehmens ist, desto häufiger fallen i. d. R. Gemeinkosten an.

Der einstufige Betriebsabrechnungsbogen

Das wichtigste Instrument der Kostenstellenrechnung ist der Betriebsabrechnungsbogen, oft mit BAB abgekürzt. Gelöst wird mit ihm ein Hauptproblem der Kostenrechnung: Er schlüsselt nämlich die Kostenarten, die sich auf mehrere Leistungen beziehen, entsprechend ihrer Kostenverursachung auf. In tabellarischer Form werden die auf jede Kostenstelle entfallen Gemeinkosten als Zuschlagssatz auf die in der Kostenstelle verursachten Einzelkosten ermittelt. Mit den ermittelten Gemeinkostenzuschlagssätzen können später in der Kostenträgerrechnung Informationen darüber gewonnen werden, wie viel das Produkt kostet.

Werden die Gemeinkosten in einem Schritt umgelegt, liegt ein einstufiger Betriebsabrechnungsbogen vor. Dessen Struktur sieht immer in etwa wie folgt aus:

Betriebsabrechnungsbogen						
Gemeinkostenarten	Zahlen aus der Kostenartenrechnung	Verteilungsgrundlagen	Kostenstellen			
			Material	Fertigung	Verwaltung	Vertrieb
		Umlage nach Schlüsseln	Verschiedene Kosten für die Beschaffung der Roh-, Hilfs- und Betriebsstoffe	Verschiedene Kosten der Produktion	Verschiedene Kosten der kaufmännischen Verwaltung	Verschiedene Kosten des Vertriebs und des Fertigwarenlagers
Summe der Gemeinkosten			Summe der Materialgemeinkosten	Summe der Fertigungsgemeinkosten	Summe der Verwaltungsgemeinkosten	Summe der Vertriebsgemeinkosten
Zuschlagsgrundlage						
Zuschlagssatz						

Dabei haben die einzelnen Spalten und Zeilen die folgende Bedeutung:

- In der ersten Spalte des Betriebsabrechnungsbogens werden die in der Kostenartenrechnung ermittelten Kostenarten aufgeführt.
- Die zweite Spalte führt die Höhe der jeweiligen Kostenart auf.
- In die dritte Spalte wird die Verteilungsgrundlage für die Gemeinkosten eingetragen. Dieser Kostenschlüssel muss nachvollziehbar sein.
- Die folgenden Spalten stehen für die jeweiligen Kostenstellen. In sehr vielen Unternehmen wird mit den Kostenstellenbereichen Material, Verwaltung, Fertigung und Vertrieb gearbeitet.
- Die ermittelten Gemeinkosten werden dann nach den festgelegten Verteilungsgrundlagen auf die Kostenstellen bzw. Kostenstellenbereiche umgelegt.
- In der Zeile „Summe der Gemeinkosten" werden die gesamten angefallenen Gemeinkosten dieser Kostenstelle angegeben.
- In die Zeile „Zuschlagsgrundlage" werden die in den einzelnen Kostenstellen angefallenen Einzelkosten eingetragen.
- Anschließend kann in der Zeile „Zuschlagssätze" der jeweilige Zuschlagssatz ermittelt werden. Für dessen Berechnung gilt allgemein:

FORMEL

$$\text{Zuschlagssatz} = \frac{\text{Gemeinkosten}}{\text{Zuschlagsgrundlage}} \cdot 100$$

BEISPIEL

Frau Duchnik erläutert Carolin Saager das Prinzip des Betriebsabrechnungsbogens am Beispiel des kleinen Unternehmens ihres Mannes. Dort sind als Gemeinkosten angefallen:

Gehälter:	200.000,00 €
Abschreibungen:	80.000,00 €
Mieten:	40.000,00 €

Diese sind auf die 4 Kostenstellen
- Material
- Fertigung
- Vertrieb
- Verwaltung

zu verteilen.

Als Verteilungsgrundlage für die Umlage der Gemeinkosten auf die jeweilige Kostenstelle wird angewandt der Verteilungsschlüssel *(Material:Fertigung:Verwaltung:Vertrieb):*
1:2:1:1 bei den Gehältern,
2:5:1:2 bei den Abschreibungen
1:2:7:8 bei den Mieten.

Als Zuschlagsbasis (Einzelkosten, die bei den Kosten angefallen sind) wurden ermittelt:

Material: 500.000,00 €
Fertigung: 850.000,00 €
Vertrieb: 1.600.000,00 €
Verwaltung: 1.000.000,00 €

Es ergibt sich der folgende Betriebsabrechnungsbogen:

Betriebsabrechnungsbogen						
Gemeinkostenarten	Zahlen aus der Kostenartenrechnung	Verteilungsgrundlagen	Kostenstellen			
			Material	Fertigung	Verwaltung	Vertrieb
Gehälter	200.000,00 €	1:2:1:1	40.000,00 €	80.000,00 €	40.000,00 €	40.000,00 €
Abschreibungen	80.000,00 €	2:5:1:2	16.000,00 €	40.000,00 €	8.000,00 €	16.000,00 €
Miete	40.000,00 €	1:2:7:8	8.000,00 €	16.000,00 €	56.000,00 €	64.000,00 €
Summe der Gemeinkosten	320.000,00 €		64.000,00 €	136.000,00 €	104.000,00 €	120.000,00 €
Zuschlagsgrundlage			500.000,00 €	850.000,00 €	1.600.000,00 €	1.600.000,00 €
Zuschlagssatz			12,8 %	16 %	6,5 %	7,5 %

Den Zuschlagssatz von 12,8 % berechnet Frau Duchnik unter Anwendung der Formel

$$\text{Zuschlagssatz} = \frac{\text{Gemeinkosten}}{\text{Zuschlagsgrundlage}} \cdot 100$$

$$\text{Zuschlagssatz} = \frac{64.000}{500.000} \cdot 100 = 12,8\,\%$$

Der Zuschlagssatz von 12,8 % bedeutet, dass jeder Einkauf von Material in Höhe von 100,00 € mit 12,80 € Materialgemeinkosten belastet wird. Als Materialkosten gehen dann später 112,80 € in die Produktkalkulation ein.

Die Berechnung der Gemeinkostenzuschlagssätze

Um später die Gemeinkosten auf einzelne Erzeugnisse verteilen zu können, werden im Rahmen des Betriebsabrechnungsbogens die Gemeinkostenzuschlagssätze ermittelt. Diese Prozentsätze beziehen sich i. d. R. auf bestimmte Zuschlagsgrundlagen.

Zuschlagssatz:	Zuschlagsgrundlage:	Berechnung
Materialgemeinkostenzuschlagssatz	Fertigungsmaterial	$\text{Materialgemeinkostenzuschlag} = \frac{\text{Materialgemeinkosten}}{\text{Fertigungsmaterial}} \cdot 100$
Fertigungsgemeinkostenzuschlagssatz	Fertigungslöhne oder Stoffkosten	$\text{Fertigungsgemeinkostenzuschlag} = \frac{\text{Fertigungsgemeinkosten}}{\text{Fertigungslöhne}} \cdot 100$

10.3 WIR FÜHREN EINE KOSTENSTELLENRECHNUNG DURCH

Zuschlagssatz:	Zuschlagsgrundlage:	Berechnung
Verwaltungsgemeinkostenzuschlagssatz	Herstellkosten	$\text{Verwaltungsgemeinkostenzuschlag} = \frac{\text{Verwaltungsgemeinkosten}}{\text{Herstellkosten}} \cdot 100$
Vertriebsgemeinkostenzuschlagssatz	Herstellkosten	$\text{Vertriebsgemeinkostenzuschlag} = \frac{\text{Vertriebsgemeinkosten}}{\text{Herstellkosten}} \cdot 100$

BEISPIEL

Frau Duchnik und Carolin Saager berechnen im Rahmen des BAB die einzelnen Gemeinkostenzuschläge. Sie arbeiten mit den folgenden Werten:
Materialgemeinkosten (540.000,00 €) und Fertigungsmaterial (2.428.000,00 €)
Fertigungsgemeinkosten (190.000,00 €) und Fertigungslöhne (900.000,00 €)
Vertriebsgemeinkosten (74.000,00 €) und Herstellkosten (1.420.000,00 €)
Verwaltungsgemeinkosten (132.000,00 €) und Herstellkosten (1.420.000,00 €).

Als Gemeinkostenzuschlagssätze ergeben sich:

Gemeinkostenzuschlagssatz:	Materialgemeinkostenzuschlagssatz	Fertigungsgemeinkostenzuschlagssatz	Verwaltungsgemeinkostenzuschlagssatz	Vertriebsgemeinkostenzuschlagssatz
Berechnung:	$\frac{540.000}{2.428.000} \cdot 100$	$\frac{190.000}{900.000} \cdot 100$	$\frac{132.000}{1.420.000} \cdot 100$	$\frac{74.000}{1.420.000} \cdot 100$
Ergebnis:	22,24 %	21,11 %	9,29 %	5,2 %

Exkurs: Der mehrstufige Betriebsabrechnungsbogen

Der **einstufige** Betriebsabrechnungsbogen arbeitet überwiegend mit den 4 Hauptkostenstellen:
- Material
- Fertigung
- Vertrieb
- und Verwaltung.

Auf diese werden die Gemeinkosten in einem Schritt umgelegt.

Viele größere Unternehmen verwenden **mehrstufige** Betriebsabrechnungsbögen. Diese liefern noch detailliertere Informationen. Anwendung finden dabei:
- mehr als die 4 Hauptkostenstellen.

BEISPIEL

Viele Unternehmen haben eine größere Anzahl von Fertigungsstellen:

- **allgemeine Kostenstellen**. Darunter versteht man Kostenstellen, die nicht zu den vier Hauptkostenbereichen zählen, ihre Leistung jedoch an alle anderen Kostenstellen abgeben können.

BEISPIEL

Eine Textilfabrik hat eine eigene Stromerzeugungsanlage, die den Strom an alle anderen Kostenstellen abgibt.

- **Hilfskostenstellen**. Diese geben ihre Leistungen ausschließlich an die Fertigungshauptstellen ab. Sie leisten im Vergleich zu den Hauptkostenstellen der Fertigung keinen direkten Beitrag zum Produktionsfortschritt der Erzeugnisse, sondern fördern diesen bzw. schaffen dafür die Voraussetzungen

BEISPIEL

Die Designabteilung einer Textilfabrik

In einem mehrstufigen Betriebsabrechnungsbogen erfolgt die Verteilung der Gemeinkosten auf die Kostenstellen in einem mehrstufigen Verfahren:

- Im ersten Schritt werden die Gemeinkosten auf die allgemeine Kostenstelle und die Hauptkostenstellen umgelegt.
- In einem zweiten Schritt werden die Kosten der allgemeinen Kostenstelle entsprechend ihrer Leistungsabgabe den anderen Hauptkostenkostenstellen zugeordnet.

- Schließlich werden in einem dritten Schritt die Kosten der Hilfskostenstellen den Fertigungshauptstellen zugerechnet.
- Abschließend kann nun die Zuschlagsatzbildung in den Hauptkostenstellen erfolgen.

BEISPIEL

In einem größeren Unternehmen wird ein mehrstufiger BAB (Betriebsabrechnungsbogen) erstellt.
- Zunächst werden wie beim einstufigen BAB die Gemeinkosten auf die Kostenstellen verteilt (hier aber nicht nur auf die vier Hauptkostenstellen, sondern zusätzlich über mehrere Fertigungshauptkostenstellen sowie eine allgemeine Kostenstelle und eine Fertigungshilfskostenstelle).
- Anschließend werden die Gemeinkosten der allgemeinen Kostenstelle auf die anderen Kostenstellen verrechnet.
- Abschließend werden noch die Gemeinkosten der Fertigungshilfskostenstelle auf die Hauptkostenstellen umgelegt.
- Nun können wie beim einstufigen BAB die Zuschlagssätze berechnet werden.

Gemeinkosten	Zahlen der Kostenartenrechnung in €	Verteilungsgrundlage	Allgemeine Kostenstelle in €	Fertigungshilfskostenstelle in €	Fertigungshauptkostenstellen 1 bis 4 in €	Material in €	Vertrieb in €	Verwaltung in €
Personalkosten	24.000,00	4:2:1:0,5:0,25:0,25	12.000,00	6.000,00	3.000,00	1.500,00	750,00	750,00
Steuern und Versicherungen	36.000,00	0:0:2:2:0,4:0,4	6.000,00	0,00	6.000,00	6.000,00	12.000,00	12.000,00
Instandhaltungen und Reparaturen	15.000,00	1,5:2,5:0,5:0,4:0,05:0,05	4.500,00	7.500,00	1.500,00	1.200,00	150,00	150,00
Kalk. Miete	36.000,00	0:4:6:1:0,5:0,5	0,00	12.000,00	18.000,00	3.000,00	1.500,00	1.500,00
Sonstige Kosten	15.000,00	1:2:1:0,5:0,25:0,25	12.000,00	18.000,00	3.000,00	1.500,00	750,00	750,00
Summe der Gemeinkosten	126.000,00		19.500,00	31.500,00	31.500,00	13.200,00	15.150,00	15.150,00
Umlage der Allg. Kostenstelle			–19.500,00	3.900,00	5.850,00	3.900,00	2.925,00	2.925,00
Zwischensumme Gemeinkosten				35.400,00	37.350,00	17.100,00	18.075,00	18.075,00
Umlage der Fertigungskostenhilfsstelle				–35.400,00	17.700,00	14.160,00	16.620,00	16.620,00
Summe der Gemeinkosten					55.050,00	31.260,00	34.695,00	34.695,00
Zuschlagsgrundlage					2.000.000,00	800.000,00	40.0000,00	660.000,00
Zuschlagssatz					2,75	3,90	8,67	5,25

10.3 WIR FÜHREN EINE KOSTENSTELLENRECHNUNG DURCH

Kostenüberdeckung und Kostenunterdeckung

In der Praxis wird die Kostenrechnung mit Normalkosten durchgeführt.

> **DEFINITION**
> Normalkosten sind die durchschnittlichen Kosten, die aus den Istkosten (dies sind die tatsächlich angefallenen Kosten eines Abrechnungszeitraums) mehrerer Rechnungsperioden gebildet werden.

Unternehmen rechnen im BAB zunächst einmal mit Sollzuschlagssätzen für die Gemeinkosten. Diese werden Normal-Zuschlagssätze genannt. Die sich daraus ergebenden Gemeinkosten werden als Normalgemeinkosten bezeichnet. Ermittelt werden sie aus dem Durchschnitt der Ist-Zuschlagssätze eines vergangenen Zeitraums. Ein Ist-Zuschlagssatz ist ein tatsächlich angefallener Zuschlagssatz z. B. für einen Monat.

BEISPIEL

Die Hoffmann KG hat für den letzten Monat einen Ist-Zuschlagssatz für die Materialgemeinkosten von 9,4 % ermittelt. In den vorangegangenen Monaten betrugen die Materialgemeinkostenzuschläge 9,1 %, 9,5 %, 9,3 %, 9,1 % und 8,9 %.

Gründe für unterschiedliche Werte in den letzten Monaten können in Preis- oder Verbrauchsschwankungen liegen.

Herr Mitschke berechnet den Normalkostenzuschlagssatz:

$$\text{Normalzuschlagssatz} = \frac{9{,}4 + 9{,}1 + 9{,}5 + 9{,}3 + 9{,}1 + 8{,}9}{6} \%$$
$$= 9{,}21 \%$$

Die Ist-Zuschlagsätze können von Monat zu Monat erheblich schwanken. Gründe dafür können einerseits in Änderungen der Zuschlagsgrundlagen als auch in der Höhe der Gemeinkosten liegen. Wenn jedoch evtl. jeden Monat mit anderen Zuschlagssätzen gerechnet werden muss, kann keine aussagekräftige Kalkulation vorgenommen werden. Auch die Abgabe von Angeboten wäre erheblich erschwert. Deshalb wird im BAB zunächst einmal mit den Normalzuschlagssätzen (Sollzuschlagssätzen) gearbeitet.

Möchte man die Kostenentwicklung entweder in den einzelnen Verantwortungsbereichen eines Unternehmens (= Kostenstellen) oder bei der Herstellung bestimmter Produkte (= Kostenträger) überwachen, sollte man die Kosten genau kontrollieren. Eine solche Kostenkontrolle dient also der Wirtschaftlichkeitskontrolle und erfolgt z. B. durch den Vergleich zwischen der Ist- und Normalkosten:

- Eine **Kostenüberdeckung** liegt vor, wenn die Normalkosten über den Istkosten liegen.

- Sind die Normalkosten kleiner als die Istkosten, spricht man von **Kostenunterdeckung**.

BEISPIEL

Herr Mitschke führt eine Kostenkontrolle durch. Momentan untersucht er die Fertigungskosten.

Er ermittelt eine Kostenunterdeckung in Höhe von 24.000,00 €

Kosten	Normalkalkulation	Istkalkulation	Ergebnis der Kostenkontrolle
Fertigungslöhne in €	640.000,00	640.000,00	
+ Fertigungsgemeinkosten in €	576.000,00	600.000,00	
= Fertigungskosten in €	1.216.000,00	1.240.000,00	24.000,00 Kostenunterdeckung

Herr Mitschke stellt anschließend Kostensteigerungen durch erhöhten Reparaturaufwand sowie erhöhte Abschreibungen als Gründe für die Kostenunterdeckung fest. Da diese negative Auswirkungen auf das Betriebsergebnis hat, muss die Hoffmann KG sich Maßnahmen überlegen, um die Kostensituation bei den Fertigungskosten zu verbessern.

10 WERTSCHÖPFUNGSPROZESSE ERFOLGSORIENTIERT STEUERN

AUFGABEN

1. Was ist eine Kostenstelle?
2. Welche Aufgabe hat die Kostenstellenrechnung?
3. Nach welchen Merkmalen können Kostenstellen eingeteilt werden?
4. Nennen Sie die vier üblichen Hauptkostenstellen (Grundkostenstellen).
5. Unterscheiden Sie Hauptkostenstellen und Nebenkostenstellen.
6. Erläutern Sie den Begriff Gemeinkosten.
7. Was ist ein Betriebsabrechnungsbogen?
8. Carolin Saager entnimmt einem BAB 19,8 % als Wert für den Materialgemeinkostenzuschlagssatz. Erläutern Sie diesen Wert.
9. Carolin Saager entnimmt einem BAB als Wert für die Fertigungsgemeinkosten 762.000,00 € und als Wert für die Fertigungslöhne 3.654.000,00 €. Berechnen Sie den Fertigungsgemeinkostenzuschlagssatz.
10. Geben Sie an, welche der folgenden Stellen Hilfskostenstellen sind:
    a) Herr Kühn im Einkauf
    b) Der Facility-Manager (= Hausmeister) Herr Trzensik
    c) Frau Kielhorn in der Warenannahme
    d) Frau Unger in der Betriebskantine
    e) Herr Schneider im Einkauf

AKTIONEN

1. Die Kostenstellenrechnung zweier Filialen stellt folgende Informationen zur Verfügung:

München	Plan	Ist
Material	856.000,00 €	902.000,00 €
Fertigung	1.004.900,00 €	987.000,00 €
Vertrieb	328.000,00 €	321.000,00 €
Verwaltung	510.900,00 €	502.300,00 €

Dresden	Plan	Ist
Material	760.000,00 €	732.000,00 €
Fertigung	845.000,00 €	965.000,00 €
Vertrieb	224.000,00 €	213.000,00 €
Verwaltung	458.000,00 €	454.000,00 €

Stellen Sie fest und begründen Sie, welche Filiale erfolgreicher gearbeitet hat.
Ermitteln Sie, welche Abteilung nicht effizient gearbeitet hat.

2. Berechnen Sie die einzelnen Gemeinkostenzuschläge mithilfe der in einem BAB enthaltenden Werte:
   - Materialgemeinkosten (480.000,00 €) und Fertigungsmaterial (2.228.000,00 €),
   - Fertigungsgemeinkosten (210.000,00 €) und Fertigungslöhne (1.900.000,00 €),
   - Vertriebsgemeinkosten (174.000,00 €) und Herstellkosten (1.520.000,00 €),
   - Verwaltungsgemeinkosten (162.000,00 €) und Herstellkosten (222.000,00 €).

3. In einer Filiale der Hoffmann KG sind folgende Gemeinkosten angefallen:

Gehälter	120.000,00 €
Steuern	80.000,00 €
Kalkulatorische Kosten	180.000,00 €
Energie	36.000,00 €

Diese sind auf die vier Kostenstellen zu verteilen:
- Material
- Fertigung
- Vertrieb
- Verwaltung

Als Verteilungsgrundlage für die Umlage der Gemeinkosten auf die jeweilige Kostenstelle wird angewandt der Verteilungsschlüssel:

Gehälter:	1:2:6:1
Steuern:	1:4:3:2
Kalkulatorische Kosten:	3:4:6:2
Energie:	1:5:2:1

10.3 WIR FÜHREN EINE KOSTENSTELLENRECHNUNG DURCH

Als Zuschlagsbasis (Einzelkosten, die bei den Kosten angefallen sind) wurden ermittelt:

Material:	440.000,00 €
Fertigung:	548.000,00 €
Vertrieb:	328.000,00 €
Verwaltung:	187.000,00 €

4. Aus der Geschäftsbuchführung und den Vorarbeiten der Kostenstellenrechnung sind folgende Zahlen bekannt:

Gemeinkosten-arten	Zahlen aus der Kostenarten-rechnung	Verteilungs-grundlagen
Gehälter	98.000,00 €	1:2:5:2
Hilfslöhne	72.000,00 €	3:5:1:1
Energie	132.000,00 €	1:5:1:1
Instandhaltung	68.600,00 €	2:6:1:1
Steuern	156.000,00 €	3:9:2:1
Sonstige Kosten	434.000,00 €	2:4:1:1
Kalkulatorische Kosten	144.000,00	4:10:3:3

Zuschlagsgrundlagen:

Material	1.800.000,00 €
Fertigung	848.000,00 €
Verwaltung	624.000,00 €
Vertrieb	624.000,00 €

Erstellen Sie einen einstufigen Betriebsabrechnungsbogen.

5. Erstellen Sie mit den folgenden Informationen einen einstufigen Betriebsabrechnungsbogen.

Gemeinkosten-arten	Zahlen aus der Kostenar-tenrechnung	Verteilungs-grundlagen
Gehälter	60.000,00 €	1:2:6:1
Instandsetzungen	20.000,00 €	1:3:-:1
Steuern	80.000,00 €	1:4:3:2
Energie	64.000,00 €	1:5:1:1
Sonstige Kosten	160.000,00 €	1:1:6:2
Kalkulatorische Abschr.	40.000,00 €	7:21:7:5
Kalkulatorischer Unternehmerlohn	80.000,00 €	1:2:5:2
Kalkulatorische Zinsen	48.000,00 €	3:5:2:2

Zuschlagsgrundlagen:

Material	4.237.000,00 €
Fertigung	2.939.000,00 €
Verwaltung	446.000,00 €
Vertrieb	446.000,00 €

ZUSAMMENFASSUNG

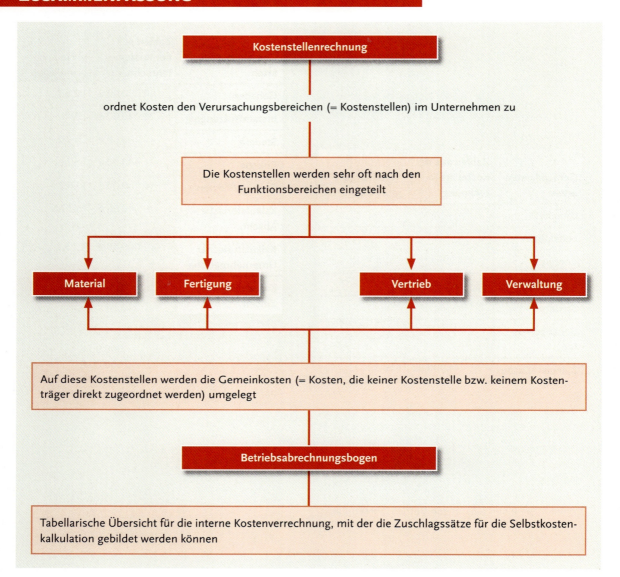

10.4 Wir arbeiten mit der Kostenträgerrechnung

Einstieg

Die Hoffmann KG führt in der Artikelgruppe Damenmäntel die Artikel Betty Jordan, Deco International, KTM und Steiger. Das Warenwirtschaftssystem liefert für diese Artikel folgende Daten:

	Betty Jordan	Deco Int.	KTM	Steiger
Absatzmenge in Stück	5	2	5	4
Nettoverkaufspreis in € je Stück	369,00	214,00	256,60	179,00
Bezugspreis in € je Stück	187,40	212,50	126,10	181,20
Kosten der Warenabgabe in € je Stück	2,00	2,00	2,00	2,00

Prüfen Sie, welche Entscheidungen die Hoffmann KG auf der Grundlage dieser Daten treffen sollte.

INFORMATIONEN

Bei der **Kostenträgerrechnung** werden die Kosten auf die Kostenträger umgelegt.

Die Kostenträgerrechnung ist die Methode der Kosten- und Leistungsrechnung, die insgesamt den größten Beitrag zur Steuerung von Unternehmen liefert. Die Kostenträgerrechnung ermittelt, für welches Produkt in welcher Höhe Kosten angefallen sind: Sie ermittelt also den Erfolg des Kostenträgers. Unter Kostenträger versteht man die Leistungen, deren Erstellung die Kosten verursacht hat.

Zeitliche Anwendung der Kostenträgerrechnung		
Vorkalkulation	**Zwischenkalkulation**	**Nachkalkulation**
• Vor der Leistungserstellung (z. B. Produktion) • Berechnung der Verkaufspreise (für Angebote)	• Zeitlich zwischen Vorkalkulation und Fertigungsende • Überwachung des Fertigungsprozesses • Ermöglicht bei Fehlentwicklung sehr schnelle Maßnahmen der Gegensteuerung	• Am Ende des Fertigungsprozesses soll die Wirtschaftlichkeit ermittelt werden. • Überprüft die Richtigkeit der Vor- und Zwischenkalkulation

Arten der Kostenträgerrechnung

Die Kostenträgerrechnung kann als Vollkostenrechnung oder als Teilkostenrechnung durchgeführt werden:

- Die **Vollkostenrechnung** berücksichtigt alle Kosten, also sowohl die fixen als auch die variablen Kosten. Diese werden dann auf die Kostenträger verrechnet. Die Vollkostenrechnung dient überwiegend der Ermittlung der Selbstkosten im Rahmen der Kalkulation.

- Bei der **Teilkostenrechnung** werden nur Teile der Gesamtkosten – in der Regel sind dies die variablen Kosten – erfasst und anschließend den Kostenträgern zugerechnet. Die Teilkostenrechnung dient hauptsächlich der Unterstützung betriebswirtschaftlicher Entscheidungen: Man kann mit ihr z. B. Deckungsbeiträge, kurzfristige Preisuntergrenzen und den Break-even-Point ermitteln.

Die Vollkostenrechnung

Bei der Vollkostenrechnung werden alle Kosten auf die Produkte umgelegt. Sie unterstützt die Kalkulation der Verkaufspreise[1]. Dazu berechnet sie:

---
1 Vgl. Kap. 10.5

- **die Herstellkosten**:
  Zu diesen gehören alle anfallenden Kosten bis zur Fertigstellung der Produkte bzw. Aufnahme der Waren in das Lager. Die Herstellkosten umfassen also die Materialkosten und die Fertigungskosten.

- **die Selbstkosten**:
  Zu den Herstellkosten kommen noch die Vertriebs- und Verwaltungskosten hinzu. Die Selbstkosten umfassen also alle Kosten, die anfallen, um ein Produkt herzustellen bzw. zu lagern und am Markt anzubieten.

Möchte das Unternehmen einen Betriebsgewinn erzielen, muss der Verkaufspreis oberhalb der Selbstkosten liegen. Diese werden ermittelt durch Anwendung des Schemas zur Berechnung der Selbstkosten:

Materialeinzelkosten	
+ Materialgemeinkosten	
= Materialkosten	
+ Fertigungseinzelkosten	
+ Fertigungsgemeinkosten	
Fertigungskosten	
= Herstellkosten	
+ Verwaltungsgemeinkosten	
+ Vertriebsgemeinkosten	
= Selbstkosten	

BEISPIEL

Die Hoffmann KG produziert pro Tag 500 Stück Handschuhe. Dabei werden ein Rohstoff und zwei Hilfsstoffe verwendet. Diese haben folgende Bezugspreise:
- 2,00 €
- 0,65 €
- 0,35 €.

An weiteren Einzelkosten wurde ermittelt:
Der Lohn der für die Zeit zur Erstellung eines Handschuhs bezahlt wird, beträgt 4,00 €.
Aus der Kostenstellenrechnung bekommt Carolin Saager die folgenden Werte:
- Materialgemeinkostensatz 20 %
- Fertigungsgemeinkostensatz 30 %
- Verwaltungsgemeinkostensatz 10 %
- Vertriebsgemeinkostensatz 20 %.

Carolin Saager soll die Selbstkosten dieses Artikels ermitteln. Gleichzeitig soll sie überprüfen, ob bei einem Verkaufspreis von 13,00 € ein Gewinn erzielt wird.

Carolin Saager verwendet das Schema zur Ermittlung der Selbstkosten. Die Materialeinzelkosten in Höhe von 3,00 € bekommt sie, indem sie die Bezugspreise der in der Produktion verwendeten Materialien (2,00 € + 0,65 € + 0,35 €) addiert.

Materialeinzelkosten		3,00 €	
+ Materialgemeinkosten	20 %	0,60 €	
Materialkosten			3,60 €
+ Fertigungseinzelkosten		4,00 €	
+ Fertigungsgemeinkosten	30 %	1,20 €	
Fertigungskosten			5,20 €
= Herstellkosten			8,80 €
+ Verwaltungsgemeinkosten	10 %	0,88 €	
+ Vertriebsgemeinkosten	20 %	1,76 €	
			2,64 €
= Selbstkosten			11,44 €

10.4 WIR ARBEITEN MIT DER KOSTENTRÄGERRECHNUNG

Als Wert für die Selbstkosten ermittelt Carolin Saager 11,44 €.
Bei einem geplanten Verkaufspreis von 14,00 € würde die Hoffmann KG pro Stück einen Gewinn von 2,56 € erzielen.

Wenn die Produktion pro Tag 500 Stück beträgt, erwirtschaftet die Hoffmann KG einen Gewinn von 1.280 € pro Tag (500 · 2, 56 €).

Die Deckungsbeitragsrechnung im Rahmen der Teilkostenrechnung

Mit der Deckungsbeitragsrechnung werden die Beträge ermittelt, mit denen die einzelnen Artikel, Warenarten und Warengruppen eines Sortiments zur Deckung der umsatzunabhängigen Kosten (fixen Kosten) eines Betriebs beitragen.

Voraussetzung für die Deckungsbeitragsrechnung ist, dass alle Kosten des Betriebs in fixe und variable Kosten[2] getrennt werden:

Die **fixen** Kosten sind die Kosten der Betriebsbereitschaft. Sie entstehen unabhängig vom Umsatz, also selbst dann, wenn überhaupt keine Waren verkauft wurden.

BEISPIEL

Personalkosten, Mieten, Abschreibungen auf Sachanlagen, Abgaben und Pflichtbeiträge

Die **variablen** Kosten eines Betriebs verändern sich mit dem Umsatz. Sie steigen mit zunehmendem Umsatz und sinken bei einem Umsatzrückgang.

BEISPIEL

- Kosten des Wareneinsatzes (= Bezugspreis der verkauften Waren)
- Die variablen Handlungskosten, z. B.
  - Kosten der Warenabgabe und Warenzustellung (Frachten, Aufwendungen für Verpackungsmaterial)
  - Vertriebsprovisionen

Diese Kosten lassen sich den einzelnen Artikeln, Warenarten und Warengruppen direkt zuordnen.

BEISPIEL

	Kleid von Deco	Kleid von KTM
Wareneinsatzkosten	89,89 €	84,90 €
+ 10 % Provision	8,99 €	8,49 €
= variable Kosten	98,99 €	93,99 €

Die variablen Kosten setzen sich also zusammen aus den Kosten des Wareneinsatzes (Bezugspreisen) und den variablen Handlungskosten (in diesem Fall Provisionen)

Die drei Grundideen der Deckungsbeitragsrechnung:

- Ein Verkaufspreis sollte mindestens die variablen Kosten des Produkts abdecken.
- Über die variablen Kosten hinausgehende Beträge liefern einen Beitrag (= Deckungsbeitrag) zur Abdeckung der Fixkosten.
- Ist der Deckungsbeitrag größer als die fixen Kosten, wird ein Betriebsgewinn erzielt.

Um die Deckungsbeiträge für die einzelnen Artikel, Warenarten und Warengruppen zu ermitteln, werden von den Verkaufserlösen der Artikel die jeweils durch sie verursachten variablen Kosten abgezogen. Die Deckungsbeiträge können je Stück oder für eine Periode ermittelt werden.

Ermittlung des Deckungsbeitrags je Stück

Nettoverkaufspreis
− Bezugspreis
= Rohgewinn je Stück
− Variable Handlungskosten je Stück
= Deckungsbeitrag je Stück

BEISPIEL MANTEL VON KTM

Nettoverkaufspreis	256,60 €
Bezugspreis	126,10 €
= Rohgewinn je Stück	130,50 €
− Variable Handlungskosten/Stück	2,00 €
= Deckungsbeitrag je Stück	128,50 €

Der Verkauf eines Mantels von KTM trägt also mit 128,50 € zur Deckung der fixen Kosten der Hoffmann KG bei.

Ermittlung des Deckungsbeitrags für eine Periode

Umsatzerlöse (= Nettoverkaufspreis · verkaufte Menge)
− Wareneinsatz
= Rohgewinn für die Periode
− Variable Handlungskosten für die Periode
= Deckungsbeitrag für die Periode

---
2 Vgl. auch Kap. 10.2

BEISPIEL MANTEL VON KTM

Umsatzerlöse	1.283,00 €
(= Nettoverkaufspreis · verkaufte Menge)	
– Wareneinsatz	630,50 €
= Rohgewinn für die Periode	652,50 €
– Variable Handlungskosten für die Periode	10,00 €
= Deckungsbeitrag für die Periode	642,50 €

Der Verkauf der Mäntel von KTM trug demnach in dieser Periode mit insgesamt 642,50 € zur Deckung der fixen Kosten der Hoffmann KG bei.

Sortimentspolitische Entscheidungen auf der Grundlage der Deckungsbeitragsrechnung

Jeder Artikel, dessen Umsatzerlöse über den durch ihn verursachten variablen Kosten liegen, erbringt einen positiven Beitrag zur Deckung der fixen Kosten eines Betriebs und leistet damit einen positiven Beitrag zum Betriebserfolg.

Wenn ein Unternehmen über genügend freie Kapazitäten verfügt, ist es daher immer sinnvoll, alle Artikel mit positiven Deckungsbeiträgen im Sortiment zu belassen.

Ein Artikel, dessen Umsatzerlöse niedriger sind als die durch ihn verursachten variablen Kosten, erbringt einen negativen Beitrag zur Deckung der fixen Kosten und schmälert damit den Betriebserfolg. Durch die Herausnahme dieses Artikels aus dem Sortiment kann das Unternehmen seinen Betriebserfolg verbessern.

BEISPIEL

Die Hoffmann KG führt in der Artikelgruppe „Badetücher" die Artikel MEWA, GOSSA, FRIWA und JOFA. Das Warenwirtschaftssystem der Hoffmann KG liefert für diese Artikel folgende Daten:

	Umsatzerlöse	Wareneinsatz	variable Handlungskosten
MEWA	50.000,00 €	36.500,00 €	15.150,00 €
GOSSA	80.000,00 €	44.200,00 €	18.200,00 €
FRIWA	120.000,00 €	72.000,00 €	22.160,00 €
JOFA	74.000,00 €	41.500,00 €	17.300,00 €

Für die einzelnen Artikel ergeben sich folgende Deckungsbeiträge:

Artikel	MEWA	GOSSA	FRIWA	JOFA
Umsatzerlöse	50.000,00 €	80.000,00 €	120.000,00 €	74.000,00 €
./. Wareneinsatz	36.500,00 €	44.200,00 €	72.000,00 €	41.500,00 €
= Rohgewinn	13.500,00 €	35.800,00 €	48.000,00 €	32.500,00 €
./. variable Handlungskosten	15.150,00 €	18.200,00 €	22.160,00 €	17.300,00 €
= Deckungsbeitrag	– 1.650,00 €	17.600,00 €	25.840,00 €	15.200,00 €
Summe der Deckungsbeiträge		56.990,00 €		

Der Artikel MEWA weist einen negativen Deckungsbeitrag auf. Wenn dieser Artikel aus dem Sortiment herausgenommen wird, fallen die durch ihn verursachten variablen Kosten nicht mehr an. Durch die Herausnahme dieses Artikels aus dem Sortiment verbessert sich die Summe der Deckungsbeiträge um 1.650,00 € auf 58.640,00 €.

Ist das Ergebnis (wie bei GOSSA, FRIWA und JOFA) über 0, liegt ein **positiver Deckungsbeitrag** vor. Ist der Wert wie bei MEWA unter Null, liegt ein **negativer Deckungsbeitrag** vor: Das Unternehmen verliert mit jedem zusätzlich verkauften Stück des Artikels Geld.

Ermittlung der Preisuntergrenze mithilfe der Deckungsbeitragsrechnung

Ein Unternehmen kann langfristig nur bestehen, wenn seine Gesamtkosten (fixe und variable Kosten) über den Verkaufspreis abgedeckt werden. Zahlreiche Situationen verlangen von den Unternehmen jedoch für einzelne Artikel oder Artikelgruppen eine Preisstellung, bei der vorübergehend oder ganz auf die Deckung von Teilen der Kosten verzichtet wird (Verkaufspreis < Selbstkostenpreis).

BEISPIELE

- Einführungspreise für neue Produkte
- Preissenkungen aufgrund niedrigerer Konkurrenzpreise
- Preise im Rahmen von Verkaufsförderungsaktionen

In solchen Situationen muss die Preisuntergrenze ermittelt werden, bis zu der eine Preissenkung für das Unternehmen möglich und wirtschaftlich sinnvoll ist. Diese kurzfristige Preisuntergrenze für einen Artikel liegt dort, wo der Verkaufspreis sämtliche durch diesen Artikel direkt verursachten Kosten deckt.

Die kurzfristige Preisuntergrenze lässt sich mithilfe der Deckungsbeitragsrechnung bestimmen.

Bei der Ermittlung der Preisuntergrenze mithilfe der Deckungsbeitragsrechnung wird auf die Deckung der fixen Handlungskosten verzichtet und nur die Deckung der variablen Kosten des Artikels angestrebt. Der Verzicht auf die Deckung der fixen Kosten lässt sich damit begründen, dass diese Kosten dem Betrieb auch entstanden wären, wenn er den betreffenden Artikel nicht führen würde beziehungsweise der Kundenauftrag abgelehnt worden wäre.

BEISPIEL

Kunden der Hoffmann KG sind bereit, für Tischdecken der Marke „Exclusiv" höchstens 23,00 € je Tischdecke zu zahlen.
Die Hoffmann KG kann diese Tischdecken zu einem Bareinkaufspreis je Stück von 20,00 € beziehen. Die Bezugskosten je Stück betragen 2,00 €, die variablen Handlungskosten (Manipulationskosten des Artikels) 0,50 € je Tischdecke.
Ermittlung der Preisuntergrenze:

Bareinkaufspreis	20,00 €
+ Bezugskosten	2,00 €
= Bezugspreis (Einstandspreis)	22,00 €
+ variable Handlungskosten	0,50 €
= Preisuntergrenze	22,50 €

Die Preisuntergrenze für die Tischdecke der Marke „Exclusiv" beträgt 22,50 €. Ein der Preisuntergrenze entsprechender Verkaufspreis deckt sämtliche durch diesen Artikel entstandenen variablen Kosten ab.

Der Verkauf der Tischdecken lohnt sich für die Hoffmann KG, da der Verkaufspreis von 23,00 € über der ermittelten Preisuntergrenze von 22,50 € liegt. Er deckt nicht nur die variablen Kosten des Artikels, sondern leistet darüber hinaus einen positiven Deckungsbeitrag von 0,50 € je verkauftem Stück zur Deckung der fixen Kosten der Hoffmann KG.

Ermittlung des Break-even-Points

Der Break-even-Point gibt an, ab welcher Absatzmenge *alle* Kosten (also sowohl die fixen als auch die variablen Kosten) durch die Umsatzerlöse gedeckt sind. Ermittelt wird somit, ab welcher verkauften Stückzahl das Unternehmen die Gewinnschwelle erreicht.

BEISPIEL

Die Hoffmann KG produziert einen Wintermantel mit variablen Kosten in Höhe von 96,00 € pro Stück. Es fallen in einer Periode insgesamt 48.000,00 € fixe Kosten an. Carolin Saager soll ermitteln, welche Stückzahl bei einem Verkaufspreis von 144,00 € verkauft werden muss, um die Gewinnschwelle zu erreichen.

Carolin Saager ermittelt zunächst den Deckungsbeitrag pro Stück:

Nettolistenverkaufspreis pro Stück	144,00 €
– variable Kosten pro Stück	96,00 €
= Deckungsbeitrag pro Stück	48,00 €

Mit dem Deckungsbeitrag pro Stück kann sie nun den Break-even-Pont berechnen:

$$\text{Break-even-Point} = \frac{\text{Fixkosten}}{\text{Deckungsbeitrag/Stück}} \cdot 100$$

$$\frac{48.000,00\ €}{48,00\ €} = 1000\ \text{Stück}$$

Ab einer Menge von 1000 Stück erreicht die Hoffmann KG also die Gewinnschwelle.

Vergleich von Vollkostenrechnung und Teilkostenrechnung		
Fall:	Bei der Produktion von Laufsocken fallen 400,00 € fixe Kosten an. Die variablen Kosten betragen 3,30 € je Paar. Produziert werden 600 Paar.	
Art der Kostenträgerrechnung:	Vollkostenrechnung	Teilkostenrechnung
Berechnung:	Einzelkosten (variabel) 3,30 € + Gemeinkosten (fix) 0,66 € (400,00 €/600 Paar) Vollkosten pro Paar 3,96 €	Einzelkosten (variabel) 3,30 €
Ergebnis:	Die Selbstkosten eines Paars Laufsocken betragen 3,96 €.	Die Teilkosten pro Paar betragen 3,30 €.
Zielsetzung:	Kalkulation der Verkaufspreise	Unterstützung betriebswirtschaftlicher Entscheidungen
Fazit:	Im Rahmen der Kalkulation muss der Verkaufspreis pro Paar höher als 3,96 € angesetzt werden, um einen Gewinn pro Paar erzielen zu können.	Soll beispielsweise geprüft werden, ob ein Auftrag der Ambiente Warenhaus AG über 200 Stück zu einem Verkaufspreis in Höhe von 5,00 € pro Paar angenommen werden sollte, wird der Deckungsbeitrag berechnet: Nettoverkaufspreis 5,00 € – Gesamte variable Kosten 3,30 € = Deckungsbeitrag 1,70 € Als Deckungsbeitrag ergibt sich 1,70 € pro Paar. Würde der Auftrag angenommen, beträgt der Deckungsbeitrag für den gesamten Auftrag 340,00 € (200 Paar · 1,70 €).

AUFGABEN

1. Was ist Aufgabe der Kostenträgerrechnung?
2. Führen Sie die drei Phasen auf, innerhalb derer die Kostenträgerrechnung angewandt wird.
3. Wodurch unterscheidet sich die Vollkostenrechnung von der Teilkostenrechnung?
4. Erläutern Sie die Begriffe
   a) Herstellkosten,
   b) Selbstkosten.
5. Was ist ein Deckungsbeitrag?
6. Aus welchen Bestandteilen setzen sich die variablen Kosten zusammen?
7. Welcher Zusammenhang besteht zwischen Deckungsbeiträgen und dem Betriebserfolg?
8. Wo liegt die kurzfristige Preisuntergrenze für einen Artikel des Sortiments?
9. Was versteht man unter dem Break-even-Point?
10. Dominik Schlote hat als Fixkosten für eine Warengruppe 70.500,00 € und als Deckungsbeitrag pro Periode 108.700,00 € ermittelt.

    Berechnen Sie den Betrag, mit dem diese Warengruppe am Betriebsergebnis beteiligt ist.

10.4 WIR ARBEITEN MIT DER KOSTENTRÄGERRECHNUNG

AKTIONEN

1. Die Hoffmann KG produziert pro Monat 900 Stück Anzüge. Dabei werden ein Rohstoff und zwei Hilfsstoffe mit folgenden Bezugspreisen verwendet:
   - 90,00 €
   - 6,00 €
   - 2,00 €.

   An weiteren Einzelkosten wurde ermittelt:
   Der Lohn der für die Zeit zur Erstellung eines Anzugs bezahlt wird, beträgt 48,00 €.
   Aus der Kostenstellenrechnung bekommt Carolin Saager die folgenden Werte:
   - Materialgemeinkostensatz 30 %
   - Fertigungsgemeinkostensatz 25 %
   - Verwaltungsgemeinkostensatz 15 %
   - Vertriebsgemeinkostensatz 25 %.

   Ermitteln Sie mithilfe des Kalkulationsschemas zur Bestimmung der Selbstkosten die Selbstkosten dieses Artikels.
   Überprüfen Sie, ob bei einem Verkaufspreis von 400,00 € ein Gewinn pro Stück erzielt wird.
   Ermitteln Sie ggf. den Gesamtgewinn.

2. Die Hoffmann KG produziert pro Monat 1 400 Mützen. Dabei werden ein Rohstoff und ein Hilfsstoff verwendet. Diese haben folgende Bezugspreise:
   - 6,10 €
   - 0,80 €

   An weiteren Einzelkosten wurde ermittelt:
   Der Lohn, der für die Zeit zur Erstellung einer Mütze bezahlt wird, beträgt 3,80 €.
   Aus der Kostenstellenrechnung bekommt Carolin Saager die folgenden Werte:
   - Materialgemeinkostensatz 15 %
   - Fertigungsgemeinkostensatz 35 %
   - Verwaltungsgemeinkostensatz 15 %
   - Vertriebsgemeinkostensatz 20 %.

   Ermitteln Sie mithilfe des Kalkulationsschemas zur Bestimmung der Selbstkosten die Selbstkosten dieses Artikels.
   Überprüfen Sie, ob bei einem Verkaufspreis von 18,00 € ein Gewinn pro Stück erzielt wird.
   Ermitteln Sie ggf. den Gesamtgewinn.

3. Die Hoffmann KG will Jeans „Benzol 201" und Jeans „Petrol 102" als Sonderangebote im Rahmen einer Verkaufsförderungsaktion anbieten. Die Hoffmann KG kalkuliert mit folgenden Daten:

	Benzol 201	Petrol 102
Listeneinkaufspreis	120,00 €	110,00 €
Lieferrabatt	40 %	50 %
Liefererskonto	3 %	2 %
Bezugskosten	2,00 €	2,00 €
variable Handlungskosten	5,00 €	4,00 €

   Ermitteln Sie die Preisuntergrenzen für die Jeans „Benzol 201" und die Jeans „Petrol 102".

4. Ein Unternehmen führt folgende Artikel:

Artikel	1	2	3	4
Absatz (Stück)	4 000	2 000	8 000	5 000
Nettoverkaufspreis (€)	100,00	120,00	70,00	80,00
Variable Handlungskosten je Stück (€)	40,00	100,00	30,00	50,00

   Das Unternehmen gewährt seinen Kunden auf alle Erzeugnisse 3 % Skonto und 5 % Rabatt.

   Ermitteln Sie die Deckungsbeiträge je Artikel und die Summe der Deckungsbeiträge.

5. Zur Verbesserung des Betriebsergebnisses will der Unternehmer das Sortiment verändern. Welche Sortimentsveränderung empfehlen Sie?

6. Die Hoffmann KG produziert einen Anorak mit variablen Kosten in Höhe von 72,00 € pro Stück. Es fallen in einer Periode insgesamt 54.000,00 € fixe Kosten an.

   Ermitteln Sie, welche Stückzahl bei einem Verkaufspreis von 230,00 € verkauft werden muss, um die Gewinnschwelle zu erreichen.

7. Entwickeln Sie ein Excel-Arbeitsblatt zur Ermittlung der Deckungsbeiträge der Artikel einer Artikelgruppe, die Ihr Ausbildungsbetrieb in seinem Sortiment führt.

8. Die Sanitärhandlung Becker OHG führt in ihrem Sortiment drei verschiedene Waschtischarmaturen:

Armatur	Umsatzerlöse	Variable Kosten
WA123	70.000,00	63.000,00
WA264	80.000,00	59.000,00
WA186	90.000,00	92.000,00

Welche Sortimentsveränderung sollte die Sanitärhandlung Becker OHG durchführen, um das Betriebsergebnis zu verbessern?

9. Katarzyna Lindemann bekommt den Auftrag, erstmals im Rahmen einer Vorkalkulation die Selbstkosten eines neuen Artikels der Hoffmann KG, der neu gefertigt wird, vorzunehmen. Aus der Kostenarten- und Kostenstellenrechnung stellt sie sich die folgenden Daten für die geplante Absatzmenge zusammen:

Materialkosten:	120.000,00 €
Materialgemeinkosten:	60.000,00 €
Fertigungsentgelte:	400.000,00 €
Fertigungsgemeinkosten:	120.000,00 €
Verwaltungsgemeinkosten:	40.000,00 €
Vertriebsgemeinkosten:	140.000,00 €

Pro Stück des Artikels fallen 600,00 € Materialkosten und 400,00 € Fertigungsentgelte an.
   a) Ermitteln Sie den Materialkostenzuschlag und den Fertigungsgemeinkostenzuschlag
   b) Berechnen Sie die Herstellkosten
   c) Ermitteln Sie die Höhe des Verwaltungsgemeinkostenzuschlagssatzes und des Vertriebsgemeinkostensatzes.
   d) Berechnen Sie die Selbstkosten pro Stück.

10. Ein anderer Artikel soll von Dominik Schlote kalkuliert werden. Zur Ermittlung der Selbstkosten verwendet er die folgenden Daten:

Materialkosten	40.000,00 €
Materialgemeinkosten	5.000,00 €
Fertigungsentgelte	150.000,00 €
Fertigungsgemeinkosten	40.000,00 €
Verwaltungsgemeinkosten	30.000,00 €
Vertriebsgemeinkosten	24.000,00 €

Pro Stück des Artikels fallen 72,00 € Materialkosten und 80,00 € Fertigungsentgelte an.

11. Sie bekommen den Auftrag, den Deckungsbeitrag für einen Anzug zu ermitteln. Es liegen folgende Daten vor:

Variable Handlungskosten	100,00 €
Bezugspreis	615,00 €
Barverkaufspreis	1.200,00 €

12. Dominik Schlote bearbeitet gerade die Warengruppe Luxus-Sakkos. Aus dem ERP-System hat er sich die folgende Liste ausgedruckt:

	Hoss	Uno
Einkaufsmenge in Stück	550	320
Bezugspreis in €/Stück	780,00	700,00
Absatzmenge in Stück	530	310
Barverkaufspreis in €/Stück	1.020,00	980,00
Deckungsbeitrag in €/Stück	210,00	225,00

Ermitteln Sie die variablen Kosten des Produkts von Hoss.
Berechnen Sie für den Artikel von Uno die Preisuntergrenze.

13. Dominik Schlote hat folgende Informationen über eine Warengruppe, in der pro Periode 6 000 Stück abgesetzt werden:

Umsatzerlöse:	1.260.000,00 €
Wareneinsatz:	480.000,00 €
Variable Handlungskosten:	140.000,00 €

   a) Ermitteln Sie den Nettoverkaufspreis pro Stück.
   b) Berechnen Sie die variablen Kosten je Stück.
   c) Ermitteln Sie den Deckungsbeitrag pro Stück.
   d) Geben Sie an, wo die kurzfristige Preisuntergrenze pro Stück liegt.

10.4 WIR ARBEITEN MIT DER KOSTENTRÄGERRECHNUNG

ZUSAMMENFASSUNG

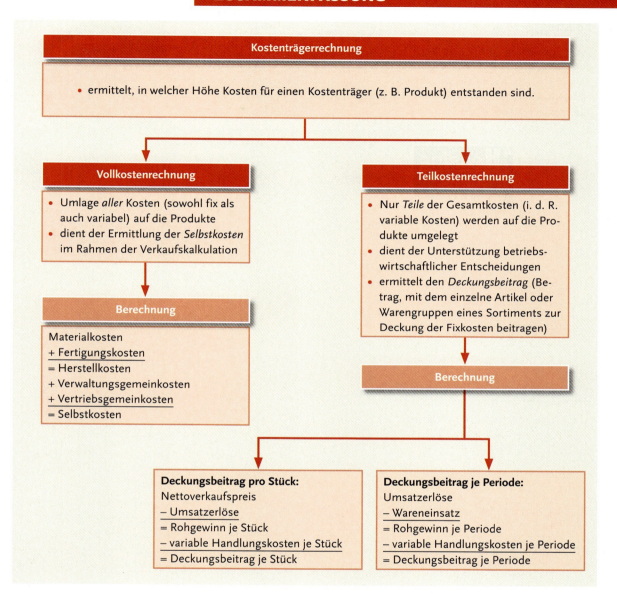

10.5 Wir kalkulieren Preise

Einstieg

Die Hoffmann KG hat von der Hessing GmbH Hemden der Marke „Active Clothes" angeboten bekommen. Es ist nun fraglich, ob sie das Angebot dieses namhaften Herstellers annimmt und die Hemden in die Produktpalette aufnimmt oder nicht.

Frau Zahn aus der Verkaufsabteilung beauftragt Dominik Schlote damit, den Bruttoverkaufspreis der Hemden zu kalkulieren, um dann eine Entscheidung über das weitere Vorgehen zu treffen.

Hessing GmbH | Sickingerstr. 9 | 01309 Leipzig

Hoffmann KG
Bergener Str. 6 a
30625 Hannover

Kundennr.: 00102

Sachbearbeiter/-in: MME
Telefon: 0351 – 47 512
Telefax: 0351 – 47 501
E-Mail: mandymeier@hessing.de

Angebots Nr.: 221 - ..
Rechnungsdatum: 17.04.20..

Angebot

Pos.	Artikel-Nr.	Artikelbezeichnung	Menge und Einheit	Einzelpreis	Gesamtpreis
1	900612450	Herrenhemd „Active Clothes" diverse Farben und Größen	400 St.	45,36 €	18.144,00 €
Gesamtpreis					18.144,00 €
Rabatt				10 %	1.814,40 €
Warenwert					16.329,60 €
Umsatzsteuer				19 %	3.102,62 €
Gesamtbetrag					19.432,22 €

Bei Zahlung innerhalb von 7 Tagen gewähren wir 2 % Skonto.

1. Erläutern Sie, warum es überhaupt sinnvoll ist, den Bruttoverkaufspreis auf der Basis des vorliegenden Angebots zu ermitteln.

2. Geben Sie an, welche Aspekte bei der Ermittlung des Bruttoverkaufspreises berücksichtigt werden müssen.

10.5 WIR KALKULIEREN PREISE

INFORMATIONEN

Gewinn als Ziel der Preiskalkulation

Das Hauptziel der unternehmerischen Tätigkeit ist die Erwirtschaftung von Gewinn durch die ausgeübten Handlungen. Damit ein Unternehmen durch den Verkauf von Handelswaren Gewinn erwirtschaften kann, ist es notwendig, dass die Verkaufspreise so kalkuliert werden, dass (der gewünschte) Gewinn erwirtschaftet wird.

Hierfür muss der Unternehmer zunächst berechnen, wie hoch die Kosten sind, die das Produkt bei ihm bis zum Verkauf verursacht. Diesen Betrag nennt man Selbstkosten. Auf diese Selbstkosten wird dann der Gewinn aufgeschlagen.

BEISPIEL 1

Die Hoffmann KG möchte mit Herrenhemden der Marke „Active Clothes" einen Gewinn von 50 % erzielen. Die Selbstkosten betragen 51,00 € pro Hemd.
Gewinnzuschlag: 51,00 € · 50 : 100 = 25,50 €
Der Verkaufspreis muss also 51,00 € + 25,50 € = 76,50 € zzgl. 19 % Umsatzsteuer betragen.

Da sich der Absatz jedoch nicht nur durch das Angebot, sondern auch durch die Nachfrage bestimmt, ist der Preis so zu kalkulieren, dass er auf dem Absatzmarkt konkurrenzfähig ist.

BEISPIEL 2

Die Hoffmann KG möchte die Herrenhemden der Marke „Active Clothes" für 76,50 € netto verkaufen. Die Konkurrenz bietet derartige Hemden für Preise zwischen 73,00 € (im Angebot) und 80,00 € netto an. Der Preis für die Hemden erscheint somit konkurrenzfähig.

Somit kann ein Unternehmen also nicht einfach bei jedem Artikel einen beliebig hohen Gewinnzuschlag einkalkulieren. Vielmehr muss für jede Produktgruppe und wenn möglich sogar für jedes einzelne Produkt ein individueller Verkaufspreis kalkuliert werden.

BEISPIEL 3

Die Konkurrenz bietet derartige Hemden von „Active Clothes" (siehe obige Beispiele) für Preise zwischen 70,00 € (im Angebot) und 75,00 € netto an.
Der Preis für die Hemden erscheint nicht konkurrenzfähig.

Die Verkaufspreiskalkulation ist insbesondere bei der Einführung neuer Produkte wichtig. Wenn sich der Verkauf nicht in der gewünschten Weise rentiert, dann sollte das Produkt eventuell gar nicht eingekauft und angeboten werden.

BEISPIEL 4

Die Hoffmann KG muss entscheiden, ob sie die Hemden trotzdem für 76,50 € netto verkaufen will, oder ob sie für diese Produkte einen geringeren Gewinnzuschlag einplant, um zu konkurrenzfähigen Preisen anbieten zu können.

Nachdem der Gewinn aufgeschlagen wurde, muss der Unternehmer weitere Faktoren beachten, die den Verkaufspreis beeinflussen (z. B. Rabatt, Skonto, Umsatzsteuer). Ebenfalls sind die Selbstkosten nicht – wie in den bisherigen Beispielen – vorgegeben, sondern müssen vom Unternehmer errechnet werden. Die Kalkulation des Verkaufspreises einer Ware kann somit in der Praxis nicht so einfach erfolgen, wie dies in den vorangegangenen Beispielen erfolgt ist.

Bei der Preiskalkulation von Handelswaren sind folgende Fälle zu unterscheiden, die im Folgenden näher betrachtet werden:
1. Vorwärtskalkulation (zur Ermittlung des Verkaufspreises)
2. Rückwärtskalkulation (zur Ermittlung des maximalen Einkaufspreises)
3. Differenzkalkulation (zur Ermittlung des verbleibenden Gewinns)

Vorwärtskalkulation bei Handelswaren

Ein Handelsbetrieb kalkuliert in der Regel seinen Verkaufspreis, indem er vom Bezugspreis ausgehend alle Kosten und einen Gewinnaufschlag sowie eventuelle Rabatte und Skonti und die Umsatzsteuer einbezieht. Doch auch der Bezugspreis muss zunächst ermittelt werden.

Vom Listeneinkaufspreis zum Bareinkaufspreis

Die Kalkulation geht vom Listeneinkaufspreis, einem Nettowert, aus. Von dem Listeneinkaufspreis zieht der Händler die ihm gewährten **Rabatte** sowie eventuell mögliche **Skontobeträge** ab. Das Ergebnis wird als Bareinkaufspreis bezeichnet (Zwischenergebnis nach Abzug des Liefererrabatts = Zieleinkaufspreis).

Vom Bareinkaufspreis zum Bezugspreis

Vom Bareinkaufspreis ausgehend schlägt der Händler seine **Bezugskosten** (z. B. Transportkosten, Auslagen, Zölle oder Transportversicherung) auf. Es ergibt sich der Bezugspreis der Ware. Die Bezugskosten können als Prozentsatz oder auch als tatsächliche Kosten in Euro angegeben werden

Vom Bezugspreis zu den Selbstkosten

Auf den Bezugspreis werden die anteiligen **Handlungskosten** (z. B. Mitarbeiterlöhne, Lagerkosten, Werbekosten etc.) für das Produkt aufgeschlagen. Es ergeben sich die Selbstkosten.

Von den Selbstkosten zum Barverkaufspreis

Auf die Selbstkosten wird der geplante **Gewinn** aufgeschlagen, um den Barverkaufspreis zu ermitteln.

Vom Barverkaufspreis zum Zielverkaufspreis

Da der Unternehmer damit rechnen muss, dass auch seine Kunden einen Skontoabzug einfordern und dass er diesen gewähren wird, muss er auch den Betrag des Kundenskonto aufschlagen. Es ergibt sich der **Zielverkaufspreis**.

Vom Zielverkaufspreis zum Listenverkaufspreis

Verschiedenen Kundengruppen wird der Unternehmer Rabatt oder Skonto gewähren. Damit dies nicht zulasten des geplanten Gewinns geht, muss der Unternehmer auch diesen **Kundenrabatt** hinzurechnen, um einen gut kalkulierten Listenverkaufspreis als Ergebnis zu erhalten.

Vom Listenverkaufspreis zum Bruttoverkaufspreis

Auf den Listenverkaufspreis wird dann selbstverständlich noch die **Umsatzsteuer** mit dem korrekten Steuersatz aufgeschlagen um den tatsächlichen Bruttoverkaufspreis zu erhalten.

Soweit die Abnehmer Unternehmer sind, haben diese in der Regel die Möglichkeit des Vorsteuerabzugs und werden wirtschaftlich nicht mit der Umsatzsteuer belastet. Daher ist für diese Kundengruppen der Listenverkaufspreis wichtig. Die Kalkulation ist dann mit der Ermittlung des Listenverkaufspreises beendet. (Im weiteren Verlauf wird die Kalkulation bis zum Listenverkaufspreis vorgenommen, also ohne die Umsatzsteuer.)

Bei den einzelnen Rechenschritten handelt es sich in der Vorwärtskalkulation lediglich um Prozentrechnungen mit dem einfachen beziehungsweise dem verminderten Grundwert.

In einem Schema sieht die Vorwärtskalkulation mit Rechenschritten wie folgt aus:

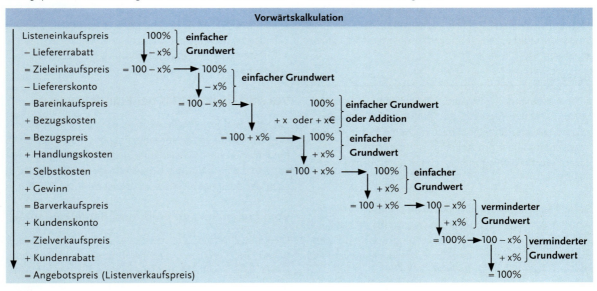

Die Berechnungen erfolgen in den ersten fünf Schritten mit dem einfachen Grundwert. Es kann eine einfache Prozentrechnung durchgeführt werden, z. B.

$$\text{Liefererrabatt} = \frac{\text{Listeneinkaufspreis}}{100} \cdot x$$

oder

$$\text{Gewinn} = \frac{\text{Selbstkosten}}{100} \cdot x$$

Da Kunden ihren Rabatt und ihr Skonto vom Rechnungsbetrag abziehen, muss hier mit einem verminderten Grundwert gerechnet werden. Das heißt, es kann nicht einfach durch 100 geteilt werden, sondern die 100 müssen zuvor um den Rabatt- bzw. Skontosatz gemindert werden, z. B.

$$\text{Kundenrabatt} = \frac{\text{Zielverkaufspreis}}{(100 - x)} \cdot x$$

Alle Zwischenergebnisse im Rahmen der Kalkulationsverfahren werden kaufmännisch auf zwei Nachkommastellen gerundet.

10.5 WIR KALKULIEREN PREISE

BEISPIEL 5

Die Hemden der Marke „Active Clothes" hat die Hoffmann KG mit 2 % Skonto gezahlt. Für die Hemden rechnet sie mit 2,50 € Bezugskosten und einem Handlungskostenzuschlag in Höhe von 20 % auf den Bezugspreis für die Produktgruppe. Sie gewährt ihren Kunden ihrerseits 2 % Skonto und 5 % Rabatt, die in die Verkaufspreiskalkulation einfließen müssen.

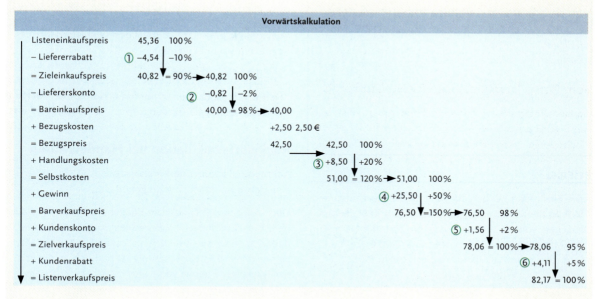

Berechnungen.

1. Lieferrabatt = $\dfrac{45,36 \, €}{100} \cdot 10 = 4,45 \, €$

2. Lieferskonto = $\dfrac{40,82 \, €}{100} \cdot 2 = 0,82 \, €$

3. Handlungskosten = $\dfrac{42,50 \, €}{100} \cdot 20 = 8,50 \, €$

4. Gewinn = $\dfrac{51,00 \, €}{100} \cdot 50 = 25,50 \, €$

5. Kundenskonto = $\dfrac{76,50 \, €}{100 - 5} \cdot 2 = 1,56 \, €$

6. Kundenrabatt = $\dfrac{78,06 \, €}{100 - 5} \cdot 5 = 4,11 \, €$

Vereinfachte Vorwärtskalkulation mit Kalkulationszuschlag und -faktor

In der Praxis ist es sehr aufwendig, wenn die Vorwärtskalkulation für die Berechnung des Verkaufspreises jedes einzelnen Produkts durchgeführt werden muss. Aus Vereinfachungsgründen kann man mithilfe des Kalkulationszuschlages einen einheitlichen Zuschlag für Handlungskosten, Gewinn, Kundenskonto und -rabatt ermitteln und diesen auf alle Waren des gesamten Sortiments oder z. B. einer Warengruppe anwenden.

Ermittlung des Kalkulationszuschlags

FORMEL

Kalkulationszuschlag in % = $\dfrac{(\text{Listenverkaufspreis} - \text{Bezugspreis}) \cdot 100}{\text{Listenverkaufspreis}}$

BEISPIEL

Der Kalkulationszuschlag für die Hemden der Marke „Active Clothes" ermittelt sich wie folgt:

Kalkulationszuschlag = $\dfrac{(82,17 \, € - 42,50 \, €) \cdot 100}{42,50 \, €} = 93,34 \, \%$

Preisberechnung mit dem Kalkulationszuschlag

Die Anwendung des ermittelten Kalkulationszuschlags erfolgt dadurch, dass zunächst der Bezugspreis ermittelt wird. Auf den Bezugspreis wird dann der Kalkulationszuschlag angewendet. Anschließend werden die beiden Beträge addiert.

Bezugspreis
+ Kalkulationszuschlag
= Listenverkaufspreis

> **FORMEL**
>
> Der Kalkulationszuschlag in Euro berechnet sich hierbei wie folgt:
> Kalkulationszuschlag in € =
> Bezugspreis x Kalkulationszuschlag in %
>
> Der errechnete Kalkulationszuschlag wird dann zum Bezugspreis addiert, um den Listenverkaufspreis zu ermitteln:
> Listenverkaufspreis =
> Bezugspreis + Kalkulationszuschlag in €

> **BEISPIEL**
>
> Die Hoffmann KG berechnet den Listenverkaufspreis für sämtliche Herrenhemden mit einem Kalkulationszuschlag von 90 %. Der Bezugspreis für die Hemden der Marke „Active Clothes" beträgt 42,50 €.
> Ermittlung des Kalkulationszuschlages in Euro:
>
> $$\frac{42,50 \text{ €} \cdot 90}{100} = 38,25 \text{ €}$$
>
> Ermittlung des Listenverkaufspreises:
> Bezugspreis: 42,50 €
> + Kalkulationszuschlag   38,25 €
> Listenverkaufspreis: 80,75 €

Kalkulationsfaktor

Die Ermittlung des Listenverkaufspreises kann durch die Anwendung eines Kalkulationsfaktors noch weiter vereinfacht werden. Hierfür wird der ermittelte Listenverkaufspreis durch den Bezugspreis dividiert.

> **FORMEL**
>
> $$\text{Kalkulationsfaktor} = \frac{\text{Listenverkaufspreis}}{\text{Bezugspreis}}$$

> **BEISPIEL**
>
> Der Kalkulationsfaktor für die Herrenhemden bei der Hoffmann KG ermittelt sich wie folgt:
>
> $$\text{Kalkulationsfaktor} = \frac{80,75 \text{ €}}{42,50 \text{ €}} = 1,9$$
>
> Der Kalkulationsfaktor für Herrenhemden beträgt bei der Hoffmann KG 1,9.

Für weitere Produkte lässt sich dann einfach durch Anwendung des Kalkulationsfaktors auf den Bezugspreis der Produkte der Listenverkaufspreis ermitteln.

> **BEISPIEL**
>
> Es wird ein neues Herrenhemd der Marke „X-Style" eingekauft. Der Bezugspreis beträgt 56,00 €. Der Listenverkaufspreis kann mithilfe des Kalkulationsfaktors einfach berechnet werden:
>
> 56,00 € · 1,9 = 106,40 €
>
> Der Listenverkaufspreis für das Hemd der Marke „X-Style" beträgt 106,40 €.

Rückwärtskalkulation bei Handelswaren

Auf Märkten kann es vorkommen, dass der Verkaufspreis einer Ware marktseitig vorgegeben ist.

Dies kann zum Beispiel daran liegen, dass die Hersteller oder der Staat einen Verkaufspreis vorgeben, aber auch dadurch, dass die Konkurrenzsituation auf dem Markt sehr groß ist. Der Unternehmer ist dadurch an die Preise der Konkurrenz gebunden.
In einem solchen Fall kann der Unternehmer die Verkaufspreise nicht auf der Grundlage eines Angebotspreises kalkulieren. Er muss ausgehend vom Listenverkaufspreis rückwärts kalkulieren, um einen Listeneinkaufspreis zu ermitteln, zu dem er die Ware maximal einkaufen darf, um den marktseitig vorgegebenen Verkaufspreis einzuhalten.

> **BEISPIEL**
>
> Die Konkurrenz bietet die Herrenhemden der Marke „Active Clothes" für 80,00 € an. Wenn bietet die Hoffmann KG zu den aktuellen Konditionen in den Markt einsteigt, kann sie das Hemd nur für 82,17 € anbieten. Die Kunden würden aber bei der Konkurrenz kaufen, da diese die Ware billiger anbietet.
> Aufgrund dieser Problematik beschließt Frau Zahn, dass mit dem Lieferanten über das Angebot verhandelt werden muss. Dominik Schlote soll den maximalen Einkaufspreis berechnen, den die Hoffmann KG zahlen kann, wenn sie das Hemd für 80,00 € anbietet. Alle anderen Konditionen bleiben gleich.

Die Rückwärtskalkulation erfolgt nach demselben Schema wie die Vorwärtskalkulation. Allerdings beginnt man mit den Berechnungen von unten.

10.5 WIR KALKULIEREN PREISE

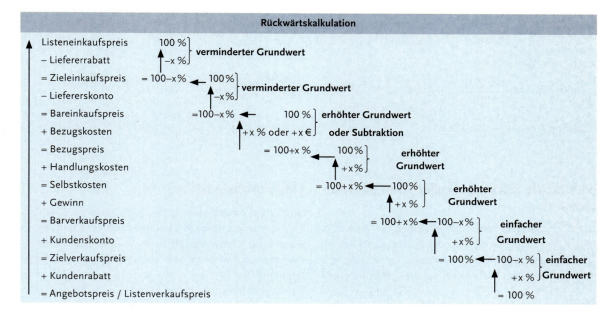

Die Berechnungen erfolgen in den ersten zwei Schritten mit dem einfachen Grundwert. Es kann eine einfache Prozentrechnung durchgeführt werden, z. B.

$$\text{Kundenrabatt} = \frac{\text{Listenverkaufspreis}}{100} \cdot x$$

In den nächsten drei Schritten erfolgt die Berechnung vom erhöhten Grundwert, das heißt man dividiert durch eine Zahl, die größer als 100 ist, z. B.

$$\text{Gewinn} = \frac{\text{Barverkaufspreis}}{(100 + x)} \cdot x$$

In den letzten beiden Rechenschritten wird wieder mit einem verminderten Grundwert gerechnet. Das heißt, man dividiert durch eine Zahl, die kleiner als 100 ist, z. B.

$$\text{Liefererrabatt} = \frac{\text{Zieleinkaufspreis}}{(100 - x)} \cdot x$$

BEISPIEL 6

Wenn die Hoffmann KG die Hemden von „Active Clothes" zu dem vom Markt vorgegebenen Preis von 80,00 € anbieten will, muss Dominik Schlote mithilfe der Rückwärtskalkulation den maximalen Listeneinkaufspreis berechnen, der an die Hessing KG gezahlt werden darf. Die Prozentsätze und die Bezugskosten bleiben unverändert.

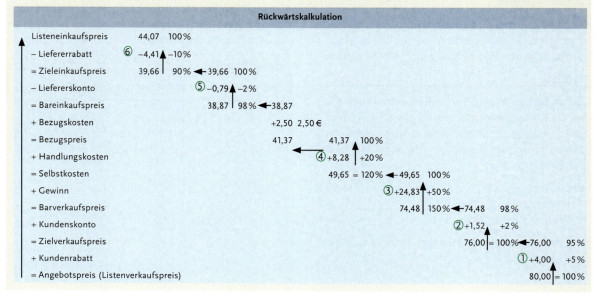

Berechnungen.

1. Kundenrabatt = $\dfrac{80{,}00\ €}{100} \cdot 5 = 4{,}00\ €$

2. Kundenskonto = $\dfrac{76{,}00\ €}{100} \cdot 2 = 1{,}52\ €$

3. Gewinn = $\dfrac{74{,}48\ €}{100 + 50} \cdot 50 = 24{,}83\ €$

4. Handlungskosten = $\dfrac{49{,}65\ €}{100 + 20} \cdot 20 = 8{,}28\ €$

5. Liefererskonto = $\dfrac{38{,}87\ €}{100 - 2} \cdot 2 = 0{,}79\ €$

6. Liefererrabatt = $\dfrac{39{,}66\ €}{100 - 10} \cdot 10 = 4{,}41\ €$

Vereinfachte Rückwärtskalkulation bei Handelswaren

Auch für die Rückwärtskalkulation gibt es ein Verfahren, mit dem die Kalkulation des maximalen Bezugspreises bei einem vorgegebenen Listenverkaufspreis vereinfacht werden kann. Es handelt sich hierbei um die Handelsspanne.

Ermittlung der Handelsspanne

FORMEL

Handelsspanne in % = $\dfrac{\text{Listenverkaufspreis} - \text{Bezugspreis}}{\text{Listenverkaufspreis}} \cdot 100$

BEISPIEL

Die Handelsspanne der Hemden von „Active Clothes" berechnet sich wie folgt:

Handelsspanne = $\dfrac{80{,}00\ € - 41{,}37\ €}{80{,}00\ €} \cdot 100 = 48{,}29\ \%$

Bezugspreisberechnung mit der Handelsspanne

Wenn der Unternehmer die Handelsspanne für eine Warengruppe ermittelt hat, kann er für die übrigen Waren der Warengruppe den Bezugspreis ganz einfach berechnen.

BEISPIEL

Die Hoffmann KG möchte Hemden der Marke „Rütter" in das Sortiment aufnehmen. Der Listenverkaufspreis ist marktseitig mit 65,00 € vorgegeben. Frau Zahn möchte nun wissen, wie hoch der maximale Bezugspreis sein darf.

Listenverkaufspreis:	65,00 €
− Handelsspanne 65,00 € · 0,4829 =	−31,39 €
= maximaler Bezugspreis	33,61 €

Der Bezugspreis für die Hemden der Marke „Rütter" darf maximal 33,61 € betragen.

Differenzkalkulation

Die Differenzkalkulation ist die dritte Form der Kalkulation von Handelswaren. Sie kommt zur Anwendung, wenn sowohl der Listeneinkaufspreis als auch der Listenverkaufspreis auf einem Markt vorgegeben sind. Dem Unternehmer bleibt dann nichts anderes übrig, als sich an die Preisvorgaben zu halten. Er kann mithilfe der Differenzkalkulation ermitteln, ob durch den Verkauf der Ware dennoch ein Gewinn erwirtschaftet werden kann oder ob es sich um ein Verlustgeschäft handelt. Auf der Grundlage des Ergebnisses der Differenzkalkulation kann der Unternehmer dann entscheiden, ob er das Produkt weiterhin in seinem Sortiment führen bzw. es in das Sortiment aufnehmen will oder nicht.

Die Differenzkalkulation ist eine Mischung aus der Vorwärtskalkulation und der Rückwärtskalkulation.

Vom Listeneinkaufspreis ausgehend führt man die Vorwärtskalkulation bis zu den Selbstkosten durch.

Vom Listenverkaufspreis führt man die Rückwärtskalkulation bis zum Barverkaufspreis durch.

Aus der Differenz von Barverkaufspreis und den Selbstkosten ergibt sich der Gewinn oder Verlust in Euro, der mit dem Produkt erwirtschaftet wird.

DEFINITION

Barverkaufspreis − Selbstkosten = Gewinn/Verlust

10.5 WIR KALKULIEREN PREISE

BEISPIEL

Trotz Nachverhandlungen konnte Frau Zahn für die Hemden der Marke „Active Clothes" keinen besseren Angebotspreis mit der Hessing KG aushandeln. Aus diesem Grund bittet Frau Zahn Dominik Schlote um die Überprüfung, ob trotz des vorhandenen Angebots und der Preisvorgabe von 80,00 € bei sonst gleichen Konditionen ein Gewinn mit den Hemden erwirtschaftet werden kann. Frau Zahn möchte die Hemden der Trendmarke unbedingt in das Sortiment aufnehmen.

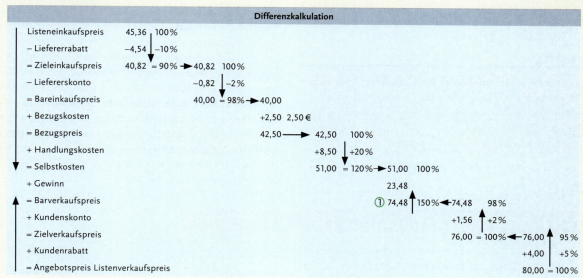

Berechnungen:

1. Gewinn = Barverkaufspreis − Selbstkosten
   74,48 € − 51,00 € = 23,48 €

2. Gewinn in Prozent

$$\frac{74{,}48\ \text{€}}{51{,}00\ \text{€}} - 1 = 46{,}04\ \%$$

Mit den Hemden der Marke „Active Clothes" wird trotz der vorgegebenen Listeneinkaufs- und Listenverkaufspreises ein Gewinn in Höhe von 23,48 € erwirtschaftet. Dies entspricht 46,04 %. Der zu erzielende Gewinn ist geringfügig unter dem Gewinnziel von 50 % (bzw. 25,50 €). Frau Zahn kann nun entscheiden, ob das Produkt in das Sortiment aufgenommen werden soll oder nicht.

Entscheidungskriterien neben dem Gewinn

Ein Unternehmer kann die Entscheidung darüber, ob ein Produkt in das Sortiment aufgenommen werden bzw. im Sortiment verbleiben soll, nicht ausschließlich von dem Ergebnis der Preiskalkulation abhängig machen.

Andere Faktoren spielen bei derartigen Entscheidungen eine Rolle. Als solche kommen zum Beispiel infrage:

- Prestige durch das Anbieten eines bestimmten Produkts

BEISPIEL

Wenn ein Unternehmen exklusiv das neueste Handy eines namhaften Herstellers anbieten kann, dann wird es dies vielleicht auch tun, wenn der Gewinn unterdurchschnittlich ist.

- mögliche Folgeumsätze aufgrund des Verkaufs von Zubehör

10 WERTSCHÖPFUNGSPROZESSE ERFOLGSORIENTIERT STEUERN

BEISPIEL

Dadurch, dass ein Handy exklusiv von einem Unternehmen angeboten wird, wird zumeist auch das Zubehör exklusiv angeboten. Die Zubehörartikel haben möglicherweise eine höhere Gewinnspanne. In Summe ist das Anbieten des Artikels dann vielleicht wieder rentabel.

- Vervollständigung des Warensortiments

BEISPIEL

Von einem Elektrohändler wird erwartet, dass man dort auch noch alte Spiele für Spielkonsolen kaufen kann. Die Spiele werden folglich auch mit einem geringen Gewinn angeboten, um die Kunden weiterhin zu binden und das Ansehen zu waren.

Derartige Gründe können dazu führen, dass der Unternehmer Produkte anbietet, obwohl er mit ihnen keinen oder nur einen geringen Gewinn erzielt.

In der Kalkulation selbst können sich zusätzliche Möglichkeiten ergeben, die den Gewinn des Unternehmers steigen lassen. Indem zum Beispiel nicht alle Kunden den Skontoabzug ausnutzen oder einen Rabatt erhalten, erwirtschaftet der Unternehmer einen höheren Gewinn. Die Preiskalkulation wird jedoch unter Einbezug sämtlicher möglicher Kosten und Risiken vorgenommen. Der Unternehmer kann ein Produkt mit einer geringen Gewinnmöglichkeit anbieten, wenn er sicher ist, dass er die eingekaufte Ware zum kalkulierten Listenverkaufspreis verkaufen wird. Der kalkulierte Gewinn ist sicher, und hinzu können noch zusätzlich Erträge aus nicht genutzten Skonti und Rabatten kommen.

AUFGABEN

1. Führen Sie die Kalkulation des Listenverkaufspreises mithilfe einer verkürzten Vorwärtskalkulation zu den folgenden Produkten und Konditionen durch.

	a) Kinderrad „Pumuckl"	b) Anzug „BC"	c) Unterhemd „Standard"	d) Reparaturset Fahrrad	e) Blazer „NYC"
Bezugs-/Einstandspreis	223,00 €	140,00 €	3,60 €	1,98 €	57,00 €
Handlungskosten	25,0 %	29,0 %	20,0 %	18,0 %	30,0 %
Gewinn	32,0 %	70,0 %	45,0 %	30,0 %	55,0 %
Kundenskonto	1,0 %	2,0 %	2,0 %	1,0 %	2,0 %
Kundenrabatt	7,0 %	12,0 %	10,0 %	8,0 %	10,0 %

2. Führen Sie die Kalkulation des Listenverkaufspreises mithilfe der Vorwärtskalkulation zu den folgenden Produkten und Konditionen durch.

	a) Mountainbike „Sky-Racer"	b) Pullover „Fashionista"	c) Hose „Robbie"	d) Sattel „Old-School"	e) Strumpfhose „Lydia"
Listeneinkaufspreis	500,00 €	42,00 €	50,00 €	12,50 €	0,50 €
Liefererrabatt	10,0 %	15,0 %	7,5 %	5,0 %	7,0 %
Liefererskonto	1,0 %	2,0 %	1,5 %	1,0 %	0,0 %
Bezugskosten	5,00 €	0,60 €	0,5 %	0,20 €	0,05 €
Handlungskosten	25,0 %	30,0 %	40,0 %	20,0 %	10,0 %
Gewinn	20,0 %	75,0 %	60,0 %	30,0 %	60,0 %
Kundenskonto	2,0 %	2,0 %	2,0 %	0,0 %	1,0 %
Kundenrabatt	5,0 %	15,0 %	8,0 %	5,0 %	5,0 %

10.5 WIR KALKULIEREN PREISE

3. a) Ermitteln Sie für die Artikel aus Aufgabe 2 den Kalkulationszuschlag.
   b) Berechnen Sie mithilfe der Kalkulationszuschläge zu den Warengruppen aus Aufgabenteil a) die Verkaufspreise für:
   - das Mountainbike „Chipping" mit einem Bezugspreis von 260,00 €.
   - den Damenpullover „NYC" mit einem Bezugspreis von 27,85 €.
   - den Fahrradsattel „New Age" mit einem Bezugspreis von 15,64 €.
   - die Herrenhose „Steven", Bezugspreis 32,45 €.
   c) Ermitteln Sie für die Waren aus Aufgabe 2 nun die Kalkulationsfaktoren.

4. Die Hoffmann KG will 850 Hemden der Marke „Meyer" mit einem Listeneinkaufspreis von 34,50 € je Hemd einkaufen. Der Hersteller gewährt für gewöhnlich 7,5 % Rabatt und bei schneller Zahlung einen Skontoabzug von 2 %.
   Für die Anlieferung fallen laut Angebot 127,50 € an.
   Die Hoffmann KG kalkuliert in dem Segment mit einem Handlungskostenzuschlag von 20 % und einem Gewinn von 50 %. Ihren Abnehmern gewährt die Hoffmann KG 10 % Rabatt und 1,5 % Skonto. Berechnen Sie den Listenverkaufspreis, den die Hoffmann KG für ein Hemd der Marke „Meyer" mindestens verlangen sollte.

5. Der Hoffmann KG liegt ein Angebot für einen neuen Herrenanzug vor. 400 Anzüge sollen demnach 78.000,00 € netto kosten. Für Zahlung innerhalb von 10 Werktagen erhält die Hoffmann KG 2 % Skonto. Außerdem gewährt der Lieferant 10 % Rabatt. Die Lieferung der Anzüge kostet 250,00 €. Die Transportversicherung beträgt ebenfalls 250,00 €.
   Die Hoffmann KG rechnet in der Produktgruppe mit Handlungskosten von 28 % und einem Gewinnzuschlag von 75 %. Ihren Abnehmern gewährt die Hoffmann KG 12 % Rabatt und 1,5 % Skonto.
   Berechnen Sie den Listenverkaufspreis, den die Hoffmann KG mindestens je Anzug verlangen sollte.

6. Führen Sie die Kalkulation des maximalen Bezugspreises mithilfe einer verkürzten Rückwärtskalkulation zu den folgenden Produkten und Konditionen durch.

	a) Schlafanzug „Deluxe"	b) Fahrradhelm „Secure"	c) T-Shirt „Miami"	d) E-Bike „E-700"	e) Bluse „Business"
Listenverkaufspreis	74,50 €	79,90 €	35,00 €	1.299,00 €	49,95 €
Handlungskosten	30,0 %	23,0 %	30,0 %	23,0 %	22,0 %
Gewinn	69,0 %	27,0 %	75,0 %	47,0 %	72,0 %
Kundenskonto	1,5 %	3,0 %	2,0 %	2,0 %	1,0 %
Kundenrabatt	10,0 %	5,0 %	8,0 %	10,0 %	6,0 %

7. Führen Sie die Kalkulation des maximalen Listeneinkaufspreises mithilfe der Rückwärtskalkulation zu den folgenden Produkten und Konditionen durch.

	a) Trekkingrad „City"	b) Damenmantel	c) Seidenbluse „Maria"	d) E-Bike „E1200"	e) Herrensocken „Basic"
Listenverkaufspreis	420,00 €	350,00 €	120,00 €	1.899,00 €	3,50 €
Liefererrabatt	11,0 %	10,0 %	10,0 %	15,0 %	5,0 %
Liefererskonto	1,0 %	1,5 %	1,0 %	1,5 %	0,0 %
Bezugskosten	4,30 €	1,20 €	0,8 %	5,40 €	0,15 €
Handlungskosten	28,0 %	24,0 %	30,0 %	23,0 %	12,0 %
Gewinn	34,0 %	65,0 %	70,0 %	47,0 %	50,0 %
Kundenskonto	2,0 %	1,0 %	1,5 %	2,0 %	1,0 %
Kundenrabatt	10,0 %	8,0 %	5,0 %	10,0 %	5,0 %

8. In der Hoffmann KG gibt es Überlegungen, die neue Trendmarke „SuperStyle" in das Produktsortiment aufzunehmen. Der Anfang soll mit einem Kapuzenpullover gemacht werden. Der Pullover wird von allen Anbietern am Markt zu einem Listenverkaufspreis von 95,00 € angeboten. Die Hoffmann KG will wissen, zu welchem Preis sie diesen Pullover maximal einkaufen kann, um die Gewinnziele zu erreichen. Üblicherweise gewährt der Hersteller 5 % Rabatt und 2 % Skonto. Die Hoffmann KG gewährt ihren eigenen Kunden wiederum 7 % Rabatt und einen Skontoabzug von 1 %. Die Handlungskosten in dem Produktsegment betragen 30 % und das Gewinnziel 65 %. Die Bezugskosten werden mit 0,4 % berechnet.

9. Die Hoffmann KG bietet seit langer Zeit die Blusen der Marke „Seidenfein" an. Der Hersteller hat nun ein neues Angebot für die Zukunft unterbreitet. Die Konditionen bleiben grundsätzlich unverändert. Der Listeneinkaufspreis wurde um 5,00 € erhöht und beträgt jetzt 44,95 €. Die Hoffmann KG erhält 5 % Rabatt und 2 % Skonto auf den Einkauf. Die Bezugskosten betragen 0,15 € je Bluse. Bei den Blusen wird mit Handlungskosten von 17 % und einem Gewinnzuschlag von 60 % gerechnet. Den Abnehmern werden 5 % Rabatt und 1 % Skonto gewährt.
Neu an dem vorliegenden Angebot ist allerdings, dass der Hersteller verlangt, dass die Blusen zu einem Preis von 75,00 € verkauft werden. Geben Sie eine Empfehlung, ob die Bluse zu den genannten Konditionen im Sortiment bleiben soll.

10. Führen Sie die Kalkulation des Gewinns mithilfe der Differenzkalkulation zu den folgenden Produkten und Konditionen durch.

	a) Sportsocken 5er-Pack	b) Jogginganzug	c) Rennrad „Zabel"	d) Jeans „Evan"	e) Unterhemden 2er-Pack
Listeneinkaufspreis	1,99 €	24,95 €	789,00 €	28,50 €	5,60 €
Liefererrabatt	7,0 %	10,0 %	10,0 %	7,5 %	10,0 %
Liefererskonto	2,0 %	1,5 %	2,0 %	1,0 %	0,0 %
Bezugskosten	0,05 €	1,00 €	0,5 %	0,40 €	0,05 €
Handlungskosten	21,0 %	26,0 %	35,0 %	29,0 %	30,0 %
Kundenskonto	1,5 %	2,0 %	2,0 %	2,0 %	1,0 %
Kundenrabatt	10,0 %	8,0 %	10,0 %	10,0 %	5,0 %
Listenverkaufspreis	3,20 €	40,95 €	1.299,00 €	40,95 €	7,99 €

11. Die Hoffmann KG verkauft die Mützen der Trendmarke „Headster", die bei den Abnehmern aktuell sehr gefragt ist, bisher zu folgenden Konditionen: Kunden wird ein Rabatt von 8 % auf den Listenverkaufspreis von 17,85 € und ein Skontoabzug von 2 % gewährt. Ihrerseits erhält die Hoffmann KG 10 % Rabatt und 1 % Skonto auf den Listeneinkaufspreis von 11,95 €. Die Handlungskosten sind mit 32 % eingepreist und die Bezugskosten betragen pro Mütze 0,05 €. Der Hersteller erhöht den Preis pro Mütze um 2,00 €. Die Konditionen sind nicht verhandelbar.

a) Berechnen Sie den Gewinn der Hoffmann KG für den Ausgangsfall und für die Situation nach der Preiserhöhung.
b) Geben Sie an, ob die Hoffmann KG die Mütze auch nach der Preiserhöhung im Sortiment lassen sollte oder nicht.
c) Überlegen Sie, ob die Hoffmann KG ihrerseits etwas ändern könnte, um mit den Konditionen des Herstellers die Mütze trotzdem mit Gewinn verkaufen zu können.

10.5 WIR KALKULIEREN PREISE

AKTIONEN

1. Informieren Sie sich in Ihrem Ausbildungsbetrieb über die Kalkulation der Preise von Handelswaren.
   a) Beschreiben Sie, wie die Preise für Handelswaren in Ihrem Betrieb ermittelt werden.
   b) Notieren Sie sich die Berechnungsgrundlagen, die für die Kalkulation relevant sind (z. B. Handlungskosten, Gewinnzuschläge, übliche Skonti und Rabatte).
   c) Klären Sie ab, inwieweit Sie die Ergebnisse Ihrer Recherchen öffentlich weitergeben dürfen. Erstellen Sie einen kurzen Überblick über Ihre Ergebnisse zu Aufgabe a) und b) und stellen Sie diesen Überblick der Klasse in geeigneter Form vor.

2. Bilden Sie nach Möglichkeit sechs Gruppen. Entwerfen Sie in Ihrer Gruppe eine Excel-Datei, mit der ein Kalkulationsverfahren (Vorwärts-, Rückwärts- und Differenzkalkulation) durchgeführt werden kann. Jedes Verfahren wird von zwei Gruppen bearbeitet. Das Ziel ist, dass nur die Rahmenbedingungen des Sachverhalts eingegeben werden und die Datei so erstellt wird, dass alle Zwischenergebnisse und das Endergebnis korrekt gerundet dargestellt werden. Speichern Sie Ihre Arbeitsergebnisse regelmäßig, damit die Daten nicht verloren gehen.
   - In der ersten Zeile schreiben Sie zunächst als Überschrift das von Ihnen bearbeitete Kalkulationsverfahren.
   - Schreiben Sie in die erste Spalte die einzelnen Schritte des Kalkulationsschemas.

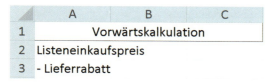

   - Hinterlegen Sie die Eingabefelder in gelber Farbe, damit deutlich wird, wo Werte eingegeben werden müssen, z. B.

   - Formatieren Sie die Spalte B als Prozentwert mit einer Dezimalstelle (Cursor auf Spalte B | rechte Maustaste | Zellen formatieren | Prozent).

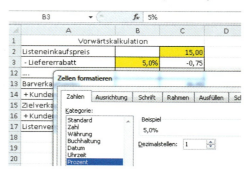

   - Formatieren Sie die Spalte C als Zahlen mit 1000er-Trennzeichen und zwei Dezimalstellen (Cursor auf Spalte C | rechte Maustaste | Zellen formatieren | Zahl).

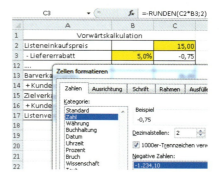

   - Verwenden Sie eine bereits berechnete Aufgabe aus diesem Kapitel zu dem von Ihnen zu bearbeitenden Kalkulationsverfahren und geben Sie Werte aus der Aufgabenstellung in die gelben Felder ein. Füllen Sie nur die gelben Felder.
   - Im nächsten Schritt werden die weißen Felder mit den Formeln zur Berechnung der Werte hinterlegt.

BEISPIEL

Geben Sie in die Zelle C3 die Formel für die Berechnung des Liefererrabatts ein: „=-C2*B3"

Hinweis: Denken Sie jeweils an das korrekte **Vorzeichen**.

- Verwenden Sie die Funktion „**=RUNDEN(Ihre Formel;2)**". Dadurch werden Ihre berechneten Ergebnisse kaufmännisch auf zwei Nachkommastellen gerundet.

	A	B	C
		fx	=-RUNDEN(C2*B3;2)
1	Vorwärtskalkulation		
2	Listeneinkaufspreis		15,00
3	- Liefererrabatt	5,0%	-0,75
4	Zieleinkaufspreis		14,25

- Zum Addieren der beiden Werte gehen Sie im Beispiel auf die Zelle C4 und verwenden die Funktion „**=SUMME(C2:C3)**". Hierdurch bildet das Programm die Summe aus den Zahlen des angegebenen Bereichs, hier aus den Zellen C2 bis C3.

	A	B	C
	C4	fx	=SUMME(C2:C3)
1	Vorwärtskalkulation		
2	Listeneinkaufspreis		15,00
3	- Liefererrabatt	5,0%	-0,75
4	Zieleinkaufspreis		14,25

- Alternativ können Sie auch den Button „Autosumme" verwenden. Bei Verwendung dieser Funktion müssen Sie darauf achten, dass auch die korrekte **Autosumme** gebildet wird. Dies können Sie – bei einem Klick auf die Zelle – in der Eingabezeile (als Funktion) oder mit einem Doppelklick auf die Zelle überprüfen.

Σ AutoSumme

- Achten Sie bei Berechnungen mit dem vermehrten oder verminderten Grundwert entsprechend darauf, dass Sie Ihre Formel anpassen.

BEISPIEL

> Die Berechnung des Kundenskonto ist in der Vorwärtskalkulation eine Rechnung mit dem verminderten Grundwert. Folglich muss die Formel entsprechend angepasst werden. Dies geschieht zum Beispiel wie folgt:

	A	B	C
	C14	fx	=RUNDEN(C13*B14/1-B14;2)
1	Vorwärtskalkulation		
2	Listeneinkaufspreis		15,00
3	- Liefererrabatt	5,0%	-0,75
12	....		
13	Barverkaufspreis		28,00

- Wenn Sie die Excel-Tabelle fertiggestellt haben, überprüfen Sie die Richtigkeit, indem Sie einige Übungsaufgaben eingeben und die Ergebnisse der Excel-Berechnung mit den Ergebnissen aus dem Unterricht vergleichen.
- Bereiten Sie sich darauf vor, dass Sie Ihre Arbeitsergebnisse als Gruppe vor der Klasse präsentieren.

10.5 WIR KALKULIEREN PREISE

ZUSAMMENFASSUNG

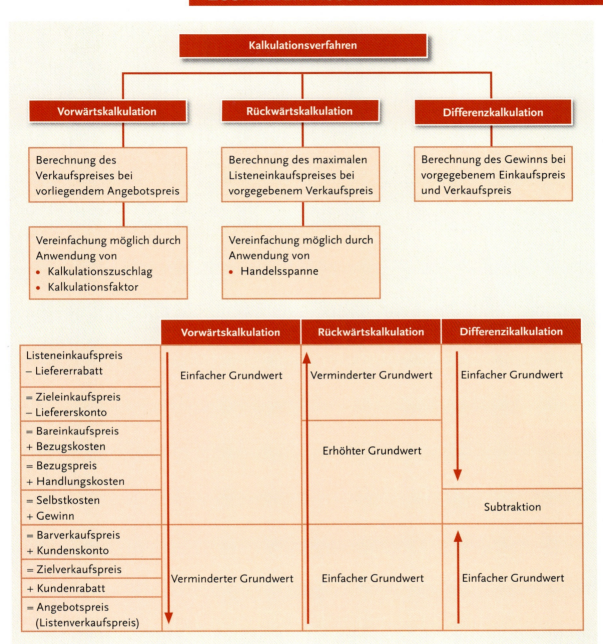

Käufermarkt

Hierarchie Weisungssystem
Wirtschaftlichkeit Prozessmanagement
Netzplan Prozessorientierung
Führungsstil
kritischer Weg
Wertschöpfungskette Qualitätsmanagement
Ereignisgesteuerte Prozesskette
Zertifizierung Visualisierung
ISO 9001

Lernfeld 11

Geschäftsprozesse darstellen und optimieren

11.1 Wir erkennen die Kundenorientierung als wichtigsten Erfolgsfaktor

Einstieg

Carolin Saager liest zufällig in einer Zeitschrift einen Artikel über die Entwicklung der Wirtschaft in der Zeit vom 2. Weltkrieg bis heute. Sie bringt diesen Artikel mit in den Betriebsunterricht.

Vom Nachholkonsum zur Anschaffungskultur

Dirk Schindelbeck

In keinem anderen Jahrzehnt der bundesdeutschen Nachkriegsgeschichte sollte der Unterschied zwischen seinem Anfang und Ende so augenfällig werden wie in den Fünfzigerjahren – sichtbar an Lebensstandard und Konsumniveau, aber auch am Sozialverhalten der Menschen. Dabei hatte es zunächst gar nicht rosig ausgesehen. Bis zur Währungsreform liefen im vom Krieg verwüsteten Deutschland beispielsweise 18 Millionen Frauen strumpflos oder in Lumpen herum. In jedem Bereich des täglichen Lebens herrschte absoluter Mangel an Gütern. Es konnte nur das gekauft und konsumiert werden, was angeboten wurde – und das war sehr wenig.

Dies änderte sich zunächst mit der Währungsreform. Doch es kam noch zu einem großen Rückschlag: Mitte 1950 begann der Koreakrieg und die Rohstoffpreise schnellten auf dem Weltmarkt in die Höhe. Je mehr sich der Koreakonflikt im Winter 1950/51 verschärfte, Angst vor dem Ausbruch eines Dritten Weltkriegs grassierte, desto knapper und teurer wurden viele Waren. Sunlichtseife wurde im Frühjahr wegen Papiermangels schon ohne Verpackung angeboten, und die Frankfurter Illustrierte bemerkte, dass „auf vielen Tischen immer noch ein paar Brote fehlen" und fragte bang: „Werden wir im Winter frieren müssen?" Hauptarbeit des Großhandels in dieser Zeit war die schnelle Verteilung der wenigen produzierten Güter auf die Einzelhandelsunternehmen.

Spätestens im Sommer 1951 war abzusehen, dass die Konfrontation der neuen Großmächte USA und UdSSR (und nun auch China) auf Korea begrenzt bleiben und sich nicht zu einem neuen Welt- oder gar Atomkrieg auswachsen würde. Die bis Ende 1952 reichlich gewährte Marshallplanhilfe (fast 3 Milliarden US-Dollar) konnte nun ganz in den Aufbau der westdeutschen Konsumgüterindustrie fließen. Und so verkehrte sich im Sommer 1951 die KoreaPsychose in den Korea-Boom. Der Wirtschaftsaufschwung begann: Und der Nachholbedarf der Westdeutschen, was ihre Konsummöglichkeiten betraf, war enorm – nach 10 Jahren Kriegsalltag und Nachkriegszeit, Rationierungen, Hungererfahrungen, Lebensmittelkarten.

In der Folgezeit entwickelten sich die Märkte allmählich zu Käufermärkten. Käufermärkte sind Märkte mit einem Angebotsüberhang. Verpasstes wollte nachgeholt werden. Nach dem Kauf des Kühlschranks kam die Waschmaschine, danach der Fernseher, usw.

Der Markt ist mittlerweile in den allermeisten Bereichen gesättigt oder gar übersättigt (Beispiel Flugreisen, Baubranche, Computermarkt). Wird ein solcher Käufermarkt von vielen Anbietern stark umworben, so spricht man von einem Konkurrentenmarkt. Heute haben wir überwiegend solche Märkte. Um auf ihnen erfolgreich bestehen zu können, ist es zusätzlich erforderlich, immer neue Wettbewerbsvorteile zu erarbeiten, ohne dass der Markt bzw. Kunde dies zwingend fordert. Der Druck kommt vom Wettbewerb. Hier muss der Unternehmer sich konzentrieren auf

- Marktanforderungen,
- marktorientierte Gestaltungsinstrumente (Analysemethoden, Werbung),
- Leistungserstellungsprozess,
- Problemlösung,
- Kundennutzen.

Durch den Wandel zum Käufermarkt müssen die Unternehmen die Absatzmärkte erschließen, definieren und bearbeiten. Die Kenntnis über die Bedürfnisse des (potentiellen) Käufers spielt damit heute eine sehr große Rolle im Handel. Immer wichtiger für unternehmerisches Handeln wird die Orientierung an der Kundschaft.

Quelle: Dirk Schindelbeck: Illustrierte Konsumgeschichte der Bundesrepublik Deutschland 1945–1990. Landeszentrale für politische Bildung, Thüringen, Erfurt 2001

---

1. Beschreiben Sie die Rolle der Unternehmen und der dort beschäftigten Arbeitnehmer früher und heute.

2. Begründen Sie, warum heute die Kundenorientierung ein entscheidendes Verkaufsargument von Unternehmen ist.

3. Charakterisieren Sie, welche Merkmale Kundenorientierung ausmachen.

INFORMATIONEN

War das Streben nach Wirtschaftlichkeit schon immer traditionell fest in den Unternehmensphilosophien verankert, setzt sich als Folge des verschärften Wettbewerbs nun auch die **Kundenorientierung** vermehrt im Bewusstsein fest. Dies hat große Auswirkungen auf die Abläufe und Geschäftsprozesse sowie die Organisationsstrukturen im Unternehmen.

Kundenorientierung als Merkmal von Käufermärkten

Direkt nach dem Zweiten Weltkrieg herrschte in der Bundesrepublik eine allgemeine Mangelsituation. Grundbedürfnisse konnten nur mit großen Schwierigkeiten befriedigt werden. Unternehmen und Kunden traten auf einem Verkäufermarkt auf.

Diese Mangelsituationen konnten erst allmählich in den 50er-Jahren während des Wirtschaftsaufschwungs beseitigt werden. Es kam nacheinander zu verschiedenen Kaufwellen, die Grundbedürfnisse befriedigten:
Fresswelle
Bekleidungswelle
Wohnungswelle
Hauswelle
Einrichtungswelle.

In den 60er-Jahren entwickelte sich in Deutschland langsam der Käufermarkt. Die Grundbedürfnisse sind nun befriedigt, durch steigendes Einkommen der Konsumenten entstehen Prestigebedürfnisse. Die Märkte sind zunehmend gesättigt. Hohe Kapazitäten auf Anbieterseite führen zu einer neuen Sichtweise des Marktes: Weg vom Produkt, hin zum Kundenbedürfnis.

Kundenorientierung

Cash&Carry-Kassiererin geht auf Kunden los

Pinneberg (dpa/ap). Eine wütende Kassiererin in einem Pinneberger Cash&Carry-Großhandelsmarkt ist auf Kunden losgegangen. Zum Leidwesen der 28-Jährigen hatten ein 65-Jähriger Kioskbesitzer und seine Frau Waren nicht richtig auf das Kassenlaufband gelegt, teilte die Polizei am Mittwoch mit. Von der Beschäftigten des Großhandelsmarktes deswegen beschimpft, ließ das Paar alles liegen und ging davon. Als Quittung warf ihnen die 28-Jährige eine Dose und einen Blumentopf hinterher und ging dann auf beide los. Die Kundin wurde geschubst, ihr Mann mit Schlägen ins Gesicht und Tritten zwischen die Beine verletzt. Das Paar erstattete Anzeige wegen Körperverletzung.

Leicht geändert nach Hannoversche Allgemeine Zeitung vom 11. April 2002

Die Zeit des Verteilens auf einem Verkäufermarkt ist für Unternehmen lange vorbei. In den letzten Jahrzehnten hat sich aus absatzpolitischer Sicht eine Neuorientierung in der Denkhaltung durchgesetzt. Statt eines Produkts

11.1 WIR ERKENNEN DIE KUNDENORIENTIERUNG ALS WICHTIGSTEN ERFOLGSFAKTOR

und dessen Verteilung wurden zunehmend die Bedürfnisse der aktuellen und potenziellen Kunden in den Mittelpunkt der Betrachtung gestellt. Nur die Anbieter, denen es gelingt, diese Bedürfnisse besser zu befriedigen als die Konkurrenz, können dabei im Wettbewerb dauerhaft bestehen.

Gründe für Kundenabwanderungen

- Tod
- Wegzug
- Änderung der Kaufgewohnheiten
- Preisänderung
- Schlechte Produktqualität
- Schlechte Servicequalität

Mit dem Käufermarkt hat für Unternehmen das Zeitalter der Kundenorientierung begonnen. Kundenzufriedenheit stellt in Zukunft den wesentlichen Faktor des langfristigen Geschäftserfolgs dar. Nur zufriedene Kunden kommen wieder und bezahlen für Produkte auch einen angemessenen Preis.

Wenn der Kunde also den Erfolg eines Unternehmens bestimmt, dann hat nicht er sich auf das Angebot des Unternehmens einzustellen, sondern Mitarbeiter des Unternehmens haben auf den Kunden, seine Fragen und Wünsche einzugehen. Die zentrale Frage, die sich jedes Unternehmen stellen muss, ist: „Was muss ich tun, damit der Konsument bei mir kauft?".

> Einen 20 Jahre alten Videorekorder der Firma Irrdiad mit Funktionsproblemen wollte der Besitzer in Reparatur geben und rief mit diesem Anliegen beim Hersteller an. Sein Gesprächspartner erklärte ihm, dass eine Reparatur nicht durchgeführt werden könne. Und bei einem so alten Geräte mache eine Reparatur doch auch keinen Sinn mehr. Der Kunde gab sich mit dieser für ihn unbefriedigenden Antwort nicht zufrieden und wiederholte seine Bitte. Daraufhin wurde der Ansprechpartner der Firma immer unfreundlicher. Als der Kunde hartnäckig blieb, beschimpfte der Kundenberater ihn schließlich und legte zum Schluss einfach auf.
>
> Was der Gesprächspartner nicht ahnen konnte: Der Kunde hatte das Gespräch aufgezeichnet. Um seinem Ärger Luft zu machen, veröffentliche dieser die Aufnahme im Internet. So konnte jeder hören, wie mit seiner freundlich vorgetragenen Bitte umgegangen worden war. In den nächsten zwei Monaten wurde die Aufnahme von über 4 Millionen Menschen gehört, zwei weitere Monate darauf waren es bereits über 6 Millionen. Es folgten regelrechte Boykotaktionen gegen Produkte der Firma Irrdiad. Ausgelöst durch einen einzigen, unfreundlichen Mitarbeiter.

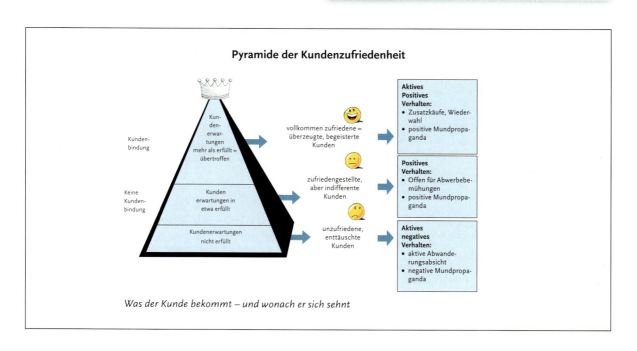

Was der Kunde bekommt – und wonach er sich sehnt

Elemente der Kundenorientierung

Unternehmen erkennen zunehmend die Notwendigkeit der Kundenorientierung. Die Kunden sollen nicht nur über das Sortiment oder die Preisgestaltung, sondern vor allem über ihre Zufriedenheit für das Unternehmen gewonnen (bzw. gehalten) werden.

Es gibt verschiedene Merkmale, durch die die Kundenorientierung eines Unternehmens charakterisiert wird.

Kunden wollen mehr als Produkte .... Sie wollen Lösungen.

Kundenkenntnis
- Wie gut ist die Kenntnis der potenziellen und tatsächlichen Kunden?
- Ist bekannt, welche Wünsche die Kunden haben?

Kundenaktivität
- Laufen Maßnahmen, die direkt der Kundenorientierung dienen?

Kundenzufriedenheit
- Ist bekannt, womit die Kunden zufrieden oder unzufrieden sind?
- Ist das Ausmaß der Kundenzufriedenheit ermittelt?

Kundenfreundlichkeit
- Wird die Kundenfreundlichkeit freiwillig oder gezwungenermaßen nach außen getragen?

Kundenfaszination
- Wird mehr geboten, als der Kunde erwartet?
- Wird Außergewöhnliches geboten?

Hineinversetzen in den Kunden
- Wird versucht zu ermitteln, was der Kunde denkt?

Servicegedanke
- Wird über kundenorientierte Dienstleistungen versucht, einen entscheidenden Mehrwert für das Unternehmen zu schaffen?

Betreuung des Kunden
- Erfolgt eine aufmerksame Kundenpflege, z. B. durch Erinnerung an Jubileen oder Geburtstage von Kunden?

Erfüllung der Kundenanforderung
- Wie gut ist die Kenntnis der potenziellen und tatsächlichen Kunden?
- Sind die Wünsche der Kunden bekannt?

Was ist ein Kunde?
- Ein Kunde ist die wichtigste Persönlichkeit für unsere Firma – egal ob persönlich anwesend oder außerhalb unseres Hauses.
- Ein Kunde ist nicht nur von uns abhängig, sondern wir auch von ihm – das ist nichts Neues, wird aber viel zu wenig beachtet.
- Ein Kunde ist nicht nur die Unterbrechung unserer Arbeit, sondern ihr Zweck.
- Ein Kunde ist ein wesentlicher Teil unseres geschäftlichen Daseins und damit indirekt Teilhaber unserer Firma.
- Ein Kunde ist kein kalter Rechenfaktor, er ist ein Mensch mit Gefühl und Empfindungen, wie auch wir sie haben.
- Ein Kunde ist kein Streitobjekt, an dem man seine Tüchtigkeit beweist. Noch nie gewann man einen Streit mit einem Kunden. Ein Kunde ist ein Partner, der uns seine Wünsche mitteilt. Unsere Aufgabe ist es, diese Wünsche für ihn und für uns zu erfüllen.

11.1 WIR ERKENNEN DIE KUNDENORIENTIERUNG ALS WICHTIGSTEN ERFOLGSFAKTOR

AUFGABEN

1. Was versteht man unter einem Verkäufermarkt?
2. Welche Aufgabe hat ein Unternehmen auf einem Verkäufermarkt?
3. Durch welche Merkmale ist der Käufermarkt gekennzeichnet?
4. Ab wann gibt es in der Bundesrepublik einen Käufermarkt?
5. Warum wird der Käufermarkt für Großhandelsunternehmen immer dynamischer?
6. Entscheiden Sie, ob ein Käufer- oder Verkäufermarkt vorliegt:
   a) Im November 1948 kommt der Großhändler Rudolf Neckernann überraschend in den Besitz von 500 Wintermänteln. Dies spricht sich rasend schnell herum. Angesichts des bevorstehenden kalten dritten Nachkriegswinters werden ihm die Mäntel aus den Händen gerissen. Einzelhändler schauen auch bei anderen Großhändlern vorbei, ob diese zufällig auch irgendwo irgendwelche Waren bekommen haben.
   b) In der Bundesrepublik werden etwa 19 Milliarden € (18,7 Millionen US-$) für Werbung ausgegeben.

AKTIONEN

1. Lesen Sie das Kapitel mithilfe der Methode des aktiven Lesens durch. Erstellen Sie eine Mind-Map, die die wichtigsten Inhalte wiedergibt.

2. Sie erhalten vom bekannten Fernsehmoderator Jörg Sönckens eine Einladung in dessen Talkshow *Talk 4*. Es geht dort um Kundenorientierung im Einzelhandel. Dies ist auch für den Großhandel ein wichtiges Thema.

Einladung

hiermit laden wir Sie als Gast zur nächsten Ausgabe unserer Talkshow Talk 4 am .... ein. Das Thema der Sendung lautet:

Ist der Handel kundenfreundlich?

Wir laden Vertreter aller betroffenen Gruppen ein:
- Wenn Sie Kunde sind, können Sie mal richtig Dampf ablassen: Ärgern Sie sich vielleicht über unfreundliche Verkäufer und schlechten Service in Ihrem Supermarkt? Sie als Kunde haben in der Sendung die Gelegenheit, Ihre positiven und negativen Erfahrungen mit dem Service im Handel vorzutragen.
- Sind Sie Geschäftsführer eines Großhandelsunternehmens, sollen Sie Ihre Sicht zum Service-Problem darstellen.
- Haben Sie als Verkäufer oft Ärger mit meckernden Kunden? Sie haben in der Sendung die Gelegenheit, Ihre Meinung zum Thema Kundenorientierung im Handel vorzutragen

Bei Fragen bezüglich der Sendung setzen Sie sich bitte mit mir in Verbindung.

Mit freundlichen Grüßen
Offener Kanal

a) Bilden Sie sechs Gruppen und bereiten Sie sich in Gruppenarbeit auf die Ihnen zugewiesene Rolle vor.
b) Erarbeiten Sie in Ihrer Gruppe Punkte, über die Sie sich in Ihrer Rolle ärgern. (Sie können dabei gerne auch eigene Erfahrungen z. B. als Kunde oder Verkäufer in die Rolle einbringen.)
c) Überlegen Sie sich mögliche Gegenargumente vonseiten der anderen an der Talkshow Beteiligten und versuchen Sie diese zu entkräften.
d) Schreiben Sie sich die Punkte auf, die Sie in der Talkshow ansprechen wollen. Überlegen Sie sich ein „knackiges" Eingangs-Statement, mit dem Sie die Gegenseite provozieren wollen.

Rollenspielanweisung Kunde 1:
Ein Mitglied Ihrer Gruppe wird in der Talkshow die Rolle eines Kunden/einer Kundin übernehmen. Sie sind ein 28-jähriger gut verdienender Single. Ständig ärgern Sie sich über Unfreundlichkeit und mangelhaften Service im Einzelhandel. Kürzlich waren Sie in den USA im Urlaub und waren begeistert von dem Service, der dort geboten wird.

Rollenspielanweisung Kunde 2
Ein Mitglied Ihrer Gruppe wird in der Talkshow die Rolle eines Kunden/einer Kundin übernehmen. Sie sind Rentner/in. Ständig ärgern Sie sich über Unfreundlichkeit und mangelhaften Service im Einzelhandel. Sie meinen, dass speziell auf die Wünsche älterer Menschen zu wenig Rücksicht genommen wird.

Rollenspielanweisung Verkäufer:
Ein Mitglied Ihrer Gruppe wird in der Talkshow die Rolle eines Verkäufers übernehmen. Sie sind Angestellte/r in einem Supermarkt. Sie werden häufig von Kunden „angemotzt" und können das Gerede über die Servicewüste nicht mehr hören. Sie wollen in der Talkshow klarstellen, dass die Probleme eher beim Kunden liegen und nicht beim Verkäufer.

Rollenspielanweisung Geschäftsführer einer Großhandlung:
Ein Mitglied Ihrer Gruppe wird in der Talkshow die Rolle des Geschäftsführers/der Geschäftsführerin einer Großhandlung übernehmen. Auch Ihre Kunden – die Einzelhandelsunternehmen – erwarten ein kundenorientiertes Verhalten von Ihnen. Sie selbst erwarten dies natürlich auch von Ihren Lieferanten.

Rollenspielanweisung Geschäftsführer:
Ein Mitglied Ihrer Gruppe wird in der Talkshow die Rolle des Geschäftsführers/der Geschäftsführerin eines Supermarkts übernehmen. Sie legen großen Wert auf Freundlichkeit gegenüber Ihren Kunden und wollen so viel Service wie möglich bieten. Oftmals fällt es Ihnen schwer, Ihre Angestellten von der Bedeutung der Kundenfreundlichkeit und des Service zu überzeugen.

Rollenspielanweisung Moderator Jörg Sönckens:
Ein Mitglied Ihrer Gruppe wird in der Talkshow die Rolle des Moderators/der Moderatorin übernehmen. Bereiten Sie in Ihrer Gruppe die Moderation vor. Bearbeiten Sie dazu die folgenden Aufgaben:

- Die Aufgabe des Moderators wird es sein, die Teilnehmer der Talkshow zu begrüßen und das Thema und das Ziel der Sendung vorzustellen. Erarbeiten Sie dazu einige einleitende Worte. Dann bitten Sie die Talkgäste um ein Eingangs-Statement.
- Der Moderator steuert die Diskussion. Überlegen Sie sich Fragen, mit denen Sie die Teilnehmer in die Diskussion einbeziehen können.
- Beachten Sie darüber hinaus bei der Talkshow:
  – Der Moderator selbst hält keine langen Reden, er fasst hin und wieder das Gesagte zusammen.
  – Die Talkshow dauert 15 Minuten! Der Moderator achtet darauf, dass jeder Talkshow-Gast zu Wort kommt und dass alle Gäste die gleiche Redezeit bekommen.
  – Der Moderator sorgt dafür, dass immer nur einer spricht und dass jeder Sprecher ausreden darf.
  – Der Moderator lässt keine persönliche Kritik zu („Sie haben ja keine Ahnung!").

2. Führen Sie die Talkshow durch.

3. Die Gruppenmitglieder, die nicht an der Talkshow teilnehmen, sind das Publikum. Sie können nicht direkt an der Diskussion teilnehmen. Stattdessen sollen sie einen Talkshow-Teilnehmer beobachten. Bei der Beobachtung sollen Sie zum einen darauf achten, welche Argumente die zu beobachtende Person genannt hat. Zum anderen sollen Sie darauf achten, wie sich die Person verhalten hat. Nehmen Sie für Ihre Beobachtungen den Beobachtungsbogen zur Hilfe.

4. Lesen Sie den folgenden Text:

11.1 WIR ERKENNEN DIE KUNDENORIENTIERUNG ALS WICHTIGSTEN ERFOLGSFAKTOR

Kunden- versus Produktorientierung

Im Vordergrund des betriebswirtschaftlichen Denkens stand viele Jahre lang die Angebots- und Produktorientierung. Es ging zunächst darum, überhaupt bestimmte Produkte und Dienstleistungen herzustellen und dann im Markt anzubieten. Bei der Vielzahl von Konkurrenzprodukten, die heutzutage in jedem Markt und jedem Marktsegment angeboten werden, ist diese Orientierung jedoch nicht mehr zeitgemäß. Denn jeder Kunde hat eine nahezu unendliche Auswahl zwischen Produkten, die alle gleiche oder sehr ähnliche Funktionen erfüllen. Dies erlaubt es ihm, wählerisch zu sein: Der Kunde überlegt sich ganz genau, welche Vorteile es für ihn hat, das Produkt von Firma X und nicht dasjenige von Firma Y zu kaufen. Die Marktmacht hat sich also längst vom Verkäufermarkt zum Käufermarkt verschoben. Aus einem Anbieter- und Produktmarkt ist damit ein Kundenmarkt geworden.

Daher ist für die Unternehmen ein Umdenkprozess erforderlich, der die Produkte und Dienstleistungen auf die aktuellen und potenziellen Bedürfnisse des Kunden ausrichtet. Kunden kaufen keine Produkte, sondern einen Nutzen. Diese Binsenweisheit wird noch immer von vielen Unternehmen missachtet [...]

Es gibt vier Trugschlüsse, die Unternehmen gravierend daran hindern, die Kundenorientierung zu verbessern:
1. „Nur Dienstleistungsunternehmen sind in der Lage, Service zu bieten." Diese Aussage beruht auf einer Engführung des Begriffes „Service". Dieser kann nämlich nicht nur eine eigenständige Leistung sein, wie bei einer Dienstleistung, sondern ebenfalls eine Gesamtlösung (Servicepaket) oder eine Ergänzung zu einer Kernleistung (Service als Zusatzleistung).
2. „Es gibt ausschließlich externe Serviceleistungen, keine internen."
3. „Qualität spricht für sich selbst und verkauft sich von alleine." Dies stimmt insoweit nicht, als dass nahezu alle Firmen mit der „Qualität" ihrer Produkte werben und für den Kunden der Qualitätsunterschied zwischen verschiedenen Produkten häufig gar nicht erkennbar ist. Qualität ist nur ein Hygienefaktor, den die Konkurrenz in der Regel auch zu bieten hat.
4. „Service ist kostspielig und rechnet sich nicht." Dies ist einer der schlimmsten Trugschlüsse. Im Rahmen des Kostenmanagements wird häufig Personalabbau betrieben, und dieser wirkt sich besonders verheerend auf den Service aus. Denn nichts ist personalintensiver als der Service. Wer jedoch den Service wegrationalisiert, rationalisiert auch gleich seine Kunden weg!

Diese Überlegungen machen deutlich:
Kundenorientierung bedeutet, das betriebliche Denken und Handeln des gesamten Unternehmens wie auch aller Führungskräfte und Mitarbeiter auf den Kunden auszurichten, sich auf seine Bedürfnisse, Wünsche und Probleme zu konzentrieren.

Quelle: Lothar J. Seiwert: Kundenorientierte Unternehmensstrategie – Wettbewerbsvorteile durch Fokussierung. In: Wolfgang Mewes, Beratergruppe Strategie (Hrsg.): Mit Nischenstrategie zur Marktführerschaft. Zürich, Orell Füssli Verlag, 2001

a) Arbeiten Sie kurz schriftlich die Thesen des Autors heraus (jeweils höchstens ein Satz).

b) Bereiten Sie sich darauf vor, Ihre Meinung (Zustimmung oder Ablehnung) zu den Thesen zu begründen.

11 GESCHÄFTSPROZESSE DARSTELLEN UND OPTIMIEREN

ZUSAMMENFASSUNG

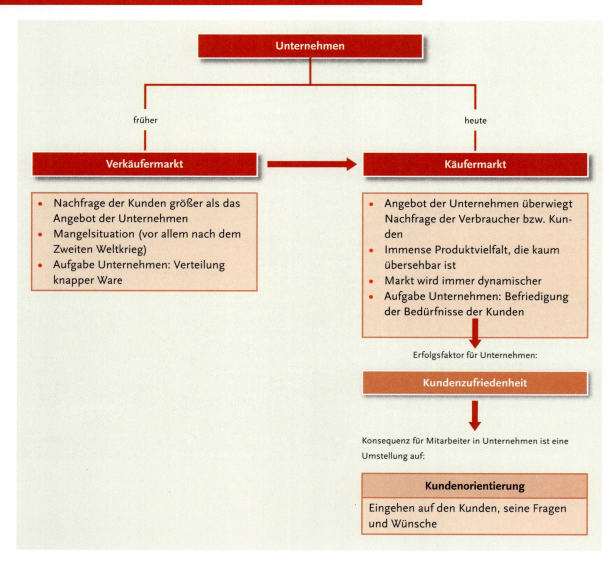

11.2 Wir vollziehen die Organisation des Ausbildungsbetriebs nach

Einstieg

Volkan Karaca durchläuft während seiner Ausbildung verschiedene Abteilungen. Eine Woche ist er auch in der Verkaufsabteilung beschäftigt. Die Abteilung besteht momentan aus fünf Beschäftigten. Volkan Karaca beobachtet folgende Vorfälle:

- Frau Voges muss mehrmals Kunden wegschicken, weil die gewünschten Artikel nur in einer blauen Ausführung, nicht aber in rot vorrätig sind. Die Kunden wollten die Artikel sofort mitnehmen.
- Frau Voges bestellt in Abwesenheit von Frau Zahn insgesamt 50 Artikel in rot.
- Frau Zahn ist ärgerlich und überrascht zugleich. Sie hat kürzlich ebenfalls 10 Artikel in rot bestellt, die eigentlich schon eingetroffen sein müssten. In einem Nebenraum findet sie den Karton mit dieser Ware.
- Frau Voges hat Ärger mit ihrem Kollegen Herrn Weidner. Herr Weidner behauptet, nur er habe Zugang zur Kasse. Frau Voges weiß davon nichts.

1. Erklären Sie, wodurch das schlechte Betriebsklima zustande gekommen ist.
2. Machen Sie Verbesserungsvorschläge.
3. Schauen Sie sich den Gesamtstellenplan der Hoffmann KG im Anhang an.
   a) Stellen Sie in grafischer Form das Weisungssystem der Hoffmann KG dar.
   b) Ermitteln und begründen Sie, welches Weisungssystem bei der Hoffmann KG vorliegt.

INFORMATIONEN

Arten der Organisation

Um kundenorientiert arbeiten zu können, muss ein Unternehmen gut funktionieren. Dies setzt ein reibungsloses Zusammenspiel aller Mitarbeiter und Vorgesetzten voraus. Dazu muss vorher geklärt sein,

- wie die Prozesse innerhalb des Betriebes abzulaufen haben,
- welche Aufgaben der einzelne Mitarbeiter zu erledigen hat und wem gegenüber er dabei unterstellt oder weisungsbefugt ist.

Das Unternehmen benötigt also einen organisatorischen Aufbau.

Jeder Betrieb sollte so organisiert sein, dass die betriebliche Tätigkeit reibungslos und mit dem geringstmöglichen Aufwand durchgeführt werden kann. Daher braucht jedes Unternehmen ein System von generellen und fallweisen Regelungen zur ordnungsgemäßen Erfüllung der Betriebsaufgabe. Durch die Organisation werden der Aufbau des Betriebs und der Ablauf der betrieblichen Tätigkeiten festgelegt.

Es werden für die Betriebsorganisation daher zwei Anwendungsbereiche deutlich:

- die **Aufbauorganisation**
  Sie befasst sich mit der Gliederung und organisatorischen Strukturierung des Betriebs in ein Ordnungssystem von Stellen, Abteilungen und Instanzen sowie deren Beziehung untereinander.

- die **Ablauforganisation**[1]
  Sie versucht, den Arbeitsablauf optimal zu regeln.

- Zur Organisation gehört auch das im Organisationsmodell bzw. in den Abläufen praktizierte **Führungsverhalten**. Es geht dabei um die Art und Weise, wie Vorgesetzte die ihnen unterstellten Mitarbeiter führen, um bei diesen ein zielgerichtetes Arbeitsverhalten zu erreichen.[2]

---
1 siehe Kap. 11.3
2 Vgl. Kap. 11.4

Um organisatorische Regelungen vornehmen zu können, müssen bestimmte Voraussetzungen gegeben sein.

1. **Vorhandensein einer Aufgabe**
   Die Aufgabe ist beispielsweise der Betrieb eines Handelsunternehmens.
2. **Teilbarkeit der Aufgabe**
   Die Gesamtaufgabe muss in Teilaufgaben zerlegt werden können. Dies sind z. B. Einkauf, Lager, Vertrieb und Verwaltung.
3. **Wiederholbarkeit**
   Die Teilaufgaben sollen nicht nur einmal, sondern wiederholt durchgeführt werden.

Die Ziele der Organisation werden durch drei Tätigkeiten erreicht:
- Planung (Sollzustand)
- Durchführung (Realisierung)
- Kontrolle (Stimmt die Planung mit den Ergebnissen der Realisierung überein?)

Der Organisationsaufbau richtet sich nach der Größe des Betriebs.

BEISPIEL

Während in einem Kleinbetrieb der Inhaber sämtliche Aufgaben selbst erfüllt, wird die Organisation in größeren Betrieben wie der Hoffmann KG in mehrere Aufgabenbereiche aufgeteilt.

Aufgabenanalyse

Mithilfe der Aufgabenanalyse wird zunächst einmal der gesamte Aufgabenkomplex des Betriebs untersucht und bis in kleinste Teilaufgaben aufgegliedert. Die Aufgabengliederung kann dabei nach unterschiedlichen Gliederungsprinzipien erfolgen.

BEISPIEL

Die Gliederung kann nach den Arbeitsarten vorgenommen werden (**Verrichtungsprinzip**). Die Aufgabenanalyse beispielsweise eines großen Großhandelsbetriebs sieht wie folgt aus:

Funktionsbereiche	Großaufgaben
Beschaffung	Marktforschung; Sortimentsgestaltung; Feststellung der Bezugsquellen und -wege; Führen der Bezugsquellenkartei; Feststellung der Einkaufsmenge und -zeit; Bestellungserteilung; Führen des Bestellbuches; Überwachung der Liefertermine; Prüfen der Rechnungen; Erledigung von Reklamationen
Lager	Annehmen und Auspacken der Ware (sofern keine eigene Abteilung Warenannahme eingerichtet ist); Verkehr mit den Beförderungsstellen; Wareneingangskontrolle; Einordnen der Waren nach Lagerplan; Führung der Wareneingangs- und Ausgangsbücher bzw. -kartei; Eingangs- und Versandmeldungen an die Abteilungen Einkauf oder Verkauf; Verpackung und Versand der Waren (falls keine eigene Versandabteilung eingerichtet ist); Überwachung und Einsatz des Fuhrparks; Bestandskontrollen und Meldung an die Einkaufsabteilung bei Erreichen des Meldebestands
Verkauf	Aufstellen des Werbeplans; Durchführung der Werbung (Schaufensterdekoration, Ladengestaltung, Inneneinrichtung); Werbeerfolgskontrolle; Verkauf über die verschiedenen Verkaufsabteilungen: Zahlung (Kasse), Warenausgangskontrolle (Packtisch), Warenübergabe (Kassenzettel); Verkaufsaufsicht; Kundendienst; Bearbeitung von Anfragen; Ausführung von Sonderbestellungen; Erledigung von Beanstandungen; Kreditverkäufe; Überwachung der Zahlungseingänge
Rechnungswesen	Buchen der ein- und ausgehenden Belege; Kontrolle der Zahlungsbereitschaft und der Außenstände; periodische Erfolgsermittlung; Verkehr mit den Finanzbehörden (Vorbereitung und Abgabe der Steuererklärungen, Überwachung der Steuertermine); monatliche, vierteljährliche und jährliche Abschlussarbeiten; Aufarbeiten der Unterlagen für die Betriebsabrechnung; Auswertung der Zahlen für die Betriebsstatistik
Verwaltung	eingehende Post in das Posteingangsbuch eintragen, mit lfd. Nummer und Eingangsstempel versehen; Prüfung durch Abteilungsleiter; Bearbeitung des Schriftwechsels und der Rechnungen hinsichtlich ihrer sachlichen und rechnerischen Richtigkeit; wichtige Durchschläge in Umlaufmappen allen zuständigen Sachbearbeitern zur Kenntnis bringen; Schriftgutablage in der Arbeitsplatz- oder Zentralablage; Bearbeitung von Rechts- und Personalfragen; Telefonzentrale

11.2 WIR VOLLZIEHEN DIE ORGANISATION DES AUSBILDUNGSBETRIEBS NACH

Eine Aufgabengliederung kann aber auch nach den Objekten eines Betriebs (z. B. den Artikeln) vorgenommen werden. Hat ein Baumarkt die Abteilungen *Teppiche*, *Tapeten* und *Farben*, so liegt eine Gliederung nach dem **Objektprinzip** zugrunde.

Stellenbildung

Alle ständig wiederkehrenden Teilaufgaben, die eine Person zu erledigen hat, werden anschließend zu einer **Stelle** zusammengefasst.

DEFINITION
Eine Stelle ist der Aufgabenbereich einer Person und entspricht ihrem Arbeitsplatz. Sie ist die kleinste organisatorische Einheit eines Unternehmens.

Die Zahl der Stellen in einem Unternehmen hängt von seiner Größe ab.

Manche Stellen sind gleichzeitig **Instanzen**.

DEFINITION
Instanzen sind Stellen, die Anordnungs- und Entscheidungsbefugnisse gegenüber untergeordneten Stellen haben.

BEISPIEL
Die Stelle des Lagerleiters, dem sechs Lagerarbeiter untergeordnet sind, ist eine Instanz.

Erforderlich ist, dass alle Beteiligten, also Stelleninhaber und Vorgesetzte, genau über die Aufgaben in der betreffenden Stelle informiert sind, d. h., dass das Arbeitsgebiet und die Verantwortung eindeutig abgegrenzt sind.

Deshalb sollten folgende Inhalte schriftlich festgelegt werden:

BEISPIEL

- alle Aufgaben und Befugnisse des Stelleninhabers
- wer der Vorgesetzte ist
- wem man selbst „vorgesetzt ist"
- welches Leitziel man verfolgen soll (= Stellenziel)
- wie man selbst und wie der Arbeitsplatz „benannt" wird
- wen man vertritt und von wem man selbst vertreten wird
- welche Kenntnisse und Fähigkeiten die Stelle erfordert

Eine solche Beschreibung des Arbeitsplatzes wird als **Stellenbeschreibung** bezeichnet.

Vorteile der Stellenbeschreibung:
- keine Kompetenzstreitigkeiten
- leichtere Überwachung der Arbeitsleistung
- Orientierung für neu eingestellte Mitarbeiter
- transparente Betriebsorganisation

Abteilungsbildung

Aus der Unternehmensgröße ergibt sich schließlich die Notwendigkeit der Abteilungsbildung.

DEFINITION
Eine Abteilung ist die Zusammenfassung mehrerer Stellen unter einer Leitung.

Durch Abteilungsbildung wird festgelegt, wer weisungsbefugt ist. Die Weisungsberechtigung muss auch für die großen Abteilungen untereinander geregelt werden.

Die Abteilungsbildung kann nach dem **Verrichtungsprinzip** (Beispiel 1) oder nach dem **Objektprinzip** (Beispiel 2) erfolgen.

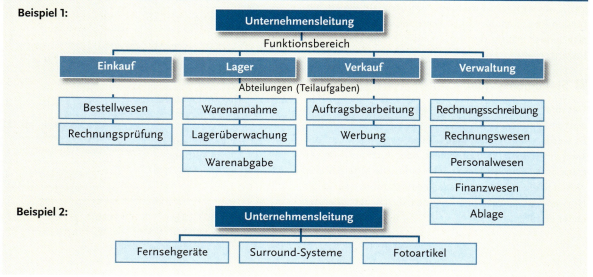

Weisungssysteme

Das jeweils gewählte Weisungssystem (oft auch Leitungssystem genannt) vervollständigt die Aufbauorganisation eines Betriebs:

Für jede Stelle wird genau festgelegt, welche anderen Stellen in ihren Aufgaben gleichgeordnet, über- bzw. untergeordnet sind. Die Weisungssysteme geben Auskunft über die offiziellen Befehls- und Informationswege im Unternehmen. Die wichtigsten Weisungssysteme werden im Folgenden genannt.

1 Einliniensystem

Alle Personen sind in einen einheitlichen Befehlsweg eingegliedert, der von der obersten Instanz bis zur letzten Arbeitskraft reicht. Jeder Mitarbeiter erhält nur von seinem unmittelbaren Vorgesetzten Anweisungen. Ebenso kann er Meldungen und Vorschläge nur bei ihm vorbringen (= Instanzen- oder Dienstweg).

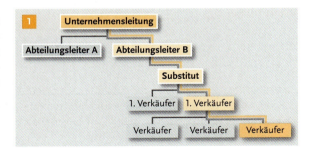

Einliniensystem	
Vorteile	**Nachteile**
• klare Verantwortungsbereiche • eindeutige Regelungen der Weisungszuständigkeiten • gute Kontrollmöglichkeiten • übersichtlicher organisatorischer Aufbau • einheitliche Leitung	• durch die langen Dienstwege für Anordnungen und Meldungen sehr schwerfällig • Starke Belastung der oberen Leitungsebenen, weil alle Entscheidungen vom Vorgesetzten getroffen werden müssen. Mit steigender Ranghöhe nimmt die Arbeitsbelastung zu. • Gefahr von Fehlentscheidungen • Spezialisierung wird erschwert

2 Mehrliniensystem

Beim Mehrliniensystem kann ein Mitarbeiter von mehreren spezialisierten Vorgesetzten Anweisungen erhalten. Dies erfordert eine gute Abstimmung und Zusammenarbeit der jeweils weisungsberechtigten Stellen. Dadurch wird die Gefahr von Kompetenzüberschneidungen sehr groß, was sich leicht leistungshemmend auf die ausführenden Personen auswirken kann. Als vorteilhaft erweist sich jedoch häufig der kurze und schnelle Dienst- und Instanzenweg.

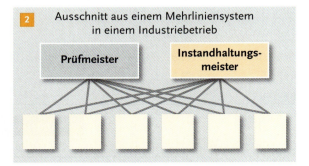

3 Stabliniensystem

Das Stabliniensystem ist ein Liniensystem, wobei den oberen Leitungsstellen Spezialisten zugeordnet werden. Es werden sogenannte **Stabsstellen** gegründet. Ein Stab kann eine eigene Stabsabteilung, aber auch nur eine einzelne Stelle sein, z. B. eine Sekretärin. Die Mitarbeiter in diesen Stäben können selbst keine Anordnungen erteilen. Notwendige Anweisungen werden durch den obersten Leiter erteilt.

11.2 WIR VOLLZIEHEN DIE ORGANISATION DES AUSBILDUNGSBETRIEBS NACH

Die Aufgabe der Stabsstellen besteht in der fachkundigen Beratung der Führungskräfte, z. B. in Fragen der Planung, des Rechts, der Organisation, des Marketing oder der Finanzen. Sie sollen die Leitungsstellen entlasten.

4 Spartenorganisation

Im Rahmen der Spartenorganisation – häufig auch **divisionale Organisation** genannt – werden große, daher in der Regel unübersichtliche und schwer zu steuernde Unternehmen in mehrere Geschäftsbereiche unterteilt. Diese Sparten oder Divisionen sind praktisch wirtschaftlich unabhängige Teilunternehmen, denen nur die Gesamtunternehmensleitung übergeordnet ist. Die Unternehmensbereiche werden nach dem Objektprinzip gebildet. Sie sind also beispielsweise für einzelne Produktgruppen zuständig, die sich oft sehr stark unterscheiden. Innerhalb der einzelnen Sparten ist das Einlinien- oder Stabliniensystem mit den üblichen Funktionsbereichen eines Unternehmens anzutreffen.

Verfügt ein Spartenleiter über die direkte Gewinnverantwortung gegenüber der Unternehmensleitung, spricht man im Zusammenhang mit der Sparte auch von einem **Profit Center**.

4 Spartenorganisation	
Vorteile	**Nachteile**
• bessere Anpassung an die Marktverhältnisse bei Produktgruppen mit unterschiedlichen Eigenschaften • Die Erfolgsentwicklung wird transparenter und beim Profit-Center-Konzept werden sogar Gewinne klar zurechenbar. • Die Unternehmensleitung wird durch Delegation von Verantwortung an die Geschäftsbereiche vom Alltagsgeschäft entlastet.	• Die Unternehmensleitung kann den Gesamtüberblick verlieren. • Mit der Zahl der Führungspositionen wächst die Gefahr, dass Informationen für das Top-Management verschleiert werden.

5 Matrixorganisation

Wenn einzelne Mitarbeiter auf das Management bestimmter Produkte bzw. Projekte spezialisiert sind, ohne dass die übrigen Funktionsbereiche der Unternehmensleitung aufgegeben werden, liegt eine Matrixorganisation vor. Jeder Mitarbeiter untersteht also sowohl einer verrichtungsorientierten als auch einer objektorientierten Instanz.

In Matrixorganisationen kann es zu Konflikten zwischen Produktmanagern und Funktionsmanagern kommen. Diese zum Teil sogar gewollten Konflikte bieten oft Wege, gemeinsam Möglichkeiten einer optimalen Lösung zu finden.

BEISPIEL

Einem Produktmanager sind in der Regel alle Entscheidungen vorbehalten, die sich aus der Sicht des Produkts ergeben. Er ist beispielsweise allein zuständig für Lebensmittel, er kümmert sich um alle anfallenden Probleme vom Einkauf über die Lagerung bis zum Verkauf.

Dagegen entscheidet der Leiter eines Funktionsbereichs – der für alle Produkte verantwortlich ist –, wie in seinem Bereich die verschiedenen Aufgaben ausgeführt werden.

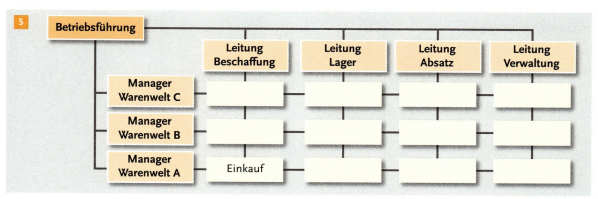

6 Teamorientierte Organisation

Diese Organisationsform gibt es vor allem bei Projekten. Dabei werden Teams oft aus Mitarbeitern unterschiedlicher Abteilungen zusammengestellt. Es gibt keine straffe Hierarchie: Die Teammitglieder sind gleichberechtigt und sind lediglich dem Teamleiter verantwortlich.

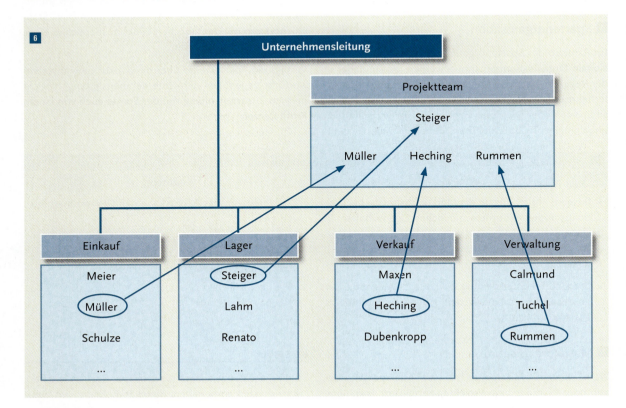

Auswahl der Organisationsform

Verschiedene Faktoren sind für die Auswahl der Organisationsform maßgebend:

- **Art der Tätigkeiten**: Je kreativer die Tätigkeiten (Forschung, Entwicklung, Design), desto weniger starr sollte das Weisungssystem sein: Kreativität kann nicht unbedingt von Vorgesetzten angeordnet werden. In solchen Fällen spricht vieles für eine teamorientierte Organisation.

- **Das Produkt- oder Leistungsprogramm des Unternehmens**: Wenn ein Unternehmen viele – und vor allem vollständig unterschiedliche – Produkte herstellt, könnten objektorientierte Organisationsformen (divisionale Organisation oder Matrixorganisation) sinnvoll sein.

- **Die Größe des Unternehmens**: Kleine Unternehmen können sehr effektiv über Liniensysteme gesteuert werden. Ab einer bestimmten Größe werden Unternehmen jedoch so komplex, dass es in Liniensystemen zu einer Überforderung der Unternehmensleitung kommen kann

11.2 WIR VOLLZIEHEN DIE ORGANISATION DES AUSBILDUNGSBETRIEBS NACH

AUFGABEN

1. Wovon ist der Organisationsaufbau eines Betriebs abhängig?
2. Erklären Sie das Funktions- und Objektprinzip.
3. Worin besteht der Unterschied zwischen einer Abteilung und einer Stelle?
4. Warum ist es sinnvoll, eine Stelle möglichst genau zu beschreiben?
5. Was verstehen Sie unter *Hierarchie* und *Instanz*?
6. Warum wird das Einliniensystem in größeren Unternehmen nicht angewendet?
7. Welche Bedeutung haben Stabsstellen?
8. Welche Vorteile hat das Stabliniensystem gegenüber dem Einliniensystem?
9. Nennen Sie Beispiele für Abteilungen, Stellen und Stabsstellen Ihres Ausbildungsbetriebs.
10. Beschreiben Sie den Unterschied zwischen Einlinien- und Mehrliniensystem.
11. Wodurch unterscheiden sich die verschiedenen Liniensysteme von
    a) der divisionalen Organisation,
    b) der Matrixorganisation?

AKTIONEN

1. Informieren Sie sich über Ihren Ausbildungsbetrieb. Erstellen Sie ein Organigramm, das Auskunft über das Weisungssystem Ihres Ausbildungsbetriebs gibt.
2. In Ihrem Ausbildungsunternehmen ist eine Person für Ihre Ausbildung zuständig. Fertigen Sie eine Stellenbeschreibung für diese Person an.
3. Direkter Nachbar der Hoffmann KG ist die Teka Textilkaufhaus GmbH.

    A. Zeichnen Sie nach der unten stehenden Beschreibung ein Organigramm, aus dem der Aufbau der Teka Textilkaufhaus GmbH hervorgeht:

    a) Geschäftsführer der Teka Textilkaufhaus GmbH ist Bernd Schneider; sein Sekretariat leitet als Chefsekretärin Frau Tippe.
    b) Ernst Breit leitet das Lager und untersteht dem Leiter des Einkaufsbereichs (Herrn Bastian).
    c) Der Verkaufsbereich gliedert sich in die Abteilungen Verkauf Haus Hannover und in die Versandabteilung.
    d) Innerhalb der Textilabteilung ist Herr Scheuermann Gruppenleiter Einkauf Herrenbekleidung, Frau Winkelmann ist zuständig für die Damenbekleidung, Herr Otto ist Gruppenleiter Einkauf Raumtextilien.
    e) Der Verwaltungsbereich besteht aus den Abteilungen Hausverwaltung, Personal und Rechnungswesen/Controlling.
    f) Herr Jansen ist Leiter des Verkaufsbereichs, die zwei anderen unter dem Geschäftsführer liegenden Bereiche sind Frau Zuege und Herr Bastian.
    g) Frau Dr. Kremtz berät die Geschäftsführung in Rechtsfragen.
    h) Innerhalb des Einkaufsbereichs gibt es neben der Textilabteilung noch eine Abteilung für Raumtextilien.
    i) Frau Becke berät die Geschäftsführung in Organisations- und Datenverarbeitungsfragen.

    B. Geben Sie an, welches Weisungssystem vorliegt und begründen Sie dies anhand des Organigramms.

4. Stellen Sie die Aufbauorganisation anderer Unternehmen vor. Führen Sie dazu eine Internetrecherche durch (z. B. Stichwort *Organigramm*).

ZUSAMMENFASSUNG

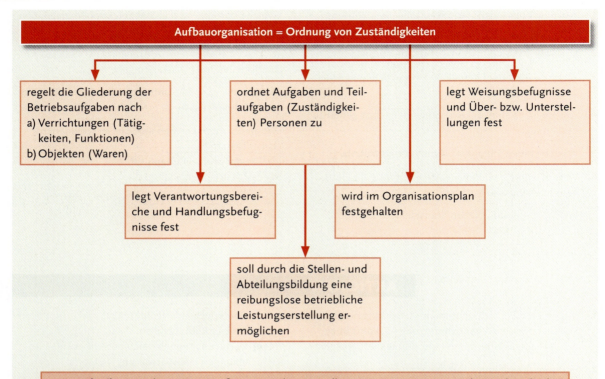

- Eine **Abteilung** ist die Zusammenfassung mehrerer Stellen unter einer Leitung. In ihr werden gleichartige oder miteinander verwandte Tätigkeiten zusammengefasst.

- Eine **Stelle** ist die unterste Gliederungsstufe der Aufbauorganisation. Sie ist eine Zusammenfassung von Teilaufgaben zum Arbeitsgebiet einer Person.

- **Instanzen** sind Stellen mit Weisungsbefugnis.

- **Stabsstellen** haben keine Weisungsbefugnis, beraten aber die Vorgesetzten.

- Ein **Weisungssystem** ist die Organisation des Betriebs nach dem Instanzenaufbau. Dadurch werden sämtliche Mitarbeiter entsprechend der Weisungsbefugnis erfasst.

Einliniensystem:
Jeder untergeordneten Stelle ist nur eine Stelle mit Weisungsbefugnis übergeordnet.

Mehrliniensystem:
Jeder Mitarbeiter hat mehrere spezialisierte Vorgesetzte.

Divisionale Organisation (Spartenorganisation):
Auf der Ebene unterhalb der Unternehmensleitung erfolgt die Abteilungsbildung nach Objekten.

Matrixorganisation:
Jeder Mitarbeiter hat einen produkt- bzw. projektorientierten und einen funktionsorientierten Vorgesetzten.

11.3 Wir wenden Verfahren der Ablauforganisation an

Einstieg

Der Betriebsberater Rüdiger Knorr soll die Schwachstellen in der Einkaufsabteilung der Hoffmann KG aufdecken. Dazu benutzt er einen Arbeitsablaufbogen. Für jeden Arbeitsgang werden festgehalten: die Art der Tätigkeit (in bestimmten Symbolen), die dazu benötigte Zeit und der erforderliche Weg.

Arbeitsablaufbogen

Arbeitsablauf:	Einkauf								
Abteilung:	Einkauf			aufgenommen von: R. Knorr			Datum: 3. Jan. 20..		

Lfd. Nr.	Arbeitsgang	Bearbeitung	Transport	Überprüfung	Verzögerung	Lagerung	Zeit (Tage)	Zeit (Min.)	Weg (m)	Bemerkungen
01	Bedarf feststellen	●	⇨	□	D	▽	2			
02	Bezugsquellen feststellen	●	⇨	□	D	▽	3			
03	Angebote einholen	○	⇨	□	●	▽	14			
04	Angebotseingang	○	⇨	□	D	▽		15		
05	Prüfung	○	⇨	■	D	▽		1		
06	Bestellung	●	⇨	□	D	▽		30		
07	Warenlieferung	○	⇨	□	●	▽	21			
08	Warenkontrolle	○	⇨	■	D	▽		120		
09	Rechnung bearbeiten	●	⇨	□	D	▽		60		
10	Übernahme ins Lager	○	⇨	□	D	▼		180		

Erläutern Sie den Arbeitsablauf *Einkauf*.

INFORMATIONEN

Ziele der Ablauforganisation

Die Ablauforganisation behandelt die Ordnung von Arbeitsabläufen und Handlungsprozessen innerhalb der betrieblichen Struktur. Sie hat die Gestaltung des räumlich-zeitlichen Zusammenwirkens von Menschen, Betriebsmitteln und Arbeitsgegenständen zum Ziel.

Bei der Gestaltung von Arbeitsprozessen können unterschiedliche Schwerpunkte gesetzt werden:

- **Durchlaufverbesserungen**
  Hierzu zählen z. B. die Verkürzung der Bearbeitungs- und Wartezeiten und die Verbesserung des innerbetrieblichen Transportwesens.

- **Kapazitätsausnutzung**
  Die Ablauforganisation zielt darauf ab, Engpässe und Leerkapazitäten abzubauen.

- **Wirtschaftlichkeit**

- **Arbeitsbedingungen**
  Die Ablauforganisation versucht, Arbeitsplätze und -abläufe ergonomisch zu gestalten. Die Arbeitsbedingungen sollen human sein.

- **Produktqualität**
  Die Ablauforganisation soll durch Einschalten von Qualitätskontrollen gewährleisten, dass die Verfolgung der vorgenannten Ziele nicht zulasten der angestrebten Qualität geht.

Elemente der Ablauforganisation

Die Ablauforganisation kann nach verschiedenen Gesichtspunkten erfolgen:

Inhaltsorientierte Ablaufplanung

Im Rahmen der Aufgabenanalyse legt die Aufbauorganisation einzelne betriebliche Teilaufgaben fest. Die Ablauforganisation untersucht anschließend,

- welche Einzeltätigkeiten zur Erfüllung der Aufgabe notwendig sind,
- in welcher Reihenfolge die Einzeltätigkeiten ausgeführt werden sollen,
- wie die Einzeltätigkeiten miteinander zu verbinden sind.

> **BEISPIEL**
>
> Die Aufgabe **Einstellung von Mitarbeitern** wird von der Aufbauorganisation festgestellt. Die Ablauforganisation ermittelt nun die Art und Reihenfolge der zur Erfüllung dieser Aufgabe notwendigen Einzeltätigkeiten:
>
> 1. Bewerbungsausschreibung
> 2. Prüfung der eingegangenen Bewerbungen
> 3. Vorauswahl
> 4. Vorstellungsgespräche
> 5. Ärztliche Untersuchung
> 6. Entscheidung über den einzustellenden Mitarbeiter
> 7. Arbeitsvertrag an den ausgewählten Bewerber schicken

Raumorientierte Ablaufplanung

Die räumliche Anordnung und die Raumausstattung können erheblichen Einfluss auf die Arbeitsleistung ausüben. Die Ablauforganisation bringt Betriebsmittel (Maschinen, Hilfs-, Roh- und Betriebsstoffe) und Räumlichkeiten in die jeweils günstigste Anordnung. Sie versucht, die einzelnen Arbeitsplätze möglichst optimal zu gestalten.

> **BEISPIEL**
>
> Im Zentrallager der Hoffmann KG wurde von Herrn Kreipe festgestellt, dass die durchschnittlichen Durchlaufzeiten bei der Zusammenstellung der Waren im Vergleich zu Mitbewerbern zu hoch sind. Daraufhin werden die Lagerartikel, die am häufigsten nachgefragt werden, in die Nähe der sich auch im Lager befindenden Versandabteilung gelegt. Die durchschnittliche Zeit für die Zusammenstellung der Sendungen sinkt dadurch erheblich.

Zeitorientierte Ablaufplanung

Der Zeitfaktor ist ein wesentlicher Aspekt beim Arbeitsablauf. Durch die zeitorientierte Ablauforganisation wird der termingerechte Einsatz von Arbeitsmitteln und -kräften geplant.

11.3 WIR WENDEN VERFAHREN DER ABLAUFORGANISATION AN

Darstellung von Arbeitsabläufen

Um die zeitliche Ablauforganisation zu verbessern, wendet man in Unternehmen eine Reihe unterschiedlicher Methoden an. Allen gemeinsam ist, dass zunächst der gesamte Arbeitsprozess in einzelne, in sich geschlossene Arbeitseinheiten zergliedert wird. Anschließend legt man für diese Arbeitseinheiten die Reihenfolge fest.

Flussdiagramm

Mit Flussdiagrammen werden Arbeitsabläufe in ihrer Reihenfolge dargestellt. Es werden bestimmte Symbole verwendet, um den Ablauf von Arbeitsprozessen darzustellen.

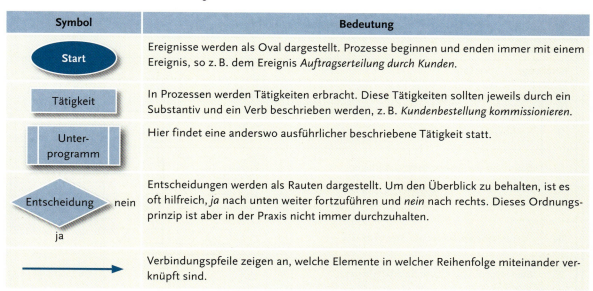

Quelle: Berekat Karavul (Hrsg.): Prozessmanagement. www.projektmanagementhandbuch.de/cms/add-on/prozessmanagement/ [zuletzt abgerufen am 27.03.2015]

BEISPIEL

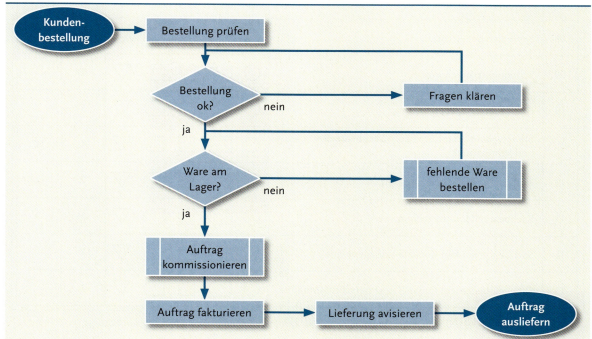

Quelle: Berekat Karavul (Hrsg.): Prozessmanagement. www.projektmanagementhandbuch.de/cms/add-on/prozessmanagement/ [zuletzt abgerufen am 27.03.2015]

Arbeitsablaufdiagramm

Ein Arbeitsablaufdiagramm ist eine Liste von Arbeitsschritten. Diesen werden zum Auffinden organisatorischer Schwachstellen Symbole zugeordnet, die bestimmten Tätigkeitsgruppen entsprechen:

- ○ Bearbeitung/Tätigkeit
- ⇒ Transport/Weiterleitung
- ☐ Prüfung
- ⌓ Verzögerung/Warten
- ▽ Lagerung/Ablage

BEISPIEL

Arbeitsablaufkarte

Arbeitsablauf: Bearbeitung einer Anfrage
Abteilung: Verkauf

Lfd. Nr.	Stufen des Arbeitsablaufs	Symbole	Zeit (Min.)	Weg (m)
01	Sachbearbeiter erhält Anfrage	○ ⇒ ☐ ⌓ ▽		20
02	Sammeln der Bearbeitungsunterlagen	○ ⇒ ☐ ⌓ ▽	10	
03	Stenotypistin anfordern	○ ⇒ ☐ ⌓ ▽	1	
04	Sachbearbeiter wartet auf Stenotypistin	○ ⇒ ☐ ⌓ ▽	8	
05	Stenotypistin geht zum Sachbearbeiter	○ ⇒ ☐ ⌓ ▽	2	25
06	Sachbearbeiter diktiert	○ ⇒ ☐ ⌓ ▽	10	
07	Stenotypistin geht zurück	○ ⇒ ☐ ⌓ ▽	2	25
08	Schreiben des Briefes	○ ⇒ ☐ ⌓ ▽	10	
09	Schreibunterbrechung	○ ⇒ ☐ ⌓ ▽	20	
10	Brief weiterschreiben	○ ⇒ ☐ ⌓ ▽	5	
11	Stenotypistin bringt Brief zum Sachbearbeiter und kehrt zurück	○ ⇒ ☐ ⌓ ▽	4	50
12	Sachbearbeiter prüft Richtigkeit	○ ⇒ ☐ ⌓ ▽	2	
13	Sachbearbeiter unterschreibt	○ ⇒ ☐ ⌓ ▽	1	
14	Sachbearbeiter legt Kopie in Vorlagemappe ab	○ ⇒ ☐ ⌓ ▽	1	
15	Sachbearbeiter legt Original in Unterschriftenmappe	○ ⇒ ☐ ⌓ ▽	1	

Arbeitsablauf vor der Verbesserung: Für den Arbeitsablauf werden 77 Minuten benötigt und 120 m Weg zurückgelegt.

Quelle: Lydia Korbmacher, Karlheinz Korbmacher: Arbeitsablaufkarte. www.luk-korbmacher.de/Schule/Orga/arbkart.htm [zuletzt abgerufen am 27.03.2015]

11.3 WIR WENDEN VERFAHREN DER ABLAUFORGANISATION AN

Arbeitsablaufkarte

Arbeitsablauf: Bearbeitung einer Anfrage
Abteilung: Verkauf

Lfd. Nr.	Stufen des Arbeitsablaufs	Symbole	Zeit (Min.)	Weg (m)
01	Sachbearbeiter erhält Anfrage	○ ⇨ □ D ▽		20
02	Sammeln der Bearbeitungsunterlagen	○ ⇨ □ D ▽	10	
03	Sachbearbeiter diktiert	○ ⇨ □ D ▽	5	
04	Schreiben des Briefes	○ ⇨ □ D ▽	5	
05	Bote bringt Postmappe	○ ⇨ □ D ▽	2	10
06	Sachbearbeiter prüft Richtigkeit	○ ⇨ □ D ▽	2	
07	Sachbearbeiter unterschreibt	○ ⇨ □ D ▽	1	
08	Sachbearbeiter legt Kopie in Vorlagemappe ab	○ ⇨ □ D ▽	1	
09	Sachbearbeiter legt Original in Unterschriftenmappe	○ ⇨ □ D ▽	1	

Arbeitsablauf nach der Verbesserung: Für den Arbeitsablauf werden 27 Minuten benötigt und 30 m Weg zurückgelegt.
Quelle: Lydia Korbmacher, Karlheinz Korbmacher Arbeitsablaufkarte. www.luk-korbmacher.de/Schule/Orga/arbkart.htm [zuletzt abgerufen am 27.03.2015]

Balkendiagramme

Ein Balkendiagramm dient der bildlichen Darstellung verschiedener Tätigkeiten einer Gesamtaufgabe im Zeitablauf. Es eignet sich ideal dafür, sowohl die Reihenfolge der Vorgänge als auch deren Abhängigkeit untereinander zu zeigen.

BEISPIEL

In der Finanzbuchhaltung eines Industrieunternehmens haben die verschiedenen Mitarbeiter ihre Urlaubswünsche angemeldet:

Dies sind der Abteilungsleiter Müller, sein Stellvertreter Meier und die Sachbearbeiter Schulze, Brunotte, Putzig und Gutfried. Der Urlaub soll in einer Zeit von acht Wochen genommen werden. In der Personalabteilung wird daraufhin zunächst der gewünschte Urlaubsplan als Balkendiagramm erstellt. Balkendiagramme eignen sich besonders für die Terminplanung. Die Balkenlänge gibt die Zeitdauer eines Vorgangs an.

Müller und Schulze haben Kinder und können daher ihren Urlaub nur in den Schulferien (1. bis 6. Woche) nehmen. Die Unternehmensleitung gibt zudem die Anweisung, dass immer ein Vorgesetzter und möglichst die Hälfte der Sachbearbeiter im Betrieb anwesend sein sollen.

gewünschter Urlaubsplan:

der von der Personalabteilung aus den Wünschen und betrieblichen Erfordernissen erstellte Urlaubsplan:

Netzplan

Vor allem bei größeren Projekten wird die **Netzplantechnik** – in der Regel unter EDV-Einsatz – zur Darstellung von Projektabläufen angewandt.

Ein Netzplan zeigt genau wie das Balkendiagramm die zeitliche und logische Aufeinanderfolge von Vorgängen. Er zeigt drastisch die Ablaufstruktur eines Arbeitsprozesses. Mit einem Netzplan kann man Engpässe und mögliche Störungen frühzeitig erkennen und entsprechende Gegenmaßnahmen einleiten.

Ein Netzplan ist hervorragend dazu geeignet, bei einer größeren Anzahl an Arbeitspaketen eines Projekts die inneren Abhängigkeiten zwischen den einzelnen Arbeitspaketen abzubilden. Aus einem Netzplan können die Projektbeteiligten Folgendes ablesen:

- Wie lange wird das ganze Projekt dauern? Welche Risiken treten dabei auf?
- Welche kritischen Aktivitäten des Projekts können das gesamte Projekt verzögern, wenn sie nicht rechtzeitig fertig werden?
- Ist das Projekt im Zeitplan, wird es früher oder später fertig?
- Wenn das Projekt früher fertig werden soll, was ist am besten zu tun?
- Wie kann man eine Beschleunigung des Projekts mit den geringsten Kosten erreichen?

Der Grundgedanke der Netzplantechnik liegt in der Erkenntnis, dass wenige Tätigkeiten, die den längsten Pfad durch das Netzwerk bilden, den Erfolg des gesamten Projekts beeinflussen können. Werden diese „kritischen" Aktivitäten frühzeitig erkannt, können die Projektbeteiligten frühzeitig Gegenmaßnahmen ergreifen.

Der Netzplan erlaubt eine

- Konzentration auf die kritischen Tätigkeiten,
- Umplanung unkritischer Vorgänge, ohne dass das gesamte Projekt negativ beeinflusst wird.

Netzplanerstellung

Die Erstellung eines Netzplans erfolgt in fünf Schritten:

Schritt 1: Vorgangsliste erstellen

Für die Erstellung eines Netzplans werden alle Vorgänge eines Projekts in einer Vorgangsliste mit dem jeweiligen unmittelbaren Vorgänger und Nachfolger erfasst.

Vorgangsnummer	Vorgang	Unmittelbarer Vorgänger	Unmittelbarer Nachfolger
1	Ausschachten	–	2
2	Rohbau	1	3, 4
•	•	•	•
•	•	•	•
•	•	•	•

Schritt 2: Vorgangsknoten erstellen

Aus der Vorgangsliste kann der eigentliche Netzplan erstellt werden. Dabei wird zunächst jeder einzelne Vorgang durch einen Vorgangsknoten dargestellt:

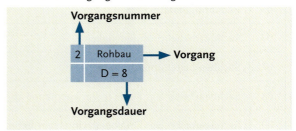

Schritt 3: Vorgangsknoten in Beziehung setzen

Ein Pfeil kennzeichnet im Netzplan die Beziehung zwischen Vorgänger und Nachfolger:

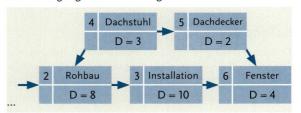

(Ausschnitt aus einem Netzplan)

Schritt 4: Anfangs- und Endzeitpunkte der einzelnen Vorgänge ermitteln

Man ermittelt zunächst für jeden Vorgangsknoten den jeweiligen **frühesten Anfangszeitpunkt** (FAZ) und **frühesten Endzeitpunkt** (FEZ). Der FAZ gibt an, wann jeder einzelne Vorgang jeweils beginnen kann. Der FEZ informiert über den Zeitpunkt, wann der Vorgang frühestens beendet sein kann. Der FAZ wird am Vorgangsknoten oben links, der FEZ oben rechts eingetragen.

Anschließend wird der **späteste Anfangszeitpunkt** (SAZ) und der **späteste Endzeitpunkt** (SEZ) des jeweiligen Vorgangsknotens unten links bzw. unten rechts eingetragen. Der SAZ gibt an, wann der Vorgang spätestens zu beginnen hat, damit die Gesamtprojektdauer nicht gefährdet wird. Der SEZ informiert darüber, bis wann ohne Beeinträchtigung des Projekts der Vorgang spätestens beendet sein muss.

11.3 WIR WENDEN VERFAHREN DER ABLAUFORGANISATION AN

Bei der Berechnung der Werte gelten die folgenden Regeln:

- Bei der Ermittlung von FAZ und FEZ beginnt man beim ersten Vorgang und geht dann vorwärts zu den nächsten.
- Der erste Vorgang erhält den FAZ 0.
- Der FEZ ergibt sich dann immer nach der folgenden Formel: FAZ + Vorgangsdauer = FEZ
- Der FEZ des letzten Vorgangs bestimmt die Dauer des gesamten Projekts.
- Man beginnt bei der Bestimmung von SEZ und SAZ beim letzten Vorgang und geht dann rückwärts zum jeweils letzten Vorgang.
- Der FEZ des Endvorgangs entspricht dem SEZ des Endvorgangs.
- Der SAZ wird dann jeweils ermittelt nach der Formel: SAZ = SEZ − Vorgangsdauer

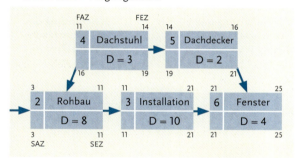

Schritt 5: kritischen Weg ermitteln
Für jeden Vorgang berechnet man die Gesamtpufferzeit.

> **FORMEL**
> Gesamtpufferzeit = SAZ − FAZ

Ist diese größer als null, hat man eine entsprechende Zeitreserve. Entspricht jedoch der SAZ dem FAZ (die Gesamtpufferzeit ist gleich null), ist der Vorgang **kritisch**: Da man keine Zeitreserven hat, führt jede Verzögerung dieses Vorgangs zu einer Verlängerung der Gesamtprojektdauer.

In einem Projekt wird also besonders auf den kritischen Weg geachtet. Diesen erhält man, wenn alle kritischen Vorgänge verbunden werden.

Im obigen Ausschnitt aus einem Netzplan gehören die Vorgänge 2, 3 und 6 zum kritischen Weg.

Phasen der Ablauforganisation

Die Arbeitsorganisation wird idealtypisch in den folgenden sechs Schritten durchgeführt:

Schritt 1: Erfassung des Istzustandes
Zunächst wird der momentane Arbeitsablauf ermittelt. Es werden dabei u. a. untersucht:

- die Häufigkeit von Vorgängen
- die Dauer von Vorgängen
- die für die Tätigkeit erforderlichen Arbeitsmittel
- Kosten
- Wege

Schritt 2: Darstellung des Istzustandes
Anschließend werden die gegenwärtigen Arbeitsprozesse in verbaler oder grafischer Form dargestellt. Vor allem die grafischen Darstellungsmöglichkeiten

- Arbeitsablaufbogen,
- Balkendiagramm,
- Flussdiagramme,
- Netzplantechnik

lassen durch ihre Übersichtlichkeit Zeitverzögerungen, Doppelarbeiten und andere Schwachstellen erkennen.

Schritt 3: Bewertung des Istzustandes
Anschließend folgt die Phase der Kritik. In systematischer Analyse und Beurteilung werden Schwachstellen und verbesserungsfähige Arbeitsabläufe deutlich gemacht.

Schritt 4: Sollkonzeption
Aufgabe der Sollkonzeption ist es, für die in der Analyse entwickelten Schwachstellen verbesserte Arbeitsabläufe zu konzipieren. Dabei ist es oftmals erforderlich, nicht nur nach Verbesserungen im bestehenden Verfahren zu suchen, sondern gegebenenfalls auch das zurzeit angewendete Verfahren generell infrage zu stellen. Die entwickelten Lösungen sind sowohl im Hinblick auf die Verbesserungen bei den ermittelten Schwachstellen als auch in ihren sonstigen Auswirkungen zu bewerten. Damit soll vermieden werden, Schwachstellen durch gleichzeitige schwerwiegende Benachteiligungen in anderen Bereichen zu beseitigen. Vielfach ist eine Verbesserung nur durch Beeinträchtigung eines anderen Gesichtspunkts erreichbar.

BEISPIEL

Die verbesserte Lieferfähigkeit kann der Minimierung des Lagerbestands entgegenstehen.

Um jederzeit auf eine verstärkte Nachfrage reagieren zu können, erhöht die Gummibären AG die Reservebestände. Um diese lagern zu können, müssen auf dem Gelände der benachbarten Halstabletten AG leerstehende Lagergebäude angemietet werden. Als Folge ergeben sich eine starke Erhöhung der Lagerkosten und aufgrund der längeren Wege ein vermehrter Zeitaufwand für die Zusammenstellung von Sendungen für die Kunden.

Bei der Bewertung der einzelnen Verfahrensalternativen geht es also um eine Gesamtoptimierung. Dabei spielen sowohl Aspekte der Kostenminimierung als auch der Flexibilität eine Rolle.

Schritt 5: Einführung und Durchsetzung

Nach der Entscheidung für ein neues Konzept ist die Einführung zu planen. Neben einer eindeutigen Darstellung der neuen Sollkonzeption sind im Allgemeinen folgende Maßnahmen erforderlich:

- Beschaffung und Austausch von Arbeitsmitteln
- Einweisung, Ausbildung und gegebenenfalls Einstellung entsprechenden Personals
- Einführung von Organisationshilfsmitteln

Schritt 6: Kontrolle

Die Umstellung des Arbeitsablaufs sollte von einer Kontrolle begleitet werden. Damit soll sichergestellt werden, dass

- nach dem neuen Konzept wirklich gearbeitet wird,
- nach einer gewissen Übergangszeit überprüft wird, ob der geplante Erfolg eingetreten ist.

Wenn bei der Kontrolle festgestellt wird, dass ein Arbeitsprozess nicht optimal ist, erfolgt die Reorganisation des Arbeitsablaufs in den hier vorgestellten sechs Schritten.

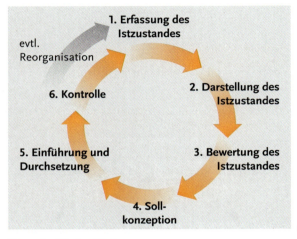

Phasen der Ablauforganisation

AUFGABEN

1. Erläutern Sie den Unterschied zwischen Ablauf- und Aufbauorganisation.
2. Welche Arten der Ablauforganisation gibt es?
3. In welchen Schritten wird ein nicht rationeller Arbeitsablauf optimiert?
4. Welche Aufgabe haben grafische Darstellungsmittel in der Organisation?
5. Welche Ziele verfolgt die Ablauforganisation?

AKTIONEN

1. Die Hoffmann KG plant, in Österreich eine Filiale aufzumachen. Dazu wird ein Projektteam gebildet. Nachdem in einem Wiener Gewerbegebiet ein Grundstück gefunden wurde, soll nun das Betriebsgebäude errichtet werden. Das Projektteam plant die Zeit bis zur Fertigstellung:
Für Ausschachtarbeiten werden 2 Wochen eingerechnet. Der Rohbau wird mit 11 Wochen eingeplant. Ist dieser hochgezogen, werden die Installationsarbeiten (8 Wochen) vorgenommen und gleichzeitig der Dachstuhl (2 Wochen) aufgesetzt und dann die Dachdeckerarbeiten (1 Woche) ausgeführt. Erst wenn diese drei Arbeiten vorgenommen wurden, können Fenster und Türen eingesetzt werden (1 Woche). Anschließend können der Innenputz (2 Wochen) und der Außenputz (3 Wochen) parallel angebracht werden. Ist dies geschehen, werden gleichzeitig die Zufahrt zur Rampe erstellt (1 Woche) sowie die Malerarbeiten (2 Wochen) vorgenommen.

11.3 WIR WENDEN VERFAHREN DER ABLAUFORGANISATION AN

2 Wochen werden letztlich noch für die Tätigkeiten der Betriebseröffnung (Beschicken des Lagers, Einzug) benötigt.

Erstellen Sie für dieses Projekt ein Balkendiagramm.

2. Das Projektteam „Neue Filiale in Österreich" (siehe Aktion 1) entscheidet sich, den Verlauf des Projekts mit einem Netzplan darzustellen.

   a) Erstellen Sie Vorgangsliste und Netzplan.
   b) Bestimmen Sie den kritischen Weg.

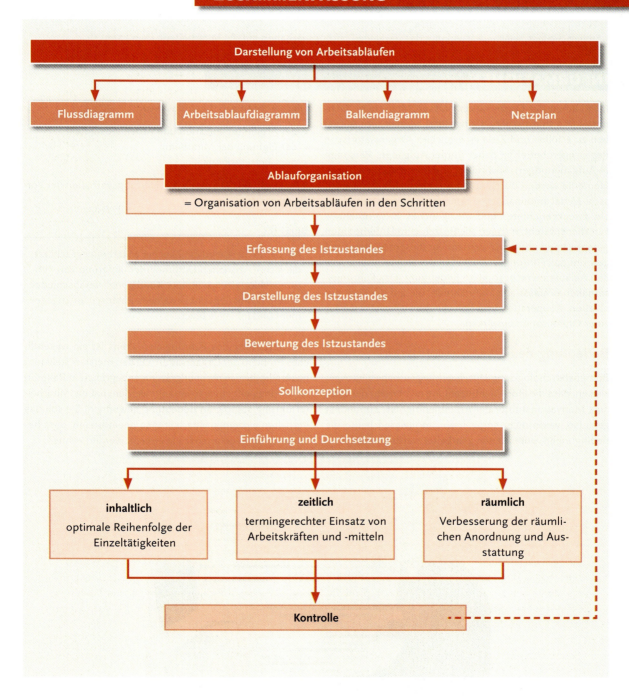

11.4 Wir kennen Führungsverhalten in unterschiedlichen Prozessen

Einstieg

Zwei Abteilungsleiter der Hoffmann KG unterhalten sich über ihr Führungsverhalten. Herr Kreipe vertritt die Ansicht, dass er die besten Erfolge damit habe, seine Mitarbeiter durch genaueste Anweisungen und eine entsprechend strenge Kontrolle zu leiten.

Herr Klante meint dagegen, dass er seinen Untergebenen nur generelle Anweisungen erteile, deren Durchsetzung diesen überlassen bleibe. Nur bei Abweichungen von gewünschten Zielen schalte er sich ein.

Stellen Sie fest, welche Auswirkung das jeweilige Führungsverhalten auf die Mitarbeiter haben kann.

INFORMATIONEN

Im Rahmen der Organisation müssen Menschen, Sachmittel und Informationen eingesetzt werden, um Aufgaben zu erfüllen und Ziele zu erreichen. Organisatorische Regelungen betreffen daher immer Aufgaben, Personen (= Aufgabenträger), Sachmittel und Informationen. Diese Elemente werden durch aufbau- und ablauforganisatorische Mittel miteinander verknüpft. Damit daraus dann ein zweckgerichtetes und erfolgreiches Zusammenwirken aller entsteht, müssen alle Prozesse im Unternehmen entsprechend gesteuert werden. Vor diesem Hintergrund gewinnt das Führungsverhalten in der Organisation bzw. den Abläufen eine besondere Bedeutung: Das Führungsverhalten umfasst alle Maßnahmen, die auf die Kommunikation, Kooperation und Koordination aller Mitarbeiter einer Organisation einwirken.

Bedeutung des Führungsverhaltens

Betriebspsychologische Untersuchungen haben nachgewiesen, dass die Höhe der Bezahlung nicht mehr der alleinige Motivationsmotor der Arbeitnehmer ist. Zumindest genauso, wenn nicht sogar mehr, motivieren heute die Bedingungen, unter denen gearbeitet werden muss.

Diese werden z. B. beeinflusst von:

- der Arbeitsorganisation und Arbeitsgestaltung
- der Eignung der Mitarbeiter
- dem Betriebsklima

Sehr stark wirkt sich auch das Führungsverhalten der Vorgesetzten aus.

BEISPIEL

Auf bis zu 50 % wird die Zahl der Mitarbeiter geschätzt, die sich in manchen Unternehmen aufgrund von Führungsfehlern in die „innere Kündigung" verabschiedet haben. Damit liegt ein gewaltiges Potenzial an Engagement und Initiative brach.

Die Gestaltung des Führungsverhaltens ist ein wesentliches Problem der Organisation. Da den meisten Stelleninhabern heute – in mehr oder weniger begrenztem Rahmen – Führungsaufgaben abverlangt werden, hat die Mitarbeiterführung ständig an Bedeutung gewonnen. Sie soll das Verhalten einzelner Mitarbeiter so beeinflussen, dass bestimmte Unternehmensziele erreicht werden können.

Was im Arbeitsleben zählt
Von je 100 Befragten nennen als wichtig bis sehr wichtig

gutes Arbeitsklima	93
sicherer Arbeitsplatz	91
Identifikation mit der Arbeit	87
Vereinbarkeit von Beruf und Familie	85
Eigenverantwortlichkeit	84
gutes Unternehmensimage	81
ausreichend Freizeit	80
hohes Einkommen	79
hohe Unternehmensgewinne	74
ständige berufliche Weiterbildung	70
flexible Arbeitszeiten	68
lebenslang im selben Beruf arbeiten	67
ethische Grundsätze im Unternehmen	67
fest voraussehbare Karriere	59
Engagement des Unternehmens fürs Gemeinwohl	45

Quelle: tw, Stand 2001

11.4 WIR KENNEN FÜHRUNGSVERHALTEN IN UNTERSCHIEDLICHEN PROZESSEN

Ein wichtiges Problem im Zusammenhang mit Untergebenen ist die Beurteilung der Mitarbeiter. Eine Personalbeurteilung ist erforderlich bei Versetzungen, Beförderungen, Entlassungen sowie bei der Festlegung der Lohnhöhe des einzelnen Mitarbeiters. Empfindet der Mitarbeiter eine Beurteilung als unfair, wird er nicht motiviert, seine Leistung zu steigern.

In der Praxis gibt es zwei grundlegende Verfahren der Personalbeurteilung:

Bei der **summarischen Beurteilung** wird ein Gesamteindruck des Mitarbeiters beurteilt. Häufig ist jedoch ein solches Verfahren recht subjektiv.

Dagegen versucht man im Rahmen der **analytischen Personalbeurteilung** eine Reihe einzelner, vorher genau festgelegter Beurteilungskriterien heranzuziehen, um anschließend zu einem objektiveren Gesamturteil zu kommen.

Beurteilungskriterien können sein:
- Arbeitsmenge
- Arbeitsqualität
- Arbeitsstil
- Denkfähigkeit
- Interesse und Engagement
- Kooperationsbereitschaft
- Lern- und Fortbildungsaktivität
- Verhältnis zu Vorgesetzten und Kollegen

Führungsstile

Vorgesetzte können sich unterschiedlich gegenüber ihren Untergebenen verhalten. Unter Führungsstil versteht man in diesem Zusammenhang die Art und Weise, wie ein Vorgesetzter Entscheidungen trifft, übermittelt, koordiniert und kontrolliert. Durch den jeweils angewandten Führungsstil prägt der Vorgesetzte die Beziehung zu seinen Mitarbeitern.

In der Praxis sind unterschiedliche Haltungen und Grundeinstellungen vorgesetzter Instanzen gegenüber Untergebenen anzutreffen. Diese Führungsstile sind aber immer Ausprägungen entweder des **autoritären** oder **kooperativen** Führungsstils.

Autoritärer Führungsstil

Beim autoritären Führungsstil trifft der Vorgesetzte Entscheidungen ohne Mitwirkung der Untergebenen. Den Mitarbeitern bleibt lediglich die Ausführung der Anordnungen.

BEISPIEL

In der Elektrogroßhandlung Kunze & Wienecke ist der Umsatz einer Warengruppe weit hinter den Erwartungen zurückgeblieben. Herr Kunze beschließt daher, alle Preise zu senken. Er teilt seinen Mitarbeitern diese Maßnahme mit und schreibt jedem genau vor, wie er dabei vorzugehen hat. Vorschläge der Mitarbeiter, wie mit anderen Maßnahmen eine Umsatzsteigerung zu erreichen ist, verbittet sich Herr Kunze in scharfer Form.

Kooperativer Führungsstil

Beim kooperativen Führungsstil versteht sich der Führende als Koordinator. Er entscheidet in Abstimmung mit den Mitarbeitern. Seine Anordnungen lassen dem Mitarbeiter angemessene Spielräume. Daher kann der Mitarbeiter weitgehend selbstständig arbeiten.

BEISPIEL

Eine zweite Warengruppe musste in der Elektrogroßhandlung Kunze & Wienecke einen Umsatzrückgang verzeichnen. Herr Wienecke ruft seine ihm unterstellten Mitarbeiter zu einer Besprechung zusammen. Er bittet um Vorschläge, wie eine Umsatzsteigerung erreicht werden könne. Nach einer längeren Diskussion einigt man sich auf die Durchführung bestimmter Maßnahmen. Herr Wienecke fasst die Ergebnisse zusammen und schließt die Sitzung.

	Kooperativ	Autoritär
Beziehung Führung – Geführte	Kontakt	Distanz
Auftreten der Führung	schlicht, überzeugend, auf Loyalität Bedacht	Betonung der Autorität, befehlend, auf Macht bedacht
Motive des Handelns der Geführten	Einsicht, Verantwortung	Zwang zur Pflichterfüllung
erzeugtes Klima bei den Geführten	gelöst, Vertrauen	gespannt, Misstrauen

	Kooperativ	**Autoritär**
Vorteile	ausgewogene Entscheidungen auf breiter Basis; bessere Auslese des Führungsnachwuchses	rasche Entscheidungen
Nachteile	Entscheidungen müssen erarbeitet werden (zeitaufwendig). Zusammenarbeit braucht ständig Anregungen.	Gruppe ohne Führung fällt auseinander.
Grundeinstellung zum Mitarbeiter	freiwillige Einordnung	unfreiwillige Ein- bzw. Unterordnung
Grad der Autonomie der Mitarbeiter	Selbstständigkeit	Unselbstständigkeit

In der Praxis gibt es meistens Mischformen des kooperativen und autoritären Führungsstils in unterschiedlichen Ausprägungen.

Autoritärer Führungsstil — **Kooperativer Führungsstil**

Autoritäres Verhalten

Entscheidungsspielraum für den Mitarbeiter

↑ a)   ↑ b)   ↑ c)   ↑ d)   ↑ e)   ↑ f)

↑ a) Entscheidung durch den Vorgesetzten *allein*.
↑ b) Vorgesetzter erbittet Stellungnahme vor *seinen* Entscheidungen.
↑ c) Vorgesetzter lässt Kritik zu und ändert seine Entscheidungen.
↑ d) Vorgesetzter lässt Mitarbeiter teilweise *mitentscheiden*.
↑ e) Mitarbeiter haben in bestimmten Grenzen freien Entscheidungsspielraum.
↑ f) Entscheidung wird in der Gruppe getroffen.

Führungstechniken

In der Praxis ist eine Reihe von Verfahren entstanden, die verschiedene Gestaltungsmöglichkeiten zur Verwirklichung der kooperativen Führung anbieten. Sie alle umfassen die wesentlichen Grundsätze der Menschenführung:

- Anerkennung
- sachliche Kritik
- Verständnis
- Ermutigung

Die wichtigsten Führungstechniken sind:

Management by exception

Dies bedeutet **Führung nach dem Prinzip der Ausnahme**. Der Vorgesetzte überträgt den Mitarbeitern die Verantwortung für alle gewöhnlich auftretenden Arbeiten. Er verzichtet auf Kontrollen. Nur wenn ein Problem den festgelegten Entscheidungsspielraum des jeweiligen Mitarbeiters übersteigt, greift er ein.

BEISPIEL

Ein Verkäufer eines Autohauses darf bei Vertragsabschluss über den Kauf eines Neuwagens den Gebrauchtwagen des Käufers eigenverantwortlich bis zur Höhe von 5.000,00 € in Zahlung nehmen.

Alle darüber hinausgehenden Vertragsabschlüsse behält sich die Chefin der Verkaufsabteilung vor.

Als schwierig hat sich bei dieser Führungstechnik oft die Abgrenzung zwischen Routineentscheidung und Ausnahmefall herausgestellt.

Management by delegation

Dies ist die **Führung nach dem Prinzip der Verantwortungsübertragung**. Der Mitarbeiter bekommt für alle in seinem Arbeitsbereich regelmäßig auftretenden Aufgaben Entscheidungsbefugnis. Er hat also selbstständigen Handlungsspielraum. Der Vorgesetzte führt nur gelegentlich Stichproben und Erfolgskontrollen durch. Ansonsten greift er nur in kritischen Situationen ein.

11.4 WIR KENNEN FÜHRUNGSVERHALTEN IN UNTERSCHIEDLICHEN PROZESSEN

BEISPIEL

Eine Filialleiter in führt die Filiale einer Großhandlung selbstständig in eigener Verantwortung. Sie hat monatlich der Geschäftsleitung zu berichten.

Management by objectives

Führung nach dem Prinzip der Zielvereinbarung bedeutet, dass Vorgesetzte und Mitarbeiter gemeinsam Ziele festlegen. Diese sollen die einzelnen Mitarbeiter eigenverantwortlich erfüllen. Kontrolliert werden nur die Ergebnisse.

BEISPIEL

Aus der Führungsanweisung für Franz Hermann, der für eine bestimmte Produktgruppe zuständig ist:

„Nach der mit Ihnen geführten Unterredung haben wir die für das nächste Geschäftsjahr anzustrebende Umsatzsteigerung auf 7 % gegenüber dem Istumsatz der gegenwärtigen Geschäftsperiode festgelegt."

Entscheidungssysteme

Ab einer bestimmten Unternehmensgröße wird es immer schwieriger, die Fülle der Instanzenaufgaben allein zu bewältigen. Deshalb übernehmen in der Regel mehrere Personen die Leitungsaufgaben auf einer Ebene. Notwendig werden dadurch Regelungen, die die einheitliche Willensbildung und deren Anordnung organisieren. Um einheitliche Beschlüsse zu gewährleisten, gibt es verschiedene Entscheidungssysteme.

Diese Möglichkeiten der Entscheidungsbildung müssen nicht nur für die oberste Leitungsebene der Betriebshierarchie gefunden werden, sondern gelten prinzipiell auch für darunter liegende Leitungsebenen. Die betrieblichen Entscheidungsprozesse werden dabei grundlegend beeinflusst durch:

- die Art der Kommunikation mit den Mitarbeitern
- das Ausmaß an Informationen, die weitergegeben werden
- die Delegation von Aufgaben
- die Verantwortung für Entscheidungen

In den Unternehmen werden zwei grundsätzliche Entscheidungssysteme angewandt.

Direktorialsystem

Beim Direktorialsystem hat eine Person uneingeschränkte Entscheidungsgewalt. Der Vorsitzende einer mehrköpfigen Instanz kann also bei unterschiedlichen Auffassungen gegen den Willen aller Mitglieder entscheiden.

BEISPIEL

Der Chefetage der Gummibären AG gehören die Herren Hansen, Albers, Kunze und Dannenberg sowie Frau Köhler an. Bei der Frage, ob zukünftig auch Schokoladenriegel produziert werden sollen, entscheidet der vorgesetzte Direktor Hansen allein. Seinen Mitarbeitern gegenüber braucht er seine Entscheidungen nicht zu begründen.

Da die Entscheidungen und die Verantwortung in einer Hand liegen, kann schnell, straff und einheitlich entschieden werden. Wegen der fehlenden breiten Informationsgrundlage kann es aber auch zu einer Arbeitsüberlastung des Vorsitzenden der Instanz und zu „einsamen" bzw. falschen Entscheidungen kommen.

Kollegialsystem

Vom Kollegialsystem spricht man, wenn alle Mitglieder der Instanz mitentscheiden. Um einheitliche Entscheidungen zu erhalten, sind in Kollegialsystemen Regelungen notwendig, nach denen im „Kollegium" Entscheidungen getroffen werden sollen. Folgende Möglichkeiten sind denkbar:

- Beim **Abstimmungssystem** beruhen Entscheidungen auf Mehrheitsbeschlüssen.

BEISPIELE

Bei der Willi Winzig AG wird gemäß dem Mehrheitsprinzip entschieden. Maßgebend ist hier die Mehrheit der Mitarbeiterstimmen. Die Entscheidung, nicht ausgeschüttete Gewinne in ein neues Lagergebäude zu investieren, wird daher im vierköpfigen Vorstand mit drei Stimmen gegen eine Stimme durchgesetzt.

Als Nachteil können bei diesem System eventuell Pattsituationen entstehen, wodurch es zu keiner Entscheidung kommt.

- Das **Primatsystem** vermeidet diesen Nachteil dadurch, dass ein Mitglied der Instanz bei Pattsituationen den Ausschlag gibt. Die Gleichberechtigung der Mitglieder wird also in diesem System aufgegeben.

BEISPIELE

Der vorsitzende Direktor der Halstabletten AG entscheidet mit seinen Mitarbeitern gemeinsam. Er hat aber das Recht, bei Stimmengleichheit seine Meinung durchzusetzen. So ergab eine Abstimmung im Vorstand über den Aufkauf der HUSA-Pharma-GmbH ein Ergebnis von drei gegen drei Stimmen. Herr Aschemann als Vorsitzender gibt den Ausschlag für den Verzicht auf den Firmenzukauf.

Das Primatsystem gilt z. B. in den nach dem Mitbestimmungsgesetz zusammengesetzten Aufsichtsräten von Kapitalgesellschaften mit mehr als 2 000 Beschäftigten.

- Beim **Kassationssystem** kann jedes Mitglied der Instanz durch die Verweigerung seiner Zustimmung eine Entscheidung zu Fall bringen. Alle Entscheidungen müssen also einstimmig getroffen werden. Dieses System gewährleistet den größten Einfluss für das einzelne Mitglied, lässt die Entscheidungsfindung – vor allem bei zunehmender Mitgliederzahl der Instanz – aber schwieriger werden.

BEISPIELE

Bei der Oppermann Handels GmbH lautet die Regelung zur Entscheidungsfindung: „Entscheidungen können von allen Mitgliedern der Unternehmensleitung nur einstimmig getroffen werden." Damit kann Herr Tiedcke mit seiner ablehnenden Haltung eine Investitionsentscheidung blockieren, die von allen anderen fünf Geschäftsführern unterstützt wird.

Kollegialsysteme vermeiden die Machtballung beim Einzelnen. Die Mitglieder der Instanz kontrollieren und kritisieren sich und ihre Beiträge zur Problemlösung gegenseitig. Daher und wegen der breiteren Informationsgrundlage kommt es oft zu ausgewogeneren Entscheidungen als im Direktorialsystem, wozu allerdings oft beträchtliche Zeit benötigt wird. Kommt es dennoch einmal zu einer Fehlentscheidung, ist ungeklärt, wer die Verantwortung dafür trägt.

AUFGABEN

1. Warum ist die Gestaltung des Führungsverhaltens eine wichtige Aufgabe der Organisation?

2. Welcher Führungsstil liegt vor?
   a) Den Sachbearbeitern werden die Entscheidungen der Abteilungsleiter schriftlich ohne zusätzliche Information mitgeteilt.
   b) Ein Abteilungsleiter bespricht ein anstehendes Problem gemeinsam mit seinen Sachbearbeitern.
   c) Ein Vorgesetzter ordnet eine Maßnahme an. Auf Einwände und Hinweise seiner Untergebenen reagiert er mit den Worten: „Noch bin ich hier der Abteilungsleiter!"

3. Nennen Sie jeweils zwei Vor- und Nachteile des
   a) autoritären,
   b) kooperativen Führungsstils.

4. Welcher Führungsstil herrscht in Ihrem Ausbildungsbetrieb vor?

5. Warum ist bei der Anwendung der Führungstechniken grundsätzlich ein kooperativer Führungsstil notwendig?

6. Wodurch unterscheiden sich
   a) Management by objectives,
   b) Management by delegation,
   c) Management by exception?

7. Was sind Entscheidungssysteme?

8. Erläutern Sie den Unterschied zwischen Direktorial- und Kollegialsystem.

9. Welches Entscheidungssystem liegt vor?
   a) Im Gesellschaftsvertrag der Hermann Huhn OHG ist festgelegt, dass die Gesellschafter nur einstimmige Beschlüsse fassen können.
   b) Die Hasso GmbH regelt die Beschlussfassung ihrer fünf Geschäftsführer so, dass die einfache Mehrheit zur Annahme eines Beschlusses ausreicht.
   c) Kommt es im Vorstand der Nordwestdeutschen Kalbfleisch AG zu einer Pattsituation, entscheidet die Stimme des Vorsitzenden.

11.4 WIR KENNEN FÜHRUNGSVERHALTEN IN UNTERSCHIEDLICHEN PROZESSEN

AKTIONEN

1. Stellen Sie sich vor, Sie sind Reporter einer Wirtschaftszeitung. Sie haben den Auftrag, die Geschäftsführer von drei mittelständischen Unternehmen zu ihrem Führungsstil zu interviewen. Die Geschäftsführer wenden drei unterschiedliche Führungsstile an und stehen auch offensiv dazu.

   a) Erstellen Sie jeweils ein Interview mit jedem der Geschäftsführer. Das Interview soll mindestens acht Fragen und Antworten enthalten.

   b) Stellen Sie sich darauf ein, dieses Interview der Klasse vorzuführen.

2. Erstellen Sie ein Filmplakat zu einem Führungsstil Ihrer Wahl. Der Titel des Films und die Bebilderung sollen die Merkmale des Führungsstils möglichst treffend wiedergeben.

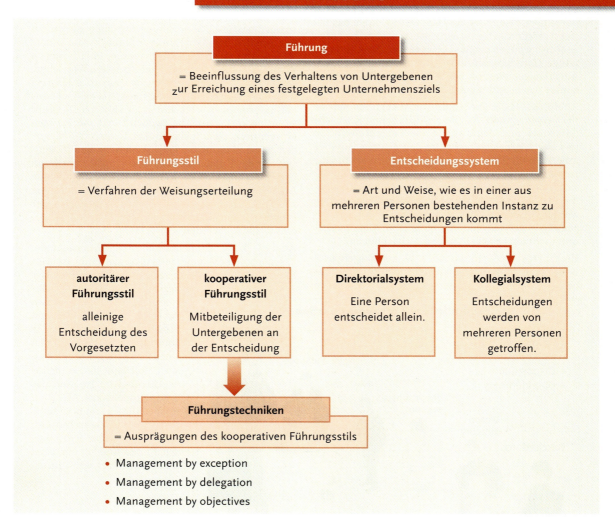

11.5 Wir erkennen die Vorteile der Geschäftsprozessorientierung

Die Hoffmann KG ist dabei, das Unternehmen auf die Geschäftsprozessorientierung auszurichten. Zur Beratung wird in dieser Phase die cell-consulting hinzugezogen. In einer einführenden Veranstaltung hält der Unternehmensberater Uwe Weinreich einen Folienvortrag:

„Wenn wir über Betriebsorganisation sprechen, müssen wir die Aufbauorganisation betrachten: Das, was heutzutage in den meisten Betrieben als Aufbauorganisation etabliert ist, besitzt noch viel ältere Wurzeln als das Fließband. Es ist die Organisation nach Vorbild des Kaiserreiches oder, wenn man noch weiter zurückgreift, jeder Monarchie. Während in der Ablauforganisation Arbeiten in kleine Teile zerstückelt wurden, werden in der kaiserlichen Aufbauorganisation Zuständigkeit, Verantwortung und Macht parzelliert, also in kleine Teile zerlegt. Auch das hat selbstverständlich enorme Vorteile. Auf keine andere Weise wäre es möglich gewesen, große, leistungsfähige Unternehmen aufzubauen. Nur durch klare Aufgabengebiete und begrenzte Verantwortlichkeit konnte das geleistet werden.

Allerdings ist der Preis dafür recht hoch. Komplexe, tief verschachtelte Aufbauorganisationen sind sehr unflexibel und begünstigen die Leidenschaft von uns Menschen, sich mehr um den eigenen Aufstieg innerhalb der Organisation zu kümmern als um die zu lösende Aufgabe. Gerade in der jetzigen Zeit der sich ständig verkürzenden Innovationszyklen können große Unternehmen zu behäbigen Dinosauriern werden, in denen eine Initiative noch dem Instanzenweg folgt, während kleine, flexible Konkurrenzunternehmen bereits Erfolge gesichert haben.

Heutzutage verfügen wir über die bestausgebildete Generation von Mitarbeitern, die es je gab. Wir haben intelligente Computersysteme, die Menschen von vielen Routinetätigkeiten befreien können. Und wir begegnen informierten und anspruchsvollen Kunden.

Fazit: Die Kundenbeziehungen haben sich fundamental geändert, die Organisationsstrukturen müssen dieser Veränderung häufig erst noch gerecht werden. Es gibt viel zu tun. Lassen Sie uns über Geschäftsprozesse reden …

Kundenorientierung bedeutet wörtlich genommen: Ausrichtung auf den Kunden. Richten wir uns also auch bei den Überlegungen zur Organisation auf den Kunden aus. Der Kunde ist zunächst im Unterschied zum ‚Markt' ein Individuum, eingebettet in seine Umwelt, mit eigenen Bedürfnissen, Wünschen, Gedanken, Überzeugungen usw. Der erste Kontakt findet häufig mit dem Verkaufspersonal im Großhandelsunternehmen statt. Ein guter Großhändler wird zunächst versuchen, die Bedürfnislage des Kunden zu ermitteln, sie mit seinem Leistungsprofil zu vergleichen und Lösungsmöglichkeiten für die Problemstellung des Kunden zu entwickeln. Spätestens wenn es der Großhändler im Rahmen der herkömmlichen Aufbauorganisation mit einer anderen Abteilung wie z. B. Einkauf oder Lager zu tun hat, verzögert sich der Prozess, den Kunden zufriedenzustellen: Die Geschäftsabläufe werden schwerfällig.

Anders beim kundenorientierten Unternehmen, das nach Geschäftsprozessen ausgerichtet ist. Der Kunde wird zum Impulsgeber des Prozesses. Der Verkäufer kann sofort, flexibel, zielgenau und zeitnah die Prozesse, Leistungen und Produkte anfordern, die er braucht, um aus dem Kunden einen zufriedenen Kunden zu machen. Damit löst er weitere Anfragen im Inneren des Unternehmens aus. Alle Prozessbeteiligten treten in Kunden-Lieferer-Beziehungen zueinander, wobei jeder einmal Kunde und im nächsten Moment Lieferer sein kann.

Traditionelle Aufbauorganisation
- Arbeitsteilung
- Spezialisierung
- Funktionsorientierung
- Disposition
- Durchführung

Beschaffung → Wareneingang → Rechnungswesen → Lager → Verkauf → Kunde

11.5 WIR ERKENNEN DIE VORTEILE DER GESCHÄFTSPROZESSORIENTIERUNG

Daher versuchen viele Unternehmen momentan, ihre durch herkömmliche Formen der Aufbauorganisation geprägte Unternehmensstruktur in eine geschäftsprozessorientierte Unternehmensstruktur umzuwandeln. Das erfolgt mit dem Ziel, die Vorteile der traditionellen Aufbauorganisationsformen (z. B. Expertenwissen in den Funktionsabteilungen) zu nutzen und deren Nachteile wie z. B.

- Bereichsegoismus,
- mangelnde Unternehmensorientierung,
- mangelnde Kundenorientierung

zu überwinden.

Geschäftsprozesse

> **DEFINITION**
>
> Ein **Geschäftsprozess** ist eine logisch zusammengehörende Folge von Aktivitäten, die
> - dem Kunden einen Nutzen bringen,
> - einen Beitrag zur Erreichung der Unternehmensziele leisten und
> - von betrieblichen Mitarbeitern nach bestimmten Regeln durchgeführt werden.

Geschäftsprozesse bestehen aus mehreren betrieblichen Großaktivitäten, die von den Mitarbeitern – auch abteilungsübergreifend – realisiert werden.

Das Feststellen eines Kundenbedarfs ist der Beginn eines Geschäftsprozesses, der Verkauf eines Artikels an den Kunden das Ende. Wenn der Kunde zufrieden ist, kann normalerweise der Geschäftsprozess als optimal gelaufen angesehen werden.

Ein Geschäftsprozess besteht aus einer Vielzahl von unternehmensinternen Aktivitäten, die durchgeführt werden, um die Wünsche des Kunden zu befriedigen. Ein Geschäftsprozess genügt allen **qualitativen Anforderungen,** wenn eine Kundenzufriedenheit hergestellt wird. **Kriterien** dafür sind:

- klar, einfach und verständlich
- so wenig beteiligte Mitarbeiter wie möglich
- volle Verantwortung für die Mitarbeiter
- unkomplizierte Schnittstelle zum Kunden
- Von ihren Wertvorstellungen her arbeiten die Mitarbeiter für die Kunden, nicht für den Vorgesetzten.
- Alle Schritte eines Geschäftsprozesses erhöhen den Wert für den Kunden.

Geschäftsprozesse entstanden Anfang der 1990er-Jahre. Sie dienen seitdem der Optimierung: Sie sollen dabei helfen, die organisatorischen Unternehmensabläufe in Einkauf und Verkauf, Lager und Rechnungswesen usw. zu minimieren. Die Darstellung der Geschäftsprozesse wird vor allem benötigt, um

- die Kosten der Geschäftsprozesse zu erfassen,
- betriebliche Hierarchien abzubauen,
- die Abläufe im Unternehmen zu verbessern,
- betriebswirtschaftliche Anwendungssoftware einzuführen.

Geschäftsprozessorganisierte Unternehmensstruktur

Eine geschäftsprozessorientierte Organisation versucht einerseits Reibungsverluste zwischen den Abteilungen zu vermeiden und andererseits gleichzeitig die Beziehungen zu den Kunden in den Mittelpunkt zu stellen. Bei der geschäftsprozessorientierten Organisationsform wird über die herkömmlichen Abteilungsgrenzen hinweg zusammengearbeitet. Auslöser dazu ist normalerweise ein Kundenwunsch.

BEISPIEL

Ein Beispiel aus dem Einzelhandel

Die Ambiente Warenhaus AG ist ursprünglich aus einem kleinen Gemischtwarengeschäft entstanden, das Arthur Müller bis in die früheren Fünfzigerjahre allein betrieb: Er kaufte ein, verkaufte, lieferte manchmal aus und machte auch seine Buchhaltung selbst. Arthur Müller machte alles allein und hatte alles im Griff. Die Kunden waren sehr zufrieden, da er sich um alle Probleme sofort kümmerte.

Mitte der Fünfzigerjahre wurde die Wettbewerbssituation in Schönstadt schwieriger. Um besser als die Konkurrenz zu sein, musste er billiger anbieten. Dazu nahm er jeden Mengenrabatt mit, den er im Einkauf kriegen konnte. Um nicht auf den größeren Lagerbeständen sitzen zu bleiben, musste er zwangsläufig seine Umsätze steigern. Das schaffte er aber allein nicht mehr, er musste Mitarbeiter einstellen:

- drei Mitarbeiter waren im Verkauf tätig,
- einer für den Einkauf zuständig,
- ein weiterer machte die Buchhaltung.

Arthur Müller teilte seine Beschäftigten also nach Funktionen ein.

Im Laufe der Jahre und mit zunehmender Unternehmensgröße wurde es immer problematischer, dass sich die Beschäftigten auf ihre Teilbereiche konzentrierten. Arthur Müller erinnert sich an einen Fall aus früherer Zeit:

> „Der Verkäufer wollte dem Kunden, der Fisch kaufen wollte, bestmögliche Qualität anbieten und sicherte das seinem Gegenüber auch zu. Der Einkäufer dagegen kaufte damals sehr große Mengen Fisch ein, um Rabatte nutzen zu können. Sein Ziel war ja die Senkung der Einkaufskosten. So gefährdete er aber die Frische der Produkte und damit die Kundenzufriedenheit. Da er nicht in Kundenkontakt stand wie der Verkäufer, konnte er das aber nicht direkt und sofort merken ..."

Die Geschäfte liefen für das Warenhaus über viele Jahre hinweg sehr gut. Vor 2 Jahren stand das Unternehmen trotz der insgesamt befriedigenden Gesamtergebnisse allerdings vor Schwierigkeiten. Rückläufige Umsätze bzw. Gewinne waren in fast allen Warenhäusern der Ambiente Warenhaus AG zu verzeichnen. Die Gründe hierfür waren vielschichtiger Natur. Zunehmende Marktstagnation, Sättigungstendenzen in den angestammten Sortimentsbereichen, rückläufige Bevölkerungsentwicklung und steigende Arbeitslosigkeit waren in diesem Zusammenhang zunächst zu nennen. Die zunehmende Konzentration und Verdrängung im Handel, die neuen Informations- und Kommunikationstechniken sowie das veränderte Konsumentenverhalten, bedingt durch einen Werte- und Lebensstilwandel der Konsumenten, verschlechterten die Erfolgsbedingungen für die Warenhäuser ebenfalls. Der Markt zwang den Nachfolger von Arthur Müller, Leonard Müller, bestehende Strukturen zu überdenken. So stellte man unter anderem auch die bestehende funktionale Aufbauorganisation in den einzelnen Häusern infrage. Versuchsweise fasste man dann in der Sportabteilung der Filiale in Hildesheim Einkäufer und Verkäufer in einem Geschäftsprozess „Verkauf an Kunden" zusammen: Die Mitarbeiter arbeiten also ohne große, zeitraubende und schwerfällige Umwege über Abteilungsleiter funktionsübergreifend zusammen. Alle Beschäftigten stehen direkt im Kontakt mit Kunden. Jeder überblickt den gesamten Vorgang.

Die **geschäftsprozessorganisierte Unternehmensstruktur** ist also durch zwei Merkmale gekennzeichnet:

- **Prozessorientierung:**
  Aufgehoben wird – so weit wie möglich – die bisherige funktionsorientierte Arbeitsteilung[1]. Die Tätigkeiten und Aufgaben, die in den einzelnen Abteilungen bisher getrennt wahrgenommen wurden, werden jetzt zu einem Prozess zusammengefasst. Dieser sollte möglichst vollständig ausgeführt werden.

- **Kundenorientierung**[2]:
  Um neue Kunden zu gewinnen bzw. Stammkunden zu halten, versuchen immer mehr Unternehmen, das Ziel „Kundenorientierung" als maßgeblich für die Verkaufsaktivitäten zu definieren.

---

1 siehe auch Kap. 11.2
2 siehe auch Kap. 11.1

11.5 WIR ERKENNEN DIE VORTEILE DER GESCHÄFTSPROZESSORIENTIERUNG

Warum Prozessorientierung?

Funktionale Gliederung
- Kunde als Störgröße
- starre Organisationsstruktur
- Strukturgestaltung steht im Vordergrund

Prozessorientierte Gliederung
- auf Kunden ausgerichtete Ziele
- flexible Organisationsstruktur
- Verhaltensgestaltung steht im Vordergrund

BEISPIEL

Die Kundenzufriedenheit ist sehr wichtig:

- Wiederholungskäufe zufriedener Kunden machen ca. 80 % des Umsatzes aus.
- Sicherung bestehender Kundenbeziehungen kostet nur 10–20 % des Aufwands gegenüber einer Neugewinnung von Kunden.

Alle Tätigkeiten und Aufgaben sind bei Geschäftsprozessen an den Kundenwünschen auszurichten.

Vermieden wird durch die Geschäftsprozessorientierung:

- **fehlender Kundenbezug**
  Vorgesetzten-Denken („Ist es meinem Chef recht …", Kunde ist unwichtig, in manchen Abteilungen zu weit weg)
- **fehlende Transparenz von Geschäftsvorgängen**
  Es ist oft nur schwer erkennbar, wie weit ein Vorgang in einem konkreten Fall bereits bearbeitet ist.
- **Medienbrüche**
  Daten werden von einem Informationsträger auf einen anderen Informationsträger übertragen. Das kann zu Fehlern führen.
- **lange Durchlaufzeiten**
  – lange Entscheidungswege (Informationen nach oben, Entscheidungen nach unten)
  – viele nicht wertschöpfende Tätigkeiten (Wartezeiten, Transportzeiten, wiederholte Einarbeitung in denselben Vorgang durch verschiedene Personen)
- **geringe Motivation**
  da nur spezialisierte Funktionsbearbeitung
- **hoher Abstimmungsbedarf**
  wegen abteilungsindividueller Ziele
- **übertriebenes Formularwesen**
  Papierflut zur Datenübergabe zwischen Abteilungen
- **geringe Informationsqualität**
  Daten stehen nicht allen Abteilungen zur Verfügung, inoffizielle Informationsnetze (nur für Eingeweihte)
- **Bürokratie**
  – schwerfällig – geringe Innovationen
- **hohe Lagerbestände**
  zum Ausgleich von Unsicherheiten, Probleme werden damit nicht sichtbar

Entscheidende betriebliche Faktoren

 Kundenorientierung

 standardisierte, unternehmensspezifische Arbeitsabläufe (= Geschäftsprozesse)

 betriebliche Kommunikationsstruktur

 Qualifizierung vorhandener Mitarbeiter

 qualitätsorientierte Personalpolitik

 Berücksichtigung aller am Leistungsprozess beteiligten Ressourcen (z. B. Personal, Maschinen und Informationssysteme)

Kosten- und Leistungsaspekte bleiben selbstverständlich Erfolgsfaktoren!

Prozessstruktur eines Unternehmens

DEFINITION
Die Gesamtheit aller Geschäftsprozesse bildet die **Prozessstruktur** eines Unternehmens. Ein Geschäftsprozess (= Hauptprozess) setzt sich aus einer Vielzahl von Teilprozessen zusammen.

Teilprozesse stellen die Teileinheiten des Geschäftsprozesses dar, die zusammengefügt den Geschäftsprozess ergeben und miteinander in Beziehung stehen. Es sind also Vorgangsschritte, die auf mehreren Ebenen weiter zerlegt und entweder
- nacheinander,
- parallel
- oder wahlweise

ausgeführt werden können.

Jeder Geschäftsprozess besteht immer aus den beiden Komponenten Warenprozess und Informationsprozess. Der **Warenprozess** umfasst den Warendurchlauf durch das Unternehmen: Die Ware wird bestellt, angeliefert, gelagert und an den Kunden verkauft. Gleichzeitig wird der Warenprozess von Informationsverarbeitung **(Informationsprozess)** begleitet. So werden beispielsweise Warenbestellungen durch Informationen ausgelöst.

Dabei ist der Auslöser des Prozesses ein Informations-/Dateninput (z. B. auf einem Datenträger/Beleg). Die Daten werden durch einen Aufgabenträger (Mensch oder Maschine) verarbeitet. Das Verarbeitungsergebnis wird durch Informationen beschrieben (Informations-/Datenoutput) und wieder auf einem Datenträger oder Beleg gespeichert. Dieser Datenoutput ist oftmals der Dateninput für einen darauffolgenden Informationsprozess.

Arten von Geschäftsprozessen

Es werden Kern- und Unterstützungsprozesse unterschieden:
- **Kernprozesse** erbringen die Hauptleistung eines Unternehmens. Sie sind kundennah.

Kernprozesse sind Prozesse, deren Aktivitäten einen direkten Bezug zum Produkt oder zur Dienstleistung des Unternehmens besitzen und damit direkt zur Wertschöpfung beitragen. Sie werden vom Kunden des Unternehmens wahrgenommen.

- **Unterstützungsprozesse** unterstützen die Kernprozesse durch interne Leistungen. Häufig werden sie auch Supportprozesse genannt. Sie stellen nicht das Kerngeschäft eines Unternehmens dar, weil sie nicht unmittelbar zur Bildung oder Erhaltung von Wettbewerbsvorteilen beitragen.

Unterstützende Prozesse sind – aus Kundensicht – nicht wertschöpfend, jedoch für den Betrieb der Kernprozesse unbedingt notwendig. Sie werden in der Regel nicht vom Kunden wahrgenommen.

11.5 Wir erkennen die Vorteile der Geschäftsprozessorientierung

Beitrag zur Wertschöpfung

Ein Handelsunternehmen kauft von seinen Lieferern zu einem bestimmten Preis Waren ein. Später werden diese zu einem höheren Preis an die Verbraucher weiterverkauft. Dieser Mehrwert ergibt sich aus der Leistungserstellung des Handelsbetriebs für den Kunden. So wird u. a.
- für den Kunden ein bedarfsgerechtes Sortiment gebildet,
- die Ware gelagert, bis der Kunde sie tatsächlich benötigt,
- der Kunde evtl. umfangreich beraten.

Die Schaffung von Mehrwert wird auch Wertschöpfung genannt.
Kern- und Unterstützungsprozesse können auch nach ihrem Beitrag zur Wertschöpfung eines Unternehmens unterschieden werden:

- **Kernprozesse**, die eine direkte Schnittstelle zum Kunden haben, erbringen eine direkte Wertschöpfung für den Kunden. So sind beispielsweise in einem Computerfachgeschäft, das den Zusammenbau eines PC aus Einzelelementen anbietet, die Montagekosten unmittelbar in dem Verkaufspreis enthalten.

- Bei **Unterstützungsprozessen** liegt keine direkte Schnittstelle zum Kunden vor. Sie übernehmen einen Service für andere Prozesse. Die Personalbereitstellung für die verschiedenen Abteilungen in einem großen Warenhaus erbringt z. B. eine Wertschöpfung für die Kernprozesse, die im Unternehmen stattfinden. Die Wertschöpfung ist also mittelbar.

Die Hoffmann KG möchte die Geschäftsprozessorientierung einführen. Dazu wendet sie sich an eine Unternehmensberatung. Die cell-consulting fasst alle Prozesse des Großhandelsunternehmens in einem Kernprozessmodell zusammen.

Anschließend wird ein Geschäftsprozessmodell für das Großhandelsunternehmen entwickelt und analysiert.

Die Prozentzahlen geben den Anteil der einzelnen Teilprozesse am Gesamtprozess wieder.

Strategien zur Optimierung von Geschäftsprozessen im Unternehmen

Das unternehmerische Handeln wird heute von tief greifenden Entwicklungstendenzen in der Wirtschaft geprägt. So führen beispielsweise die zunehmende internationale Wirtschaftsintegration, ausgelöst u. a. durch sinkende Zölle sowie durch einen immer stärker werdenden globalen Kapitalfluss, aber auch gesättigte Inlandsmärkte aufgrund von Überkapazitäten zu einer Globalisierung von Wettbewerb und Märkten. Der in den Industrienationen damit einhergehende Verdrängungswettbewerb bringt wiederum einen Preisverfall und sinkende Gewinnmargen mit sich, wodurch ein erheblicher Kostendruck auf die Unternehmen ausgeübt wird. Der Kostendruck wird noch verstärkt durch die Verknappung natürlicher Ressourcen, da hierdurch die Rohstoffpreise steigen. Auch vor dem Hintergrund der Umweltproblematik werden Investitionen für umweltfreundliche Produktion und Entsorgung notwendig. Insbesondere die beiden erstgenannten Entwicklungen werden noch forciert durch Innovationen im Bereich der Mikroelektronik, der Informatik und der Telekommunikation. Durch den Ausbau weltweiter Informations- bzw. Kommunikationsnetzwerke können Informationen beliebig kanalisiert und nahezu ohne Zeitverluste weltweit transportiert werden. Das führt zu einer Beschleunigung aller Geschäftsprozesse, was einen erheblichen Veränderungsdruck auf die Unternehmen mit sich bringt.

Durch diese Veränderungen im Wettbewerbsumfeld sowie die damit verbundene Änderung der Kundenbedürfnisse wird auch die absolute Kundenorientierung zur Überlebensfrage eines jeden Großhandelsunternehmens. Deshalb sind neben einem optimalen Preis-Leistungs-Verhältnis auch eine ausgezeichnete Qualität und der umfassendste Service wichtige Voraussetzungen zur Sicherung der Unternehmensexistenz. Jedes Unternehmen muss sich also Gedanken machen über die Optimierung seiner Geschäftsprozesse, um den Unternehmenserfolg und die Konkurrenzfähigkeit zu stärken. Dazu werden im Großhandel heute verschiedene Strategien – oft auch gleichzeitig – angewandt, die ursprünglich überwiegend aus dem Industriebereich stammen:

- **Just-in-time-Verfahren** (Jit)

  > **DEFINITION**
  > Just-in-time bedeutet, die Waren zum richtigen Zeitpunkt in richtiger Qualität und Menge am richtigen Ort bereitzustellen.

Alle Materialien werden stündlich oder täglich angeliefert und unverzüglich in den Verkaufsprozess übernommen. Der Just-in-time-Gedanke fordert eine rigorose Reduzierung der herkömmlichen Lager auf das absolut unvermeidbare Mindestmaß. Zentrale Wareneingangslager, in denen das gesamte Material mit mehrfacher Sicherheit liegt, passen nicht in dieses System.

- **Null-Fehler-Strategie und kontinuierlicher Verbesserungsprozess (KVP bzw. Kaizen)**

  > **DEFINITION**
  > Moderne Strategien zur Verbesserung der Geschäftsprozesse zeichnen sich durch ein System der Fehlerentdeckung und -beseitigung aus, das darauf abzielt, jedes Problem auf seine letztendliche Ursache zurückzuführen.

Es ergibt sich ein Prozess der kontinuierlichen Verbesserung (japanisch = Kaizen), der dazu führt, dass die Qualität fortlaufend steigt, Nacharbeiten immer seltener nötig werden und der Geschäftsprozess kaum noch unterbrochen wird.

- **Qualitätsmanagement**

  > **DEFINITION**
  > Unter Qualitätsmanagement versteht man eine auf der Mitwirkung aller Mitarbeiter beruhende Führungsmethode eines Unternehmens, die Qualität in den Mittelpunkt stellt und durch Zufriedenstellung der Kunden auf langfristigen Geschäftserfolg zielt.

Man versucht durch verschiedene Maßnahmen ein hohes Qualitätsniveau anzustreben. Qualität bezieht sich dabei sowohl auf die vermarkteten Produkte und Dienstleistungen als auch auf die internen Prozesse des Unternehmens. Qualität ist definiert als das Maß, in dem das betrachtete Produkt oder der betrachtete Prozess den Anforderungen genügt. Diese Anforderungen können explizit definiert sein, sie können aber auch implizit vorausgesetzt werden. Das Qualitätsmanagement soll sicherstellen, dass Waren, Dienstleistungen und Prozesse den Anforderungen entsprechend abgearbeitet werden.

11.5 WIR ERKENNEN DIE VORTEILE DER GESCHÄFTSPROZESSORIENTIERUNG

Das Qualitätsmanagement dient damit der Schaffung von Vertrauen bei Führung und Kunden.

- **Outsourcing**

> **DEFINITION**
> Beim Outsourcing werden Prozesse, die nicht Kernprozesse des Unternehmens darstellen, ausgegliedert, d. h. Fremdunternehmen übertragen. Hiervon erhofft man sich Qualitätssteigerungen und/oder Kostensenkungen.

- **Supply-Chain-Management**

Unter Supply-Chain-Management versteht man eine neue Form der integrierten Planung, Steuerung und Kontrolle aller in einer Liefer- und Wertschöpfungskette auftretenden logistischen Aktivitäten.

> **DEFINITION**
> Supply-Chain-Management ist die unternehmensübergreifende Koordination der Waren-, Informations- und Geldflüsse über den gesamten Wertschöpfungsprozess von der Rohstoffgewinnung über die einzelnen Veredlungsstufen bis hin zum Endkunden mit dem Ziel, den Gesamtprozess sowohl zeit- als auch kostenoptimal zu gestalten.

Das Supply-Chain-Management führt zu einer (unternehmens-) übergreifenden Prozessverbesserung, da Kunden, Lieferer und weitere Dienstleister in die logistische Kette einbezogen werden. Es wird von einem Unternehmen versucht, durchgängige, übergreifende Prozesse zu realisieren.

Geschäftsprozesse und ERP-Programme

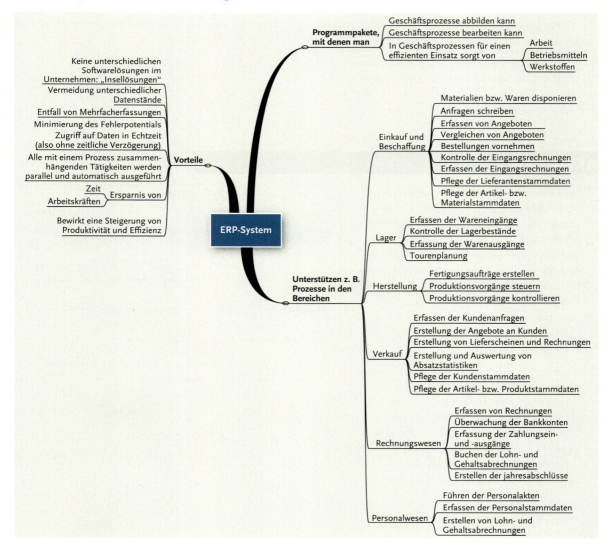

11 GESCHÄFTSPROZESSE DARSTELLEN UND OPTIMIEREN

Das Geschäftsprozessdenken findet seinen Niederschlag softwaremäßig im Rahmen von ERP-Programmen. Dies sind Programmpakete, mit denen alle Geschäftsprozesse (abgebildet und) bearbeitet werden können. Vermieden werden dadurch die negativen Folgen, die sich aus dem Einsatz unterschiedlicher Programme – man spricht in solchen Fällen von Insellösungen – in den verschiedenen Abteilungen ergeben. Im ERP-System greifen alle Abteilungen auf eine gemeinsame Datenbank zu, die allen Mitarbeitern als einheitliches Arbeitswerkzeug in allen Unternehmensbereichen zur Verfügung steht.

AUFGABEN

1. Durch welche Veränderungen sind Unternehmen gezwungen, sich mit der Geschäftsprozessorientierung auseinanderzusetzen?
2. Zu welchen Nachteilen können herkömmliche Formen der Aufbauorganisation führen?
3. Was versteht man unter einem Geschäftsprozess?
4. Führen Sie die Merkmale eines Geschäftsprozesses auf.
5. Erläutern Sie, warum die Kundenorientierung im Vordergrund der Geschäftsprozessorientierung steht.
6. Wodurch unterscheiden sich Kernprozesse von Unterstützungsprozessen?
7. Führen Sie drei Merkmale von Kernprozessen auf.
8. Erläutern Sie die Begriffe
   a) Warenprozess,
   b) Informationsprozess.
9. Erläutern Sie, warum Geschäftsprozesse immer auch Wertschöpfungsprozesse sind.

AKTIONEN

1. Visualisieren Sie die Informations-, Geld- und Warenströme innerhalb des Kernprozesses „Beschaffung und Absatz von Waren im Handel".
   a) Analysieren Sie die folgende Grafik.
   b) Kontrollieren Sie die den Kernprozess „Beschaffung und Absatz von Waren" unterstützenden Ströme:
      – Informationsströme
      – Geldströme
      – Warenströme

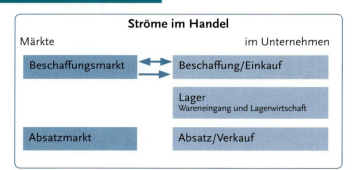

2. Erinnern Sie sich noch einmal an den Vorfall aus der Geschichte der Ambiente Warenhaus AG:
   Der Verkäufer wollte dem Kunden, der Fisch kaufen wollte, bestmögliche Qualität anbieten und sicherte das seinem Gegenüber auch zu. Der Einkäufer dagegen kaufte damals sehr große Mengen Fisch ein, um Rabatte nutzen zu können. Sein Ziel war ja die Senkung der Einkaufskosten. So gefährdete er die Frische der Produkte und damit die Kundenzufriedenheit. Da er nicht im Kundenkontakt stand, konnte er das aber nicht direkt und sofort merken ...
   a) Arbeiten Sie heraus, worin das Problem in dieser Situation liegt.
   b) Entwerfen Sie einen Lösungsvorschlag und wenden Sie dabei Ihr Wissen über die Geschäftsprozessorientierung an.
   c) Präsentieren Sie Ihre Lösung.

11.5 WIR ERKENNEN DIE VORTEILE DER GESCHÄFTSPROZESSORIENTIERUNG

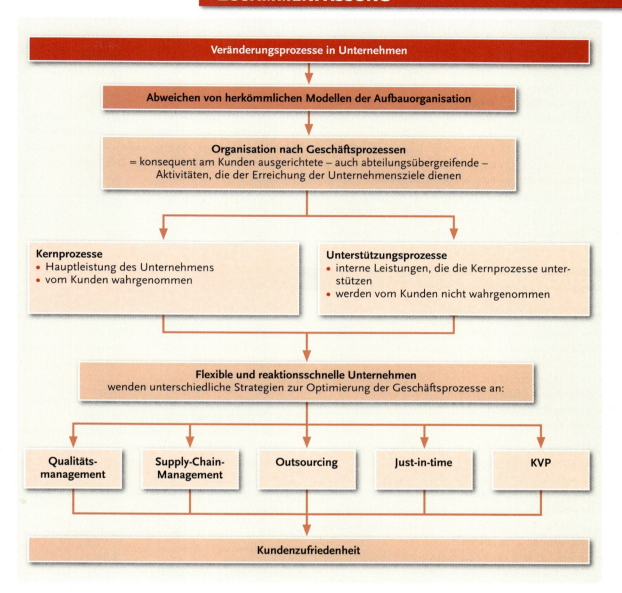

11.6 Wir visualisieren Geschäftsprozesse zur Geschäftsprozessoptimierung

Einstieg

Dominik Schlote nähert sich dem Schreibtisch von Carolin Saager.

Dominik Schlote:	Hallo Carolin, kommst du mit zur Mittagspause?
Carolin Saager:	Ja, einen Moment noch.
Dominik Schlote:	Was zeichnest du denn da gerade?
Carolin Saager:	Wir erstellen gerade in der Verkaufsabteilung eine ereignisgesteuerte Prozesskette. Ich bin gerade dabei, Folgendes zu visualisieren: Ist eine Anfrage eingegangen, bearbeitet die Verkaufsabteilung diese Anfrage. Dazu verwendet sie den Beleg Kundenanfrage und greift auf die Artikelstammdaten zu. Ist die Anfrage bearbeitet, geht es weiter mit der Tätigkeit „Auftrag bearbeiten".
Dominik Schlote:	Das klingt mir aber nach Beschäftigungstherapie …

1. Begründen Sie die Notwendigkeit der Visualisierung von Geschäftsprozessen.

2. Erstellen Sie für den oben aufgeführten Vorgang eine erweiterte ereignisgesteuerte Prozesskette.

INFORMATIONEN

Geschäftsprozessmodellierung

Das Hauptziel des Denkens in Geschäftsprozessen ist die Beseitigung von Schwachstellen im Unternehmen. Typische Schwachstellen sind:
- hohe Durchlaufzeiten,
- hohe Prozesskosten,
- geringe Produktivität,
- hohe Fehlerquoten.

Die Vorgehensweise bei der Geschäftsprozessoptimierung besteht aus drei Schritten:
- In einer Istanalyse werden die bestehenden Prozesse erfasst und dokumentiert
- In einer darauf folgenden Schwachstellenanalyse wird versucht, Rationalisierungspotenziale und Verzögerungsgründe aufzuspüren.
- Schließlich wird ein Sollkonzept erstellt, das den optimierten Geschäftsprozess beschreibt.

Geschäftsprozesse von Unternehmen können sehr komplex sein. Es ist daher besonders wichtig, diese strukturiert und übersichtlich darzustellen. Um Geschäftsprozesse erfolgreich optimieren zu können, müssen diese zunächst verstanden, analysiert, gestaltet und schließlich ständig überwacht werden. Dies geht nur, wenn die Geschäftsprozesse auch optisch dargestellt und veranschaulicht werden.

Um die Geschäftsprozesse also optimieren zu können, werden die Geschäftsabläufe im Unternehmen dokumentiert. Diesen Vorgang nennt man Geschäftsprozessmodellierung. Jeder Mitarbeiter bekommt durch die grafische Abbildung der Geschäftsprozesse die Möglichkeit, die ihm zugeordneten Aufgaben innerhalb der Geschäftsprozesse zu identifizieren. Die Geschäftsprozessbeschreibungen stellen somit Organisationsrichtlinien und Handlungsanweisungen dar.

Ein Geschäftsprozessmodell enthält
- die Identifikation der Tätigkeit des Unternehmens,
- die Bearbeitungsreihenfolge der Aktivitäten,
- die Beschreibung der Ereignisse, welche die Durchführung der Aktivitäten beeinflussen,
- die Beschreibung der Daten, die zur Abwicklung der Aktivitäten braucht werden,
- die Feststellung der Personen, die die Aktivitäten durchführen.

Geschäftsprozesse können von unterschiedlichen Gesichtspunkten aus betrachtet werden:

- Funktionssicht (Ablaufsicht)
  Untersucht wird, welche Tätigkeiten im Rahmen der Geschäftsprozesse durchgeführt werden müssen und wie diese zusammenhängen. Die Funktionssicht schaut auf die Methoden und zugehörigen Teilmethoden eines Geschäftsprozesse.

BEISPIEL

- Im Beschaffungsprozess der Hoffmann KG werden Anfragen erstellt und später Angebote verglichen.

- Der Geschäftsprozess „Wareneingang" setzt sich aus den Aktivitäten „Warenannahme", „Wareneingangsprüfung", „Einlagerung der Waren" und „Rechnungsprüfung" zusammen.

- Organisationssicht
Betrachtet wird, welche Stelle bzw. Abteilung für diesen Prozess verantwortlich ist. Es werden also die Bearbeiter der betrieblichen Prozesse und ihre zugehörigen Organisationseinheiten bestimmt.

BEISPIEL

- Herr Hickel ist für das Erstellen der Anfragen und das Auswerten der Angebote verantwortlich.
- Für die Warenannahme in der Hoffmann KG ist Herr Kruk zuständig

- Informationssicht
Geklärt wird, welche Daten und welche IT-Ressourcen für die Abwicklung des Geschäftsprozesses erforderlich sind. Beschrieben werden auch die Zustände der am Geschäfts Prozessbeteiligten Informationsobjekte.

BEISPIEL

- Herr Hickel benötigt unter anderem die Lieferantendatei sowie die vorliegenden Angebote.
- Herr Kruk ändert in dem Warenwirtschaftssystem den Status der eingetroffenen Ware auf „Bestellung eingetroffen".

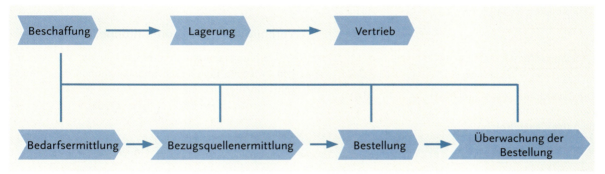

Auf der oberen Ebene des Wertschöpfungskettendiagramms lässt sich die Abfolge der Prozesse in der Hoffmann KG erkennen. Eine Ebene tiefer sind die Prozesse zu sehen, die dem Prozess Beschaffung untergeordnet sind.

Wertschöpfungskettendiagramme

Eine Möglichkeit, Geschäftsprozesse eines Unternehmens einfach und intuitiv erfassbar darzustellen, sind Wertschöpfungskettendiagramme. Ein Wertschöpfungskettendiagramm dient der Veranschaulichung der Kern- und Unterstützungsprozesse eines Unternehmens. Die einzelnen Vorgänge des Geschäftsprozesses werden in der Reihenfolge ihres Ablaufs aneinandergereiht. Jeder Teilprozess kann wiederum in Unterprozesse zerlegt werden. Diese bestehen wiederum aus kleineren Teilprozessen.

Wertschöpfungskettendiagramme werden schnell zu unübersichtlich, wenn die Anzahl der dargestellten Teilprozesse zu groß wird. In solchen Fällen eignen sich eher ereignisgesteuerte Prozessketten.

Ereignisgesteuerte Prozessketten

Geben Wertschöpfungskettendiagramme einen groben Überblick, können mithilfe ereignisgesteuerter Prozessketten gezielt Details betrachtet werden.

Eine ereignisgesteuerte Prozesskette dient der grafischen Beschreibung komplexer Prozesse: Der logische Ablauf der Tätigkeiten wird durch eine Folge von Funktionen oder Ereignissen sowie logischen Operatoren beschrieben.

Ereignisgesteuerte Prozessketten bestehen aus den folgenden Elementen:

Funktionen

Funktionen sind Tätigkeiten, betriebswirtschaftliche Vorgänge bzw. fachliche Aufgaben im Unternehmen. Da die Ausführung einer Funktion Zeit und Ressourcen beansprucht, entstehen Kosten.

BEISPIEL

Herr Hickel führt einen Angebotsvergleich durch.

> Angebot vergleichen

Funktionen werden bezeichnet durch ein Informationsobjekt (hier: Angebot) und eine Tätigkeit (hier: vergleichen). Eine Funktion ist ein Prozess, der auf ein Ereignis folgt.

Ereignisse

Unter dem Ereignis einer ereignisgesteuerten Prozesskette versteht man den eingetretenen Zustand, der den weiteren Verlauf des Geschäftsprozesses bestimmt. Ein Ereignis markiert also einem Zeitpunkt in Geschäftsprozessen: Ein Starterereignis stellt den Auslöser eines Prozesses dar. Zwischenergebnisse zeigen Zustandsänderungen an. Das Endergebnis bezeichnet das Ergebnis eines Prozesses. Ereignisse lösen Funktionen aus, die ihrerseits wiederum Ereignisse herbeiführen können.

Da Ereignisse weder Zeit noch Ressourcen benötigen, verursachen sie keine Kosten.

BEISPIEL

Ein Angebot ist eingetroffen.

Die Bezeichnung eines Ereignisses besteht i. d. R. aus einem Informationsobjekt (hier: Angebot) und einem Partizip (hier: eingetroffen).

Pfeile

Pfeile stellen den Informationsfluss zwischen den einzelnen Symbolen einer ereignisgestützten Prozesskette dar. Sie verbinden also beispielsweise Funktionen und Ereignisse. Pfeile werden oft auch als Kanten bezeichnet.

BEISPIEL

Das Eintreffen von Angeboten löst einen Angebotsvergleich aus.

Verknüpfungsoperatoren (Konnektoren)

Verknüpfungsoperatoren ermöglichen es, Verzweigungen zwischen Ereignissen und Funktionen bzw. umgekehrt einzufügen.

Bedeutung der Konnektoren			
Symbol	Name	Pfade werden getrennt	Pfade werden zusammengeführt
∧	UND	*Alle* ausgehenden Verläufe müssen ausgeführt werden.	*Alle* eingehenden Verläufe bewirken den nachfolgenden Prozessverlauf.
∨	ODER	Es muss *mindestens einem* der möglichen Verläufe gefolgt werden.	Von *mindestens einem* der möglichen Verläufe wird der nachfolgende Prozessverlauf ausgelöst.
XOR	Exklusives ODER	Es muss *genau einem* der möglichen Verläufe gefolgt werden.	Von *genau einem* der möglichen Verläufe wird der nachfolgende Prozessverlauf ausgelöst.

Konnektoren werden benutzt, um folgende Situationen abzubilden:

- Es können Funktionen parallel ausgeführt werden: Es wird der Konnektor UND genutzt.
- Es sind mehrere Entscheidungen möglich. Wenn mehrere Optionen offenstehen, wird OR verwendet.

BEISPIEL

In der Produktionsabteilung für Fahrräder beginnt der Prozess „Fahrräder produzieren" erst dann, wenn sowohl das Ereignis „Arbeitskräfte anwesend" als auch das Ereignis „Materialien verfügbar" eingetreten ist.

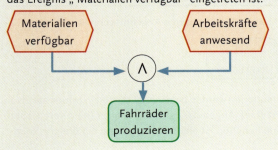

BEISPIEL

Soll Ware bei der Hoffmann KG verpackt werden, können ein, zwei oder drei Ereignisse eintreten.

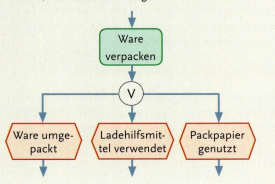

11.6 WIR VISUALISIEREN GESCHÄFTSPROZESSE ZUR GESCHÄFTSPROZESSOPTIMIERUNG

- Es ist nur eine der angegebenen Optionen möglich. In diesem Fall kommt der Konnektor XOR zur Anwendung.

BEISPIEL 1

Die Hoffmann KG möchte eine Ware an die Ambiente Warenhaus AG versenden. Es kommen dazu verschiedene Frachtführer in Betracht, aber nur genau einer bekommt den Auftrag.

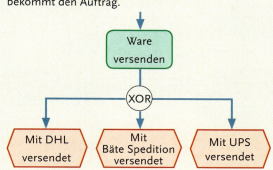

BEISPIEL 2

Diese ereignisgesteuerte Prozesskette aus der Personalabteilung der Hoffmann KG zeigt einen Ausschnitt aus dem Teilprozess Bearbeitung von Urlaubsanträgen:

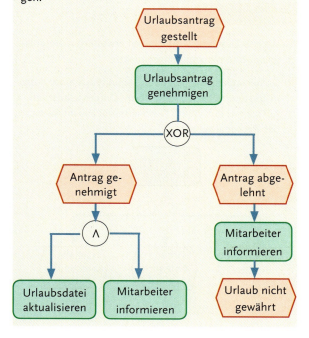

Erweiterte ereignisgesteuerte Prozessketten

Mit erweiterten ereignisgesteuerten Prozessketten kann die Aussagekraft über den Ablauf von Geschäftsprozessen in Unternehmen wesentlich erhöht werden. Der logische Ablauf eines Geschäftsprozesses wird jetzt um die Elemente Organisationseinheit und Informationsobjekt ergänzt:

- **Organisationseinheit**

Eine Organisationseinheit beschreibt, wo genau die in einer Funktion beschriebene Aufgabe erledigt wird. Eine typische Organisationseinheit ist eine Abteilung, die wiederum durch Stellen gebildet wird. Eine Organisationseinheit ist verantwortlich für die Aufgaben, die dem Erreichen des Unternehmensziels dienen.

BEISPIEL

Für die Funktion „Ware verkaufen" ist in der Hoffmann KG die Abteilung Verkauf verantwortlich

- **Informationsobjekt**

Ein Informationsobjekt beschreibt die datentechnische Abbildung der realen Welt. Es kann als Input oder Output einer Funktion angesehen werden. Es symbolisiert Daten bzw. Datensätze. Informationsobjekte geben im Rahmen einer ereignisgestützten Prozesskette also die für die Durchführung einer Funktion benötigten Daten an.
Die Pfeilrichtung der Kanten zwischen Funktion und Informationsobjekt zeigt, in welche Richtung die Informationen fließen.

BEISPIEL

Werden Waren verkauft, benötigt die Hoffmann KG Artikel- und Kundendaten.

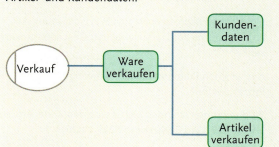

Im Rahmen der Funktion „Ware verkaufen" werden Artikelstammdaten gelesen. Deshalb zeigt der Pfeil vom Informationsobjekt zur Funktion. (Wäre die Funktion „Daten schreiben", wäre die Pfeilrichtung umgekehrt). Da Kundendaten von der „Funktion Artikel" verkaufen sowohl gelesen als auch geschrieben werden, sind Pfeilspitzen an beiden Enden der Kanten.

- **Beleg**

Ein Beleg ist ein schriftliches Dokument, das durch das Unternehmen geht bzw. in den Betrieb gelangt oder nach außen gesendet wird.

BEISPIEL

Für die Darstellung von Belegen wird das folgende Symbol verwendet.

Nachdem die Lieferantenrechnung eingegangen ist, führt die Abteilung Rechnungswesen die Rechnungsprüfung durch. Sie verwendet dazu die Belege Rechnung und Wareneingangsschein. Zum Abgleich zieht sie die Bestelldaten hinzu.

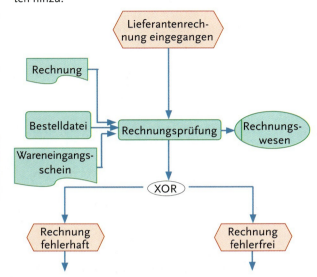

AUFGABEN

1. Führen Sie typische Schwachstellen in Unternehmen auf.
2. Aus welchen Prozessen besteht die Geschäftsprozessoptimierung?
3. Was versteht man unter der Geschäftsprozessmodellierung?
4. Warum sollten Geschäftsprozesse optisch dargestellt und veranschaulicht werden?
5. Von welchen Gesichtspunkten aus können Geschäftsprozesse betrachtet werden?
6. In welchen Fällen eigenen sich Wertschöpfungskettendiagramme zur Darstellung von Geschäftsprozessen?
7. Aus welchen Elementen bestehen ereignisgesteuerte Prozessketten?
8. Wodurch unterscheiden sich die beiden Konnektoren ODER (OR) und Exklusives ODER (XOR)?
9. Welche Elemente kommen bei erweiterten ereignisgesteuerten Prozessketten hinzu?
10. Carolin schaut sich einen Ausschnitt aus einer ereignisgesteuerten Prozesskette an. Dargestellt ist ein Ausschnitt aus einem Geschäftsprozess im Bereich des Personalwesens.

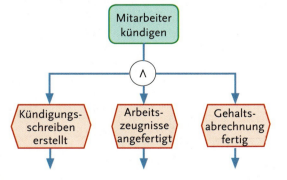

a) Welche Bedeutung hat der Konnektor?
b) Erläutern Sie den Geschäftsprozess.

11.6 WIR VISUALISIEREN GESCHÄFTSPROZESSE ZUR GESCHÄFTSPROZESSOPTIMIERUNG

11. Dominik Schlote betrachtet den folgenden Ausschnitt aus einer ereignisgesteuerten Prozesskette.

    a) Welche Bedeutung hat der Konnektor?
    b) Erläutern Sie den Geschäftsprozess.

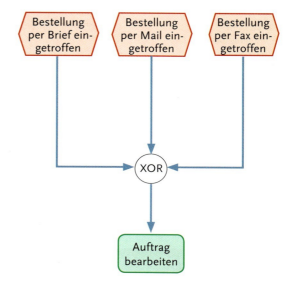

AKTIONEN

1. Bearbeiten Sie zur Vertiefung und Anwendung Ihres Wissens über Geschäftsprozesse das Lernprogramm unter der folgenden Internetadresse:
http://www.leed.ch/history/eepk/

2. Wertschöpfungskettendiagramme eignen sich nicht nur zur Darstellung von Geschäftsprozessen. Man kann mit ihnen auch private Vorgänge visualisieren.
   - Lesen Sie den folgenden Text.
   - Stellen Sie den optimalen Lernprozess als Wertschöpfungskettendiagramm dar.

> Viele meinen, wenn sie einen Text oder eine Aufgabe „angeschaut" (überflogen, kurz betrachtet) haben, sei dies schon Lernen. Natürlich gehört das schnelle Überfliegen auch schon zum Lernen; ein vollständiger Lernprozess ist dies aber noch lange nicht.
>
> Um optimal zu lernen muss man sich folgendes klar machen
>
> Ein bisschen Lernen genügt nicht! Angeschaut ist noch nicht gelesen. Gelesen ist noch nicht bearbeitet. Bearbeitet ist noch nicht fürs Einprägen vorbereitet. Fürs Einprägen vorbereitet ist noch nicht memoriert. Memoriert ist noch nicht abgerufen. Abgerufen ist noch nicht angewendet!
>
> Also empfiehlt sich folgendes Vorgehen
> - Um einen Sachzusammenhang zu verstehen und zu kennen, muss man die Sache (Text, Buchkapitel usw.) zuerst erkunden. Zum Erkunden gehört das Überfliegen eines Textes, das Lesen der Titel und Zwischentitel, der Zusammenfassungen, des Buchumschlags usw.
> - Anschließend sollte der Text bearbeitet werden (die Inhaltsstruktur skizzieren, den Text lesen, markieren, unterstreichen, Aufgaben lösen, Bildtext lesen usw.).
> - Darauf folgend muss man den Inhalt fürs gehirngerechte Einprägen aufbereiten.
> - Dann muss man die Sache „lernen" (im Sinne von wiederholen, üben, memorieren, laut lesen, auswendig vortragen, die Skizze auswendig aufzeichnen, eine Skizze beschriften, zu einem Bild den Bildtext schreiben, jemandem die Sache erklären und darlegen usw.).
> - Danach muss man den Inhalt rekonstruieren (das heißt abfragen und frei abrufen, auswendig aufzählen, laut wiederholen, mit eigenen Worten wiederholen, eine Aufgabe nochmals lösen, Daten und Fakten aufschreiben, Fragen auswendig beantworten, das Gelernte testen und überprüfen usw.).
> - Und schließlich ist das Gelernte zu vertiefen. Man muss das neu Erworbene anwenden.
>
> vgl.: Peter Gasser: Lerne lieber gehirngerecht! Bern, hep Verlag 2011, S.37

3. Zum besseren Verständnis der Anwendung von Konnektoren erstellen Sie für die folgenden Aufgabenstellungen die entsprechenden Ausschnitte aus ereignisgesteuerten Prozessketten:
   a) Das Ereignis tritt ein, wenn genau eine der zwei Funktionen durchgeführt wurde.
   b) Nach der Durchführung der Funktion tritt mindestens eines der zwei Ereignisse ein.

c) Beide Ereignisse treten ein, sobald die Funktion ausgeführt ist.
d) Genau eines der zwei Ereignisse muss gegeben sein, damit die Funktion ausgeführt werden kann.

4. Dominik Schlote soll für die Personalabteilung eine ereignisgesteuerte Prozesskette für den Geschäftsprozess „Bearbeitung eines Urlaubsantrags" erstellen. Er informiert sich über den Ablauf des Geschäftsprozesses:

Kommt der ausgefüllte Urlaubsantrag in die Abteilung, beginnt diese die Tätigkeit „Antrag genehmigen". Genau ein Ereignis kann dann eintreten:
- Entweder wird der Antrag genehmigt. Parallel muss dann der Mitarbeiter informiert werden und andererseits müssen die Daten in der Urlaubsdatei aktualisiert werden. Konsequenz mindestens einer dieser beiden Tätigkeiten: „Urlaub genehmigt".
- Oder der Antrag wird abgelehnt. Die Abteilung muss dann den Mitarbeiter informieren über die Konsequenz: „Urlaub nicht genehmigt".

ZUSAMMENFASSUNG

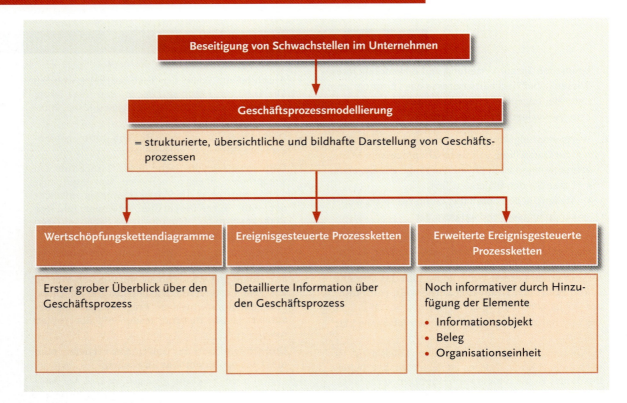

11.7 Wir sichern die Qualität von Geschäftsprozessen

Einstieg

Carolin Saager: „Herr Hoffmann, ich habe hier den Entwurf für die Stellenanzeige, um die Sie mich heute Morgen gebeten haben."

Herr Hoffmann: „Oh ja, Klasse! In dem Bereich brauchen wir nämlich unbedingt einen Profi. Ich schaue mir mal Ihren Entwurf an. Sie brauchen anschließend nur noch unsere Adressdaten hinzuzufügen, dann kann das Ganze zur Zeitung."

Zur Verstärkung des Managementteams suchen wir eine/n

Leiter/-in Qualitätsmanagement

Aufgabengebiet:

In dieser Funktion sind Sie verantwortlich für das gesamte Qualitätsmanagement des Unternehmens und berichten dabei direkt an die Geschäftsführung. Sie gelten als Hauptansprechperson für Qualitätsthemen und koordinieren als Schnittstellenfunktion sämtliche qualitätsverbessernden Maßnahmen, um nachhaltige Qualitätssicherung im Rahmen des KVP-Prozesses im Vertrieb unserer Großhandelsfilialen bzw. in der Produktion unserer Produktionsabteilungen zur Umsetzung zu bringen. Ein besonderes Augenmerk liegt in der Weiterentwicklung und Etablierung des Bewusstseins für Qualitätswesen im gesamten Unternehmen wie auch in der bereichsübergreifenden und transparenten Kommunikation von qualitätsrelevanten Themenstellungen und Problemen. Weitere Schwerpunkte Ihrer Arbeit sind die Mitwirkung bei der Auswahl und Entwicklung der (teils internationalen) Lieferanten, die Durchführung von Audits (ISO 9001) wie auch die professionelle Führung Ihres kleinen kompetenten Teams, das Sie bei Ihren Aufgaben tatkräftig unterstützt.

Anforderungen:

Als Idealkandidat/-in verfügen Sie über eine solide kaufmännische Ausbildung (z. B. Kaufmann oder Kauffrau für Büromanagement bzw. in ähnlichen Berufen) sowie eine umfassende Ausbildung im Qualitätsmanagement. Unabdingbar sind weiterhin mehrjährige relevante Berufspraxis im Qualitätsmanagement sowie nachweisbare und erfolgreiche Führungstätigkeit. Gute IT-Kenntnisse (MS Office, speziell Excel, PowerPoint) sowie sehr gute Deutsch- und Englischkenntnisse setzen wir voraus. In persönlicher Hinsicht überzeugen Sie durch hohes technisches Verständnis, Projektmanagementkompetenz, Delegations- und Organisationsstärke, Führungs- und Kommunikationskompetenz sowie Durchsetzungsvermögen. Örtliche Flexibilität und regelmäßige Reisebereitschaft runden Ihr Profil ab.

Wir empfehlen diese Position, weil ...

... Sie eine sehr verantwortungsvolle und abwechslungsreiche Tätigkeit erwartet.

... Sie durch Ihre Leistung maßgebliche Unternehmensprozesse aktiv mitgestalten und aufbauen werden.

... Sie ein sehr wertschätzendes und auf Vertrauen aufbauendes Betriebsklima vorfinden.

Stellen Sie fest, warum Herr Hoffmann die Qualitätssicherung für sehr wichtig für sein Unternehmen hält.

INFORMATIONEN

Qualitätssicherung in Geschäftsprozessen

Negative Vorfälle in Geschäftsprozessen verursachen Kosten, erzeugen Spannungen und sind nicht selten Quellen für eine Gefährdung der Marktposition.

Um sich auf ihren Märkten behaupten zu können, müssen Unternehmen deshalb qualitativ hochwertige Produkte herstellen bzw. vertreiben oder entsprechende Dienstleistungen bereitstellen. Dafür sind effiziente Geschäftsprozesse notwendig. Diese werden durch Maßnahmen der Qualitätssicherung gewährleistet.

> **DEFINITION**
> Unter **Qualitätssicherung** versteht man alle systematisch durchgeführten Tätigkeiten, die sicherstellen, dass ein Produkt bzw. eine Dienstleistung festgelegten Qualitätsanforderungen entspricht.

Die Qualitätssicherung ist ein elementarer Bestandteil der Erstellung von Produkten, des Vertriebs von Waren oder des Angebots von Dienstleistungen. Es geht dabei weniger um eine nachträgliche Kontrolle der erbrachten Leistungen, sondern eher um eine Vermeidung von Fehlern in den laufenden Geschäftsprozessen. Dies zu gewährleisten ist kein einmaliges Vorgehen, sondern ein kontinuierlicher Prozess: Die Qualität muss laufend kontrolliert und verbessert werden.

BEISPIEL

Die Hoffmann KG hat festgestellt, dass ein während der Fahrradproduktion entstandener Materialfehler, der zu einer großen Rückrufaktion führte, ein Vielfaches an Kosten verursachte, verglichen mit Maßnahmen zur Identifikation und Behebung während der Produktionsphase.

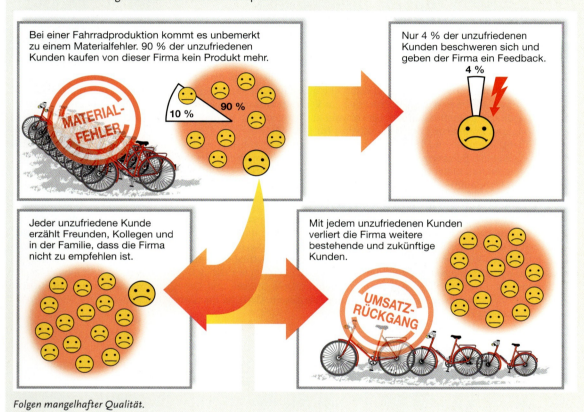

Folgen mangelhafter Qualität.

Die Qualitätssicherung als Unternehmensstrategie spielte früher lediglich in Industrieunternehmen eine Rolle. Dort bezog sie sich vor allem auf die technische Qualität der hergestellten Produkte am Ende der Fertigung. Diese enge Qualitätssicht wurde jedoch aufgegeben, mittlerweile sind alle Funktionen eines Unternehmens einbezogen. Damit werden die Qualitätsmanagementkonzepte auch für alle anderen Wirtschaftsbereiche relevant. Qualitätsmanagementsysteme dienen also der Sicherstellung aller Dienstleistungen eines Unternehmens.

Eine entscheidende Qualitätssicherungsmaßnahme ist die Verwendung von Qualitätssicherungsnormen. Diese beschreiben einen gewissen Standard bei der Umsetzung der Qualitätssicherung.

Viele Unternehmen lassen sich im Rahmen eines Zertifizierungsprozesses durch eine unabhängige Zertifizierungsstelle bestätigen, dass sie einen angemessenen Standard erreicht haben.

11.7 WIR SICHERN DIE QUALITÄT VON GESCHÄFTSPROZESSEN

Vorteile der Qualitätssicherung

Externe Zertifikate haben eine sehr hohe marktstrategische Bedeutung. Mit ihnen können Unternehmen gegenüber Geschäftspartnern eine hohe Qualität der Geschäftsprozesse (und damit auch der Produkte bzw. Dienstleistungen) nachweisen. Intern hilft ein externes Zertifikat, durch den Zertifizierungsprozess die Geschäftsprozesse weiter effizient und optimal zu entwickeln.

Ziele des Qualitätsmanagement-Systems:	Nutzen eines zertifizierten QM-Systems:
• Verminderung von Fehlleistungen in allen Tätigkeitsbereichen • Zufriedenstellung der Kunden • bessere Erfassung und Umsetzung der Kundenbedürfnisse • frühe Fehlererkennung	• Reduktion der Fehlerkosten • zufriedenere Kunden • Vorteile bei der Arbeitsvergebung der öffentlichen Hand • Vorteile bei Kooperationen mit zertifizierten Firmen (gleiche Sprache)

Qualität wird immer wichtiger.

Die Normenreihe ISO 9000 ff.

Die Normenreihe ISO 9000 ff. dokumentiert die Grundsätze aller Maßnahmen zur Qualitätssicherung. Durch diese Normenfamilie wird die Erfüllung der Forderungen der Kunden und anderer interessierter Parteien angestrebt.

Das Qualitätsmanagement-System nach ISO 9000 besteht aus drei Normen:

- ISO 9001: Norm für die Qualitätssicherung in Design/Entwicklung, Produktion, Montage und Kundendienst. Mit der Einführung eines Qualitätsmanagementsystems nach der ISO 9001 entscheidet sich ein Unternehmen für eine Organisationsform, die sich bemüht, kontinuierlich Kundenerwartungen zu erfüllen.

- ISO 9002: Norm für die Qualitätssicherung in der Produktion und der Montage
- ISO 9003: Norm für die Qualitätssicherung bei der Endprüfung

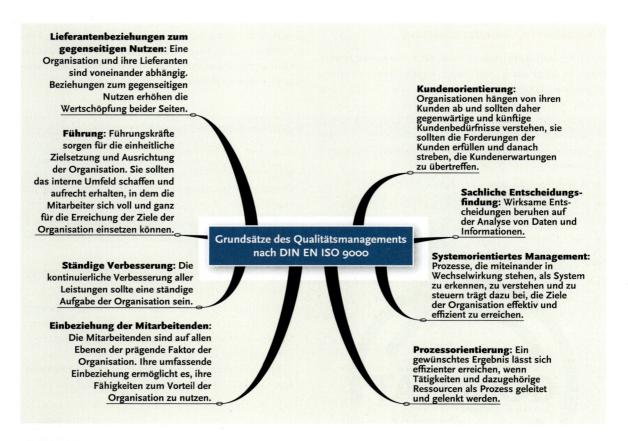

Aufbau des QM-Systems nach ISO 9000

Unternehmen, die ein Qualitätsmanagementsystem nach DIN EN ISO 9000 ff. eingeführt haben, können die Überprüfung durch eine akkreditierte Zertifizierungsstelle (z. B. DEKRA, TÜV.) beantragen. Hierbei wird u. a. die Existenz eines Qualitätsmanagement-Handbuches (QM-Handbuch) überprüft. In einem QM-Handbuch haben die Unternehmen ihre Qualitätspolitik vorzustellen und die Organisation ihres Qualitätsmanagementsystems zu beschreiben. Es enthält z. B. Angaben über Verantwortungsbereiche, Verfahrensvorschriften und die Ablauforganisation bei der Qualitätssicherung.

Für die Zertifizierung sind je nach Zertifikat alle 20 Kapitel (ISO 9001) der Norm oder nur Teile davon (ISO 9002 und ISO 9003) zu erfüllen. So wird u. a. festgelegt:

Geschäftsleitung: Die Geschäftsleitung legt ihre Zielsetzungen und die Verpflichtung aller Mitarbeiter zur Qualität fest und sorgt dafür, dass die Qualitätspolitik von allen verstanden wird.

Qualitätsmanagement-System: Das QM-System wird in einem Qualitätsmanagement-Handbuch und in Anschlussdokumenten beschrieben und dokumentiert.

Beschaffung: Alle zugekauften Produkte müssen die festgelegten Anforderungen erfüllen. Dies wird erreicht durch sorgfältige Lieferantenauswahl, gewissenhafte Überwachung der Zulieferungen und eindeutige Beschaffungsunterlagen.

Prozesslenkung: Die Qualitätsanforderungen sollten in jeder Phase erfüllt werden können. Dies wird erreicht durch klare Arbeitsanweisungen, beherrschte Geschäftsprozesse, qualifiziertes und geschultes Personal und gezielte Überwachung der Geschäftsprozesse und Waren.

Lenkung von Qualitätsaufzeichnungen: Qualitätsaufzeichnungen dienen dazu, die Erfüllung der Qualitätsanforderungen nachzuweisen und das Funktionieren des Qualitätsmanagement-Systems aufzuzeigen.

Schulung: Die Schulung aller Mitarbeiter ist unerlässlich für die erfolgreiche Umsetzung des Qualitätsgedankens.

11.7 WIR SICHERN DIE QUALITÄT VON GESCHÄFTSPROZESSEN

Total Quality Management (TQM)

Das **Total Quality Management (TQM) ist ein** Managementkonzept, das über DIN EN ISO 9000:2000 ff. hinausgeht, indem es

- die Belange aller Interessengruppen („Stakeholder") einbezieht, insbesondere auch die Belange der Gesellschaft (Umwelt-, soziale, kulturelle Belange);
- nicht nur die Eignung der Prozesse prüft, sondern auch die tatsächlich erzielten Ergebnisse;
- Wettbewerb erlaubt, u. a. durch eine Punktbewertung, die einen Vergleich mit anderen zulässt, und die Vergabe jährlicher Qualitätspreise;
- die erfolgreiche Ausrichtung auf Nachhaltigkeit erfordert (z. B. müssen gute Ergebnisse über mehrere Jahre erreicht worden sein, um in der Bewertung der Ergebnisse eine hohe Punktzahl zu erreichen).

> **DEFINITION**
>
> **TQM** ist eine auf die Mitwirkung aller ihrer Mitglieder gestützte Managementmethode, die Qualität in den Mittelpunkt stellt und durch das Zufriedenstellen der Kunden auf langfristigen Geschäftserfolg sowie auf Nutzen für die Mitglieder der Organisation und für die Gesellschaft abzielt.

Ziele des TQM

Funktionalität	In den Vordergrund der betrieblichen Tätigkeit sind die Funktionen zu stellen, die einen echten Marktwert haben, weil sie • vom Benutzer gewünscht werden oder • dem Benutzer Möglichkeiten bieten, die ihm echte Vorteile bringen und ihn überzeugen, oder • an das Prestigebedürfnis des Kunden appellieren.
Nutzernähe	Diese stellt sich dar durch: • einfache oder gut nachvollziehbare Bedienung • verständliche Dokumentation • einfache Auslieferungsformen • gute Unterstützung zur Inbetriebnahme • schnelle und pünktliche Verfügbarkeit der Waren
Kundenservice	Darunter fällt: • einfache, termingetreue Auftragsabwicklung • Flexibilität hinsichtlich der Kundenwünsche • Zuverlässigkeit • einfaches und zuverlässiges Handling der Waren
Lieferantenbeziehungen	Diese ermöglichen es, die Erfüllung der Kundenwünsche durch Synergieeffekte aufgrund zuverlässiger und offener Zusammenarbeit mit den Zulieferern zu verbessern.
Prozessgestaltung	Der gesamte Prozess der Auftragsabwicklung soll hinsichtlich Aufwand und Ergebnissen optimal auslegt sein. Dies betrifft sowohl den Warendurchlauf durch das Unternehmen als auch die Administration und die übrigen Aktivitäten.

Weitere Zertifizierungsverfahren neben der Normenreihe ISO 9000 ff.

Die ISO 14001

Die ISO 14001 ist eine Norm, die einen gewissen Standard für nachhaltiges Wirtschaften in den Geschäftsprozessen dokumentiert. Diese Norm versucht, die Förderung des Umweltschutzes sowie eine Vermeidung von Umweltbelastungen in Übereinstimmung mit wirtschaftlichen Erfordernissen zu bringen. Die Vorteile für ein zertifiziertes Unternehmen sind nicht nur in ideeller Hinsicht gegeben. Das Unternehmen bekommt z. B. ein besseres Image, die Mitarbeiter sind oft motivierter. Erreicht werden oft auch Kosteneinsparungen durch einen geringeren Ressourcenverbrauch.

EMAS

Unternehmen, die ihre Umweltleistung verbessern wollen, können auch an EMAS teilnehmen. Dies ist die Kurzbezeichnung für *Eco-Management and Audit Scheme*, auch bekannt als Öko-Audit. Ziel von EMAS ist es, umweltschädliche Einflüsse in den Geschäftsprozessen zu minimieren.

EMAS umfasst immer auch eine Zertifizierung nach ISO 14001. Darüber hinaus müssen die teilnehmenden Unternehmen eine Umwelterklärung veröffentlichen. Dieser Bericht enthält Aussagen über

- die Maßnahmen zur Förderung des Umweltschutzes,
- die direkten und indirekten Auswirkungen dieser Maßnahmen auf die Umwelt,
- die Umweltziele des Unternehmens.

Die jährlich neu zu aktualisierende Umwelterklärung wird von einem unabhängigen Gutachter auf ihre Richtigkeit hin überprüft. Nach drei Jahren findet die nächste Überprüfung statt. Bei erfolgreicher Überprüfung kann sich das Unternehmen in das EMAS-Register bei der Industrie- und Handelskammer bzw. der Handwerkskammer eintragen lassen. Das Unternehmen ist dann berechtigt, das EMAS-Logo für seinen betrieblichen Umweltschutz zu führen.

Prozessbenchmarking

Ein anderes Verfahren der Qualitätssicherung als die Zertifizierungsverfahren ist das **Prozessbenchmarking.** Dabei werden wiederholt Vergleiche mit anderen Unternehmen durchgeführt, die ähnliche Aufgabenstellungen und Kundenanforderungen haben. Vergleichbare Prozesse werden identifiziert und auf Basis von Kennzahlen und klar definierten Messpunkten gegenübergestellt.
Ziel dieser Qualitätssicherungsmaßnahme ist es, konkrete Aussagen über Verbesserungspotenziale zu erhalten.

Umweltmanagementzyklus am Beispiel EMAS

AUFGABEN

1. Erklären Sie, was man unter Qualitätssicherung versteht.
2. Warum wird die Qualitätssicherung von immer mehr Unternehmen als wichtig angesehen?
3. Führen Sie Vorteile des Qualitätsmanagements an.
4. Geben Sie Grundsätze des Qualitätsmanagements an.
5. Wodurch unterscheidet sich die ISO 14001 von der Normenreihe ISO 9000 ff.?
6. Erläutern Sie das Zertifizierungsverfahren EMAS.
7. Was versteht man unter Prozessbenchmarking?
8. Führen Sie Grundsätze und Ziele des Total-Quality-Managements an.
9. Ein Kollege der Hoffmann KG vertritt die folgende Meinung: „Qualitätssicherung? Ich nehme alle Anordnungen und Anweisungen entgegen – und fertig. Was die Geschäftsführung damit will? Na ja, nicht für mich interessant …"
Beurteilen Sie diese Meinung.

11.7 WIR SICHERN DIE QUALITÄT VON GESCHÄFTSPROZESSEN

AKTIONEN

1. Sehr eng mit der Qualitätssicherung verbunden ist die Denkweise des kontinuierlichen Verbesserungsprozesses (KVP).

   a) Führen Sie eine Internetrecherche durch, um diesen Begriff zu erklären.

   b) Halten Sie die Ergebnisse auf einer Wandzeitung fest.

2. Ermitteln Sie das für Ihren Ausbildungsbetrieb zuständige EMAS-Register mithilfe der Internetadresse http://www.emas-register.de/

ZUSAMMENFASSUNG

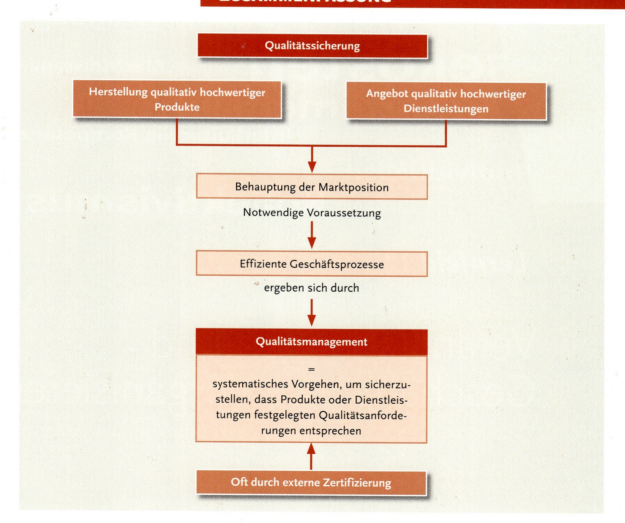

Organisationsteam
Veranstaltungsraum
Teilnehmerbetreuung
Nachbereitung
Budget
Reiseplanung
Videokonferenz
Verkehrsmittelvergleich
Dienstreiseantrag
Reisekosten
Machtdistanz
Kulturdimension
Interkulturelle Kompetenz
Individualismus
Kollektivismus

Lernfeld 12

Veranstaltungen und Geschäftsreisen organisieren

12.1 Wir planen Veranstaltungen

Einstieg

Die Beachtung warenethischer Grundsätze gehört zum Leitbild der Hoffmann KG. Für das dritte Quartal des nächsten Jahres plant sie deshalb – verbunden mit einer Verkaufsmesse – eine zweitägige Tagung zum Thema „Aspekte der Umwelt-, Gesundheits- und Sozialverträglichkeit von Waren". Eingeladen werden sollen Kunden und Lieferanten aus verschiedenen Bundesländern, den EU-Staaten sowie mehreren Ländern der Dritten Welt. Auch die Mitglieder der unternehmerischen Fachverbände, bei denen die Hoffmann KG Mitglied ist, sollen Einladungen erhalten.

1. Stellen Sie fest, was im Rahmen der Terminfestlegung beachtet werden muss.
2. Dominik Schlote schlägt vor, für diese Veranstaltung schon früh eine Voreinladung zu verschicken. Begründen Sie, welche Vorteile dies bringt.

INFORMATIONEN

Viele Unternehmen führen Veranstaltungen unterschiedlicher Art durch. Diese können für Teilnehmer außerhalb des Unternehmens gedacht sein oder für Unternehmensmitglieder. Die Veranstaltungen können regelmäßig, unregelmäßig oder auch einmalig stattfinden.

Die Veranstaltungsteilnehmer erwarten, dass die Tagung, das Event oder die Sitzung inhaltlich erfolgreich und organisatorisch reibungslos abläuft. Eine Veranstaltung gilt als gelungen, wenn die Teilnehmer nichts von den Arbeiten im Vorfeld und während des Verlaufs bemerken.

Wer mit der Planung von Veranstaltungen betraut ist, muss viele Dinge beachten. Um sicherzustellen, dass man im Vorfeld der Veranstaltung und bei deren Durchführung nichts vergisst, empfiehlt es sich, Prüflisten (Checklisten) anzulegen. Auf diese Checklisten, die im Laufe der Zeit aufgrund der gewonnenen Erfahrungen immer weiter verbessert werden, kann man bei der Planung der nächsten Veranstaltungen wieder zurückgreifen.

Konzeptionelle Planung von Veranstaltungen

Voraussetzung für eine gelungene Veranstaltung ist eine inhaltlich stimmige Konzeption. In dieser ersten Phase des Veranstaltungsmanagements wird geklärt, ob und wie die Veranstaltung stattfinden soll.

Zielgruppe

Das Unternehmen muss sich zunächst Klarheit darüber verschaffen, wer die angestrebte Zielgruppe ist. Festgelegt werden muss also der Teilnehmerkreis. Dabei müssen in jedem Fall die Interessen und Bedürfnisse der Veranstaltungsteilnehmer bedacht werden. Hieraus ergeben sich die Schwerpunkte der Veranstaltung.

Ziel der Veranstaltung

Ist der Teilnehmerkreis geklärt, muss überlegt werden, welche Ziele mit der Veranstaltung erreicht werden sollen.

Es geht also um Fragen der folgenden Art:

- Was soll Thema oder Inhalt der Veranstaltung sein?
- Warum soll diese Veranstaltung stattfinden?
- Welches Problem soll die Veranstaltung für das veranstaltende Unternehmen bewältigen?

BEISPIEL

Ziele aus Sicht des Unternehmens könnten sein:

- Förderung von Vertriebszielen (Kundenbindung, Neukundengewinnung, Produkteinführung, Steigerung des Umsatzes)
- Erreichen von Kommunikationszielen (Pressewirkung, persönliche Kontaktpflege, Motivation)
- Vermittlung von Kernbotschaften oder Inhalten (Serviceleistungen oder Angebotsschwerpunkte des Unternehmens)
- Weiterbildung (von Mitarbeitern oder Kunden)

Die Ziele sollten formuliert werden, damit sich später bei der Nachbereitung der Erfolg oder Nichterfolg der Veranstaltung feststellen lässt. Dadurch können dann auch andere Veranstaltungen besser geplant werden.

Veranstaltungsart

Schließlich muss noch die Veranstaltungsart festgelegt werden. Diese ergibt sich aus den formulierten Zielen. Es gibt die verschiedensten Formen von Veranstaltungen.

_	**Einige Veranstaltungsformen** *Die Übergänge zwischen einzelnen Veranstaltungsarten sind manchmal fließend.*
Besprechung	Solche Treffen (mit ca. 2–15 Teilnehmern) werden oft kurzfristig und ohne große Formalitäten einberufen (mündlich, telefonisch oder schriftlich). Sie erfordern in der Regel keinen großen Organisationsaufwand. Hier kommen relativ wenige Teilnehmer mehr oder weniger spontan zu einem Informationsaustausch zusammen. Besprechungen dauern maximal zwei bis drei Stunden. **Beispiel:** Herr Hoffmann trifft sich mit einigen Geschäftsfreunden spontan in einem Hotel in Berlin, um einen Verband für nachhaltiges Wirtschaften im Textilhandel zu gründen.
Sitzung	Sitzungen sind – im Vergleich zu Besprechungen mehr formale – Treffen eines meist kleineren Teilnehmerkreises, zu denen schriftlich eingeladen wird. Die Teilnehmer erhalten zusammen mit der Einladung eine Tagesordnung, deren Punkte auf der Sitzung der Reihe nach abgehandelt werden. **Beispiel:** Herr Hoffmann ist Vorstandsmitglied des Vereins „Die Textilwirtschaft unterstützt e. V." Am 19.11. hat der Verein eine Vorstandssitzung in Hamburg.
Produkt-präsentationen	Zusammenkünfte mit mindestens 15 Teilnehmern, um neue oder bestehende Produkte einem Fachpublikum vorzustellen.
Incentive-Veranstaltung	Darunter versteht man Motivationsinstrumente von Unternehmen für Mitarbeiter, Händler, Geschäftspartner oder Kunden. Sie dienen häufig auch der Teambildung. Incentive-Veranstaltungen müssen „das Außergewöhnliche" beinhalten. Die Spannbreite bei dieser Art von Veranstaltungen reicht von gut organisierten Betriebsausflügen und Geschäftsreisen über Events, die die Begeisterung der Teilnehmer anfachen, bis hin zu Outdoor-Trainings.
Workshop	Hier steht die Aktivität der Teilnehmer im Vordergrund: Es werden in freier Diskussion bestimmte Themen erarbeitet. Die vorherrschende Arbeitsform der normalerweise 8 bis 15 Teilnehmer ist die Gruppenarbeit. Es findet ein Erfahrungsaustausch statt. Als Handlungsergebnis stehen im Vordergrund von Workshops einerseits die Erarbeitung von Problemlösungen und andererseits die Vorbereitung von Entscheidungen.
Seminar	Seminare haben oft zwischen 5 und 50 Teilnehmern. Sie können auf unterschiedliche Arten durchgeführt werden: • eintägig/mehrtägig, • firmenintern oder mit offenem Zugang für unterschiedliche Interessenten, • Inhouse-Seminar/externer Veranstaltungsort In Seminaren werden oft Kurzreferate zu Einzelthemen gehalten, die dann anschließend in kleineren Arbeitsgruppen diskutiert werden. Sie dienen also häufig der Fort- bzw. Weiterbildung in einem bestimmten Themengebiet. **Beispiel:** Frau Bertram nimmt an einem Seminar „Neue steuerrechtliche Vorschriften und ihre Auswirkungen auf Unternehmen" teil. In diesem wird Wissen vermittelt über rechtliche Änderungen, die für die Hoffmann KG relevant sein können.

12.1 WIR PLANEN VERANSTALTUNGEN

	Einige Veranstaltungsformen
	Die Übergänge zwischen einzelnen Veranstaltungsarten sind manchmal fließend.
Training	Im Rahmen einer solchen Veranstaltung wird 6 bis ca. 12 Teilnehmern themenspezifisches Wissen vermittelt. Es werden kaum Vorträge gehalten: Im Vordergrund steht mehr das Üben bestimmter Fertigkeiten und Fähigkeiten. **Beispiel:** Drei Mitglieder der Verkaufsabteilung der Hoffmann KG besuchen das Training „Schlagfertig reagieren auf Kundeneinwände" einer Unternehmensberatungsfirma.
Konferenz	Auf Konferenzen diskutieren die Teilnehmer häufig strittige Themen und versuchen, eine Entscheidung durch Abstimmung herbeizuführen. Eine Konferenz hat normalerweise bis zu ca. 50 Teilnehmer. Die Einladung erfolgt schriftlich mit Tagesordnung und Angabe der geplanten Dauer (idealerweise zwei bis drei Stunden, meist allerdings länger: i. d. R. bis zu einem vollen Tag).
Tagung	Die Grenzen zwischen Tagungen und Konferenzen sind oft fließend: Tagungen sind mindestens eintägige Veranstaltungen für einen Teilnehmerkreis ab 50 Teilnehmern. Hier treffen Personen zusammen, die in einem speziellen Themenbereich arbeiten: Oft werden dort neue Erkenntnisse in Form von Vorträgen und Referaten präsentiert. Es gibt oft auch Workshops zu unterschiedlichen Teilgebieten. Manche Tagungen werden in bestimmten zeitlichen Abständen wiederholt. **Beispiel:** Ein Softwareunternehmen lädt einen Vertreter der Hoffmann KG in ein Tagungshotel ein, um Erfahrungen mit den 89 deutschen Anwendern eines bestimmten Softwarepakets zu sammeln und auszutauschen.
Kongress	Kongresse haben als Untergrenze 100 bis 300 Teilnehmer, als Obergrenze bis zu 1 000 Besucher. Kongresse sind also sehr große und oft auch mehrtägige Veranstaltungen (i. d. R. 2 bis 3 Tage). Im Vordergrund stehen zwar häufig Fachvorträge; Kongresse dienen jedoch auch als Informationsbörse (Anbieter von Fachliteratur stellen oft aus) und dem Meinungs- und Erfahrungsaustausch. Für viele Teilnehmer ist auch das Rahmenprogramm interessant. Ein Kongress erfordert umfangreiche organisatorische Vorarbeiten. **Beispiel:** Der Verband der Textilwirtschaft veranstaltet einen Kongress unter dem Titel „Textilwirtschaft im Zeichen von Internet und Globalisierung". Angeboten werden 85 Fachvorträge und Workshops zu unterschiedlichen Teilthemen.
Pressekonferenz	Pressekonferenzen dienen der Öffentlichkeitsarbeit des Unternehmens. Sie sind ein hocheffizientes Kommunikationsinstrument, um den Dialog mit für das eigene Unternehmen wichtigen Meinungsbildnern zu pflegen. Hier werden auch viele Kontakte angebahnt. Teilnehmer neben dem Veranstalter sind in der Regel Journalisten.
Event	Events sind Veranstaltungen, bei denen bestimmte Ereignisse oder Erlebnisse inszeniert werden. Sie stehen häufig unter einem bestimmten Motto. Den Teilnehmern soll etwas geboten werden, das sie beeindruckt und ihnen so attraktiv erscheint, dass sie es der Mühe wert befinden, die Veranstaltung zu besuchen. Bei größeren Events sollte die Hilfe externer, spezialisierter Anbieter in Anspruch genommen werden. Ziele eines Events können u. a. sein: • Bekanntmachung einer Marke oder eines Unternehmens • Motivation von Mitarbeitern **Beispiel:** • Die Hoffmann KG veranstaltet für interessierte Einzelhändler eine Modenschau im Pariser Stil. • Herr Hoffmann wird von einem Unternehmen, das Wintersportmode herstellt, zu einer „Wintersportolympiade" eingeladen.

Organisationsteam

Im veranstaltenden Unternehmen sollte ein Organisationsteam für die Vorbereitung, Durchführung und Nachbereitung der Veranstaltung gebildet werden. Es sollte sich aus Mitarbeitern zusammensetzen, die die erforderlichen Kompetenzen für die unterschiedlichen Aspekte der Veranstaltungsorganisation aufweisen. Eine Person sollte als Hauptverantwortlicher für die Veranstaltung bestimmt werden.

Finanzierung

Es muss abschließend noch geklärt werden, wie viel finanzielle Mittel für die Veranstaltung zur Verfügung stehen. Davon abhängig sind nämlich die gesamte Planung und Durchführung des Ereignisses. Die Gesamtkosten der Veranstaltung müssen ermittelt werden. Dann kann entschieden werden, ob ein Teil der Kosten auf die Teilnehmer umgelegt werden soll. In einigen Fällen kann auch darüber nachgedacht werden, Sponsoren zu gewinnen.

Vorbereitung von Veranstaltungen

Ist die Entscheidung im Unternehmen gefallen, eine bestimmte Veranstaltungsart mit einer bestimmten Zielsetzung für einen speziellen Teilnehmerkreis im Rahmen eines bestimmten Budgets durchzuführen, beginnt die eigentliche Vorbereitung der Veranstaltung. In dieser Phase des Veranstaltungsmanagements geht es um die Veranstaltungsorganisation. Von deren Qualität hängt der Erfolg der Veranstaltung entscheidend ab. Jede Veranstaltung muss wegen der jeweils unterschiedlichen Rahmenbedingungen individuell vorbereitet werden. Dennoch gibt es zahlreiche Aufgaben, die immer wieder zu erledigen sind.

Festlegung des Zeitpunkts

Der Zeitpunkt der Veranstaltung muss so gewählt werden, dass die vorgesehenen Teilnehmer ihn in ihre Terminplanungen mit einbeziehen können. Beachtet werden müssen dabei:

- andere wichtige Veranstaltungen zur gleichen Zeit am Tagungsort
- Feiertage
- die Ferienordnungen der einzelnen Bundesländer
- evtl. gesetzliche und satzungsgebundene Einladungsfristen

Zeitplanung

Ist der Zeitpunkt der Tagung festgelegt, sollten alle einzelnen Arbeitsschritte für das Zustandekommen der Veranstaltung gesammelt und in einem realistischen Zeitplan festgehalten werden. In diesem sollten Zeitreserven für unvorhergesehene Verzögerungen eingeplant werden. Hilfsmittel für die Zeitplanung können Balkendiagramme oder Netzpläne[1] sein.

Referenten

Eine entscheidende Voraussetzung für das Gelingen einer Veranstaltung ist es, kompetente Fachleute als Referenten zu gewinnen. Wichtig ist in diesem Zusammenhang:

- Die angesprochenen Referenten sollten rechtzeitig und in schriftlicher Form zusagen.
- Abgesprochen werden müssen Inhalt, Form und Dauer des Vortrags (bzw. anderer Arbeitsformen) sowie weitere eventuell zu erbringende Leistungen (Teilnahme an Diskussion, Erstellung eines Skripts o. Ä.)
- Honorar, Reise-, Übernachtungs- und Verpflegungskosten werden in einem schriftlichen Vertrag festgehalten.
- Zu einem angemessenen Zeitpunkt sollte der Referent gefragt werden, welche technische Ausstattung er benötigt.
- Für eine mögliche Presseinformation oder für die Teilnehmerwerbung kann man sich vom Referenten evtl. auch ein kurzes Exposé geben lassen.

Make-oder-Buy-Entscheidung

Bei der Planung, Durchführung und Auswertung einer Veranstaltung sind sehr viele Dinge zu beachten. Dieses bindet Personalkapazität und verursacht einen großen Zeitaufwand. Deshalb ist immer sorgfältig abzuwägen, welche Aufgaben des Veranstaltungsmanagements im Unternehmen selbst erledigt werden können und sollen („make") bzw. welche Aufgaben an einen externen Anbieter vergeben werden können („buy").

Für ein internes Veranstaltungsmanagement spricht, dass die Vergabe an externe Dienstleister mit hohen Kosten verbunden ist. Diese kennen auch die eigene Zielgruppe nicht so genau wie die Mitarbeiter des Unternehmens. Externe Anbieter dagegen haben Expertenwissen über das eigentliche Durchführen von Veranstaltungen. Die Einschaltung eines externen Einstellungsmanagements entlastet zusätzlich auch das Personal: Die interne Planung und Durchführung von Veranstaltungen muss neben dem normalen Tagesgeschäft organisiert werden. Das frisst viel Zeit und sorgt für Stress.

---

[1] siehe Kap. 11.3

Veranstaltungsschutz

Bei der Planung einer Veranstaltung ist auch die Sicherheit ein wichtiger Aspekt. Dabei sind die Hauptziele beim Veranstaltungsschutz

- das Vermeiden von Personenschäden sowie
- der reibungslose Ablauf der Veranstaltung.

Erreicht werden können diese Ziele entweder durch den Einsatz von eigenem Personal („make") oder durch externe Dienstleister („buy").

Vorab sollte auf jeden Fall eine Gefahrenanalyse erstellt werden, um die Gefahren bei der Veranstaltung im Vorfeld zu erkennen. Die Gefahren sind abhängig von

- der Anzahl der Besucher (je höher die Besucherzahl, desto höher das Risiko),
- dem Veranstaltungsort (z. B. innerhalb eines Gebäudes oder „im Freien"),
- der Veranstaltungsart (z. B. Tagung oder Festlichkeit, mit/ohne Alkoholausschank?),
- der Art der Besucher (z. B. nur für Kunden, Senioren, Kinder, Jugendliche?),
- dem Zeitraum der Veranstaltung (z. B. tagsüber oder abends/nachts) oder auch
- Besonderheiten, z. B. Besuch von Prominenten (ggf. Personenschutz) oder ein geplantes Feuerwerk (Brandschutz).

Wenn diese Faktoren erhoben wurden, lässt sich die Gefahr für die Veranstaltung gut einschätzen und es können Maßnahmen unternommen werden. Dazu gehören

- der Einsatz von Sicherheitsmitarbeitern (Einlasskontrolle, Streifendienste, Parkplatzeinweisung und -bewachung, Informationsdienste für Besucher),
- der Einsatz eines Sanitätsdienstes (bei großen Besucherzahlen),
- ggf. die Informationen an und der Austausch mit der Feuerwehr und der Polizei.

Sind entsprechende Sicherheitsmaßnahmen im Vorfeld geplant, lassen sich die Risiken wie Panik, Sachbeschädigungen oder Auseinandersetzungen zwischen Besuchern vermeiden und die Veranstaltung erfolgreich durchführen. Bei Großveranstaltungen wird der Einsatz eines Sicherheitsdienstleistungsunternehmens empfohlen, da dort die Fachkompetenz für Sicherheit i. d. R. höher ist und bestimmte gesetzliche Bestimmungen und Auflagen besser berücksichtigt werden können.

Veranstaltungsstätte

Nachdem die Eckdaten der Veranstaltung feststehen, muss eine passende Veranstaltungsstätte gesucht werden. Es ist u. a. zu klären:

- **Anzahl und Größe der Tagungsräume**

  Dies ist in der Regel von der geschätzten Teilnehmerzahl abhängig. Bedacht werden sollte, dass neben einem ausreichend großen Raum für die gesamte Teilnehmergruppe (das Plenum) oft auch kleinere Räume für Arbeitsgruppen benötigt werden.

- **Preis**

- **Anreisemöglichkeiten**

  Der Veranstaltungsort sollte ohne große Probleme erreichbar sein.

- **ausreichende Anzahl an Parkplätzen**

Bei größeren Veranstaltungen, bei denen auch das Erzielen einer Öffentlichkeitswirkung im Vordergrund steht, sollten sich die Veranstaltungsstätten in größeren Orten befinden, da es hier meist viele Möglichkeiten für ein ansprechendes Rahmenprogramm gibt. In einigen Fällen (Klausurtagung) empfehlen sich jedoch auch abgeschiedene Veranstaltungsstätten.

Tagungsprogramm

Zunächst einmal muss das Tagungsprogramm – bei kleineren Veranstaltungen die Tagesordnung – erstellt werden. Das Tagungsprogramm gibt den geplanten Veranstaltungsverlauf wieder. Es informiert über den zeitlichen und inhaltlichen Ablauf der Tagung – von der Anreise, den einzelnen Vorträgen und Workshops bis hin zu Angeboten im Rahmenprogramm. Das ausgearbeitete Tagungsprogramm wird den Teilnehmern mit dem Einladungsschreiben zugesandt.

Eine typische Veranstaltung könnte beispielsweise die folgenden Tagesordnungspunkte enthalten:

1. Eröffnung der Veranstaltung
2. Begrüßung der Teilnehmer
3. Feststellung der Anwesenheit und Beschlussfähigkeit
4. Ernennung oder Wahl eines Protokollanten
5. Berichte
6. Diskussion

7. Anträge

8. Verschiedenes (darunter fallen spontane und ungeplante Themen)

9. Ende der Veranstaltung und Verabschiedung der Teilnehmer

Je nach Veranstaltungsart können einige dieser Punkte jedoch entfallen oder um weitere Punkte ergänzt werden wie z. B.:

- Wahl einer Sitzungsleitung
- Aufstellen und Beschluss einer Tagesordnung
- Beschlussfassung
- Entlastung von Amtsträgern
- Termin der nächsten Veranstaltung
- Wahl der Veranstaltungsleitung

Einladungen

Um die Veranstaltung bekannt zu machen, müssen rechtzeitig Einladungen verschickt werden. In manchen Fällen, wie z. B. bei Vereinssitzungen, reicht dazu eine Frist von zwei Wochen aus. Bei großen Veranstaltungen mit vielen Teilnehmern muss viel früher eingeladen werden. Häufig arbeiten Veranstalter auch mit Voreinladungen. Mit diesen möchten sie erreichen, dass die Teilnehmer schon früh auf die kommende Veranstaltung hingewiesen werden. Die Besucher der Veranstaltung können den Termin in ihren Planungen schon frühzeitig berücksichtigen. Anzeigen in Fachzeitschriften oder Presseartikel erreichen dies ebenfalls.

Ein Einladungsschreiben kann die folgenden Punkte enthalten:

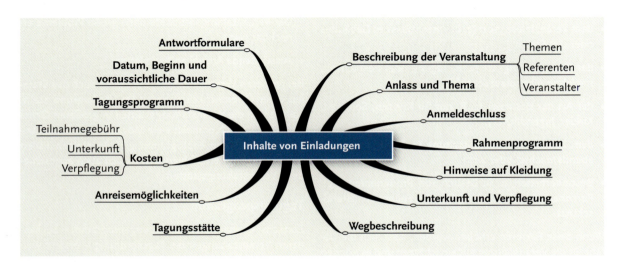

Tagungsraum

Abhängig von Art und Ziel der Veranstaltung sollte die Sitzordnung gewählt werden.

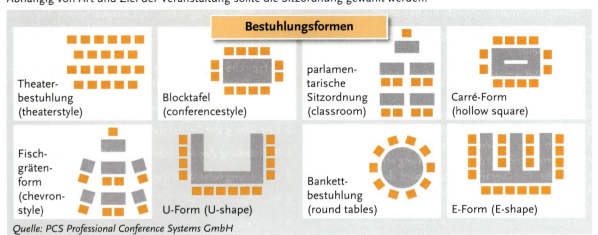

Quelle: PCS Professional Conference Systems GmbH

12.1 WIR PLANEN VERANSTALTUNGEN

Da auf Veranstaltungen heute immer professioneller Visualisierungs- und Präsentationstechniken eingesetzt werden, ist in den Tagungsräumen auf das Vorhandensein einer angemessenen technischen Ausstattung zu achten. Als Grundausstattung gelten heute:

- Moderationswände
- Flipcharts
- Tafeln
- Projektionswände
- Overheadprojektoren
- Moderatorenkoffer
- Internetanschluss

Vor der Veranstaltung sollte für einen reibungslosen Ablauf die Funktion aller technischen Geräte überprüft werden. Es sollte auch darauf geachtet werden, dass alle Verbrauchsmaterialien (Papier, Stifte usw.) in ausreichendem Umfang vorhanden sind.

Unterbringung der Teilnehmer

Nachdem man weiß, wo die Veranstaltung stattfindet, muss geklärt werden, wo die Teilnehmer und eventuell deren Begleitpersonen untergebracht werden können. Oft kann dies in der Tagungsstätte erfolgen, manchmal ist die Unterbringung in anderen Häusern nötig. In diesem Fall kann auch die Einrichtung eines Fahrdienstes erforderlich werden.

Verpflegung

Auch über die Verpflegung der Teilnehmer sollte man sich Gedanken machen:

- Restaurants für Mittags- oder Abendessen sollten reserviert werden.
- Es kann auch ein Catering-Service bestellt werden.
- Auf jeden Fall müssen die Teilnehmer während der Veranstaltung mit Getränken und Kleingebäck versorgt werden.

Rahmenprogramm

Ein Rahmenprogramm erhöht oft den Reiz einer Veranstaltung. Dies gilt nicht nur für die Teilnehmer, sondern erst recht für deren Begleitpersonen. Denkbar ist eine Vielzahl von Aktivitäten.

BEISPIEL

- Theaterbesuche
- Konzerte
- Besichtigungen
- Ausflüge
- gesellige Abende
- sportliche Freizeitaktivitäten (Kegeln, Boßeln, Segeltörns usw.)

AUFGABEN

1. Was können aus Sicht eines Unternehmens die Ziele einer Veranstaltung sein?
2. Führen Sie verschiedene Veranstaltungsarten auf.
3. Welche Entscheidungen müssen im Rahmen der Finanzierung getroffen werden?
4. Was muss bei der Festlegung des Veranstaltungstermins beachtet werden?
5. Nennen Sie Hilfsmittel für die Zeitplanung.
6. Was sollte bei der Wahl der Veranstaltungsstätte geklärt werden?
7. Welche Punkte können Einladungsschreiben enthalten?
8. Welche Art der Bestuhlung
9. Was ist das Ziel eines Rahmenprogramms?

12 VERANSTALTUNGEN UND GESCHÄFTSREISEN ORGANISIEREN

AKTIONEN

1. Stellen Sie sich vor, Sie organisieren zum Abschluss des Schuljahrs einen Klassentag (Sie können ihn natürlich auch tatsächlich durchführen). Führen Sie eine Planung unter Beachtung so vieler Regeln des Veranstaltungsmanagements wie möglich durch.

2. Ihr Ausbildungsunternehmen organisiert am Berufsschulort eine internationale Fachtagung.
   a) Stellen Sie fest, wo die Teilnehmer vor Ort untergebracht werden können und wo die Tagung stattfinden könnte.
   b) Führen Sie Möglichkeiten für ein Rahmenprogramm auf.

3. Führen Sie eine Erkundung in Ihrem Ausbildungsbetrieb durch.
   a) Stellen Sie fest, was zur Ausstattung eines Sitzungszimmers Ihres Ausbildungsbetriebs gehört.
   b) Informieren sie sich darüber,
      - ob Ihr Ausbildungsunternehmen schon Veranstaltungen für externe Teilnehmer durchgeführt hat,
      - ob Ihr Ausbildungsunternehmen Mitarbeiter zu externen Veranstaltungen geschickt hat.

4. Sammeln Sie Tagesordnungen aus Ihrem privaten oder geschäftlichen Umfeld. Stellen Sie Unterschiede und Gemeinsamkeiten fest.

ZUSAMMENFASSUNG

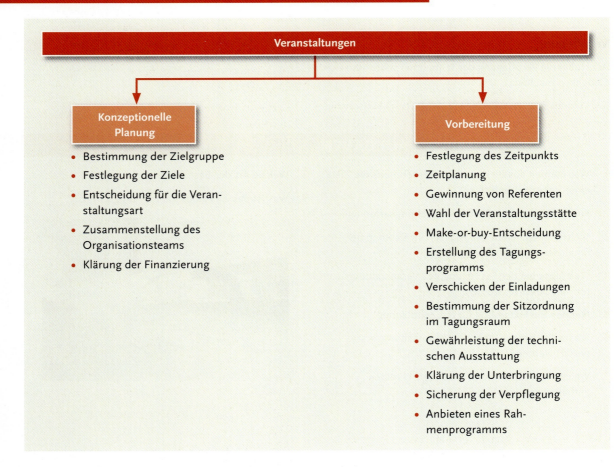

Veranstaltungen

Konzeptionelle Planung
- Bestimmung der Zielgruppe
- Festlegung der Ziele
- Entscheidung für die Veranstaltungsart
- Zusammenstellung des Organisationsteams
- Klärung der Finanzierung

Vorbereitung
- Festlegung des Zeitpunkts
- Zeitplanung
- Gewinnung von Referenten
- Wahl der Veranstaltungsstätte
- Make-or-buy-Entscheidung
- Erstellung des Tagungsprogramms
- Verschicken der Einladungen
- Bestimmung der Sitzordnung im Tagungsraum
- Gewährleistung der technischen Ausstattung
- Klärung der Unterbringung
- Sicherung der Verpflegung
- Anbieten eines Rahmenprogramms

12.2 Wir führen Veranstaltungen durch und werten diese aus

Einstieg

Die Hoffmann KG hat für interessierte Einzelhändler eine Modenschau im Pariser Stil veranstaltet. Es kamen sehr viele Besucher aus dem gesamten Bundesgebiet. Carolin Saager arbeitete während des Events im Organisationsbüro.

Der letzte Besucher hat nun die Veranstaltung verlassen. Carolin Saager teilt ihren Kollegen mit:

„Toll, die Veranstaltung ist doch toll gelaufen! Unsere Kunden erschienen mir sehr zufrieden. Damit haben wir ja unser Ziel erreicht. Dann kann ich ja mit gutem Gewissen jetzt Feierabend machen! Wir sehen uns morgen."

Beurteilen Sie die Meinung von Carolin Saager.

INFORMATIONEN

Die Durchführung von Veranstaltungen

Organisationsbüro

Je größer die Veranstaltung, desto eher empfiehlt sich die Einrichtung eines Organisationsbüros. Der große Vorteil liegt darin, dass man als Veranstalter stets den Überblick behält und alle Teilnehmer und Mitarbeiter einen Anlaufpunkt haben. Hier liegen alle wichtigen Informationen aus: von der Teilnehmerliste bis hin zur Technikübersicht. Je nach Veranstaltungsart und -größe kann das Organisationsbüro unterschiedlich aufgebaut sein.

Auskunft im Organisationsbüro

Ablauf- und Arbeitsplan

Für die reibungslose Durchführung einer Veranstaltung empfiehlt sich die Verwendung sowohl eines Ablaufplans als auch eines Arbeitsplans:

- Mithilfe des **Ablaufplans** bekommt ein im Rahmen der Veranstaltung tätiger Mitarbeiter den Überblick, an welchem Tag zu welcher Zeit welche Veranstaltungsaktivität geplant ist. Ein solcher Ablaufplan ermöglicht es also, den Programmen der Veranstaltung Schritt für Schritt zu folgen. Tritt dann ein Problem auf, kann problemlos eingegriffen und gegengesteuert werden.

BEISPIEL

Ausschnitt aus einem Ablaufplan

Datum: 17.11.20..
Zeit: 10:30 Uhr
Durchzuführende Tätigkeit: Vorbereitung Stehempfang
Ort: Gang vor Tagungsraum
Ende: 11:00 Uhr

- Bei größeren Veranstaltungen sind i. d. R. mehrere Mitarbeiter an der Organisation beteiligt. Vor diesem Hintergrund ist es oft empfehlenswerte eine schriftlichen **Arbeitsplan** zu erstellen. Dieser gibt alle Verantwortlichkeiten eindeutig und unmissverständlich an: Jedem Mitarbeiter wird klar, zu welcher Zeit er welche Aufgaben übernehmen muss.

BEISPIEL

Ausschnitt aus einem Arbeitsplan

Person: Carolin Saager
Datum: 17.11.20..
Zeit: 10:30 Uhr
Durchzuführende Tätigkeit: Vorbereitung Stehempfang
Ort: Gang vor Tagungsraum
Ende: 11:00 Uhr

Überprüfung des Veranstaltungsraums

Zum späteren störungsfreien Verlauf der Veranstaltung sollte unbedingt vor Beginn der Veranstaltungsraum noch einmal überprüft werden: Geklärt werden muss das Vorhandensein bzw. das ordnungsgemäße Funktionieren der folgenden Einrichtungsgegenstände, Geräte und Hilfsmittel:

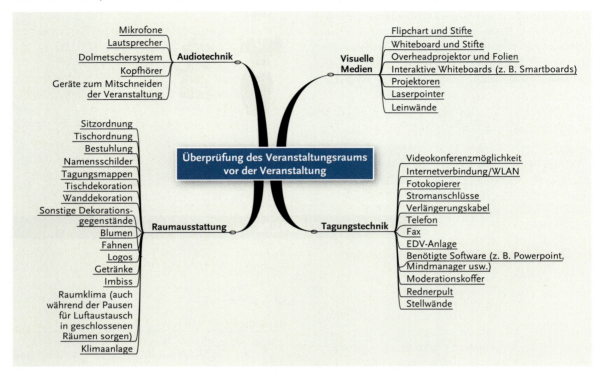

Teilnehmerbetreuung

Die Veranstaltung beginnt mit dem Empfang und der Begrüßung der Teilnehmer. Eventuell müssen Plätze angewiesen, Teilnehmer miteinander bekannt gemacht, Auskünfte erteilt werden usw.

Wenn sich die Teilnehmer wohlgefühlt haben, dann hat ein Veranstalter viel erreicht. Wichtig in diesem Zusammenhang ist die persönliche Ansprache der Teilnehmer.

Die Teilnehmer einer Veranstaltung beurteilen deren Erfolg auch nach der Art der Teilnehmerbetreuung. Ist man als Mitarbeiter an der Durchführung einer Veranstaltung beteiligt, muss man sich darüber im Klaren sein, dass man sein Unternehmen repräsentiert.

Das Anforderungsprofil der Teilnehmer an das veranstaltende Personal ist sehr differenziert und umfangreich:

- Die Teilnehmer erwarten ein angemessenes **Erscheinungsbild** des Veranstalters.
- Ein gepflegtes Aussehen des Betreuers erleichtert viele Situationen bei der Veranstaltungsdurchführung. Die *Körperpflege* ist von entscheidender Bedeutung für den Umgang mit Teilnehmern, weil auf ihn nichts abstoßend wirken darf.

BEISPIELE

Zur Körperpflege gehören unter anderem die folgenden Maßnahmen:

- Säubern und Pflegen von Händen und Fingernägeln
- Pflege der Haare durch ordentliche Frisur
- Bei Männern Rasur oder gepflegter Bart
- dezentes und gekonntes Make-up bei Frauen
- Beseitigung eventuellen Mund- oder Körpergeruchs

- Auch die Bekleidung der Betreuer sollte der Veranstaltungssituation entsprechen.
- Durch verschiedene Verhaltensweisen kann das betreuende Personal eine positive Atmosphäre schaffen. Eine freundliche und einladende Körpersprache und gute Umgangsformen verbessern den Erfolg der Veranstaltung.
- Teilnehmer stellen hohe Anforderungen an die **Fachkompetenz** des Personals. In jedem Fall erwarten sie viele sachliche und vertrauenswürdige Informationen als Hilfen.
- Ggf. von Teilnehmern geäußerte Kritik sollte situationsangemessen und konstruktiv angenommen werden

Moderation

Der Veranstaltungsleiter (oder eine andere dazu ausgewählte moderierende Person) eröffnet die Veranstaltung. Er gibt formelle und organisatorische Hinweise zum Ablauf und informiert über Zweck, Inhalt und Ziel der Veranstaltung. Während der Veranstaltung führt die moderierende Person noch die folgenden Tätigkeiten aus:

- Sie stellt den jeweiligen Referenten vor, führt in das Thema ein und bedankt sich anschließend für den Vortrag.
- Sie gibt Änderungen im Ablauf und in der Organisation der Veranstaltung bekannt.

Zum Ende der Veranstaltung muss die moderierende Person Ergebnisse, Entscheidungen und eventuell sich daraus ergebende Vorgehensweisen zusammenfassen. Sie sorgt dafür, dass dies auch protokolliert wird.

Dokumentation der Veranstaltung

Eine Dokumentation von Kongressen, Tagungen, Jubiläen oder Pressekonferenzen trägt dazu bei, die Veranstaltung und die Veranstaltungsergebnisse den Teilnehmern oder sogar einem breiteren Publikum zugänglich zu machen und nachhaltig zur Verfügung zu stellen. Denkbar sind folgende Formen:
- Protokolle
- redaktionell aufbereitete Texte
- Aufzeichnung der Veranstaltung
- Livestream von der Veranstaltung
- Sammlung und Bereitstellung von Materialien auf eigener Internetseite.

Es sollte für eine Betreuung von Journalisten und anderen Medienvertretern gesorgt werden.

Beachtung gesetzlicher Regelungen

Bei einer Veranstaltung gibt oft viele verschiedene Rechteinhaber, deren Rechte es zu beachten gilt:

BEISPIELE

Herr Hoffmann besucht einen Kongress.

- Zu Beginn der Veranstaltung wird das Lied eines bekannten Komponisten gespielt. Nach dem Urheberrechtsgesetz hat der Komponist ein Urheberrecht an seinem Werk. Der Veranstalter des Kongresses musste die Verwendung im Vorfeld bei der **GEMA** (Gesellschaft für musikalische Aufführungs- und mechanische Vervielfältigungsrechte) anmelden, um eine strafbare illegale Verwertung von Urheberrechten zu vermeiden. Die GEMA ist ein wirtschaftlicher Verein mit Sitz in Berlin. Für die Nutzung musikalischer Urheberrechte auf Veranstaltungen erhebt die GEMA Gebühren.

- Während der Veranstaltung gibt eine Improvisationstheatergruppe eine Business-Theatervorstellung zu einem bestimmten Thema. Der Veranstalter möchte diese aufzeichnen und an die Teilnehmer des Kongresses weitergeben. Auch hierzu muss der Kongressveranstalter die Erlaubnis der ausübenden **Künstler bzw. Interpreten** einholen und ggf. Gebühren bezahlen.

Improvisation

Man sollte während der Veranstaltung auch auf nicht geplante Situationen vorbereitet sein. Im Veranstaltungsbereich ist trotz bester Vorbereitung und Durchführung oft Improvisationstalent gefragt.

Wenn die Planung nicht klappt...

Nachbereitung von Veranstaltungen

Wenn die Veranstaltung vorbei ist, läuft die Arbeit für den Veranstalter jedoch noch weiter.

Abbau und Aufräumen

Oft müssen die Tagungsräume noch aufgeräumt werden. Die Veranstaltungstechnik ist ggf. ordnungsgemäß abzubauen und wieder an ihren eigentlichen Aufbewahrungsort zu bringen. Ausgeliehene Geräte müssen pünktlich und in einwandfreiem Zustand zum vereinbarten Rückgabetermin zurückgegeben werden.

Der Abbau von Veranstaltungen muss sehr sorgfältig erfolgen.

Dank und Feedback

Allen, die für eine gelungene Veranstaltung gesorgt haben, sollte gedankt werden. Dies kann geschehen durch
- eine E-Mail
- einen Brief
- einen Aushang am schwarzen Brett
- eine kleine Rede
- Übergabe eines Geschenkes.

BEISPIELE

Es macht einen guten Eindruck, wenn Dankesschreiben an Referenten, Ehrengäste und eventuell auch bestimmten Teilnehmer versendet werden

Alle Beteiligten sollten auch ein Feedback bekommen. Fällt dieses nicht positiv aus, sollte die Kritik konstruktiv geäußert werden.

Auswertung

Zu einer guten Veranstaltung gehört beispielsweise eine Auswertung: Nichts ist so wichtig für eine erneute Veranstaltungsplanung wie Erfahrung. Hier wird geprüft, ob man richtig kalkuliert hat. Des Weiteren kann man Rückschlüsse ziehen, auf welche Dinge man beim nächsten Mal besonders achten muss und was vielleicht überflüssig war. Durch eine konsequente Auswertung wird dafür gesorgt, eventuelle Schwächen für die Zukunft zu beseitigen. Die positiven Aspekte der vollzogenen Veranstaltung können in vergleichbaren Fällen in der Zukunft noch stärker herausgehoben werden.

Im Rahmen der Auswertung geht es u. a. auch um folgende Punkte:
- Ist das mit der Durchführung der Veranstaltung geplante Ziel auch erreicht worden? Mit einer solchen Erfolgskontrolle sollen Zielabweichungen festgestellt werden. Anschließend sollten Verbesserungsvorschläge überlegt werden.
- Stimmen die geplanten Beträge im Rahmen des Budgets oder gibt es gravierende Abweichungen?
- Wie viele Teilnehmer wurden eingeladen? Wie viele Anmeldungen gab es? Wie viele Personen sind tatsächlich gekommen?
- Sind die Teilnehmer zufrieden? Dazu müssen die Teilnehmer nach ihrer Bewertung der Veranstaltung befragt werden.

Das Feedback von den Veranstaltungsteilnehmenden ist dabei besonders wichtig. Hierzu empfiehlt es sich, Fragebögen auszuteilen, Kurzinterviews zu führen und/oder Mitarbeiter nach ihrer subjektiven Meinung zu befragen. All diese Eindrücke vervollständigen dann das Bild der Veranstaltung.

Dokumentation der Veranstaltungsergebnisse

Die wichtigsten Ergebnisse der Veranstaltung sollten erfasst und zu Dokumentationszwecken aufbewahrt werden. Diese können Grundlage für die Erstellung von Pressemitteilungen sein, die nach Veranstaltungsende eventuell an die Medien weitergeleitet werden können.

Mit dem Versand von Dokumentationen nach einer Veranstaltung kann der Kontakt mit den Teilnehmern intensiviert werden.

BEISPIEL

Der Veranstalter eines Kongresses versendet die Tagungsdokumentation sowie Teilnahmebescheinigungen. Gleichzeitig machte er auf die nächste Veranstaltung aufmerksam.

Abrechnung

Nach der Veranstaltung müssen die angefallenen Kosten zusammengestellt und überprüft werden. Es sollte untersucht werden, ob der vorgegebene Kostenrahmen eingehalten wurde. Es müssen also die Rechnungen mit den Angeboten, die vor der Veranstaltung eingeholt worden, verglichen werden. Gibt es hier Abweichungen, sollte man mit dem jeweiligen Lieferanten der Leistung in Kontakt treten.

Neben der Rechnungskontrolle muss auch eine Budgetkontrolle erfolgen: Stellt man Überschreitungen fest, sollte geklärt werden, wie diese für künftige Veranstaltungen vermieden werden können.

12.2 WIR FÜHREN VERANSTALTUNGEN DURCH UND WERTEN DIESE AUS

BEISPIELE FÜR KOSTENPOSTEN
- Reisekostenabrechnungen der Teilnehmer
- Raummieten (Tagungsräume)
- Hotelrechnung für Verpflegung und Unterbringung
- Honorare für Referenten

Nach der Rechnungskontrolle müssen dann noch ausstehende Zahlungen ausgeführt werden.

AUFGABEN

1. Welche Vorteile hat ein Organisationsbüro?
2. Wodurch unterscheiden sich Ablaufplan und Arbeitsplans?
3. Welche Formen der Dokumentation der Veranstaltung sind möglich?
4. Führen Sie Tätigkeiten des Veranstaltungsmoderators auf.
5. Welche Tätigkeiten werden bei der Nachbereitung von Veranstaltungen durchgeführt? Welche Unterschiede gibt es zwischen Rechnungskontrolle und Budgetkontrolle?

AKTIONEN

1. Die Hoffmann KG veranstaltet eine Modenschau im Pariser Stil im 600 Quadratmeter großen Showroom. Sie hat eine Musikband engagiert, die die Veranstaltung mit Livemusik begleitet. Die Veranstaltung ist für die Besucher frei. Ermitteln Sie unter der Internetadresse https://www.gema.de die Gebühren, die die Hoffmann KG an die GEMA abführen muss.

2. Viele Firmen veranstalten Events.
   a) Sammeln Sie in Ihrer Gruppe auf Karten Beispiele für Events, die Sie privat oder in Ihrer Ausbildungszeit erlebt haben.
   b) Clustern Sie diese im Anschluss im Plenum.
   c) Diskutieren sie darüber, welche Ziele der Veranstalter jeweils mit dem Event verfolgt hat.

ZUSAMMENFASSUNG

12.3 Wir planen Geschäftsreisen

Einstieg

Anfang Dezember hat Herr Hoffmann einen Geschäftstermin in München wahrzunehmen. Herr Hoffmann überlegt, welches Verkehrsmittel er für die Fahrt nach München nehmen soll. Dominik Schlote soll die Geschäftsreise organisieren.

1. Schlagen Sie ein Verkehrsmittel vor. Begründen Sie Ihren Vorschlag.
2. Machen Sie Vorschläge, wie Dominik Schlote ein passendes Hotel in München finden kann.

INFORMATIONEN

In vielen Unternehmen kann nicht auf Geschäftsreisen verzichtet werden.

Geschäftsreisen bleiben populär

Trotz steigendem Kostendruck und dem verbreiteten Einsatz neuester Kommunikationstechnik steigt die Zahl der Geschäftsreisen weiter an.

Im Vergleich zum Vorjahr stieg 2012 die Anzahl der Geschäftsreisenden um 7,5 %. Für rund 9,4 Millionen Geschäftsreisende werden in vielen Firmen gezielt eigene Abteilungen für die Reiseplanung und -abrechnung eingerichtet. In 62 % der Firmen mit über 1.500 Mitarbeitern ist das sogenannte Travel Management bereits ein eigener Bereich. Auch Reiserichtlinien gewinnen stark an Bedeutung. Während in kleineren Unternehmen noch nur rund jede zweite Firma Reiserichtlinien vorgibt, sind es bei den großen Unternehmen bereits annähernd 100 %.

Der erhöhte Kostendruck spiegelt sich vor allem in der Anzahl der Übernachtungen in weniger hoch eingestuften Hotels wieder. Auch alternative Reise- und Übernachtungsmöglichkeiten wie Car-Sharing und firmeneigene Apartments gewinnen langsam an Bedeutung. Vor allem Firmen mit einem hohen Geschäftsreisevolumen investieren zudem erhöhten Aufwand in den Abschluss von Rahmenverträgen.

Meetings, Tagungen, Weiterbildungsmaßnahmen, Kongresse oder Messen – auch in den folgenden Jahren wird es ausreichend Gründe geben, dass Geschäftsreisen ein wichtiges Thema für die Unternehmen bleiben.

Vgl. Verband Deutsches Reisemanagement e.V. (VDR) [Hrsg.]: VDR-Geschäftsreiseanalyse 2013, 11. Auflage, Frankfurt a. M. 2013

Aus zwei Gründen muss die Vorbereitung, Durchführung und Nachbereitung von Geschäftsreisen besondere Beachtung finden:

- Geschäftsreisen greifen wegen der Abwesenheit des Mitarbeiters massiv in den Arbeitsalltag anderer Beschäftigter (z. B. Vertretung) ein.
- Geschäftsreisen sind sehr teuer.

Alles, was im Zusammenhang mit Geschäftsreisen planbar ist, sollte bereits vorab organisiert werden.

Steuerrechtlich wird zwischen Dienst- und Geschäftsreise unterschieden:

- Eine **Geschäftsreise** liegt vor, wenn ein **Unternehmer** vorübergehend von seiner Wohnung und dem Mittelpunkt seiner dauerhaft angelegten betrieblichen Tätigkeit aus betrieblichem Anlass entfernt tätig wird.

12.3 WIR PLANEN GESCHÄFTSREISEN

- Eine **Dienstreise** stellt einen Ortswechsel eines **Arbeitnehmers** einschließlich der Hin- und Rückfahrt aus Anlass einer vorübergehenden beruflichen Auswärtstätigkeit ein.

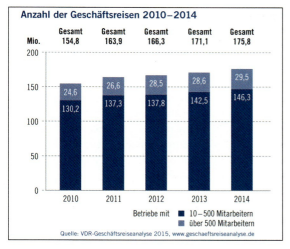

Selbst in Zeiten des Internets und der Videokonferenzen geben Deutschlands Unternehmen immer noch eine Menge Geld für die Geschäftsreisen ihrer Angestellten aus.
Quelle: Verband Deutsches Reisemanagement e. V. (Hrsg.): VDR-Geschäftsreiseanalyse 2014. Frankfurt: VDR, 2014, S. 4.

Überlegungen vor der Entscheidung für eine Geschäftsreise

Bevor die endgültige Entscheidung für die Durchführung fällt, müssen bestimmte Punkte geklärt werden:
- Was ist der Reisezweck?
- Welche(r) Mitarbeiter soll(en) an der Geschäftsreise teilnehmen?
- Wann soll die Geschäftsreise stattfinden?
- Wie lange soll die Geschäftsreise dauern?
- Wohin soll die Geschäftsreise gehen?
- Wie hoch ist das Reisebudget?

Alternativen zur Geschäftsreise

Oft treffen sich Geschäftsreisende nur, um Routineangelegenheiten zu besprechen. Nicht nur in solchen Fällen müssen Unternehmen prüfen, ob sich der Aufwand für die Geschäftsreisen lohnt oder ob Zusammenkünfte durch Web- und Videokonferenzen ersetzt werden können. Das wirtschaftliche Einsparpotenzial ist riesig. Schließlich entfällt nicht nur die eigentliche Reisezeit, sondern auch die aufwendige Reiseplanung. In vielen Firmen sind **Videokonferenzen** längst eine Alternative zum persönlichen Gespräch: In einer Videokonferenz vereinen sich die Einfachheit und die hohe Geschwindigkeit des Telefonierens mit der direkten Kommunikation in einem Meeting.

Die Teilnehmer kommen via Internet sofort zusammen, ohne reisen zu müssen. Dabei ist eine Videokonferenz ebenso schnell hergestellt wie ein Telefonat. Notwendig sind neben dem Internetanschluss und einer entsprechenden Software lediglich eine Kamera (Webcam) und ein Bildschirm.

*Bei einem **Webinar** wird eine Präsentation, ein Vortrag, eine Schulung oder ein ähnlicher Inhalt mithilfe von Videotechnik über das Internet übertragen. Genutzt wird hierfür eine Webkonferenz-Software, mit deren Hilfe sich die Teilnehmer ebenso wie die Technik verwalten lassen.*

Beim **Web-Meeting** (anderer Begriff: **Web-Conference**) wird das Treffen der Teilnehmer virtuell durchgeführt. Die Kommunikation zwischen mindestens zwei Nutzern, die sich real an unterschiedlichen Orten befinden, erfolgt über das Internet.

Eine Sonderform des Web-Meetings ist das **Webinar**. Dies ist ein Seminar, das im Internet an einem bestimmten Datum und zu einer bestimmten Uhrzeit veranstaltet wird.

BEISPIEL

Herr Hoffmann nimmt an einem Webinar über Globalisierung im Textilhandel teil: Er ruft um 15:00 Uhr die Webseite des Veranstalters auf, die unterschiedlichste interaktive Elemente umfasst. Sie enthält einen zweigeteilten Bildschirm, wobei das Hauptbild beispielsweise aus einer Software-Anwendung oder einer PowerPoint-Präsentation besteht, während der Referent selbst in einem kleinen Fenster in einer Ecke eingeblendet wird. Herr Hoffmann folgt zunächst einem Vortrag und einer anschließenden Diskussion auf einem Videobildschirm. Anschließend greift er auf weiteres Informationsmaterial zu. Er stellt in Echtzeit einige Fragen an den Dozenten oder Moderator.

Vorteile einer Videokonferenz sind in den folgenden Punkten zu sehen:
- eine hohe Zeitersparnis
- Minimierung von Reisekosten und Reisezeiten und dadurch Kostenersparnis
- Möglichkeit zum regelmäßigen Daten- und Informationsaustausch (innerhalb des Unternehmens, mit Zulieferern und Kunden)
- Durchführung von Schulungen und Trainings
- schnellere Entscheidung durch eine schnelle Vermittlung und Verbreitung von Informationen
- Projektunterstützung und Projektüberwachung auch über große Entfernungen
- die Möglichkeit zur Präsentation von Dokumenten, Ergebnissen
- verbesserte Kommunikation u. v. m.

Breitbandverbindungen sorgen für ruckelfreie Bilder und gute Sprachqualität bei den Übertragungen. Bei Videokonferenzen können die Teilnehmer ganz normal miteinander sprechen. Sie sehen und hören einander und können zusammen Dokumente bearbeiten.

Doch nicht nur wirtschaftliche Gründe sprechen für Videokonferenzen. Die Mitarbeiter können öfter bei ihren Familien bleiben. Untersuchungen haben gezeigt, dass sich dieses positiv auf die Gesundheit und die Gesundheit der Beschäftigten und auf die Effektivität der Arbeit auswirkt.

Weil weniger gefahren und geflogen wird, bieten Videokonferenzen Unternehmen auch die Möglichkeit, Ressourcen zu schonen und den Schadstoffausstoß zu senken.

Durch die Vernetzung von relativ leistungsfähigen Arbeitsplätzen via LANs und durch die Nutzung des Internets haben sich vielfältige technische Möglichkeiten ergeben, die Zusammenarbeit zwischen Personen und Gruppen auch in Unternehmen mit mehreren Standorten zu unterstützen. Auch dies kann die Notwendigkeit von Geschäftsreisen ersparen. Die ansteigende Internationalisierung der Markt- und Wettbewerbsbeziehungen und die Schnelllebigkeit der Markt- und Kundenanforderungen bewirken momentan einen Zuwachs an vernetztem Arbeiten verschiedener Personengruppen (z. B. von Niederlassungen in unterschiedlichen Teilen der Welt), die durch Groupware unterstützt wird.

Bei **Groupware** handelt es sich um Softwareprodukte, die es Arbeitsgruppen ermöglichen, effizient und effektiv im Rahmen gemeinsamer Aufgabenstellungen zusammenzuarbeiten. Groupware trägt gleichzeitig dazu bei, Informationen im Rahmen von Arbeitsprozessen besser zu erschließen und verwerten.

Groupware ist somit eine Mehrbenutzer-Software, die zur Unterstützung von kooperativer Arbeit entworfen und genutzt wird und die es erlaubt, Informationen und Materialien auf elektronischem Wege zwischen den Mitgliedern einer Gruppe koordiniert auszutauschen.

Nutzeffekte von Groupware sind:

- Bereitstellung von Werkzeugen zur Koordination und Organisation der Gruppenarbeit
- Unterstützung geografisch verteilter Gruppen und Personen
- effizienter Informationsfluss
- einfache Verteilung und Sammlung von Informationen
- höhere Produktivität in der Wissenserarbeitung

Bekannte Groupwaresysteme sind:

- IBM/Lotus Notes/Domino
- Novell GroupWise
- Microsoft Outlook, Exchange
- BSCW

12.3 WIR PLANEN GESCHÄFTSREISEN

Früher gab es in der Regel mehr oder weniger isolierte Programme, die nur bestimmte Tätigkeiten der Gruppenarbeit unterstützten. Eine ideale Groupware sollte aber über möglichst viele Funktionen aus den Bereichen Kommunikations-, Koordinations- und Korporationsunterstützung sowie Informationsmanagement verfügen.

Sicherstellung einer reibungslosen Fortführung der Geschäfte des Mitarbeiters

Ist die Entscheidung für eine Geschäftsreise gefallen, muss eine reibungslose Fortführung der Geschäfte während der Abwesenheit des betroffenen Mitarbeiters sichergestellt werden. Dazu müssen verschiedenen Fragen geklärt werden:
- Wer wird den Geschäftsreisenden vertreten?
- Welche Kompetenzen soll die Vertretung haben?
- Welche der Aufgaben des Geschäftsreisenden müssen weitergeführt werden und welche Aufgaben können während seiner Abwesenheit ruhen?
- Gibt es Fristen, die beachtet werden müssen?
- Sind zusätzliche Vollmachten erforderlich?
- Für welche Entscheidungen sollte der Geschäftsreisende auch unterwegs auf jeden Fall kontaktiert werden?

Maßnahmen für den Zeitraum der Abwesenheit

Damit die tägliche Arbeit im Unternehmen ungestört während der Abwesenheit weiter laufen kann, müssen verschiedene Punkte geklärt werden:
- Zunächst einmal ist zu klären, wer während der Abwesenheit des Geschäftsreisenden die Vertretung übernimmt.
- Es muss genau feststehen, wer welche Kompetenzen hat, wer Entscheidungen treffen darf und z. B. Unterschriftenvollmacht hat.
- Alle noch offenen Geschäftsvorfälle müssen daraufhin untersucht werden,
  - ob sie delegiert werden können,
  - ob sie ruhen können,
  - oder ob sie weiter verfolgt werden müssen.
- Vor diesem Hintergrund ganz wichtig ist die Frage, ob wichtige Fristen während des Zeitraums der Geschäftsreise eingehalten werden müssen.
- Es muss sichergestellt werden dass der Geschäftsreisende unterwegs erreichbar ist. So können z. B. feste Telefonzeiten mit ihm vereinbart werden.

Reiserichtlinien

Oft verfügen Unternehmen über Reiserichtlinien, die bei der Planung und Durchführung einer Geschäftsreise beachtet werden müssen. Unter einer Reiserichtlinie versteht man alle Vorgaben für Geschäftsreisen und alle damit verbundenen Prozesse im Unternehmen.

Eine Reiserichtlinie fasst somit die Vorgaben der Geschäftsführung für die Planung, die Durchführung und die Abrechnung von Geschäftsreisen für alle Mitarbeiter zusammen.

> **DEFINITION**
> Reiserichtlinien geben Auskunft darüber,
> - wie gereist werden muss
> - wie die Buchung zu erfolgen hat
> - welche Kosten erstattet werden
> - wie die Abrechnung erfolgen muss
> - welche Sanktionen bei Nichteinhaltung drohen

Eine Reiserichtlinie ist die Basis für alle Maßnahmen zur Steuerung von Geschäftsreisen. Eine Reiserichtlinie, im englischen auch „Travel Policy" oder „Travel Procedure" genannt, dient also zum einen zur Information der Mitarbeiter, zum anderen unterstützt sie die Fachabteilungen bei der Klarheit der Umsetzung.

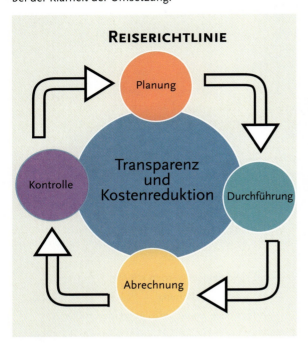

Die Einführung einer Reiserichtlinie bedeutet für Unternehmen einmalig einen großen Aufwand. Sie sichert aber später Transparenz in der Abrechnung und bietet vor allem ein großes Einsparpotenzial.

Reiserichtlinien können sich von Unternehmen zu Unternehmen z. T. sehr stark unterscheiden. Bestandteile von Reiserichtlinien sind aber in jedem Fall:
- Angabe und Erläuterung der gesetzlichen Vorgaben
- Angabe und Erläuterung firmenspezifischer Vorgaben
- Detaillierte Aufführung der Verhaltensregeln für die Geschäftsreisenden:
  – Wie laufen die Genehmigungsverfahren ab?
  – Welche Buchungsvorgänge und -bestimmungen gibt es?
  – Wie sind die Reisekosten abzurechnen?
  – Was muss in Notfällen auf der Geschäftsreise beachtet und getan werden?

Vorteile von Reiserichtlinien

- Mit diesem Hilfsmittel wird der einzelne Geschäftsreisende im Unternehmen bei der Planung, Durchführung und Abrechnung der Geschäftsreise – ohne aufwendig recherchieren zu müssen – unterstützt.
- Der dadurch verringerte Arbeitsaufwand führt zu Kostenreduzierungen bei den direkten Reisekosten und den damit verbundenen Prozesskosten.
- Die Reiserichtlinien sorgen für eine arbeitsrechtlich einwandfreie Abwicklung.
- Die Reiserichtlinien stellen die Grundlage für das Controlling und die umsetzenden Abteilungen dar.
- Durch klare Vorgaben können neue Mitarbeiter schneller eingearbeitet werden.
- Ein extern beauftragtes Reisebüro hat durch die Reiserichtlinien einen eindeutigen Orientierungsrahmen.

Organisation der Geschäftsreise

Nach Entscheidung für die Geschäftsreise muss sie organisiert werden. Dabei hilft in großen Unternehmen häufig eine unternehmensinterne Reiseabteilung. Die Mitarbeiter eines solchen quasi firmeninternen Reisebüros übernehmen weitgehend die Vorbereitung und Nachbereitung der Geschäftsreise. Andere Unternehmen lassen sich von privaten Reisebüros unterstützen. Diese beschaffen alle notwendigen Reisedokumente, besorgen Hotelzimmer und geben alle notwendigen Informationen.

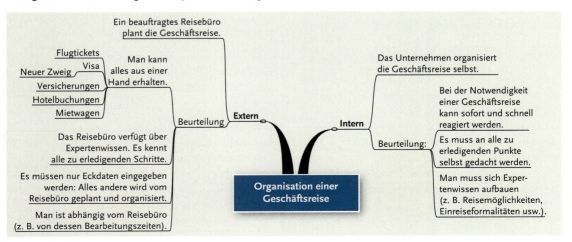

12.3 WIR PLANEN GESCHÄFTSREISEN

Beschaffung von Informationen

Der die Geschäftsreisende planende Mitarbeiter muss zur Vorbereitung eines optimalen Reiseplans verschiedene Informationsquellen auswerten. Dazu gehören u. a. folgende Angebote:

Fahrplan der Deutschen Bahn AG

- **Kursbuch**
  Über Bahnverbindungen kann man sich zunächst einmal in den verschiedenen Bänden des Kursbuchs informieren. Es gibt eine Kursbuchgesamtausgabe, die sämtliche Verbindungen in Deutschland enthält, verschiedene Regionalausgaben (Kursbücher Region) sowie das Kursbuch „Europa", das über die wichtigsten Verbindungen im europäischen Ausland informiert.

- **Internet**
  Im Internet steht aber auch eine komplette Auskunft unter www.bahn.de zur Verfügung.

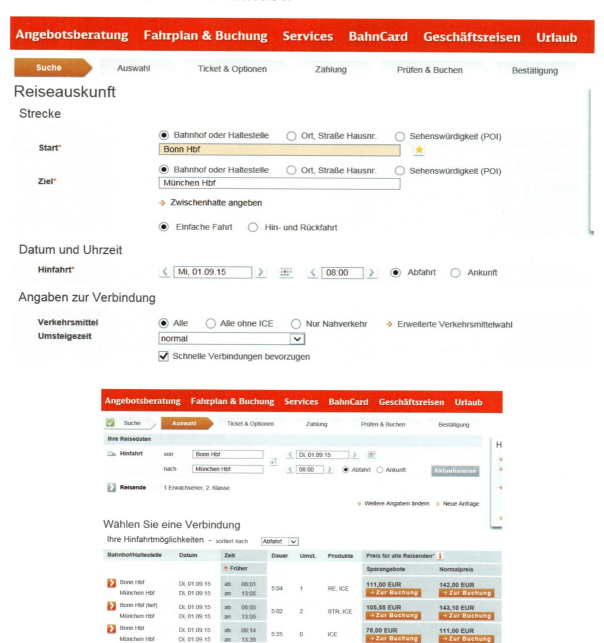

- **Telefonische Auskünfte**
  Eine reine DB-Verbindung, also vom ICE bis zur S-Bahn, jedoch ohne Straßenbahnen, U-Bahnen und Busse, kann man gratis vom Festnetz aus unter der Telefonnummer 0800 1 507090 ermitteln. Eine Auskunft vom Computer mit Spracherkennung mit allen Angaben und Vorlesen der bevorzugten Verbindung dauert etwa drei Minuten. Dasselbe Sprachdialogsystem erreicht man auch vom Handy aus über die kostenpflichtige Nummer 01805 221100. Eine weitere Kontaktmöglichkeit ist die relativ teure Service-Nummer 11861, die zu Mitarbeitern in einem Callcenter verbindet: Hierunter können deutschlandweit auch Verbindungen mit lokalen Verkehrsmitteln wie U-Bahnen, Busse und Straßenbahnen erfragt werden.

- **CD-ROMs**
  Darüber hinaus gibt es noch CD-Roms, die über unterschiedliche Aspekte des Fahrplans informieren.

Weitere Informationsmaterialien

- **Routenplaner**

  BEISPIELE
  - maps.google.de
  - www.bing.com/maps
  - www.map24.de
  - http://route.web.de/
  - www.falk.de

- **Flugpläne von Fluggesellschaften**

  BEISPIELE
  - www.flugplandaten.de/
  - www.lufthansa.com/online/portal/LH_COM

- **Karten** (Atlanten, Stadtpläne, Autokarten)
- **Hotelführer**

  BEISPIELE
  - Hotelreservierungssystem (www.hrs.de)
  - Varta-Führer als Buchausgabe oder im Internet (www.varta-guide.de/)

- **Restaurantführer**

  BEISPIELE
  - Gault Millau als Buchausgabe oder im Internet (www.gaultmillau.de/)
  - www.viamichelin.de

Hotelbuchungen

Hotelzimmer sollten rechtzeitig vor der Geschäftsreise gebucht werden. Dabei müssen mindestens die folgenden Punkte beachtet werden:
- Welche Art von Hotel wird bevorzugt (z. B. Tagungshotel, Business-Hotel, familiär geführtes Hotel, Design-Hotel)?
- Welche Ausstattungsmerkmale müssen vorhanden sein (z. B. WLAN, Fax-Service)?
- Müssen Besonderheiten beachtet werden (Zimmer für Allergiker/mit behindertengerechter Ausstattung)?
- Wie sehen die Stornierungsmöglichkeiten aus?
- Bietet das Hotel Sonderkonditionen für Geschäftsreisende an?
- Ist das Hotel für den Geschäftsreisenden gut erreichbar?
- Wurde die Reservierung schriftlich bestätigt?

Onlineportale

Onlineportale sind Buchungssysteme, die über das Internet den Zugriff auf die gleichen Reservierungssysteme ermöglichen, die auch einem Reisebüro zur Verfügung stehen. Direkt und schnell können alle
- Fluggesellschaften,
- Hotels,
- Autovermieter
- und sonstige für Geschäftsreisen wichtige Anbieter von Dienstleistungen

online abgefragt werden.

Vorteile von Onlineportalen sind, dass sie weltweit und zu jeder Tages- und Nachtzeit genutzt werden können, in vielen Sprachen zur Verfügung stehen und auch Zahlungen in vielen gängigen Währungen ermöglichen.

Fast zwei Drittel aller Geschäftsreisenden gehen in Dreisternehotels.

Reisekarteien und -dateien

Die Organisation von Geschäftsreisen wird erleichtert, wenn man manuell eine **Reisekartei** oder am Computer eine **Reisedatei** nutzt. Dort sind alle Erfahrungen erfasst, die das Unternehmen bei früheren Geschäftsreisen gemacht hat. Nach Ländern und Städten geordnet kann man u. a. die folgenden Informationen entnehmen:
- günstige Beförderungsmöglichkeiten
- Hotelinformationen
- Informationen über Restaurants
- Tagungsräume
- Besonderheiten (Tipps, kulturelle Hinweise, landestypische Eigenarten usw.)

Vermerkt werden sollten auch Vorlieben der Mitarbeiter.

Reiseplan

Die Reiseroute und die dazugehörigen Abfahrts- und Ankunftstermine werden in einem Reiseplan für den Geschäftsreisenden systematisch und übersichtlich dargestellt. Häufig stehen für die Erstellung Vordrucke zur Verfügung.

Man kann dem Reiseplan detailliert entnehmen,
- wann und wo welcher Zug/welcher Flug zu nehmen ist,
- welche Termine wann und wo wahrzunehmen sind und
- welche Unterlagen jeweils nötig sind.

Alle Unterlagen (z. B. Flugscheine, Fahrkarten, Ausweise) werden in geordneter Form in passenden Schriftgutbehältern (z. B. Mappen) mitgeführt.

[Firmenname]	
Reiseplan	**für [Name]**
Reisebeschreibung	
Reiseziele	
Reiselänge	
Abreisedatum	
Fluglinie für Hinflug	
Flugnummer	
Abflugzeit	
Ankunftszeit	
Hoteltransportmittel	
Name und Telefon des Hauptkontakts	

[Firmenname]	
Reiseplan	**für [Name]**
Rückflugdatum	
Fluglinie für Rückflug	
Flugnummer	
Ankunftszeit	
Abflugzeit	

Bereithalten von Zahlungsmitteln

Bei Geschäftsreisen ins Ausland kann es hinsichtlich der Zahlungsmittel schnell Probleme geben. Vorher sollte unbedingt geklärt werden:
- Ist es günstiger, in Deutschland oder im Ausland Geld zu wechseln?
- Muss die Fremdwährung bei einer deutschen Bank erst bestellt werden?
- Gibt es Einfuhr- oder Ausfuhrbestimmungen für Bargeld?
- Gibt es gut erreichbare und vertrauenswürdige Wechselmöglichkeiten vor Ort?
- Sind Bank- oder Kreditkarten im Zielland akzeptiert?
- Wie hoch ist der Verfügungsrahmen?

Organisationen aller Reisedokumente

Rechtzeitig vor Antritt der Geschäftsreise müssen alle Reisedokumente vorliegen.

Visa

Bei manchen Geschäftsreisen ins Ausland ist ein Visum notwendig. Liegt eine solche Einreisegenehmigung nicht vor, kann es passieren, dass man in das Zielland nicht einreisen darf oder erheblich längere Wartezeiten oder sonstige Schwierigkeiten in Kauf nehmen muss.

Über die Internetseite des Auswärtigen Amtes www.auswaertiges-amt.de kann man erfahren, ob man eine Einreisegenehmigung für die Geschäftsreise in das jeweilige Zielland benötigt und beantragen muss. Hier erhält man auch die Information, wo ggf. der Antrag gestellt werden muss.

Einreisebestimmungen für deutsche Staatsangehörige

Reisedokumente

Die Einreise ist für deutsche Staatsangehörige mit folgenden Dokumenten möglich:

Reisepass: Ja
Vorläufiger Reisepass: Ja
Personalausweis: Nein
Vorläufiger Personalausweis: Nein
Kinderreisepass: Ja, mit Lichtbild
Noch gültiger Kinderausweis nach altem Muster (der Kinderausweis wird seit 1. Januar 2006 nicht mehr ausgestellt): Ja, mit Lichtbild

Anmerkungen:

Das Reisedokument muss noch mindestens drei Monate gültig sein und über ausreichend Platz für Visa und Ein- und Ausreisestempel verfügen. Ein internationaler Impfausweis mit dem Nachweis einer gültigen Gelbfieberimpfung muss bei Einreise vorgelegt werden. Kindereinträge im Reisepass eines Elternteils sind seit dem 26.06.2012 nicht mehr gültig. Jedes Kind benötigt ein eigenes Ausweisdokument.

Visum

Deutsche Staatsangehörige sind bei der Einreise in die Republik Benin visapflichtig. Es wird daher angeraten, sich rechtzeitig vor Reisebeginn um die Erteilung eines Visums zu bemühen und gegebenenfalls weitere Informationen bei der konsularischen Abteilung der Botschaft der Republik Benin in Berlin zu erfragen.

An der Grenze bzw. am Flughafen werden keine Visa erteilt. Bei der Visabeantragung müssen bereits Flugticket und Impfpass mit gültiger Gelbfieberimpfung vorgelegt werden (siehe auch Reisedokumente).

Eine Verlängerung der Aufenthaltsgenehmigung muss rechtzeitig vor Ablauf des Visums bei der Direction de l'Immigration in Cotonou (Avenue Jean Paul II) beantragt werden. Sollte ein Visum nicht rechtzeitig erneuert werden, ist pro Woche eine Strafgebühr von 25.000,- FCFA fällig.

Hinweise für die Einreise von Minderjährigen

Alleinreisende Minderjährige sollten eine von beiden Eltern unterschriebene Erlaubnis in französischer Sprache mit sich führen. Es empfiehlt sich, dass Kinder, die nur von einem Elternteil begleitet werden, eine einfache Bestätigung des anderen Elternteils über die Zustimmung zur Reise in französischer Sprache dabei haben.

Einreisebestimmungen für deutsche Staatsangehörige können sich kurzfristig ändern, ohne dass das Auswärtige Amt hiervon vorher unterrichtet wird. Rechtsverbindliche Informationen und/oder über diese Hinweise hinausgehende Informationen zu den Einreisebestimmungen erhalten Sie nur direkt bei der Botschaft oder einem der Generalkonsulate Ihres Ziellandes.

Beispiel für Einreiseinformation des Auswärtigen Amtes in das afrikanische Land Benin
Quelle: www.auswaertiges-amt.de/DE/Laenderinformationen/00-SiHi/BeninSicherheit.html [zuletzt abgerufen am 31.03.2015]

Impfbescheinigungen

In vielen Ländern muss man bei der Einreise Impfbescheinigungen gegen bestimmte Krankheiten nachweisen. Liegen diese nicht vor, muss der Geschäftsreisende damit rechnen, dass er entweder nicht einreisen darf oder sich vor Ort nachimpfen lassen muss.

Reisepass

Zur Identifikation benötigt der Geschäftsreisende einen Reisepass. Beachten muss er, dass der Reisepass in einigen außereuropäischen Ländern noch eine Gültigkeitsdauer von mindestens einem halben Jahr über die geplante Aufenthaltsdauer hinaus haben muss.

Internationaler Führerschein

Beim Anmieten eines Leihwagens benötigt man in einigen Ländern einen internationalen Führerschein. Diesen kann man bei der zuständigen Führerscheinstelle beantragen.

12.3 WIR PLANEN GESCHÄFTSREISEN

Im Regelfall wird bei Reisen in das außereuropäische Ausland ergänzend zum nationalen Führerschein ein internationaler Führerschein benötigt

Versicherungen

Der Geschäftsreisende muss in jedem Fall überprüfen ob die für ihn abgeschlossenen Versicherungen auch im Ausland gelten.

Ggf. muss für ihn eine Auslandsreise-Krankenversicherung abgeschlossen werden. Weil immer auch die Möglichkeit besteht, dass die Geschäftsreise nicht zustande kommt, empfiehlt sich für ein Unternehmen auch der Abschluss einer Reiserücktrittsversicherung.

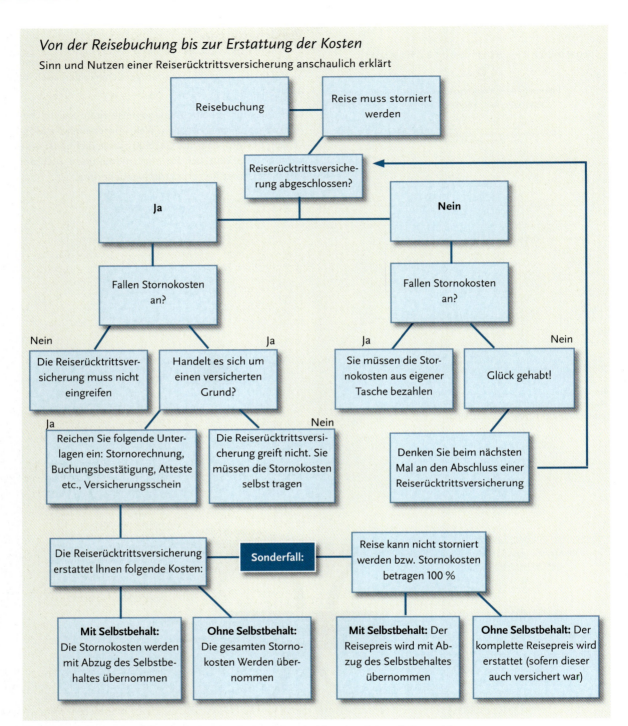

12.3 WIR PLANEN GESCHÄFTSREISEN

Auswahl des Verkehrsmittels

Jedes für Geschäftsreisen infrage kommende Verkehrsmittel hat – neben den Preisunterschieden – seine eigenen Vor- und Nachteile.

Kostenvergleich von Reisen mit Bahn, Pkw und Flugzeug

Mit dem Auto ist man vor Ort am unabhängigsten und mobilsten. Im Zeitalter der Verkehrsstaus und der zunehmenden Umweltverschmutzung kann auch die Alternative Bahn in Erwägung gezogen werden. Eine Anfahrt mit dem Zug ist die mit Abstand umweltfreundlichste Form der Anreise. Es sind auch Nachtfahrten (in Reisezügen mit Autobeförderung) möglich. Die schnellste Anreise zum Geschäftspartner – zumindest bei größeren Entfernungen – ist sicherlich die mit dem Flugzeug.

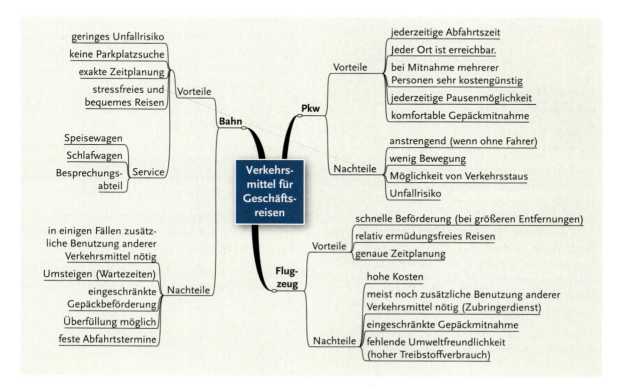

Geschäftsreisen mit dem Pkw

Entscheidet sich der Geschäftsreisende für den Pkw, sollte zunächst überprüft werden, ob das Fahrzeug (Firmenwagen oder eigener Pkw) verkehrstüchtig ist. Hilfreich für die Fahrt – z. B. bei staubedingten Umleitungen – ist das Vorhandensein eines Navigationsgeräts. Bei sehr langen Autofahrten sollte die Nutzung eines Autoreisezugs der Deutschen Bahn AG in Erwägung gezogen werden.
Erscheint die Anfahrt mit dem Auto als zu lang, können als Alternative an vielen Bahnhöfen und Flughäfen Leihwagen gemietet werden.

Geschäftsreisen mit dem Mietwagen

Geschäftsleute sind auf Dienstreisen oft auch in Mietwagen unterwegs. Möchte man nicht auf die – gerne mal verspäteten oder überfüllten – öffentlichen Verkehrsmittel angewiesen sein, lohnt sich für eine Geschäftsreise ein Mietwagen ganz besonders. Das Gepäck lässt sich gut verstauen. Der Weg kann direkt zum Hotel oder zum Geschäftspartner aufgenommen werden. Bei der Buchung von Mietwagen sollte beachtet werden:

- Ist der Angebotspreis auch der tatsächliche Endpreis?
- Kommen noch zusätzliche Flughafen- oder Stationsgebühren zu den vereinbarten Kosten hinzu?
- Wie hoch die Haftungssumme der Haftpflichtversicherung des Mietwagens? Entspricht sie in etwa der deutschen Mindestdeckung?
- Verfügt der Mietwagen über einen Vollkaskoschutz, oder gibt es eine Selbstbeteiligung?
- Welche Leistungen sind im Vollkaskoschutz enthalten?
- Erfüllt man die Altersvorgaben des Mietwagenvermieters?
- Muss der Mietwagen am Ort der Übernahme zurückgegeben werden?

Wird dann der Mietwagen vor Ort übernommen, ist die Klärung der folgenden Fragen wichtig:

- Sind alle Fahrzeugpapiere vorhanden?
- Entsprechen die Konditionen auch der Buchung?
- Hat man vor der Übernahme den Mietwagen auf Schäden kontrolliert?
- Sind eventuelle Mängel in einem Übergabeprotokoll festgehalten worden?
- Entspricht die Tankfüllung der Tankvereinbarung?
- Was ist bei einer Panne, einem Unfall oder einem Diebstahl zu tun?
- Ist eine Notfall-Telefonnummer vorhanden?

Bei der Rückgabe des Mietwagens ist zu empfehlen, sich dessen Mängelfreiheit bestätigen zu lassen.

Geschäftsreisen mit der Bahn

Deutschland verfügt über ein dichtes Eisenbahnnetz – die beste Voraussetzung, um schnell, zuverlässig und umweltfreundlich mit dem Zug zu Geschäftsterminen zu reisen. Verspätungen sind im Fernreiseverkehr selten, die Fahrzeiten sind im Vergleich zu Pkw und Flugzeug häufig sehr günstig.

BEISPIELE

Nur rund eine Stunde dauert die Fahrt von Frankfurt nach Köln oder Berlin nach Leipzig. Von München nach Nürnberg ist man etwa 80 Minuten unterwegs, Berlin und Hamburg liegen rund eineinhalb Stunden voneinander entfernt. Von Frankfurt am Main nach Hamburg benötigt man etwa dreieinhalb Stunden.

Fahrkarten können in den Bahnhöfen im Reisezentrum oder am Automaten gekauft werden, in DB-Agenturen (z. B. Reisebüros), von zu Hause aus im Internet (www.bahn.de) als Onlineticket zum Selbstausdrucken oder per Telefon. Gegen Aufpreis ist auch ein Fahrkartenkauf direkt in den Fernverkehrszügen möglich. Auf stark befahrenen Fernstrecken empfiehlt es sich, die Sitzplätze zu reservieren.

Gewählt werden kann zwischen verschiedenen Zugarten:

- Der **ICE (Intercity-Express)** ist der Hochgeschwindigkeitszug der Deutschen Bahn AG. Für diesen schnellsten und komfortabelsten Zug ist das Ticket für eine vergleichbare Strecke am teuersten. Mit Geschwindigkeiten bis zu 300 km/h verkehrt der ICE zwischen vielen Städten im Ein- oder Zweistundentakt. Die Züge sind vollklimatisiert und verfügen über ein Bordrestaurant und/oder Bordbistro.
- Der **Eurocity (EC)** ist ein internationaler Zug, der europäische Großstädte miteinander verbindet.
- Mit einer Geschwindigkeit bis zu 200 km/h verbinden **IC-Züge (Intercity)** die großen und mittleren Zentren Deutschlands. Sie verkehren in der Regel im Stundentakt und führen ein Bordrestaurant und/oder Bordbistro.
- **Interregiozüge (Interregio-Express = IRE)** dienen als Zubringer zum ICE/IC-Netz. Sie verkehren nur innerhalb bestimmter Gebiete.
- Die zwei Zuggattungen **Regional-Express (RE)** und **Regionalbahn (RB)** bilden den Nahverkehr der Deutschen Bahn.

12.3 WIR PLANEN GESCHÄFTSREISEN

Geschäftsreisende sollten zur Kostenminimierung immer prüfen, ob sie nicht verschiedene Vergünstigungen der Bahn in Anspruch nehmen können:

- Bucht man eine Bahnreise zum Normalpreis, muss man sich nicht auf einen bestimmten Zug festlegen.
- Beim Sparpreis 25 erhält der Geschäftsreisende 25 % Ermäßigung. Voraussetzung: Er muss mindestens drei Tage vor Reiseantritt die Hin- und Rückfahrt buchen, und es müssen noch Platzkontingente in den entsprechenden Zügen verfügbar sein. Mit dem Sparpreis ist man an eine bestimmte Zugverbindung gebunden.
- Der Sparpreis 50 ist eine Sonderform des Sparpreis 25. Für den Sparpreis 50 besteht eine Wochenendbindung: Es muss entweder über ein Wochenende (eine Nacht von Samstag auf Sonntag liegt zwischen den beiden Reisetagen) oder am Wochenende (die Hin- und Rückfahrt erfolgt am Samstag und/oder am Sonntag) gefahren werden.
- Die von Geschäftsreisenden am häufigsten genutzte Vergünstigung ist die BahnCard. Es gibt drei Arten:

BahnCard 25	BahnCard 50	BahnCard 100
Reisende bekommen 25 % Rabatt auf den Normalpreis. Sie kostet für die 2. Klasse 62,00 €, für die 1. Klasse 125,00 €.	Es gibt auf alle normale Fahrkarten 50 % Rabatt. Sie kostet für die 2. Klasse 255,00 €, für die 1. Klasse 515,00 €.	Dies ist eine Art „Netzkarte". Der Besitzer kann in bis auf Nacht- und Autoreisezüge in allen Zügen gratis fahren. Sie kostet für die 2. Klasse generell 4.090,00 € in einem Betrag oder 379,00 € monatlich im Abo. Für die 1. Klasse beträgt der Preis 6.890,00 € oder im Abo 639,00 € monatlich

- Im Rahmen des Firmenkundenprogramms der Bahn (bahn.corporate) können Großkunden – abhängig vom Reiseumsatz – zwischen 3 % und 10 % Großkundenrabatt in Anspruch nehmen.

Geschäftsreisen mit dem Flugzeug

Deutschland hat ca. 40 Verkehrsflughäfen. Darüber hinaus gibt es noch viele kleinere Flugplätze, die bei Bedarf mit Lufttaxis angeflogen werden können.

Neben einer modernen Flotte, einem auf die Kundenwünsche abgestimmten Flugplan sowie einem großen Netz an Flugverbindungen trägt die Qualität der angebotenen Serviceleistungsprozesse stark zur Entscheidung bei der Wahl der Fluglinie bei. Bekannte Fluggesellschaften sind u. a.:

- Lufthansa
- Air France
- British Airways
- Alitalia
- Cathay Pacific
- Delta Airlines
- Emirates
- Finnair
- Iberia
- JAL
- Quantas
- SAS
- Swiss

Gebucht werden kann bei allen Fluglinien meist in drei Serviceklassen (Beförderungsklassen). Je höher die Serviceklasse, desto komfortabler sind die Sitze und Sitzabstände. Weil in den höheren Klassen mehr Flugbegleiter auf weniger Passagiere kommen, ist auch das Serviceangebot erheblich größer. Die Reisenden erhalten dort eine Vorzugsbehandlung (schnelleres Einchecken, schnellere Gepäckausgabe usw.):

- Die **Economy Class** hat den niedrigsten Buchungspreis. Sie bietet den geringsten Service und Komfort.
- Die **Business Class** ist speziell auf Geschäftsreisende ausgelegt. Sie bietet gegenüber der Economy Class ein erhöhtes Angebot an Service-Leistungen sowie eine bessere Qualität und eine größere Auswahl an Speisen und Getränken. Der Flugpreis ist dafür natürlich höher.
- Die **First Class** wird oft nur auf Langstrecken angeboten. Die Geschäftsreisenden erwartet noch mehr Service und Komfort als in der Business Class.

12 VERANSTALTUNGEN UND GESCHÄFTSREISEN ORGANISIEREN

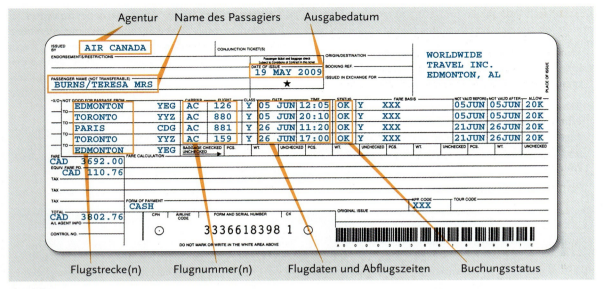

Flugticket

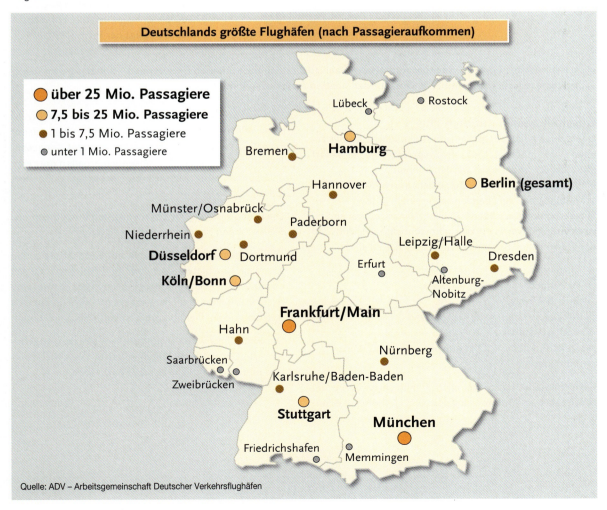

12.3 WIR PLANEN GESCHÄFTSREISEN

Dienstreiseantrag

Einerseits zur Information anderer Instanzen im Unternehmen, andererseits aus haftungsrechtlichen Gründen, wird in vielen Unternehmen von Geschäftsreisenden erwartet, dass sie einen Dienstreiseantrag stellen.

Rechtzeitig vor Antritt der Geschäftsreise muss der Dienstreiseantrag vollständig ausgefüllt und zur Genehmigung weitergegeben werden.

Dienstreiseantrag

Allgemeine Daten			
Mitarbeiternr.:	_____	Abteilung:	_____
Name:	_____	Vorname:	_____

Reisedaten				
Dienstreise	vom:	_____	Uhrzeit:	_____
	bis:	_____	Uhrzeit:	_____
Reiseziel:	_____			
Reisezweck:	_____			
Verkehrsmittel:	Begründung/Kommentar:			
Bus/Bahn	❑	_____		
Dienstwagen	❑	_____		
Privat Pkw	❑	_____		
Flugzeug	❑	_____		
Schiff	❑	_____		
Mitfahrt bei	❑	_____		

Für viele Textverarbeitungsprogramme gibt es Vorlagen für Dienstreiseanträge

Zeitverschiebung

Bei der Planung einer Dienstreise muss auch eine eventuelle Zeitverschiebung berücksichtigt werden. Weicht die Ortszeit im Zielgebiet erheblich von der deutschen Zeit erheblich ab, sollten z. B. zwischen Geschäftsreisenden und Ansprechpartnern im Unternehmen für beide Seiten verträgliche Kontaktzeiten gefunden werden.

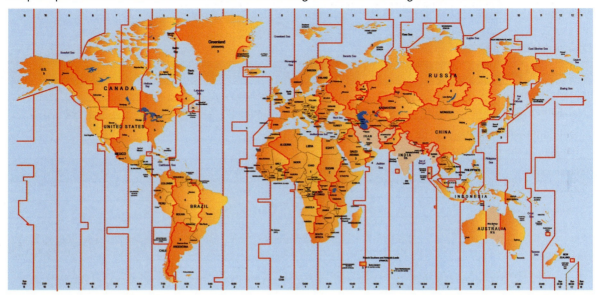

Teile der Erdoberfläche, in denen eine gemeinsame Uhrzeit gilt, bilden eine Zeitzone. Wechselt man in eine benachbarte Zeitzone, verschiebt sich die festgelegte Zeit um eine Stunde. Nicht immer verlaufen die Zeitzonen geradlinig. Das hat in erster Linie damit zu tun, dass in den meisten Ländern eine gemeinsame Zeit für das komplette Staatsgebiet gilt. Ausnahmen bilden ausschließlich Länder mit großer Ost-West-Ausdehnung.

Beachtung kultureller und sprachlicher Aspekte

Der Geschäftsreisende sollte sich vor der Reise unbedingt über die kulturellen Gepflogenheiten im Zielland informieren. Durch falsches Verhalten (wenn auch unbeabsichtigt) kann schnell ein Geschäftsabschluss gefährdet werden. Der Geschäftsreisende sollte sich auch klar machen, wie weit er mit seinen Fremdsprachenkenntnissen kommt. Ggf. sollte vorher ein vertrauenswürdiger Dolmetscher engagiert werden.

AUFGABEN

1. Welche Überlegungen müssen vor der Entscheidung für eine Geschäftsreise getroffen werden?
2. Führen Sie zwei Alternativen zu Geschäftsreisen auf.
3. Nennen Sie Informationsquellen für die Planung einer Geschäftsreise.
4. Was muss für den Fall der Abwesenheit eines Mitarbeiters beachtet werden?
5. Führen Sie Vor- und Nachteile des Verkehrsmittels Pkw auf.
6. Welchen Vorteil hat das Verkehrsmittel Bahn gegenüber dem Flugzeug?
7. Unterscheiden Sie die verschiedenen Zugarten der Bahn.
8. Geben Sie besondere Serviceleistungen der Deutschen Bahn für Geschäftsreisende an.
9. Welche Vergünstigungen bietet die Deutsche Bahn Geschäftsreisenden an?
10. Nennen Sie die vier Flughäfen, die Ihrem Ausbildungsstandort am nächsten liegen.

12.3 WIR PLANEN GESCHÄFTSREISEN

AKTIONEN

1. Frau Hahne und Herr Hoffmann möchten eine Verkaufsmesse in Paris besuchen.
   a) Für ihren Aufenthalt in Paris wünschen sie ein 4-Sterne-Hotel.
   b) Herr Hoffmann möchte morgens von Hannover fliegen.
   c) Frau Hahne befindet sich privat in Frankfurt. Da sie unter Flugangst leidet, bevorzugt sie die Zugverbindung.
   Führen Sie die Reiseplanung durch.

2. Herr Hoffmann befindet sich auf Geschäftsreise. Er hat gerade einen Lieferanten in Berlin besucht und übernachtet im Grand Hotel Esplanade. Am nächsten Tag hat er einen Termin (14:00 Uhr) bei einem Kunden in München.
   a) Suchen Sie jeweils eine passende Flug- und Bahnverbindung heraus.
   b) Führen Sie bei jedem der beiden Verkehrsträger mögliche Vor- und Nachteile auf.
   c) Erstellen Sie einen Reiseplan ab Berlin. Herr Hoffmann wird seinen Geschäftstermin in München (Hotel Exquisit) um 16:00 Uhr beendet haben und möchte dann nach Hannover zurück.

Datum	Uhrzeit	Ort (Abfahrt/Ankunft)	Telefon	Verkehrsmittel (Nummer)	Unterlagen

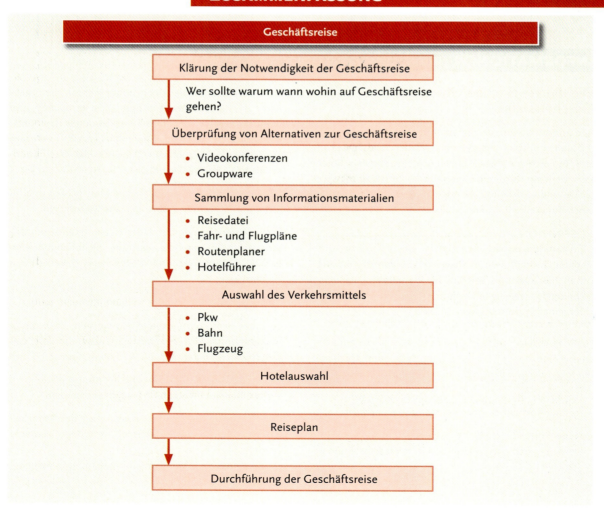

12.4 Wir werten Geschäftsreisen aus und rechnen diese ab

Einstieg

Carolin Saager assistiert momentan Frau Bertram, der Leiterin des Rechnungswesens. Besprochen werden in der Abteilungsleiterkonferenz die Entwicklung der Reisekosten der Hoffmann KG.

Frau Bertram: „Ich muss darauf hinweisen, dass unser Etat für Geschäftsreisen in der vergangen Periode um 48 % überschritten wurde."

Herr Hoffmann: „Das passt ja leider zu einem Trend, über den ich gestern in einer Wirtschaftszeitung gelesen habe: Von den in Deutschland anfallenden Reisekosten können nach äußerst vorsichtigen Schätzungen mehrere Milliarden Euro eingespart werden, ohne dass die Qualität der Reisen leidet und vielleicht von der Business Class im Flieger auf Economy umgebucht werden muss. Andere Prognosen liegen noch weit höher. Man setzt dabei als Sparinstrument aber auf ausgefeilte Travel-Management-Systeme. Da müssten wir uns mal darum kümmern ..."

Frau Bertram: „Ich werde erst einmal Frau Saager darauf ansetzen, und dann sollten wir das Ganze nächstes Mal als Tagesordnungspunkt aufnehmen ..."

Erläutern Sie
a) Aufgaben und
b) Vorteile
von Travel-Management-Systemen.

INFORMATIONEN

Die direkte Nachbereitung der Geschäftsreise

Alle Informationen, die auf einer Geschäftsreise anfallen, müssen schriftlich festgehalten werden. Dies geschieht z. B. in Form von Aktennotizen oder Protokollen. Solche Reiseberichte werden dann später im Unternehmen weiter be- und verarbeitet. Hilfreich ist auch die Verwendung eines Kundenkontakt-Formulars.

DEFINITION
Ein **Kundenkontakt-Formular** ist ein Hilfsmittel, um später Geschäftsreisen auswerten zu können. Erfasst man hier Ort und Termin, die Beteiligten und das Thema des jeweiligen Gesprächs, kann man später jederzeit alle Informationen abrufen.

Nach Rückkehr von der Geschäftsreise sollte zunächst einmal eine direkte Nachbereitung stattfinden. Dazu sollten folgende Arbeitsschritte durchgeführt werden:

- Die auf der Reise angefallenen Dokumente werden sofort auf Korrektheit bzw. Vollständigkeit geprüft.
- Neue Kontakte (z. B. neue Kunden und Lieferanten) werden in den entsprechenden Dateien erfasst und gespeichert.
- Den Geschäftspartnern gegenüber werden die Ergebnisse der Gespräche bestätigt. Dies ist wichtig, um möglicherweise getroffene Vereinbarungen festzuhalten und zu bekräftigen. Empfehlenswert ist in diesem Zusammenhang auch ein Dank für die Gastfreundschaft bzw. für das Gespräch.
- Für andere Mitarbeiter bestimmte Nachrichten und Informationen werden sofort an diese weitergeleitet.
- Die weiteren auf der Geschäftsreise entstandenen Unterlagen (z. B. Angebote, Verträge, Bestellungen) werden an die entsprechenden Stellen im Unternehmen weitergeleitet.
- Alle beteiligten Mitarbeiter sollten informiert werden.
- Es muss weiterhin sichergestellt werden, dass die in Verhandlungen auf der Geschäftsreise mit den Geschäftspartnern getroffenen Vereinbarungen auch umgesetzt werden.
- Ggf. sollten auch Folgetermine geplant werden.
- Vorkehrungen, die für die Abwesenheit des Mitarbeiters getroffen wurden, müssen rückgängig gemacht werden:
    - Telefon- und E-Mail-Umleitungen müssen aufgehoben werden.

- Vollmachten werden widerrufen.
- Die Anrufbeantworteransage wird zurückgesetzt.

• Auch die Geschäftsreise selbst sollte reflektiert werden: Zur Verbesserung weiterer Reisen sollte gegebenenfalls die Reisedatei um entsprechende Hinweise (genutzte Restaurants, Hotels und Beförderungsmittel) ergänzt werden.

Abrechnung der Geschäftsreise

Im Rahmen der Reisekostenabrechnung möchte ein Unternehmen die Gesamtkosten einer Reise ermitteln. Dazu stellt es alle Kosten zusammen, die durch die Geschäftsreise eines Mitarbeiters für das Unternehmen entstanden sind. Als Reisekosten gelten die Kosten, die auf einer durch berufliche Tätigkeit bedingten Reise entstehen. Diese Reisekosten setzen sich zusammen aus:
- Fahrtkosten,
- Übernachtungskosten,
- Verpflegungsmehraufwendungen,
- Reisenebenkosten.

Die erfassten Daten werden einerseits an die Buchhaltung weitergeleitet, führen andererseits zu Überweisungen der entsprechenden Beträge an den Geschäftsreisenden. Mithilfe der Reisekostenabrechnung lassen sich durch entsprechende Auswertungen spürbare Kostensenkungen erzielen.

Grundlage der Reisekostenabrechnung sind Belege. Mit diesen hat der Geschäftsreisende die Reisedauer, den Reiseweg, Anlass und Art der beruflichen Tätigkeit nachzuweisen.

BEISPIEL

- Fahrtenbücher
- Quittungen
- Rechnungen
- Fahrkarten
- Tickets

Die Reisekostenabrechnung dient sowohl dem Unternehmen als auch dem Arbeitnehmer:

Für Unternehmen ist die Reisekostenabrechnung ein effektives Instrument zur Erfassung der getätigten Betriebsausgaben. Betriebsausgaben sind finanzielle Aufwendungen, die im Zusammenhang mit der Gewinnerzielung im Betrieb anfallen. Es ist wichtig, dass alle Kosten erfasst werden, die dem Mitarbeiter evtl. aufgrund seiner Vorleistungen entstanden sind und die das Unternehmen direkt über die Pauschalen oder Belege trägt. Dadurch kann die Steuerlast des Unternehmens entscheidend verringert werden. Voraussetzung ist, dass die Dienstreise nahezu ausschließlich aus beruflichen Gründen unternommen worden sein muss.

Die Reisekostenabrechnung ermittelt auch den zu erstattenden Reisekostenbetrag für den Arbeitnehmer, der für das Unternehmen eine Dienstreise durchgeführt hat.

Arbeitnehmern werden Reisekosten prinzipiell vom Arbeitgeber erstattet. Die Einzelheiten dazu sind für Unternehmen der Wirtschaft in Tarifverträgen oder in Betriebsvereinbarungen geregelt. Für Arbeitnehmer im Öffentlichen Dienst oder Beamte gelten das Bundesreisekostengesetz oder die Reisekostengesetze der einzelnen Bundesländer.

In vielen Fällen ersetzt der Arbeitgeber alle entstandenen Kosten steuerfrei. Dazu muss der Geschäftsreisende die entsprechenden Belege vorlegen. Die Erstattung der Reisekosten kann in vielen Fällen dabei in der tatsächlich angefallenen Höhe erfolgen. Der Arbeitnehmer kann in seiner Einkommensteuererklärung die erstatteten Reisekosten nicht als Werbungskosten geltend machen. Erstattet der Arbeitgeber entstandene Kosten jedoch nicht, so kann der Arbeitnehmer die Aufwendungen im Rahmen seiner jährlichen Steuererklärung als Werbungskosten bei den Einkünften aus nichtselbstständiger Arbeit geltend machen. Oft können die erstatteten Kosten gemäß den Reiserichtlinien oder der Reisekostenordnung des Unternehmens auch niedriger sein als die tatsächlich angefallenen. Die Differenz kann der Arbeitnehmer in seiner Einkommensteuererklärung geltend machen.

Die Reisekostenabrechnung kann auf zwei Arten erfolgen:

- **Manuell:** Diese Art der Reisekostenabrechnung ist heuten nur noch in kleineren Betrieben zu finden. Zur Erfassung der Reisekosten werden Papierformulare genutzt. Dies ist vergleichsweise umständlich und führt zu Medienbrüchen.

- **Mithilfe von Programmen:** Mit speziellen Softwarepaketen wird die Reisekostenabrechnung automatisch durchgeführt. Es gibt keine Medienbrüche. Die Einführung von automatisierten Verfahren der Reisekostenabrechnung ist eines der Instrumente, mit denen der administrative und personelle Aufwand sowie Betriebskosten zugleich minimiert werden können.

BEISPIEL

Während der Reise angefallene Daten werden in das System eingespielt, Auswertungsdaten werden dem Travel-Management-System zur Verfügung gestellt.

12 VERANSTALTUNGEN UND GESCHÄFTSREISEN ORGANISIEREN

	Reisekosten
Fahrtkosten	Es können die tatsächlichen Kosten für die Benutzung von öffentlichen Verkehrsmitteln angesetzt werden. Wird das private Fahrzeug für die Fahrt genutzt, kann der pauschale oder der individuelle Kilometersatz zur Anwendung kommen. • Bei der Benutzung **öffentlicher Verkehrsmittel** (Bahn, Bus, Taxi, Flüge etc.) kann der entrichtete Fahrpreis einschließlich eventueller Zuschläge vom Arbeitgeber steuerfrei erstattet bzw. vom Arbeitnehmer als Werbungskosten abgezogen werden. • Wird ein **Firmenfahrzeug** benutzt, sind die anteiligen Fahrtkosten über die Gesamtkosten des Fahrzeugs in den Betriebsausgaben enthalten. • Bei der Benutzung von **privaten Kraftfahrzeugen** wird i. d. R aus Vereinfachungsgründen ein pauschaler Kilometersatz in Höhe von 0,30 € je Fahrtkilometer angesetzt. Bei Benutzung eines Mopeds oder Motorrads sind 0,20 € pro gefahrenen Kilometer anzusetzen. • Anstelle der Pauschalen können auch die tatsächlich angefallenen Fahrtkosten im Rahmen eines Einzelnachweisverfahrens angesetzt werden. Dabei ist der Teilbetrag der jährlichen Gesamtkosten des Fahrzeugs zu ermitteln, der dem Anteil der zu berücksichtigenden Fahrten an der Jahreslaufleistung entspricht. Sämtliche Aufwendungen sind dabei einzeln festzuhalten.
Übernachtungskosten	Es sind die tatsächlichen Kosten per Beleg nachzuweisen. Der Beleg muss die Anschrift des Hotels, den Namen des Übernachtenden und die Tage enthalten, an denen übernachtet wurde. Kosten für das Frühstück sind nicht einzubeziehen. Alternativ können auch Übernachtungspauschbeträge genutzt werden. Diese betragen im Inland 20,00 € pro Übernachtung ohne Einzelnachweis.
Verpflegungskosten	Ein Einzelnachweis der Verpflegungskosten ist nicht möglich. Es können lediglich Verpflegungspauschbeträge als Werbungskosten zum Ansatz kommen. Diese richten sich nach der Dauer der Abwesenheit. Derzeit gelten folgende Konditionen: • An- und Abreisetag bei mehrtägigen Dienstreisen jeweils 12,00 € • Abwesenheitsdauer von 24 Stunden (ganzer Tag): Pauschbetrag 24,00 € • Abwesenheitsdauer ab 8 bis weniger als 24 Stunden: Pauschbetrag 12,00 € Führt eine Dienstreise ins Ausland, können im Vergleich zu dem normalen Verpflegungsmehraufwand höhere Verpflegungsmehraufwendungen als Werbungskosten bei den Einkünften aus nichtselbstständiger Arbeit geltend gemacht werden.
Reisenebenkosten	Können Aufwendungen, die durch die Reise entstanden sind, nicht den Fahrt-, Verpflegungs- oder Übernachtungskosten zugeordnet werden, so gehören sie zu den Reisenebenkosten. Dies können z. B. sein: • Gepäckkosten (Beförderung, Aufbewahrung, Reisegepäckversicherung) • Aufwendungen für Ferngespräche • Straßenbenutzungskosten (Mautgebühren, Fährkosten, Parkplatzkosten) • Kosten, die aufgrund eines Verkehrsunfalls entstanden sind

12.4 WIR WERTEN GESCHÄFTSREISEN AUS UND RECHNEN DIESE AB

Kürzung der Verpflegungsmehraufwendungen

Werden vom Arbeitgeber Mahlzeiten gestellt, zum Beispiel das Frühstück, welches zu einer Hotelübernachtung gehört, oder die Verpflegung bei Seminaren, so werden die Pauschalen für Verpflegungsmehraufwendungen wie folgt gekürzt:

Mahlzeit durch Arbeitgeber gestellt/gezahlt	Kürzung der Verpflegungsmehraufwendungen	
	in %	in €
Frühstück	20	4,80
Mittag	40	9,60
Abendessen	40	9,60

Es ist zu sehen, dass die Kürzung sich stets auf die Verpflegungspauschale für einen Tag mit 24 Stunden Abwesenheit bezieht.

BEISPIEL

Ein Arbeitnehmer reist am 14. Mai abends zu einem Seminar und kehrt am 16. Mai zurück. Morgens erhält er jeweils ein Frühstück, welches im Zimmerpreis enthalten ist. Mittags erhalten die Seminarteilnehmer eine Verpflegung. Die Kosten für das Seminar und die Hotelkosten werden komplett vom Arbeitgeber getragen. Dem Arbeitnehmer stehen Verpflegungsmehraufwendungen in folgender Höhe zu:

14. Mai = Anreisetag:	12,00 €
15. Mai 24 Stunden abwesend	24,00 €
16. Mai = Abreisetag	12,00 €
gesamt:	48,00 €
Kürzung:	
für Frühstück:	
2 Tage · 20% von 24,00 € =	−9,60 €
für Mittagessen:	
2 Tage · 40% von 24,00 € =	−19,20 €
Kürzung gesamt:	−28,80 €
Verpflegungsmehraufwand:	19,20 €

Die verbleibenden 19,20 € können dem Arbeitnehmer vom Arbeitgeber steuerfrei erstattet werden.

Reisekostenabrechnung mit Tabellenkalkulationsprogrammen

Um eine Reisekostenabrechnung mit einem Tabellenkalkulationsprogramm möglichst optimal durchführen zu können, sollten die entsprechenden Zellen mit Formeln belegt werden, die die Berechnungen für den Sachbearbeiter vornehmen. Ist ein entsprechender Vordruck einmal fehlerfrei erstellt, kann dieser für sämtliche Reisekostenabrechnungen verwendet werden. Rechenfehler werden durch die korrekt hinterlegten Formeln ausgeschlossen.

Für das Erstellen eines Formulars eignet sich grundsätzlich jedes Tabellenkalkulationsprogramm. Beispielhaft wird mit Microsoft Excel gearbeitet.

Notwendige Angaben in dem Formular sind:
- Beginn der Reise (Datum, Uhrzeit)
- Ende der Reise (Datum, Uhrzeit)
- Fahrtkosten (eigenes Fahrzeug, öffentlichen Verkehrsmittel, Leih-/Dienstwagen)
- Angaben zu Verpflegungsmehraufwendungen (Abwesenheiten)
- Übernachtungskosten
- vom Arbeitgeber gestellte/bezahlte Mahlzeiten
- Reisenebenkosten

Beginn und Ende der Reise sollten mit Datum und Uhrzeit angegeben werden. Dadurch sind auch die Verpflegungsmehraufwendungen für den Bearbeiter nachvollziehbar. In dem entsprechenden Abschnitt des Reisekostenformulars sollten auch Angaben zu den Reisenden Personen, dem Grund der Reise und dem Reiseziel gemacht werden.

Es ist sinnvoll, dass den Arbeitnehmern auf dem zentralen Rechner des Unternehmens eine Vorlage für Reisekostenabrechnungen zur Verfügung gestellt wird. Felder, die ausgefüllt werden müssen, sollten kenntlich gemacht werden (z. B. farblich).

Ein allgemein gültiges Formular zur Abrechnung von Reisekosten muss eine Vielzahl von Fällen abdecken. Daher sollten die Mitarbeiter dazu aufgefordert werden, die nicht benötigten Zellen auszublenden, bevor sie das Formular ausdrucken und unterschreiben. Die Zellen sollten nicht gelöscht werden, da dadurch die hinterlegten Formeln zerstört werden können.

Sämtliche Belege, die zu der Reisekostenabrechnung gehören, sind stets zusammen mit dem unterschriebenen Antrag abzugeben. Außerdem sollte mit der Unterschrift auch die Wahrheit der gemachten Angaben erklärt werden. Auf dem Formular ist dem Mitarbeiter die Möglichkeit zu geben, eine vom Gehaltskonto abweichende Bankverbindung für die Erstattung der Reisekosten anzugeben. Ein Beispiel ist auf der nächsten Seite abgebildet.[1]

---

[1] Für Auslandsdienstreisen ist ein eigenes Formular zu erstellen, da hierfür abweichende Regelungen gelten.

12 VERANSTALTUNGEN UND GESCHÄFTSREISEN ORGANISIEREN

Reisekostenabrechnung Inland (nur graue Felder ausfüllen, nicht benötigte Felder ausblenden)							
A. Grundsätzliche Angaben zur Dienstreise im Inland							
		Name	Vorname				
Reisende Person:							
Grund der Reise:							
		Datum	Uhrzeit				
Beginn der Reise:							
Ende der Reise:							
B. Fahrtkosten							
Fahrt mit eigenem Pkw			km				
	Auto			x	0,30 €	=	0,00 €
	Moped/Motorrad			x	0,20 €	=	0,00 €
Fahrt mit öffentlichen Verkehrsmitteln							
	Bahn						
	Bus						
	Flugzeug						
	Taxi						
	Sonstige						
Fahrt mit Leih-/Dienstwagen							
	Leihkosten						
	Kraftstoffkosten						
	sonstige Fahrtkosten						
Summe Fahrtkosten							0,00 €
C. Verpflegungskosten Inland							
An-/ und Abreisetag				x	12,00 €	=	0,00 €
Tage mit mind. 8 Std. und weniger als 24 Std. Abwesenheit				x	12,00 €	=	0,00 €
Tage mit 24 Stunden Abwesenheit				x	24,00 €	=	0,00 €
Während der Dienstreise kostenlos zur Verfügung gestellte Mahlzeiten							
	Anzahl Frühstück			x	4,80 €	=	0,00 €
	Anzahl Mittagessen			x	9,60 €	=	0,00 €
	Anzahl Abendessen			x	9,60 €	=	0,00 €
Summe Verpflegungsmehraufwendungen (ggf. zu kürzen)							0,00 €
D. Übernachtungskosten im Inland							
Hotelrechnungen für Übernachtung							
darin enthaltene Kosten für Frühstück				–		=	0,00 €
			Anzahl:				
oder Pauschbetrag von 20 € pro Übernachtung			0,00 €	x	20,00 €	=	0,00 €
Summe Übernachtungskosten							0,00 €
E. Reisenebenkosten im Inland							
					Höhe in Euro		
	Parkgebühren						
	Maut						
	Fährkosten						
	Gepäckkosten						
	Eintrittsgelder						
	andere						
Summe Reisenebenkosten							0,00 €
REISEKOSTEN GESAMT							0,00 €
– Die zu den gemachten Angaben gehörigen Belege sind der Reisekostenabrechnung beigefügt.							
– Ich versichere, dass alle gemachten Angaben wahrheitsgemäß erfolgt sind.							
– Ich beantrage die Erstattung der Reisekosten auf:							
	bitte ankreuzen				mein Gehaltskonto		
					ein anderes Konto		
					(Bankverbindung beifügen)		
Datum, Unterschrift Antragsteller							

12.4 WIR WERTEN GESCHÄFTSREISEN AUS UND RECHNEN DIESE AB

BEISPIEL

Carolin Saager ist in der Verwaltung der Hoffmann KG eingesetzt. Sie erhält von der Abteilungsleiterin, Frau Schwab, den Auftrag, auf eine Fortbildung zum Thema „Reisekostenabrechnungen" zu gehen. Die Fortbildung dauert vom 25. Oktober bis zum 27. Oktober. Carolin fährt morgens früh um 7:00 Uhr von zuhause los. Sie fährt mit ihrem eigenen Auto die 120 km bis zum Seminarort und zurück. Vor Ort übernachtet sie in dem Tagungshotel, in welchem die Fortbildung stattfindet. Die Kosten in Höhe von 100,00 € pro Übernachtung muss sie zunächst selber tragen. Sie zahlt mit ihrer EC-Karte. Aus der Rechnung geht hervor, dass täglich 7,50 € auf das Frühstück entfallen. Der Tiefgaragenstellplatz in dem Hotel kostet Carolin zusätzlich 5,00 € pro angefangenen Tag. Die Seminarteilnehmer erhalten in der Mittagspause eine kostenlose Mahlzeit. Die Teilnehmergebühr wurde von der Hoffmann KG vorab entrichtet.

Reisekostenabrechnung Inland (nur graue Felder ausfüllen, nicht benötigte Felder ausblenden)						
A. Grundsätzliche Angaben zur Dienstreise im Inland						
	Name	Vorname				
Reisende Person:	Saager	Carolin				
Grund der Reise:	Fortbildung Reisekostenrecht					
	Datum	Uhrzeit				
Beginn der Reise:	25.10.20..	7:00:00				
Ende der Reise:	27.10.20..	17:00:00				
B. Fahrtkosten						
Fahrt mit eigenem Pkw		km				
	Auto	240,00	x	0,30 €	=	72,00 €
Summe Fahrtkosten						72,00 €
C. Verpflegungskosten Inland						
An-/ und Abreisetag		2	x	12,00 €	=	24,00 €
Tage mit 24 Stunden Abwesenheit		1	x	24,00 €	=	24,00 €
Während der Dienstreise kostenlos zur Verfügung gestellte Mahlzeiten						
	Anzahl Frühstück	2	x	4,80 €	=	−9,60 €
	Anzahl Mittagessen	3	x	9,60 €	=	−28,80 €
Summe Verpflegungsmehraufwendungen (ggf. zu kürzen)						9,60 €
D. Übernachtungskosten im Inland						
Hotelrechnungen für Übernachtung				200,00 €	=	200,00 €
darin enthaltene Kosten für Frühstück			−	15,00 €		
Summe Übernachtungskosten						200,00 €
E. Reisenebenkosten im Inland						
				Höhe in Euro		
	Parkgebühren			15,00 €		
Summe Reisenebenkosten						15,00 €
REISEKOSTEN GESAMT						296,60 €
− Die zu den gemachten Angaben gehörigen Belege sind der Reisekostenabrechnung beigefügt.						
− Ich versichere, dass alle gemachten Angaben wahrheitsgemäß erfolgt sind.						
− Ich beantrage die Erstattung der Reisekosten auf:						
	bitte ankreuzen		x	mein Gehaltskonto		
				ein anderes Konto		
				(Bankverbindung beifügen)		
29. Oktober 20.., Carolin Saager						
Datum, Unterschrift Antragsteller						

Exkurs Sachbezugswerte

Es gibt Branchen, in denen der Arbeitgeber dem Arbeitnehmer eine Unterkunft, Wohnung oder Verpflegung kostenfrei zur Verfügung stellt. In diesen Fällen stellt die kostenfreie Zurverfügungstellung einen geldwerten Vorteil für den Arbeitnehmer dar. Das heißt, dass der Arbeitnehmer durch die Entgegennahme des Sachbezuges steuer- und sozialversicherungspflichtigen Arbeitslohn bezieht.

Die Bewertung der Zurverfügungstellung derartiger Sachbezüge wird in der Sachbezugsverordnung geregelt. Demnach sind für die kostenfreie Stellung folgende Werte als geldwerter Vorteil anzusetzen:

Sachbezug	Sachbezugswert	
	monatlich	täglich
Unterkunft	223,00 €	7,43 €
Verpflegung	229,00 €	7,63 €

(Stand: 2015)

Sofern nur einzelne Mahlzeiten kostenfrei zur Verfügung gestellt werden, sind diese mit folgenden Werten anzusetzen:

Sachbezug	Sachbezugswert je Mahlzeit
Frühstück	1,63 €
Mittag	3,00 €
Abendessen	3,00 €

Das Bereitstellen einer kostenfreien Wohnung für den Arbeitnehmer unterscheidet sich zur kostenfreien Unterkunft dadurch, dass in der Wohnung ein eigener Haushalt geführt werden kann. Es liegt also eine abgeschlossene Einheit vor (Bad, WC, Küche etc.).

Für eine kostenfreie Wohnung wird der ortsübliche Mietpreis als geldwerter Vorteil angesetzt. Soweit der Arbeitnehmer selbst einen Beitrag leistet, wird dieser angerechnet.

BEISPIEL

Ein Arbeitnehmer mietet von seinem Arbeitgeber eine Werkswohnung für monatlich 200,00 €. Eine vergleichbare Wohnung in dieser Größe und Lage würde 380,00 € pro Monat kosten.
Der Arbeitnehmer erhält von seinem Arbeitgeber eine verbilligte Wohnung. Die Differenz zwischen der ortsüblichen Miete und der tatsächlichen Miete in Höhe von 180,00 € ist vom Arbeitnehmer als steuer- und sozialversicherungspflichtiger Arbeitslohn zu versteuern.

Exkurs Bewirtungskosten

Kosten, die einem Arbeitgeber oder in seinem Auftrag einem Arbeitnehmer für Zwecke des Unternehmens aus Gründen der Bewirtung aus geschäftlichem Anlass entstehen, dürfen gemäß § 4 Abs. 5 Nr. 2 EStG nur anteilig und unter bestimmten Voraussetzungen als Betriebsausgaben angesetzt werden. Die Bewirtungskosten, die im Rahmen von Geschäftsreisen anfallen, werden in der Regel direkt vom Arbeitgeber getragen, oder dem Arbeitnehmer in voller Höhe erstattet. Allerdings darf der Arbeitgeber diese nur dann als Betriebsausgaben gewinnmindernd absetzen, wenn ein ordnungsgemäßer Bewirtungsbeleg vorliegt. Hierzu müssen dem Beleg folgende Angaben zu entnehmen sein:
- Ort der Bewirtung
- Tag der Bewirtung
- Anlass der Bewirtung
- Höhe der Aufwendungen

Liegt ein ordnungsgemäßer Bewirtungsbeleg vor, so können die Aufwendungen zu 70% als Betriebsausgaben gewinnmindernd abgesetzt werden.

Travel-Management-Software

Geschäftsreisekosten stellen in der Regel den drittgrößten variablen Kostenblock im Unternehmen dar. Viele – vor allem größere – Unternehmen verwenden heute **Travel-Management-Software** zur systematischen und kostenminimierenden Planung, Buchung, Organisation und Abrechnung von Geschäftsreisen. Sie besteht aus mindestens zwei Elementen:

- Programme, über die Flug, Hotel, Mietwagen usw. direkt im Unternehmens-Intranet online gebucht werden können. Mit Abrechnungsmodulen werden zusätzlich sämtliche Reisekosten erfasst, ins Buchhaltungssystem übernommen und ausgewertet.

- In unternehmensinternen Reiserichtlinien wird der gesamte Geschäftsreiseprozess mit den benutzerspezifischen Regeln und den steuerlichen Grundlagen kurz beschrieben. Dieses Regelwerk dient als Kommunikationsgrundlage für alle beteiligten Mitarbeiter.

BEISPIEL

Es werden u. a. folgende Daten festgehalten:
- Wer darf wann Business Class fliegen?
- Ab wie viel Kilometer Entfernung lohnt sich der Mietwagen?

12.4 WIR WERTEN GESCHÄFTSREISEN AUS UND RECHNEN DIESE AB

Auswertungsmodule dienen dem Abbau unnötiger Reisekosten: Mithilfe effizienter Travel-Management-Programme bekommen Unternehmen einen besseren Überblick über die anfallenden Kosten bekommen und können so ihre Ausgaben langfristig senken.

BEISPIEL

Die Hoffmann KG hat über ihr Travel-Managementsystem ihr Hotelbuchungsvolumen ermittelt. In der Verhandlung mit einer weltweit vertretenen Hotelkette vereinbart sie einen neuen günstigeren Tarif als bisher.

Solche Auswertungsmodule bieten z. B. eine detaillierte grafische Analyse der Ausgaben für Geschäftsreisen. Die Auswertung der Daten kann dabei helfen, die Reisekostenrichtlinie des Unternehmens begründet aufzustellen oder zu verändern. Außerdem können auch die Informationen früherer Ausgaben schnell und einfach im System abgerufen werden, um Vergleiche anstellen zu können.

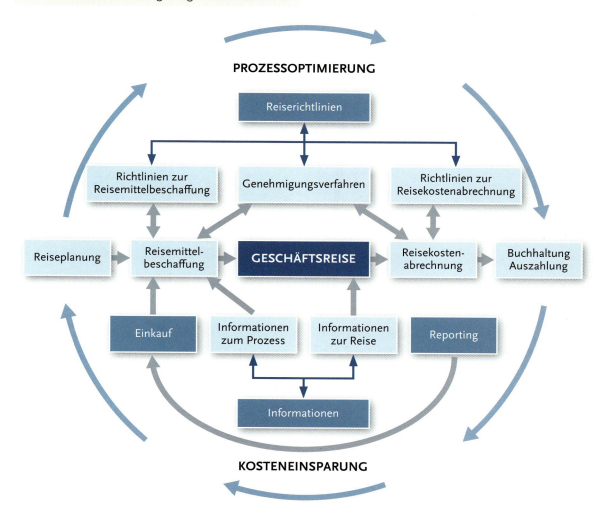

Ein Travel-Management-System stellt alle relevanten Funktionen zur Verfügung, um den gesamten Geschäftsreiseprozess zu organisieren, abzuwickeln und transparent abzubilden. Das System ermöglicht somit neben komfortablem Geschäftsreisemanagement auch die Optimierung der Abläufe und Reisekosten.

12 VERANSTALTUNGEN UND GESCHÄFTSREISEN ORGANISIEREN

Gut organisierten Unternehmen gelingt es durch Einsatz von Travel-Management-Systemen, ihre indirekten und direkten Reisekosten um bis zu 20 % zu reduzieren.

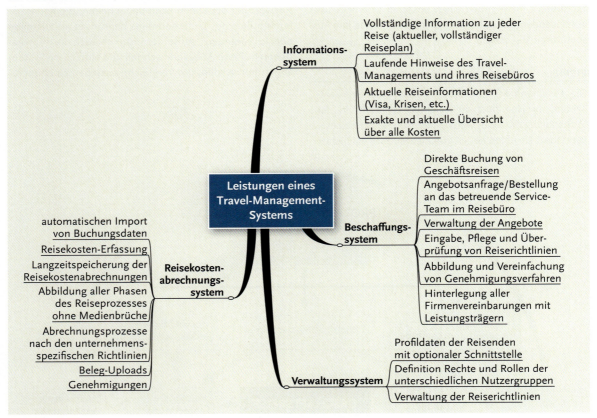

AUFGABEN

1. Welche Abschlussarbeiten müssen im Rahmen der Reisenachbereitung nach einer Geschäftsreise erledigt werden?
2. Warum ist eine Auswertung der Geschäftsreise wichtig?
3. Wie kann die Reisekostenabrechnung durchgeführt werden?
4. Was können Arbeitnehmer steuerlich absetzen, wenn der Arbeitgeber die Dienstreise nicht bezahlt?
5. Was gehört zu den Reisenebenkosten?
6. Was sind Travel-Management-Systeme?
7. Welche Aufgaben haben Travel-Management-Systeme?

AKTIONEN

1. Erstellen Sie einen eigenen Vordruck für inländische Reisekostenabrechnungen. Benutzen Sie möglichst viele Formeln und schützen Sie die Felder, die von den Antragstellern nicht geändert werden sollen.
2. Ohne Englischkenntnisse kommt man auf Geschäftsreisen oft nicht weit. Unter der Internetadresse http://de.talkenglish.com/Speaking/Business/Biz-Trip.aspx gibt es einen kleinen Internetkurs zum Thema Wirtschaftsenglisch und Geschäftsreisen. Arbeiten Sie die fünf Lektionen dieses Kurses durch.

12.4 WIR WERTEN GESCHÄFTSREISEN AUS UND RECHNEN DIESE AB

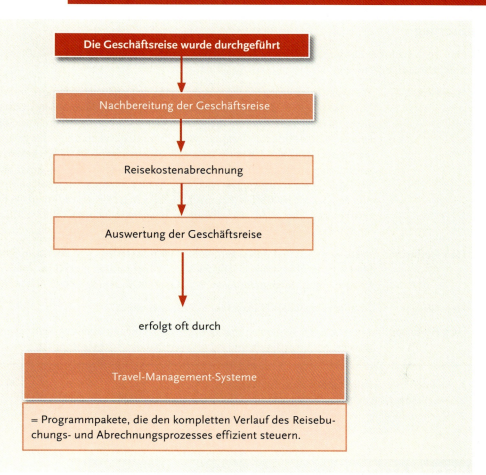

12.5 Wir beachten interkulturelle Besonderheiten

Einstieg

Herr Hickel aus der Einkaufsabteilung berichtet in der Abteilungskonferenz von einer Dienstreise. Carolin Saager hört sehr aufmerksam zu:

Herr Hickel: „Bei zwei Geschäftspartnern liefen die Gespräche und Verhandlungen normal, aber in Rio gab es Probleme. Kurz vor der vereinbarten Zeit suchte ich das Büro unseres Geschäftspartners auf. Ich wunderte mich stark. Obwohl mein Verhandlungspartner in seinem Büro war, musste ich im Vorzimmer Platz nehmen und warten. Was ich mitbekommen habe: Der ging unbeirrt weiter seinen Tagesgeschäften nach. Ich hörte, dass er Telefongespräche führte. Ich bekam mit, wenn die Tür mal aufging, dass andere Mitarbeiter reingingen. Seine Sekretärin reichte ihm Dokumente rein. Langsam fing ich an, mich zu ärgern. Erst nach einer halben Stunde wurde ich dann vorgelassen. Später während des Gesprächs wurden wir immer wieder von der Sekretärin, Mitarbeitern oder Telefonanrufen unterbrochen. Irgendwie habe ich mich nicht wichtig genommen gefühlt. Dieses Gespräch habe ich dann einfach abgebrochen. Das Tollste war dann: Der Brasilianer war darüber ganz verwundert!"

Herr Hoffmann: „Also, wenn ich mal was sagen darf ... Wir müssen uns mal über kulturelle Unterschiede informieren, z. B. über unterschiedliche Kulturdimensionen: Eigentlich wollte der Brasilianer Ihnen Wertschätzung entgegenbringen. Er hat nur ein polychrones Zeitverständnis ..."

Herr Hickel: „Kulturdimensionen??? Polychrones Zeitverständnis???"

Herr Hoffmann: „Ich werde mir Gedanken machen zu einer Schulung über interkulturelle Unterschiede. Da wir immer mehr importieren und exportieren, hat das höchste Priorität."

1. Erläutern Sie, warum es zu einem Konflikt kam.
2. Beschreiben Sie den Begriff Kulturdimension.
3. Machen Sie einen Vorschlag, wie der Konflikt hätte verhindert werden können.

INFORMATIONEN

Tagtäglich treffen Menschen in beruflichen Situationen auf andere Menschen. Dies geschieht i. d. R. in einer verständnisvollen und konfliktarmen Atmosphäre, wenn diese Menschen durch gleiche oder ähnliche kultureller Einflüsse, Stimmungen und Erwartungen geprägt sind. Schwierigkeiten entstehen jedoch oft, wenn Personen aus unterschiedlichen Kulturkreisen aufeinandertreffen: Je mehr die jeweiligen kulturellen Einflüsse der beteiligten Personen voneinander abweichen, umso mehr kann es zur Entstehung interkultureller Konfliktsituationen kommen. Gerade im Zusammenhang mit Geschäftsreisen und Veranstaltungen ist es wichtig, beim Aufeinandertreffen von kulturell verschiedenen Personen angemessen handeln zu können.

BEISPIEL

Nicht selten führen Geschäftsreisen ins Ausland. Auch auf Veranstaltungen trifft man oft ausländische Teilnehmer. In beiden Fällen ist es wichtig, interkulturelle Besonderheiten zu kennen und entsprechend darauf optimal reagieren zu können.

Werden im Geschäftsleben kulturelle Besonderheiten nicht ausreichend beachtet, kann dies viele Nachteile haben:
- Missverständnisse können die betriebliche Arbeit stören.
- Der Kommunikationspartner kann nachhaltig verärgert werden.
- Dies kann sogar zur Ablehnung des Kommunikationspartners führen.
- Die Geschäftsbeziehungen werden gestört.
- Es kommt zu finanziellen Einbußen.
- Es droht ein Scheitern der geschäftlichen Verbindungen.

Der Kontakt zu Mitarbeitern und Kunden mit unterschiedlicher kultureller Prägung in oder außerhalb eines Unternehmens wird in Zukunft sehr stark zunehmen. Vor dem Hintergrund der Globalisierung wird es für Unternehmen immer wichtiger, dass die Mitarbeiter in der Lage sind, mit interkulturellen Konfliktsituationen angemessen umgehen zu können. Erlernen müssen sie dazu einerseits die Erkennung und ggf. Vermeidung, andererseits den Umgang mit solchen interkulturellen Konfliktsituationen.

12.5 WIR BEACHTEN INTERKULTURELLE BESONDERHEITEN

Grundregeln für die Zusammenarbeit mit Personen anderer Kulturkreise

Zurücknahme der eigenen Person

In jedem Fall hilfreich ist es, die Person etwas zurückzunehmen. Man sollte also nicht offensiv die Meinung vertreten, dass die eigenen Ansichten und die eigene Lebensweise die allein gültigen sind.

Respekt vor anderen Personen

Damit einher geht die Achtung von Personen aus fremden Kulturkreisen. Sie empfinden dies als Wertschätzung und werden dementsprechend positiv reagieren.

Bereitschaft zum interkulturellen Lernen

Vor diesem Hintergrund sollte jeder bereit sein, interkulturell zu lernen. Darunter versteht man, dass sich Menschen unterschiedlicher Kulturen im Umgang miteinander bemühen, das kulturelle Orientierungssystem des jeweils anderen zu verstehen. Dadurch wird immer das Verständnis sowohl für fremde Kulturen als auch der eigenen verstärkt.

Informationen einholen über die Besonderheiten der anderen Kultur

Vor Geschäftsreisen ins Ausland sollte man sich über die kulturellen Besonderheiten und die dort üblichen Sitten im Geschäftsleben informieren. Dies gilt auch, wenn auf Veranstaltungen Treffen mit ausländischen Teilnehmern zu erwarten sind. Von der Beschaffung solcher Informationen kann der Erfolg oder Misserfolg der Reise bzw. Veranstaltungsteilnahme entscheidend abhängen. Wichtig ist also
- zu verstehen, was die Eigenschaften der jeweiligen Kultur sind,
- zu wissen, welches in unserem Kulturkreis normale Verhalten anderswo negativ gesehen wird bzw. umgekehrt.

Kulturdimensionen

Zur Erfassung kultureller Unterschiede verwendet man das Modell der Kulturdimensionen. Unter Kulturdimensionen versteht man Vergleichskriterien, um Gemeinsamkeiten und Unterschiede von Landeskulturen darzustellen. Durch Verwendung von Kulturdimensionen können Landeskulturen klassifiziert und dadurch besser analysiert und verstanden werden.

Als Kulturdimensionen können unterschieden werden:
- direkte und indirekte Kommunikation
- Sach- oder Beziehungsorientierung
- Kollektivismus und Individualismus
- Femininität und Maskulinität
- Grad der Risikobereitschaft und Unsicherheitsvermeidung
- hohe oder geringe Ausprägung der Machtdistanz
- monochrone oder polychrone Kulturen

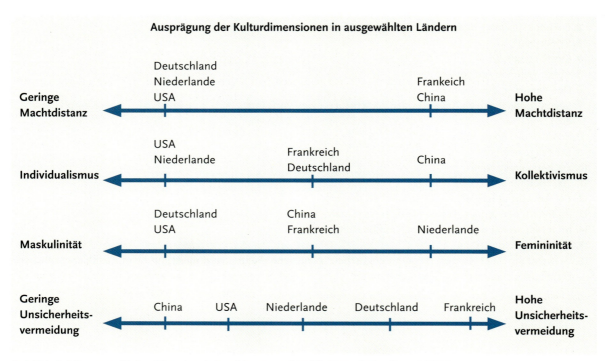

Erstellt in Anlehnung an: Ursina Böhm: Interkulturell kompetent? In: lift-report, Fachaufsätze 2/2004

Direkte und indirekte Kommunikation

Verschiedene Landeskulturen unterscheiden sich durch die Art der Kommunikation. In einigen Ländern wird mehr die **direkte** Kommunikation bevorzugt: Informationen oder Anweisungen werden deutlich geäußert. Es werden klare Positionen bezogen, Kritik wie auch Zustimmung werden offen ausgesprochen, auch wenn dadurch ein sozialer Konflikt riskiert wird. Dies wird in Kauf genommen, da die direkte Kommunikation zu mehr Wahrheit und Klarheit führen kann.

BEISPIEL

Im Rahmen der direkten Kommunikation wird ein Gespräch geführt, um ein vorher festgelegtes Ziel zu erreichen.

„Ich habe um dieses Gespräch gebeten, weil ich mit der Qualität Ihrer Ware nicht zufrieden bin."

Weil man keine Zeit verschwenden will, wird also ein sehr direkter Weg gewählt.

In Kulturen, deren Mitglieder **indirekt** kommunizieren, werden Botschaften und Mitteilungen verschlüsselt weitergegeben. Aus dem Bedürfnis, soziale Harmonie zu wahren, werden direkte Stellungnahmen vermieden. Andere Personen werden nicht angegriffen.

BEISPIEL

In Kulturen, die die indirekte Kommunikation bevorzugen, wird das Gesprächsziel viel eher beiläufig und über Umwegen angestrebt. Die Kommunikation dauert länger, ist unverbindlich und enthält wenig Fakten.

Kulturdimension	
Direkte Kommunikation	**Indirekte Kommunikation**
Europäer sind bei Konflikten bestrebt, den Sachverhalt möglichst deutlich darzulegen, um Klarheit zu schaffen. • Deutschland • Skandinavien	Asiaten z. B. versuchen die Konfliktsache undeutlich zu machen, weil in erster Linie die Harmonie zwischen den Beteiligten wiederhergestellt werden muss. • Asien, • Lateinamerika, • Afrika, arabische Länder, • romanische Länder, • osteuropäische Staaten

In Kulturen, die indirekte Kommunikation bevorzugen, werden viele Dinge nicht direkt zur Sprache gebracht.

16 Möglichkeiten, auf Japanisch „Nein" zu sagen

1. Ein unbestimmtes „Nein"
2. Ein unbestimmtes und zweideutiges „Ja" oder „Nein"
3. Schweigen
4. Eine Gegenfrage
5. Abschweifende Antworten
6. Das Verlassen des Raumes
7. Lügen (doppelsinnige Antwort oder Vorschieben eines Vorwandes, z. B. Krankheitsfall, frühere Verpflichtung, etc.)
8. Kritik an der Frage selbst üben
9. Die Frage ablehnen
10. Ein bedingtes „Nein"
11. „Ja, aber"
12. Die Antwort aufschieben („Wir schreiben Ihnen")
13. Im Innern denkt man „Ja", nach außen sagt man „Nein"
14. Im Innern denkt man „Nein", nach außen sagt man „Ja"
15. Sich entschuldigen
16. Verwendung eines Wortes, das dem englischen „Nein" entspricht – wird meist nur beim Ausfüllen amtlicher Fragebogen und nicht im Gespräch benutzt

Quelle: Andreas Engelen, Eva Tholen: Interkulturelles Management. Stuttgart: Schaeffer-Poeschel, 2014, S. 29

12.5 WIR BEACHTEN INTERKULTURELLE BESONDERHEITEN

Sachorientierung oder Beziehungsorientierung

Viele Kulturen unterscheiden sich durch unterschiedliche Auffassungen der Geschäftsbeziehungen: in Landeskulturen, bei denen die **Sachorientierung** im Vordergrund steht, legt man Wert darauf, sachlich zu diskutieren. Es herrscht eine strikte Trennung zwischen Privat- und Berufsleben. Für den Aufbau von Geschäftsbeziehungen ist die Entwicklung einer persönlichen Bindung nicht wichtig. Bei der Zusammenarbeit spielen persönliche Sympathien und Antipathien keine große Rolle.

BEISPIEL

In Deutschland herrscht wie in vielen westlichen Kulturen die Sachorientierung: In Verhandlungen wird der Abschluss eines Projekts, eines Vertrags oder eines Geschäfts angestrebt.

In anderen Kulturen steht die **Beziehungsorientierung** im Vordergrund: Erst wenn eine persönliche Beziehung aufgebaut wurde, arbeiten die Geschäftspartner zusammen.

BEISPIEL

Besprechungen oder Verhandlungen dienen zunächst einmal dem Kennenlernen und dem Aufbau einer persönlichen Beziehung. Erst wenn eine gemeinsame Basis geschaffen wurde, wird ein Abschluss angestrebt.

Kulturdimension	
Sachorientierung	**Beziehungsorientierung**
• Deutschland • USA	• Italien • Spanien • Mexiko • Brasilien

BEISPIEL

- Für Nordeuropäer oder Nordamerikaner gilt das Prinzip „Zeit ist Geld". Sie wollen schnell zur Sache kommen.
- Asiaten, Afrikaner oder Araber möchten den Geschäftspartner zuerst einmal als Person kennenlernen und einschätzen können. Erst nach Aufbau einer Beziehung denken sie an geschäftliche Dinge.

Individualismus oder Kollektivismus

Viele Landeskulturen unterscheiden sich auch darin, wie die Rolle des Einzelnen gegenüber der Gruppe gesehen wird.

In Landeskulturen, in denen der **Individualismus** im Vordergrund steht, gilt die Selbstverwirklichung des Einzelnen als eines der höchsten Ziele. Die Unabhängigkeit, die Privatsphäre und die Persönlichkeit des Einzelnen genießen einen sehr hohen Stellenwert. Der Gruppe geht es gut, wenn es einer Einzelpersonen gutgeht.

Bei durch **Kollektivismus** geprägten Landeskulturen ist die Gemeinschaftsorientierung das entscheidende Merkmal. Dem Einzelnen geht es gut, wenn es der Gruppe gut geht. Das Wohl der einzelnen Person wird dem der Gruppe untergeordnet. Die Gemeinschaft bietet Schutz und Unterstützung, fordert aber auch große Loyalität.

Kulturdimension	
Individualismus	**Kollektivismus**
Beziehungen zwischen Menschen sind lockerer, da individuelle Freiheit, freie Persönlichkeitsentwicklung, Selbstbestimmung und Verantwortung in der gesellschaftlichen Ordnung eine hohe Priorität haben. • USA • Großbritannien • Australien • Frankreich • Schweiz • Niederlande • Belgien • Deutschland	In kollektivistischen Kulturen spielt die Integration in zahlreiche soziale Netzwerke eine besonders wichtige Rolle. Charakteristisch sind gegenseitige Abhängigkeit, Priorität von Gruppeninteressen und Vermeidung von direkter Konfrontation (Harmoniestreben). • China • Japan • Argentinien • Singapur • Guatemala • Mexiko • Portugal

BEISPIEL

- „The American Dream" – die Möglichkeit sich aus eigener Arbeitskraft vom Tellerwäscher zum Millionär hochzuarbeiten – ist ein Symbol für den Individualismus, wie er in den USA gelebt wird und in dem berühmten Song „My Way" von Frank Sinatra zum Ausdruck kommt.
- Für die kollektivistisch ausgeprägte Gesellschaft Chinas ist das Sprichwort „Der Nagel, der herausragt, wird in das Brett gehämmert" kennzeichnend. In einer solchen Gesellschaft steht die Gruppe als Gesamtheit im Vordergrund und ist wichtiger als die Selbstverwirklichung der Gruppenmitglieder.

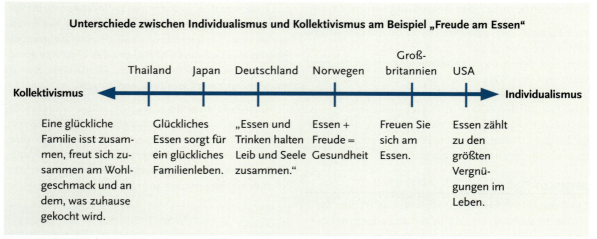

Quelle: Stefan Müller, Katja Gelbrich: Interkulturelles Marketing. München: Vahlen 2004, S. 665

Hohe oder geringe Ausprägung der Machtdistanz

Verschiedene Landeskulturen unterscheiden sich dadurch, inwieweit Individuen Ungleichheiten zwischen Hierarchiestufen akzeptieren. Es geht um die Frage, wie viel Respekt eine Person vor einem Menschen in einer höheren Position hat. Je höher die Machtdistanz ist, umso weniger ist es erlaubt, offene Kritik zu üben.

In Landeskulturen mit einer hohen Ausprägung der Machtdistanz werden hierarchische Strukturen akzeptiert. In Organisationen und Unternehmen wird häufiger ein tendenziell autoritärer Führungsstil angewendet. Dagegen wird dort, wo die Machtdistanz niedriger ausgeprägt ist, nach einer weitgehenden Gleichheit der Machtverteilung gestrebt. So sind Organisationsstrukturen eher flach gehalten, Entscheidungen werden eher delegiert.

Kulturdimension	
Hohe Ausprägung der Machtdistanz	Niedrige Ausprägung der Machtdistanz
• Japan • Singapur • Frankreich • Spanien • Guatemala	• Skandinavien • Großbritannien • Österreich • Niederlande

BEISPIEL

Wenn ein deutscher Chef ein russisches Team mit niedriger Machtdistanz leitet – was sich in Deutschland als sehr erfolgreich erwiesen hat –, wird er beispielsweise viel delegieren und seine Mitarbeiter eigenverantwortlich arbeiten lassen. Er wird wenig kontrollieren. Da Russland jedoch ein Land mit hoher Machtdistanz ist, wird er vermutlich scheitern. Russische Mitarbeiter sind eine hohe Machtdistanz gewohnt. Sie könnten das Führungsverhalten des Chefs als Schwäche auslegen.

Ein Beispiel für Probleme unterschiedlicher Machtdistanz in einem internationalen Unternehmen

Herr Gomez arbeitet für ein südamerikanisches Unternehmen. Er ist als Führungskraft seinen Mitarbeitern hierarchisch deutlich übergeordnet und fällt die wichtigsten Entscheidungen selbstständig. Seine Mitarbeiter erwarten von ihm klare Anweisungen. Herr Gomez bezieht ein hohes Einkommen; Privilegien und Statussymbole (Auto, Club) unterstreichen die hervorgehobene Bedeutung seiner Position. Seit Kurzem hat Herr Gomez einen neuen Vorgesetzten, Herrn Palmblad aus Schweden, der sich in vielen Fragen mit ihm abstimmt und ihn verhältnismäßig wenig spüren lässt, dass er sein Vorgesetzter ist.

12.5 WIR BEACHTEN INTERKULTURELLE BESONDERHEITEN

Herr Gomez ist darüber zwar etwas verunsichert, führt aber die Offenheit seines Vorgesetzten im Wesentlichen auf die eigenen Leistungen zurück und ist mit sich sehr zufrieden. Auch nach außen hin kann Herr Gomez seine starke Rolle im Unternehmen immer wieder dokumentieren, da sein neuer Vorgesetzter bei gemeinsamen Auftritten eher im Hintergrund bleibt und ihm den Vortritt lässt. Allerdings wundert sich Herr Gomez darüber, dass Herr Palmblad bei wichtigen Entscheidungen auch die Meinung von Herrn Fernandez, einem hierarchisch

Herr Gomez überlegt, wie er damit umgehen soll, da nach seiner Erfahrung durch dieses Vorgehen seine eigene Position den Mitarbeitern gegenüber untergraben wird. Auch Herr Fernandez scheint nicht recht zu wissen, wie er sich angesichts dieser neuen Mitsprachemöglichkeit verhalten soll.

Einerseits genießt er seine neue Bedeutung, andererseits fragt er sich, inwieweit er das Verhalten von Herrn Palmblad als Schwäche sehen muss.

Beteiligter	Stellung in der Unternehmenshierarchie	Aussage
Herr Palmblad (Schweden)	1. Hierarchieebene im Unternehmen	„Schade, ich hätte von den beiden mehr Einsatz und Kooperationsbereitschaft erwartet, wo ich doch mit so gutem Beispiel vorangegangen bin!"
Herr Gomez (Venezuela)	2. Hierarchieebene im Unternehmen	„Endlich werden meine Fähigkeiten und Leistungen gesehen und anerkannt. Aber warum fragt er eigentlich immer meinen Untergebenen, Herrn Fernandez, nach seiner Meinung?"
Herr Fernandez (Venezuela)	3. Hierarchieebene im Unternehmen	„So einen merkwürdigen Chef hatte ich noch nie. Muss ganz schön unsicher sein, der Schwede. Hoffentlich nimmt mir das Herr Gomez nicht übel!"

In Anlehnung an Axel Dreyer: Kulturtourismus. München: Oldenbourg 2000, S. 212; und Stefan Müller, Katja Gelbrich: Interkulturelles Marketing, München: Vahlen 2004

Monochrone oder polychrone Kulturen

Mitglieder einer monochronen Kultur erledigen Aufgaben nacheinander. Die nächste Beschäftigung wird erst dann begonnen, wenn die erste abgeschlossen ist. Die Mitglieder dieser Kultur messen der Zeit und der Privatsphäre einen hohen Wert bei. Die Zeit dient ihnen dazu, den Alltag zu ordnen und in strukturierte Bahnen zu lenken. Pünktlichkeit ist von großer Bedeutung, die Zeitplanung in monochronen Kulturen ist sehr exakt.

In polychronen Kulturen führen die Mitglieder oft mehrere Aufgaben nebeneinander aus. In solchen Gesellschaften werden viele Dinge gleichzeitig erledigt; neue Aufgaben werden also angefangen, ohne die alten vorher abgeschlossen zu haben. Zeit hat für die Mitglieder einer solchen Kultur keine große Bedeutung. Planungen werden häufiger geändert. Diese Gesellschaften legen sehr viel Wert auf Kommunikation und Beziehungen.

Kulturdimension	
Monochron	**Polychron**
• Deutschland	• Südeuropa
• USA	• Osteuropa
• Kanada	• Mittelamerika
• Mitteleuropa	• Südamerika
• Nordeuropa	• Afrika
• Japan	• Naher Osten
• China	• Indien

BEISPIEL

- In monochronen Kulturen fällt man durch Unpünktlichkeit sehr leicht negativ auf.
- In polychronen Kulturen geht der Geschäftspartner im Groben davon aus, dass er selbst und die anderen doch alle genügen Zeit zur Verfügung haben.

Hohe oder niedrige Unsicherheitsvermeidung

In Gesellschaften mit hoher Unsicherheitsvermeidung wird Ungewissheit als Bedrohung empfunden. Dadurch entsteht ein allgemeines Bedürfnis nach informellen Regeln und formellen Vorgaben. Man möchte unvorhersehbare Situationen vermeiden. Um Ordnung und Struktur in solchen Gesellschaften aufrecht zu halten, wird andersartiges Verhalten bestraft.

In den Kulturen, in denen eine niedrige Unsicherheitsvermeidung vorherrscht, gibt es überwiegend die Einstellung, dass Ungewissheit eine normale Erscheinung im Leben ist. Diese Gesellschaften sind erheblich risikobereiter und innovationsfreudiger als andere. Regeln werden nur dort aufgestellt, wo sie absolut notwendig erscheinen. Man ist sich einig, dass man viele Probleme auch ohne formelle Regeln lösen kann.

Kulturdimension	
Hohe Unsicherheitsvermeidung	**Niedrige Unsicherheitsvermeidung**
• Japan • Guatemala • China • Frankreich	• Nordeuropa • Großbritannien • Hongkong

BEISPIEL

In Kulturen mit hoher Unsicherheitsvermeidung gibt es am Arbeitsplatz sehr viele ungeschriebene, aber auch geschriebene Regeln, die den Arbeitsablauf bestimmen. Herrscht in einer Kultur dagegen eine niedrigere Unsicherheitsvermeidung vor, ruft dies einen großen Widerwillen hervor: dort werden eher flexible Regelungen und Strukturen angestrebt.

Maskulinität oder Femininität

Eine Kultur gilt als maskulin, wenn die Rollen der Geschlechter emotional klar gegeneinander abgegrenzt sind: Männer haben bestimmt, hart und materiell orientiert zu sein, Frauen dagegen müssen bescheidener, sensibler sein und Wert auf Lebensqualität legen.

Maskuline Kulturen erwarten von Männern Leistung, Erfolg und Stärke. In einer femininen Kultur überschneiden sich Rollen der Geschlechter emotional: Sowohl Frauen als auch Männer sollen bescheiden und feinfühlig sein und Wert auf Lebensqualität legen. Merkmale femininer Kulturen sind Ausgewogenheit zwischen Arbeit und Privatleben, Kooperationsbereitschaft und Bescheidenheit.

Kulturdimension	
Maskulinität	**Femininität**
• Japan • Deutschland	• Niederlande • Skandinavien

BEISPIEL

Aggressives Auftreten ist eher in maskulinen Kulturen anzutreffen als in den eher auf Bescheidenheit und Mitgefühl ausgerichteten femininen Kulturen. Ein angriffslustiges Verkaufsverhalten auf Kosten anderer – wie z. B. vergleichende Werbung auf amerikanische Art – wird in femininen Gesellschaften überwiegend negativ aufgenommen.

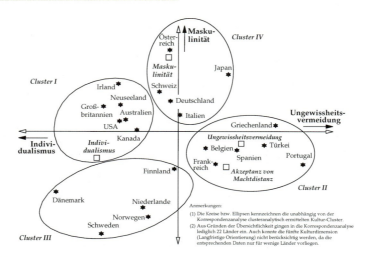

Zusammenhang zweier Kulturdimensionen
Quelle: Stefan Müller, Katja Gelbrich: Interkulturelles Marketing, München: Vahlen 2015, S.149

12.5 WIR BEACHTEN INTERKULTURELLE BESONDERHEITEN

Langfristige oder kurzfristige Orientierung

Verschiedene Kulturen unterscheiden sich dadurch, wie groß der zeitliche Planungszeitraum einer Kultur ist. Kurzfristig orientierte Kulturen bevorzugen kurzfristig erreichbare Ziele. Sie weisen unter anderem folgende Merkmale auf:
- Ungeduld
- Erwartung schneller Gewinne
- Geringe Sparsamkeit

Solche Gesellschaften sind gegenwarts- oder vergangenheitsorientiert.

Für langfristig orientierte Kulturen sind Merkmale typisch wie z. B.
- Ausdauer,
- Fleiß,
- Sparsamkeit,
- Erfüllung sozialer Pflichten.

In langfristig orientierten Kulturen steht das Erreichen langfristiger Ziele im Vordergrund. Sie sind viel mehr zukunftsorientiert.

Kulturdimension	
Langfristige Orientierung	**Kurzfristige Orientierung**
• China • Brasilien • Thailand	• Deutschland • USA • Schweden

BEISPIEL

- „Wenn wir jetzt etwas ändern, dann wird sich das in 10 Jahren rentieren …", steht für eine langfristige Orientierung, die auf die Zukunft ausgerichtet ist.
- „Das machen wir schon immer so!", ist eher kennzeichnend für eine Kultur einer kurzfristigen Orientierung: Hier hat die Vergangenheit in Form von Traditionen ein besonderes Gewicht

Unterschiede in der Ausprägung der Körpersprache

Kulturelle Unterschiede drücken sich auch in der Körpersprache aus. In einigen Ländern werden Körperkontakt, Abstand und Orientierung bei Gesprächen, Mimik und Gestik anders interpretiert als in Deutschland.

BEISPIEL

In Lateinamerika, aber auch in vielen Mittelmeerländern, gehören körperliche Berührungen selbst bei Geschäftsgesprächen zum Gespräch. Dies gilt auch für arabische Länder: Dort ist dies jedoch nur von Mann zu Mann oder von Frau zu Frau erlaubt. Skandinavier, Japaner oder Chinesen empfinden dagegen die Einhaltung eines großen Abstands als normal.

Kulturdimension	
Starke Ausprägung der Körpersprache	**Niedrigere Ausprägung der Körpersprache**
• Mittelamerika • Südamerika • Arabische Länder • Afrikanische Kulturen • Südeuropa • Osteuropa • Indien	• Nordeuropa • Mitteleuropa • Nordamerika • China • Japan

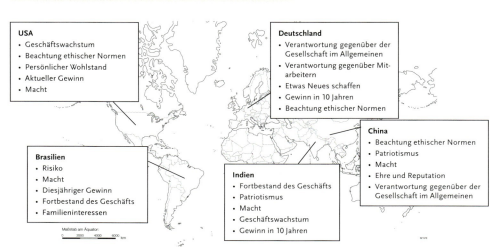

Ziele von Unternehmen in verschiedenen nationalen Kulturen
Vgl.: Andreas Engelen, Eva Tholen: Interkulturelles Management, Stuttgart: Schaeffer-Poeschel 2014, S. 105

Verhalten im Ausland

Oft gilt im Ausland das, was in Deutschland als gutes Verhalten angesehen wird, in bestimmten Situationen als Verstoß gegen die gute Etikette. Deshalb sollte man sich in jedem Fall bei einer Reise ins Ausland über die dort geltenden Verhaltensregeln und Bräuche informieren.

Die zwei Hauptregeln für allgemeines Verhalten im Ausland bzw. gegenüber ausländischen Geschäftspartnern sind:
- Man sollte dem Geschäftspartner gegenüber seinen Respekt bezeugen. Dies hat mit Sicherheit Auswirkung auf einen positiven Verlauf des Gesprächs.
- Es empfiehlt sich, zu beobachten, wie sich der Geschäftspartner verhält, und es ihm anschließend gleichzutun.

Vor allem in den folgenden im Geschäftsleben häufig vorkommenden Situationen gibt es oft entscheidende Unterschiede zwischen den Kulturkreisen:

Begrüßung

In Deutschland gilt das Händeschütteln als ganz normaler Bestandteil einer Begrüßung. In vielen europäischen Ländern dagegen findet das Händeschütteln in weitaus geringerer Intensität statt. In vielen asiatischen Ländern entfällt das Händeschütteln komplett. Stattdessen wird es durch eine Verbeugung ersetzt: Je tiefer dabei die Verbeugung ausfällt, desto höher ist die Wertschätzung des Gegenübers.

Austausch von Visitenkarten

Weltweit gilt, dass Visitenkarten sich immer in einwandfreiem Zustand befinden müssen. Unterschiede gibt es im Hinblick auf eine korrekte Übergabe.

Das Wichtigste bei der ersten Begegnung zwischen Geschäftsleuten in Japan: Austausch von Visitenkarten

- Empfehlenswert ist eine zweisprachige Visitenkarte. Ist die Visitenkarte z. B. in englischer Sprache gehalten, wird dem Geschäftspartner so das Verständnis erleichtert.
- In islamischen Ländern sollte darauf geachtet werden, die Visitenkarten nur mit der rechten Hand zu übergeben. Dagegen werden in südostasiatischen Ländern die Visitenkarten immer mit beiden Händen entgegengenommen bzw. übergeben.
- In Ländern, die sehr starken Wert auf Hierarchien legen, möchten Geschäftspartner häufig nur mit Personen, die eine hohe Position innehaben, verhandeln. Die Visitenkarte sollte also eine für den Geschäftspartner akzeptable Position anzeigen.

Geschenke

Ein besonderes Augenmerk sollte man auf die Auswahl von Geschenken legen. Hier kann es zu einigen Missverständnissen zwischen den Kulturen kommen.

> **BEISPIEL**
> - Blumen als Geschenk sind in China nicht akzeptabel. Dort dienen sie dazu, Tote zu ehren.
> - In islamischen Ländern sind alkoholische Getränke, z. B. eine Flasche Wein als Mitbringsel, nicht erlaubt.
> - Das Geschenk darf keinen zu hohen Wert haben. Dies könnte als Bestechungsversuch aufgefasst werden.

Pünktlichkeit

In Deutschland ist Pünktlichkeit selbstverständlich. In einigen Ländern (z. B. in Südamerika) verschieben sich jedoch Termine oft etwas. Dies wird dort als völlig normal angesehen. Hier gilt auch die Regel, dass man niemals zu früh kommen sollte.

Gespräche

Häufig wird man mit seinen Gesprächspartnern nicht nur über geschäftliche Themen reden, es kommt auch zu einem privaten Austausch. Ohne Probleme können i. d. R. Bereiche wie
- Familie,
- Reisen,
- Sport,
- Musik und Kunst,

angesprochen werden. Dagegen sollten Reizthemen (Politik, Religion, Krankheiten, negative Erlebnisse im Gastland) vermieden werden.

Das Gesicht wahren lassen

Vor allem in China und anderen asiatischen Ländern ist es wichtig, auch in unangenehmen Situationen wie z. B. bei harten Verhandlungen den Geschäftspartner nicht das Gesicht verlieren zu lassen: Eine der wichtigsten Verhaltensregeln im Ausland ist es, den Gesprächspartner nicht

12.5 WIR BEACHTEN INTERKULTURELLE BESONDERHEITEN

durch eigene Handlungen oder Worte in eine aus seiner Sicht schwierige und peinliche Situation zu bringen. Es sollte darauf geachtet werden, dass vieles, was Deutsche als normal empfinden, für Gesprächspartner aus einer anderen Kultur – die viel Wert auf eine harmonische Beziehung legen – beschämend wirken könnte.

BEISPIEL

In vielen asiatischen Ländern zählt es zu den absoluten Todsünden, einen Vorgesetzten auf Fehler hinzuweisen. Selbst kritische Fragen können zum Gesichtsverlust führen, wenn der Chef keine Antwort weiß.

AUFGABEN

1. Welche Nachteile kann das Nichtbeachten kultureller Unterschiede haben?
2. Was sind Kulturdimensionen?
3. Ordnen Sie die folgenden Aussagen einer Kulturdimension zu:
   a) „Ohne gemeinsame Basis keine gemeinsamen Geschäfte!"
   b) „Was anders ist, ist gefährlich."
   c) „Immer eins nach dem anderen."
   d) „Schnaps ist Schnaps und Dienst ist Dienst."
   e) „Ich bin gekommen, weil ich mit der Qualität Ihres Produkts nicht zufrieden bin."
   f) „Das haben wir immer schon so gemacht."
   g) „Leben um zu arbeiten!"
4. Welche Kulturdimension wird in den folgenden Aussagen beschrieben?
   a) „In Kulturen wie der amerikanischen, aber auch in Großbritannien, Schweden und Dänemark stellen Risiken eher eine Herausforderung als eine Bedrohung dar. Nicht zuletzt sind z. B. amerikanische Banken dafür bekannt, dass sie z. B. Kredite einfach vergeben und damit selbstverständlich ein erhöhtes Risiko eingehen.
   b) Je geringer die Ausprägung dieser Kulturdimension ist, umso stärker wird von gleich zu gleich gehandelt und auf Respektsäußerungen verzichtet. Dann darf auch gelacht werden: Der Franzose Jean Baptiste Bernadotte wurde 1818 schwedischer König und versuchte seine Antrittsrede auf Schwedisch zu halten. Die Schweden fanden das so erheiternd, dass sie lachten. Bernadotte hat nie wieder versucht, schwedisch zu sprechen.
   c) „Arbeiten um zu leben", „Konflikte werden beigelegt, indem man miteinander verhandelt und nach einem Kompromiss sucht" und „Sympathie mit den Schwachen", sind drei Merkmale dieser Kulturdimension.
   d) Erwarten Sie in Ländern mit dieser Kulturdimension nicht unbedingt, dass Sie eine Entscheidung in einer Besprechung bekommen. Anderswo nehmen dazu Entscheider an Besprechungen teil. Diese sind hier nicht immer vertreten.
   e) Themen aus der direkten geschäftlichen Beziehung genießen Vorrang vor persönlichen Angelegenheiten und der Schilderung privater Lebensumstände.
5. Wie können interkulturelle Konflikte vermieden werden?
6. Was versteht man unter dem Begriff „Gesichtsverlust"?

AKTIONEN

1. Mit dem Selbsttest unter der Internetadresse http://www.ikkompetenz.thueringen.de/selbsttest/index.htm
   lernt man seine eigenen interkulturellen Fähigkeiten ein wenig besser kennen.
2. Bearbeiten Sie interaktiv die Übungen 1 und 2 unter http://www.mig-komm.eu/uebungen_interkulturelles
3. Mehr zum Thema interkulturelles Verständnis können Sie den Filmbeiträgen unter der Internetadresse http://www.ikkompetenz.thueringen.de/filme/index.htm entnehmen.
4. Gesten, die man international vermeiden sollte, lernt man hier mithilfe eines Quiz unter dem Titel „Quiz der fiesen Gesten: So machen Sie sich weltweit Feinde" kennen:
   http://www.spiegel.de/quiztool/quiztool-59365.html
   Diese Aktion sollten Sie bearbeiten, um die kulturellen Besonderheiten unterschiedlicher Länder kennenzulernen. Bilden Sie in Ihrer Klasse 12 Gruppen.
5. Die Wochenzeitung „DIE ZEIT" stellt hier in einem sehr informativen Artikel dar, worauf es bei Geschäftsgesprächen in zwölf Ländern ankommt.

Gehen Sie zu der Internetadresse http://www.zeit.de/2012/38/interkulturelle-kompetenzen-karriere

Entscheiden Sie sich für ein Land: Stellen Sie die Besonderheiten des Landes auf einem Wandplakat dar. Präsentieren Sie Ihr Wandplakat.

ZUSAMMENFASSUNG

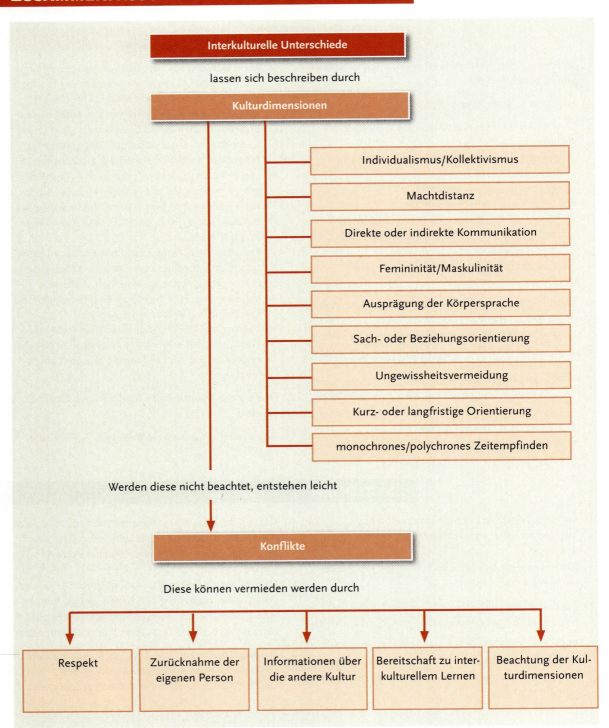

Projektmanagement
Zieldefinition
Ressourcen
Nullphase
SMART
Kick-off-Meeting
Lastenheft
Brainstorming   Pflichtenheft   Arbeitspakete
Projektstrukturplan
Informationsverarbeitung
Evaluation   Dokumentation
Handlungsprodukt

Lernfeld 13

Ein Projekt planen und durchführen

13.1 Wir erkennen, dass viele komplexe und neuartige Aufgaben im Unternehmen mit Projekten gelöst werden können

Einstieg

Auf ihrer wöchentlichen Sitzung analysiert die Geschäftsleitung der Hoffmann KG die Unternehmenssituation. Man ist sich einig, dass die Steuerung des Unternehmens im Rahmen der herkömmlichen Aufbauorganisation vor dem Hintergrund komplexer und unübersichtlicher Marktsituationen nicht mehr optimal zu bewältigen ist.

Um flexibel und schnell auf Entwicklungen reagieren zu können, möchte die Hoffmann KG in Zukunft wichtige Fragen und Probleme vermehrt im Rahmen von Projekten bearbeiten. Die Personalabteilung wird deshalb beauftragt, eine Stelle für die Koordination des Projektmanagements auszuschreiben.

Für die Leitung verschiedener Projekte in unserem Unternehmen suchen wir einen engagierten

Beauftragten (m/w) für das „Projektmanagement"

Mit einem Team aus erfahrenen Mitarbeitern steuern und koordinieren Sie in den jeweiligen Projekten die Realisierung der in den Pflichtenheften definierten Anforderungen, überwachen die vereinbarten Ziele bzw. Maßnahmenpakete und leiten entsprechende Korrekturmaßnahmen bei auftretenden Abweichungen ein. Dazu erkennen und fördern Sie die Realisierung von Synergieeffekten bei abteilungs- und bereichsübergreifenden Projekten.

Für diese anspruchsvolle Tätigkeit erwarten wir eine Ausbildung im Groß- und Außenhandel. Erfahrung im Bereich Projektmanagement setzen wir voraus. Sie beherrschen die notwendigen Projektmanagementtools und besitzen gute englische Sprachkenntnisse. Persönlich zeichnen Sie sich durch Ihren dynamischen und zielstrebigen Arbeitsstil, Ihre Kommunikations- und Teamfähigkeit sowie Ihre Eigeninitiative aus. Darüber hinaus verfügen Sie über entsprechende Führungserfahrung bzw. Führungspotenzial.

Wenn Sie an dieser Stellenausschreibung interessiert sind, bewerben Sie sich bitte schriftlich bei unserer Personalabteilung in Hannover.

Hoffmann KG
Bergener Str. 6a
30625 Hannover

---

1. Erläutern Sie den Begriff des Projekts.
2. Arbeiten Sie Unterschiede zwischen der Arbeit in Projekten und der normalen Arbeit in einer Abteilung eines Unternehmens heraus

INFORMATIONEN

Projekte

Projekte gibt es in vielen Bereichen des Lebens, so z. B. auch in der Wirtschaft und in der Schule. Gerade in der Wirtschaft, die heute durch einen ständigen Verbesserungsprozess der Unternehmen gekennzeichnet ist, kommt Projekten ein immer höherer Stellenwert zu: Mit ihnen können nämlich komplexe und komplizierte Vorhaben der Betriebe zielgerichtet und effektiv abgewickelt werden. Ein Projekt liegt vor, wenn Folgendes gilt:

- Das Vorhaben ist zeitlich durch einen Anfangs- und einen Endtermin bestimmt.
- Es liegt eine eindeutige, überprüfbare Zielvorgabe vor.
- Oft geht es um die einmalige Lösung eines Problems.

- Das Vorhaben macht eine eigene Organisationsform notwendig.
- Das Vorhaben hat eine große Bedeutung für die Unternehmenspolitik.
- Es stehen im Unternehmen nur begrenzte Ressourcen zur Verfügung.
- Das Vorhaben ist i. d. R abteilungsübergreifend.
- Es werden besondere Methoden bzw. Arbeitstechniken eingesetzt, da im Vorhaben komplexe und verzahnte Arbeitsabläufe stattfinden.

Normale Arbeit	Projektarbeit
• sich wiederholende Routinetätigkeiten • überwiegend Linienorganisation • Hierarchien • Mitarbeiter erledigen straff organisierte Standardaufgaben	• Sonderaufgaben, die Einmaligkeitscharakter haben • Projektorganisation • weitgehende Hierarchiefreiheit • spezielle Aufgaben

Unter **Projekten** versteht man also zeitlich befristete Vorhaben, in denen umfangreiche und vielschichtige Aufgabenstellungen behandelt werden. Verschiedene Personen – also Unternehmensmitarbeiter oder die Schüler einer Gruppe – arbeiten während eines Projekts zusammen.

BEISPIEL

Projekte sind nicht neu. Im Gegenteil, es hat sie schon immer gegeben. Der Bau der Pyramiden, die Errichtung des Eiffelturms, die Organisation einer Olympiade oder auch einer Betriebsfeier sind Beispiele für Leistungen mit Projektcharakter.

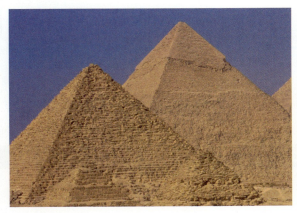

Pyramiden konnten nur in der Organisationsform eines Projekts geschaffen werden.

Zunehmende Bedeutung der Projekte

Projekte in Unternehmen sind nicht mehr die Ausnahme, sondern die Regel. Ihre Bedeutung nimmt in einem außergewöhnlichen Tempo zu. Im Gegensatz zur Arbeit in herkömmlichen Organisationsformen erlaubt die Arbeit in Projekten ein erheblich stärker lösungsorientiertes und selbstständigeres Handeln. Unternehmen werden dadurch schneller und innovativer. Untersuchungen zeigen, dass Projekte sowohl für das Lösen von Aufgaben des Kerngeschäfts auch für die strategische Weiterentwicklung der Unternehmen eine hohe oder sehr hohe Bedeutung haben.

BEISPIEL

Besonders in wissensintensiven Unternehmen wird zunehmend in Projekten gearbeitet. Die für eine Produktentwicklung oder einen Beratungsauftrag benötigten Spezialisten werden für eine Weile zusammengeführt, nach dem Projekt gehen sie wieder auseinander. Für diese Vorgehensweise haben Unternehmen auch einen triftigen Grund: Sie ermöglicht es, schnell und flexibel auf individuelle Kundenanforderungen und sich schnell wandelnde Märkte zu reagieren.

Projekte in der Wirtschaft

In der betrieblichen Praxis hat sich für die Bewältigung umfangreicher und neuartiger Probleme die Arbeit in Projekten durchgesetzt. Im Rahmen herkömmlicher Abteilungsstrukturen können die dazu notwendigen Arbeiten nicht durchgeführt werden. Viele Aufgabenstellungen können heute daher nur noch fach- und bereichsübergreifend gelöst werden. Aus diesem Grund werden z. B. größere Entwicklungsvorhaben von Unternehmen immer mehr in Form von Projekten geplant und realisiert. Das Know-how einzelner Spezialisten wird zusammengeführt.

In der Wirtschaft unterscheidet man zwei Arten von Projekten:

Bei **internen Projekten** wird der Anstoß zur Durchführung eines Projekts dadurch gegeben, dass im Unternehmen besondere Maßnahmen durchgeführt werden. Die Initiative zur Durchführung eines Projekts kommt aus dem Unternehmen selbst.

13.1 WIR ERKENNEN, DASS VIELE KOMPLEXE UND NEUARTIGE AUFGABEN IM UNTERNEHMEN ...

BEISPIEL

Die Hoffmann KG hat die in Baden-Württemberg operierende kleine Textilkette Gutkauf übernommen. Ein Projektteam bekommt die Aufgabe, die erfolgreiche Integration der bisherigen Gutkauf-Filialen in die Familie der Hoffmann KG-Niederlassungen vorzunehmen.

Bei *externen Projekten* kommt der Anstoß zur Projektgründung von außen.

BEISPIEL

Ein Kunde außerhalb des Unternehmens fordert Unternehmensleistungen ab, für die es noch keine Standardlösungen gab.

Projekte in der Wirtschaft unterliegen vor dem Hintergrund der Gewinnmaximierung einem großen Erfolgsdruck. Sie werden reglementiert durch Kosten- und Zeitvorgaben. Die verstärkte Anwendung des Projektmanagements im Großhandel verändert die Anforderungen an die Mitarbeiter: Diese müssen in der Planung und Durchführung von Projekten qualifiziert und erfahren sein.

Schulprojekte

In der Schule können i. d. R. keine Unternehmensprojekte durchgeführt werden. Um sich dennoch auf die in der Arbeitswelt vorherrschende Projektarbeit vorzubereiten, kann in der Schule mit Unterrichtsprojekten gearbeitet werden. Unternehmens- und Unterrichtsprojekte sind in vielen Merkmalen identisch, unterscheiden sich jedoch in einigen Aspekten.

Projekte	
flexible Abwicklung von Aufträgen zur Lösung komplexer, meist neuartiger Aufgaben	
Wirtschaftsprojekte (Unternehmensprojekte)	**Unterrichtsprojekte**
• Es zählt das Projektergebnis. • Erreichung und Umsetzung der gesteckten Ziele.	• Von großer Bedeutung ist der Arbeitsprozess selbst. • Im Vordergrund steht der Zuwachs an fachlicher, methodischer und sozialer Kompetenz der Lernenden.

In den folgenden Kapiteln wird zunächst jeweils das allgemeine Vorgehen im Rahmen des Projektmanagements in Wirtschaftsunternehmen vorgestellt. Anschließend wird dann erläutert, wie Sie als Lernende(r) diese Vorgehensweise der betrieblichen Praxis auch in Schulprojekten, die in Ihrer Klasse durchgeführt werden, anwenden können.

Vorteile bietet die Arbeit in Unterrichtsprojekten,
- weil der Projektunterricht häufig mehr Chancen bietet als andere Unterrichtsformen,
- um auf Projekte in der Wirtschaft vorzubereiten.

Das ausgewählte Thema – das sich nicht durch Fächergrenzen beschränken lassen sollte – muss sehr komplex und vielschichtig sein und gleichzeitig die Schülerinnen und Schüler interessieren: Es darf der Klasse also nicht aufgezwungen werden.

Beteiligte an einem Projekt

Projektauftraggeber
- wünscht die Durchführung
- erwartet ein Ergebnis

Projektcoach
- Berater der Projektleitung

Projektmitarbeiter im Projektteam
- Übernahme der operativen Arbeit

Projektleitung
- gesamtverantwortlich für die erfolgreiche Durchführung
- lenkt das Projekt
- Zusammenstellung des Projektteams
- Kommunikation, Steuerung, Marketing
- verantwortlich für die richtige Einteilung von Ressourcen (Zeit, Sachmittel, Personal)

Ein Projekt kann nur effizient durchgeführt werden, wenn sich alle daran beteiligen. Dabei steht die Selbstverantwortung und Selbstorganisation durch die Klasse im Vordergrund. Die Schülerinnen und Schüler müssen die gesamte Organisation selbst leisten. Wichtigste Voraussetzungen in diesem Zusammenhang sind Kooperation und Arbeitsteilung. Letztlich muss das Projekt immer zu einem Ergebnis führen, das anderen mitgeteilt wird.

Projektmanagement

Projekte werden gesteuert durch das Projektmanagement. Darunter versteht man alle Tätigkeiten, um ein Projekt zu einem erfolgreichen Abschluss zu führen. Dazu gehören alle Planungs-, Kontroll- und Informationstätigkeiten sowie alle Entscheidungen, die notwendig sind, um das Projekt zu realisieren. Das Projektmanagement wird unterstützt durch das Projektcontrolling. Für einen sinnvollen und ökonomischen Ablauf des Projekts wird regelmäßig Bilanz über den Projektablauf gezogen. Bei unerwünschten Entwicklungen kann dann korrigierend eingegriffen werden.

BEISPIEL

Bereits in der 2. Phase des Projekts ist das Budget für das gesamte Projekt um 300 % überzogen. Damit ist der Erfolg des gesamten Projekts erheblich gefährdet.

Projektverlauf

Jedes Projekt weist Unterschiede zu anderen Projekten aus. Dennoch lässt sich jedes Projekt hinsichtlich des Ablaufs in fünf Phasen untergliedern. In jeder dieser Phasen müssen bestimmte Teilergebnisse auf dem Weg zum erfolgreichen Gesamtprojektergebnis erzielt werden.

- In der Nullphase kommt aufgrund eines Problems die Idee auf, die Lösung mithilfe eines Projekts zu erzielen.
- In der Projektstartphase wird zunächst das Problem analysiert. Anschließend werden die Ziele des Projekts definiert.
- Soll das Projekt erfolgreich realisiert werden, muss das Projekt in überschaubare Einheiten gegliedert werden. In der Projektplanungsphase werden zum Beispiel die einzelnen Arbeitspakete sowie die Bearbeitungszeiten ermittelt, die Grundlage für die spätere Durchführung des Projekts sind.
- Das in früheren Phasen Geplante wird in der Durchführungsphase umgesetzt.
- Die Projektabschlussphase beendet das Projekt formell.

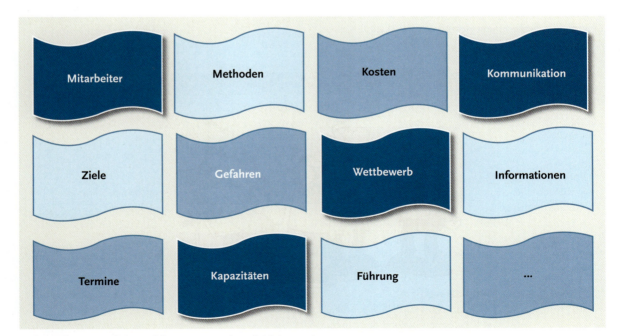

Viele Aspekte müssen beim Projektmanagement berücksichtigt werden

13.1 WIR ERKENNEN, DASS VIELE KOMPLEXE UND NEUARTIGE AUFGABEN IM UNTERNEHMEN ...

AUFGABEN

1. Was sind Projekte?
2. Nennen Sie Beispiele für Projekte.
3. Wodurch unterscheiden sich interne und externe Projekte in der Wirtschaft?
4. Warum können in der Schule keine Unternehmensprojekte durchgeführt werden?
5. Welche Vorteile bieten Unterrichtsprojekte?

AKTIONEN

Für die erfolgreiche Durchführung eines Projekts müssen Sie in relativ kurzer Zeit eine Vielzahl von Methoden und Arbeitstechniken einsetzen. Sie haben bisher eine Reihe von Methoden kennengelernt, die in den einzelnen Phasen eines Projekts Anwendung finden können.

a) Überprüfen Sie in Ihren Arbeitsgruppen, ob Sie noch die wichtigsten Merkmale der jeweiligen Methode beherrschen und diese ohne Schwierigkeiten auch anwenden können. Bei Problemen ziehen Sie bitte dieses Buch, eigene Aufzeichnungen und/oder das Internet heran. Auch Ihr(e) Lehrer(in) wird Ihnen sicher gern helfen.

b) Erstellen Sie in Gruppenarbeit einen Reader „Wichtige Methoden für das Arbeits- und Berufsleben". Halten Sie sich dabei an die Vorgehensweise in den einzelnen Phasen eines Projekts.

Bereiten Sie sich darauf vor, diesen Reader zu präsentieren.

ZUSAMMENFASSUNG

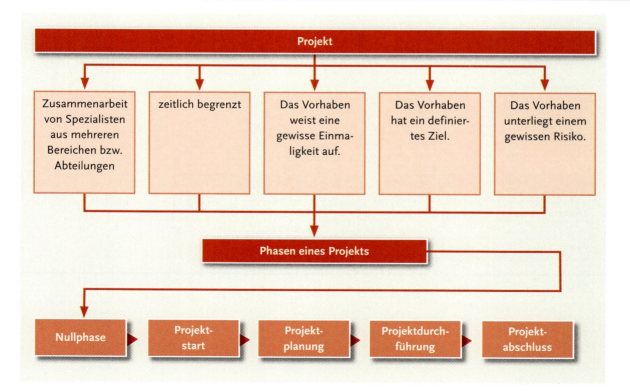

13.2 Nach der Entscheidung zur Durchführung eines Projekts definieren wir die Ziele eines Projekts in der Projektstartphase

Einstieg

Frau Schwab kommt zu Carolin Saager:
„Hallo Frau Saager, ich habe Ihnen etwas mitgebracht: eine Einladung in das Projektteam „Hoffmann goes Schweiz!" Die Hoffmann KG möchte in die Schweiz expandieren. Wir sind gerade voll dabei, das Projekt zu starten. Momentan stellen wir ein Projektteam zusammen. Da einerseits Auszubildende lernen müssen, in Projektteams zu arbeiten, Sie andererseits eine Schweizer Mutter haben und sowohl Französisch als auch Italienisch sprechen, haben wir auch Sie in das Projektteam aufgenommen. Hier ist die Tagesordnung für die Kick-off-Sitzung."

Einladung zu Projektteam-Sitzung		
Thema der Sitzung: Projekt-Kick-Off		
Projektleitung: Frau Schwab		
Projektbezeichnung: Hoffmann goes Schweiz		
Teilnehmer	**Abteilung**	
Herr Mitschke	Stabsstelle Orga	
Frau Diedrichs	Rechnungswesen	
Herr Hickel	Einkauf	
Herr Kreipe	Logistik	
Frau Voges	Verkauf	
Frau Saager	momentan Verkauf	
Zeit: 10:00–12:00 Uhr	**Datum:** 17. November	**Ort:** Zentrale, Raum 18
Tagesordnung	**Zuständig**	**Zeit/min**
1. Begrüßung	Schwab	05
2. Vorstellung der Projektleitung	Schwab	10
3. Vorstellung Projektziel	Schwab	15
4. Vorstellung Projektmitarbeiter	Team	30
5. Rollenverteilung	Team	20
6. Erarbeitung der Projektregeln	Team	20
7. Absprache: Termine und Vorgehen	Team	20

Stellen Sie fest, welche Schritte in der Projektstartphase durchzuführen sind.

INFORMATIONEN

Die Nullphase im Unternehmen

Durch Problemzwänge oder durch (Veränderungs-)Wünsche eines Auftraggebers kann es zu der Projektidee kommen.

Die Entscheidung zur Durchführung eines Projekts kommt dann zustande, wenn das zu lösende Problem so komplex und übergreifend ist, dass auch Mitarbeiter anderer Abteilungen hinzugezogen werden müssen: Die gesamte Problemlösung kann nicht mehr isoliert in den einzelnen Abteilungen von dem dortigen Personal im Rahmen der normalen Tätigkeiten (bzw. zusätzlich dazu) erledigt werden. Das Projekt wird realisiert, wenn die Fragen nach der Durchführbarkeit und dem Durchführungswillen positiv beantwortet werden können: Für eine bestimmte Zeit (nämlich die Projektlaufzeit) wird eine Organisation eingerichtet, die die Zusammenarbeit der daran Beteiligten regelt.

Idealtypischer Ablauf der Nullphase	
Teilschritt der Phase	Erläuterung
Projektidee	Die Projektidee kann auf drei verschiedene Arten im Unternehmen entstehen:
	Im Unternehmen kommt die Idee auf, ein anstehendes Problem mithilfe eines Projekts zu lösen. Die Projektidee wird also von den möglichen Projektteilnehmern eingebracht.
	Eine vorgesetzte Stelle beauftragt verschiedene Mitarbeiter aus unterschiedlichen Abteilungen, ein Projekt zu realisieren.
	Ein firmenfremder Auftraggeber vergibt einen Auftrag an das Unternehmen. Der Auftrag wird von einem Projektteam abgewickelt.
Austausch über die Projektidee	In einer offenen und wertfreien Atmosphäre sollte eine Erörterung der Projektidee mit allen möglichen Beteiligten erfolgen. Zu vermeiden ist in dieser Phase die Verwendung von Killerphrasen.
Überlegungen über das Projektteam	Es werden die möglichen Projektteilnehmer sowie eine Projektleitung gesucht.
Formulierung der Projektidee	Es wird ein grober Entwurf der Projektidee erstellt.
Entscheidung über die Projektidee	• Abhängig davon, wer das Projekt angeregt hat, sind 2 Varianten denkbar: • Die Projektbeteiligten einigen sich darauf zu versuchen, die Projektidee im Rahmen eines Projekts umzusetzen. • Die Entscheidungsträger im Unternehmen geben einem Projektteam den Auftrag, ein Projekt zu realisieren.

Die Nullphase (Vorprojektphase)

Die Projektinitiative in der Schule

Der Nullphase im Unternehmensprojekt entspricht die Projektinitiative in der Schule. Die Projektinitiative ist Ausgangspunkt für das Projekt: Das Projekt beginnt mit einer offenen Ausgangssituation. Sowohl Lehrer als auch Schüler können durch eine Idee ein Projekt anregen. Im Idealfall geht das Projekt komplett von den Schülerinnen und Schülern aus. Im Normalfall wird jedoch oft die grobe Themenauswahl von der Lehrkraft vorgenommen. Die Schüler sollen und können jedoch ihre Vorstellungen und Kreativität einbringen. Die Phase der Projektinitiative versteht sich also als Angebot an die Klasse und dient der Themenfindung: Es wird zunächst einmal abgeklärt, was die Klasse überhaupt tun will. In dieser Phase prallen nicht selten die unterschiedlichsten Vorstellungen in der Klasse aufeinander. Die Themenfindung kann bereits zum Stolperstein eines Projekts werden.

In vielen Prozessen der Ideenfindung haben sich als Methoden das Brainstorming und das Mindmapping durchgesetzt. Es ist in dieser Projektphase wichtig, dass alle Vorschläge
- zugelassen,
- nicht kommentiert
- und nicht als gut oder schlecht bewertet werden.

Eine vertiefende Diskussion soll zunächst vermieden werden. Als Ergebnis dieser Phase sollten alle Vorschläge gut sichtbar dargestellt werden.

Die Projektinitiative versteht sich also als Angebot. Ob daraus ein Projekt entsteht, entscheidet sich in der folgenden Phase.

Der Projektstart (Definitionsphase) im Unternehmen

In der Phase des Projektstarts wird das Ziel der vom Projektteam zu lösenden Aufgabe genau festgelegt und formuliert. Dazu erfolgt eine Analyse der zu lösenden Probleme. Es wird dann in eindeutiger Weise schriftlich festgehalten,

- welche Ergebnisse in welcher Form erwartet werden,
- in welcher Zeit sie vorzuliegen haben,
- welche Rahmenbedingungen (z. B. Kosten, Organisation usw.) zu beachten sind,
- wie der Erfolg des Projekts zu überprüfen ist.

Die Zielfestlegung in einem Projekt ist extrem wichtig: Die Ziele müssen klar und abgestimmt definiert werden. Dadurch wird die Gefahr von Missverständnissen z. B. zwischen Auftraggeber und Projektteam über den Erfolg des Projekts minimiert. Je genauer die Ziele des Projekts definiert sind, desto eher können sich alle Beteiligten zudem mit ihnen identifizieren. Deshalb sollte man bei der Formulierung von Projektzielen die folgenden Regeln beachten:

- Das Ziel muss das erwünschte Ergebnis klar, unmissverständlich und prägnant beschreiben.
- Das Ziel darf zwar komplex und anspruchsvoll sein, muss aber in jedem Fall erreichbar und realisierbar sein.
- Das Ziel muss einen Zeitpunkt der Zielerreichung enthalten.
- Das Ziel darf nicht im Widerspruch zu anderen Zielen stehen
- Das Ziel muss messbar sein: Dadurch kann später festgestellt werden, ob es tatsächlich erreicht wurde.

BEISPIEL

„Die Filiale Halle der Hoffmann KG wird Marktführer in ihrer Region": Dieses Projektziel enthält weder einen Zeitbezug (Bis wann soll dieses Ziel erreicht werden?), noch ist festgelegt, woran die Zielerreichung gemessen wird (Umsatzhöhe, Gewinnhöhe, Marktanteil usw.?). Durch die unklare Formulierung dieses Projektziels kann es später zu Auseinandersetzung über den Zielerreichungsgrad zwischen Auftragsgeber und Projektteam kommen.

Für die Überprüfung eindeutig formulierter Projektziele hat sich die Formulierung mithilfe der SMART-Formel bewährt (s. Tabelle auf der nächsten Seite)

Um Projekte gut zu einem erfolgreichen Abschluss zu bringen, sind also messbare Zieldefinitionen wichtig. An diesen können später Erfolg oder Misserfolg von Auftraggeber und Auftragnehmer übereinstimmend beurteilt werden.
In diesem Zusammenhang spielen bei externen Projekten zwei Instrumente eine große Rolle: das Lastenheft und das Pflichtenheft.

Das **Lastenheft** beschreibt das Problem aus Sicht des Auftraggebers (z. B. des Kunden) und wird von diesem erstellt. Der Auftraggeber stellt hier seine Anforderungen an das Projekt dar. Das Lastenheft bringt den Auftraggeber also dazu, seine relativ groben und unstrukturierten Vorstellungen vom Projekt in ein umsetzbares Konzept zu verwandeln. Es hilft auch in späteren Phasen das Projekt zu strukturieren. Für den Auftraggeber kann das Lastenheft als Grundlage für das Einholen von Angeboten verwendet werden.

Abkürzung	Englischer Begriff	Deutscher Begriff	Bedeutung
S	**S**pecific	**S**pezifisch	Das Ziel sollte eindeutig formuliert werden. Es darf kein Spielraum für Interpretationen bleiben.
M	**M**easurable	**M**essbar	Es muss erkennbar sein, ab wann das Ziel erreicht wird. Die Zielerreichung muss also messbar sein.
A	**A**chievable	**A**ngemessen und aktiv erreichbar	Das Ziel sollte durch das Projektteam beeinflussbar sein. Dadurch werden die Ziele akzeptiert.
R	**R**ealistic	**R**ealistisch	Auch wenn das Ziel anspruchsvoll ist, sollte es erreichbar sein.
T	**T**imely	**T**erminiert	Für die Zielerreichung muss ein klarer Endtermin festgelegt werden.

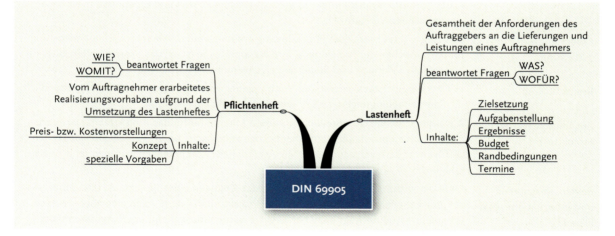

Das **Pflichtenheft** stellt dann die Lösung aus Sicht des Projektteams vor und wird von diesem erstellt. Das Projektteam legt dar, wie das vom Auftraggeber vorgegebene Lastenheft umgesetzt wird. Es beschreibt, wie und womit die vom Auftraggeber gestellten Anforderungen erfüllt und realisiert werden. Das Pflichtenheft bildet oft die Basis für die vertraglich festgehaltenen Leistungen des Auftragnehmers.

BEISPIEL

Die Hoffmann KG benötigt eine neue, eigens für sie programmierte Softwarelösung für das Rechnungswesen. Im Lastenheft werden alle Forderungen an das Produkt (das Programm) sowie alle vom Auftragnehmer erwarteten Leistungen festgehalten. Das Lastenheft wird den Anfragen an mehreren Softwarefirmen beigelegt. Die Firma softec möchte Auftragnehmer werden und untersucht das Lastenheft. Anschließend schickt sie mit dem Angebot das Pflichtenheft mit den vorgegebenen Realisierungsvorgaben an die Hoffmann KG zurück.

Der Projektstart endet häufig mit einer sogenannten „**Kick-off-Sitzung**": Dort werden die Projektteammitglieder bekannt gemacht. Vorgestellt und diskutiert werden Projektziele, -inhalte, -termine und -rahmenbedingungen.

Nachdem Inhalte und Ziele festgelegt wurden, können die „Ärmel hochgekrempelt" werden – die eigentliche Arbeit beginnt.

Idealtypischer Ablauf der Projektstartphase

Teilschritt der Phase	Erläuterung
Untersuchung des Problems a) Problemklärung b) Ursachenforschung	Das Projekt wird durchgeführt, um ein betriebliches Problem zu lösen. Damit das erfolgreich geschieht, müssen zunächst alle Facetten des Problems geklärt und erfasst werden: Das Problem wird genau analysiert. Anschließend wird nach den Ursachen für das Problem gefragt.
Untersuchung der Vorgaben des Auftraggebers	Bei externen Projekten werden häufig schon detaillierte Anforderungen durch den Auftraggeber gestellt. Diese sind in einem sogenannten **Lastenheft** festgehalten. Mit dem Lastenheft können die Projektziele leichter und präziser formuliert werden.
Formulierung der Projektziele	Bei der Zielformulierung muss mit großer Sorgfalt vorgegangen werden: Es müssen klare und eindeutige Ziele gefunden werden, damit sie für eine Verständigung unter allen Beteiligten nutzbar sind.
Skizzierung einer möglichen Problemlösung	Der Auftragnehmer stellt in einem groben Entwurf dar, wie das Projektergebnis aussehen kann. Dieses Lösungskonzept wird oft im sogenannten **Pflichtenheft** festgehalten.
Prüfung der Durchführbarkeit	Es wird noch einmal überprüft, ob die Problemlösung überhaupt durch eine Arbeit in Projektform erzielt werden kann. Analysiert wird dazu, ob • das Projektergebnis tatsächlich realisierbar ist (Ist das Projektergebnis überhaupt erreichbar?), • mögliche Risiken bestehen (Birgt die Durchführung des Projekts Gefahren, die sonst nicht bestehen würden?), • der Aufwand für das Projekt zu groß ist (Stehen Kosten und Ergebnisse in einem angemessenen Verhältnis?).
Ernennung einer Projektleitung	Spätestens jetzt muss eine Projektleitung ernannt werden. Sie trägt die Verantwortung für das Erreichen der Projektziele. Ihre Hauptaufgabe ist es, das Projekt im Hinblick auf die operative Planung und Steuerung eigenverantwortlich zu leiten.
Projektauftrag	In einem Schriftstück vereinbaren Auftraggeber und Auftragnehmer (rechts-)verbindlich die Rahmenbedingungen, unter denen das Projekt ablaufen soll.
Zusammenstellung des Projektteams	Aus unterschiedlichen Abteilungen werden Mitarbeiter für das Projektteam rekrutiert. Sie müssen einerseits über aufgabenbezogene fachliche und methodische Fähigkeiten verfügen, andererseits auch über viele persönliche Kompetenzen verfügen (z. B. Teamfähigkeit).
Regeln, Ressourcen und Informationswege klären	Einer der wichtigsten Erfolgsfaktoren für das Gelingen eines Projekts ist der reibungslose Informationsaustausch zwischen den Projektmitarbeitern. Auch eine angemessene Projektinfrastruktur trägt dazu bei. Geklärt werden muss in diesem Zusammenhang: • welche Regeln allgemein im Projekt herrschen sollen, • welche Regeln für den Informationsaustausch gelten sollen (Wer muss wem bis wann in welcher Form berichten?), • welche Informationsmittel verwendet werden sollen (Welche Medien sollen für den Informationsaustausch zwischen den Projektmitgliedern verwendet werden?), • welche Ressourcen benutzt werden können (welche Arbeitsmittel, Räumlichkeiten und Dienstleistungen Dritter stehen zur Verfügung?).
Kick-off-Meeting	Die eigentliche Projektarbeit im Team beginnt bei diesem ersten Treffen der Teammitglieder. Neben dem gegenseitigen Kennenlernen geht es um die Erstinformation des gesamten Teams über das Projekt.

13.2 NACH DER ENTSCHEIDUNG ZUR DURCHFÜHRUNG EINES PROJEKTS DEFINIEREN WIR DIE ...

Beispiele für Projektregeln

Regeln für die Projektsitzungen:
- Es finden regelmäßige Treffen (z. B. jeden Mittwoch um 10 Uhr) statt
- Alle Teilnehmer sind pünktlich
- Jeder nimmt an allen Sitzungen teil
- Jeder bereitet sich auf die Sitzungen vor
- Jeder beteiligt sich umschichtig an der Erstellung der Protokolle
- Jede Sitzung wird mit Ergebnissen beeendet

Regeln für die Projektarbeit:
- Es werden klar formulierte und überprüfbare Aufgaben vergeben
- Es wird konstruktiv und engagiert gearbeitet
- Probleme werden sofort gemeldet
- Aufgaben werden zuverlässig erledigt
- Es werden regelmäßig alle notwendigen Daten erfasst

Regeln für die Zusammenarbeit:
- Konflikte werden offen an- und besprochen
- Der Gesprächspartner kann ausreden und ihm wird zugehört
- Es wird miteinander (und nicht übereinander) geredet
- Es werden keine Monologe gehalten
- Problem werden auf der Sachebene gelöst

Die Projektskizzierung beim Unterrichtsprojekt

Die Projektskizzierung ähnelt der Projektstartphase bei Unternehmensprojekten. Sie besteht im Wesentlichen aus dem Sammeln von Ideenvorschlägen, aber auch kritischen Anmerkungen und Bedenken bezüglich des angestrebten Projekts. Nach den ersten Ideenvorschlägen sollten sich die Teilnehmer – also Schüler *und* Lehrer – mit dem Thema näher auseinandersetzen. Das Thema wird jetzt endgültig festgelegt. Für einen erfolgreichen Arbeitsprozess muss sich die Klasse als Gruppe in dem gewählten Thema wiederfinden. In dieser Phase wird also eine einschränkende Auswahl getroffen.

Die Schüler nehmen zur Projektinitiative Stellung und bringen damit auch ihre Bedürfnisse, insbesondere ihre Betätigungswünsche, zum Ausdruck. Die Teilnehmer des Projekts setzen sich mit dem zeitlichen Rahmen und den Spielregeln für den Umgang miteinander auseinander. Gegen den Willen eines Teils der Klasse sollte ein Projektthema nicht durchgesetzt werden. Ein solcher Versuch führt häufig zu Enttäuschungen sowohl aufseiten der Schülerinnen und Schüler als auch bei den Lehrkräften. Entscheidend ist hier also, dass die Idee von allen Schülern angenommen wird. Anschließend wird die Projektskizze gestaltet, auf die sich alle einigen können.

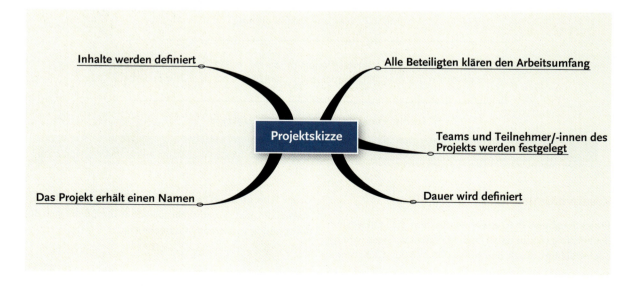

Projektskizze:
- Inhalte werden definiert
- Alle Beteiligten klären den Arbeitsumfang
- Teams und Teilnehmer/-innen des Projekts werden festgelegt
- Das Projekt erhält einen Namen
- Dauer wird definiert

Die Parallelklasse von Carolin Saager führt ebenfalls ein Projekt durch. Die Klasse hat sich auf das Thema „Aspekte der Umwelt- und Gesundheitsverträglichkeit im Großhandel" geeinigt. Anschließend stellt man die folgende Projektskizze auf:

1.	Start (Kick-off)	12.03.
2.	Internetrecherche und erste Materialanalyse	12.03.–23.03.
3.	Endgültiger Projektplan	23.03.
4.	Abstimmung mit Steuerungsperson und Aufgabenverteilung	25.03.
5.	Recherche (u. a. Anfragen bei Umweltschutzverbänden)	ab 25.03.
6.	Expertengespräch mit Verbraucherschützer (Verbraucherzentrale)	02.04.
7.	Expertengespräch mit Vertretern eines Vereins für fairen Handel	16.04.
8.	Treffen mit Steuerungsperson (Zwischenergebnisse)	21.04.
9.	Ausarbeitung und Präsentationsvorbereitung	ab 23.04.
10.	Treffen mit Steuerungsperson	11.05.
11.	Probepräsentation	27.05.
12.	Präsentation	02.06.
13.	Evaluation	09.06.

Auszug aus der Projektskizze des Projekts „Aspekte der Umwelt- und Gesundheitsverträglichkeit im Großhandel" (Durchführung März bis Juni).

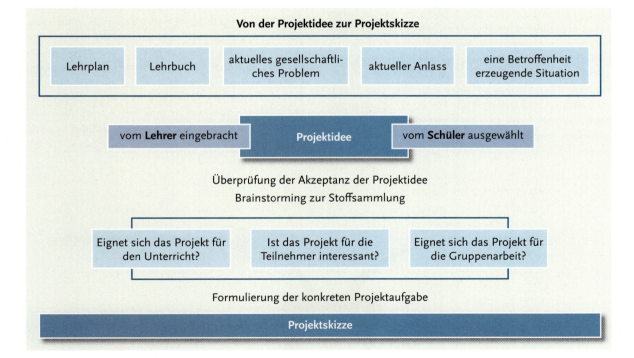

Kreativitätstechniken in Projekten

Projekte haben i. d. R. etwas Neues zum Ziel. Ein wesentlicher Erfolgsfaktor dabei ist die Kreativität. Diese wird oft beeinträchtigt durch den hohen Termin- und Leistungsdruck. Um unter solchen Bedingungen während des gesamten Projekts kreativ sein zu können, empfiehlt sich die Anwendung von Kreativitätstechniken.

Neben dem Mindmapping sind dies besonders:

- das Brainstorming,
- das Brainwriting
- und die Methode Denkhüte.

Brainstorming

Am Beginn einer Arbeit oder wenn ein Problem zur Diskussion steht, für dessen Lösung noch nicht genügend „Handwerkszeug" (Vorkenntnisse, Grundlagen, Detailinformationen) zur Verfügung stehen, kann ein Verfahren angewendet werden, das die Ideenproduktion in einer möglichst kreativen und angstfreien Atmosphäre gewährleisten soll: das Brainstorming („Gehirnsturm").

In der Arbeitsgruppe werden zu einem bestimmten Thema, einem Problem oder einer Aufgabe in beliebiger Folge die spontanen Einfälle („Geistesblitze") zusammengetragen. Dabei gelten folgende Regeln:

- Jeder kann sich mehrfach äußern und nennt spontan seine – auch noch so ausgefallenen – Ideen.
- Kommentare, Rückfragen, Kritik zu den Äußerungen sind nicht erlaubt. Furcht vor Kritik hemmt die Äußerung ungewöhnlicher Ideen.
- Angestrebt sind eine Kombination von Ideen und die Weiterentwicklung von Ideen.
- Die Äußerungen werden protokolliert.

Nach Beendigung der „Sturmphase" können die produzierten Ideen geordnet und unter einer bestimmten Fragestellung zusammengefasst werden. Alle Beiträge der Teilnehmer sollten dabei nicht an Maßstäben wie „utopisch", „nicht machbar" usw. gemessen werden. Alle produzierten Ideen sollten zum weiteren Nachdenken anregen und Impulse für die Weiterarbeit sein.

Nun könnten die gesammelten Lösungsvorschläge nach internen und externen Problemen systematisiert werden.

BEISPIEL

In einem Methodenseminar trifft Herr Hoffmann den Chef eines Einzelhandelsunternehmens. Dieses verzeichnete seit längerer Zeit Umsatzeinbußen. Der Chef des Warenhauses bat deshalb zu einer Abteilungsleiterkonferenz, um in dieser Runde ein Brainstorming durchzuführen. Gefragt wurde nach den Ursachen für den Umsatzrückgang Die Abteilungsleiter trugen nun folgende Gründe an einer Pinnwand zusammen:

Ursachen für Umsatzrückgang		
Neue Zielgruppen, die bisher nicht ausreichend berücksichtigt wurden (ältere Leute, Kinder, ...)	Einkommensreduzierung	Überangebot an Produkten insgesamt
	steigende Arbeitslosigkeit	
Neue Trends, die ebenfalls zu wenig berücksichtigt wurden (Trend zum Reisen, Auto, moderne Technologien, Erwerb von Eigentum)	Inflationsrate	Entstehung neuer Betriebsformen, wie Fachmärkte, die z.T. preisaggressiv handeln.
	fehlende Urlaubs- bzw. Weihnachtsgeld	
		Zu viele Penner-Artikel
Erhöhte Abgaben: Steuern, Abgaben für Pflegeversicherung, Solidaritätszuschlag	Kauflust lässt nach wegen Unsicherheit über die zukünftige Lage	Mangelndes Dienstleistungsangebot im eigenen Haus
	Verdrängungswettbewerb	
sinkendes Realeinkommen	Überangebot an Konkurrenzprodukten	Unfreundliches Verkaufspersonal

Brainwriting

Eine Alternative zum Brainstorming ist das Brainwriting. Eventuelle Nachteile des Brainstormings wie z. B.

- Verlust von Ideen
- Verstöße gegen die Regel, jedem zuzuhören, durch Unterbrechungen,

werden durch das Brainwriting vermieden. Dabei schreiben 6 Personen jeweils 3 Ideen zu einer vorgegebenen Problemstellung in einem Brainwriting-Schritt von etwa 5 Minuten in ein Formular. Diese Methode wird deshalb oft auch 6-3-5-Methode genannt.

Das Formular wird anschließend an den Nachbarn weitergegeben, der in der nächsten Zeile versucht, die drei Ideen seines Vorgängers weiterzuentwickeln. Dies geht solange weiter, bis alle Felder des Formulars gefüllt sind. Alle Teilnehmer können ohne Beeinflussung durch andere Teilnehmer anonym und in Ruhe über das Thema nachdenken. Während des Verlaufs des Brainwritings kommt es zu einer Umformung, Verfeinerung oder Verbesserung der ursprünglich niedergeschriebenen Ideen. Erst jetzt werden die kreativen Lösungen der ganzen Gruppe vorgetragen. Von jetzt an darf bewertet werden.

Teilnehmer- Nr.	1. Idee	2. Idee	3. Idee
1	Abbau von Hierarchie	Schaffen von Wohlbefinden	Selbstbewusstsein ermöglichen
2	Gutes Arbeitsklima	Freiräume schaffen	Teammitgliedern Unabhängigkeit zugestehen
3	Teammitgliedern mit Respekt begegnen	Büroräume entsprechend gestalten	Schwächen haben dürfen
4	jeder darf ausreden	Förderliche Arbeitszeiten und Pausen	Fehlerkultur entwickeln
5	...	...	...
6			

Die 6 denkenden Hüte

Diese Methode fördert das systematische und strukturierte Denken. Es ist eine Mischung aus einer Gruppendiskussion und einem Rollenspiel: Eine Fragestellung bzw. ein Problem wird aus einem bestimmten Blickwinkel betrachtet, der durch die Farbe eines Hutes symbolisiert wird. Den Teilnehmern wird entsprechend der Art oder Rolle, in der sie denken sollen, ein Symbol für einen Hut in einer bestimmten Farbe zugeteilt. Sie sollen sich dann auf ihre zugeteilte Farbe mit den dazugehörigen Eigenschaften einstellen und in der Diskussion sich entsprechend diesem vorgegebenen Rahmen bewegen.

Es sind zwei grundlegende Vorgehensweisen denkbar:
- Jeder Teilnehmer bekommt eine Rolle zugeordnet und bleibt während der gesamten Sitzung bei dieser Rolle.
- In einem vom Moderator vorgegebenen Zeitabständen werden die Rollen getauscht.

Der weiße Hut sammelt Fakten.

Der rote Hut befasst sich mit Emotionen.

Der schwarze Hut formuliert ausschließlich Nachteile

Der gelbe Hut formuliert nur Vorteile.

Der grüne Hut ist für kreative Elemente zuständig

Der blaue Hut moderiert den Ideefindungsprozess.

Hut	Aufgaben des Huts	Typische Fragestellungen des Hutinhabers
Weiß	Der „Träger" nimmt eine objektive Haltung ein. Er soll alle zur Verfügung stehenden Informationen sammeln, ohne irgendeine Wertung vorzunehmen	• Haben wir alle Informationen vorliegen? • Brauchen wir zu einem Gesichtspunkt noch Daten?
Rot	Der „Träger" nimmt eine subjektive Haltung ein: Er denkt und empfindet emotional, sowohl positiv als auch negativ. Seine Gefühle und seine Intuition muss er nicht begründen.	• Was gefällt mir? • Was gefällt mir nicht? • Wie sehe ich das gefühlsmäßig?

13.2 NACH DER ENTSCHEIDUNG ZUR DURCHFÜHRUNG EINES PROJEKTS DEFINIEREN WIR DIE ...

Hut	Aufgaben des Huts	Typische Fragestellungen des Hutinhabers
Grün	Der Inhaber dieser Rolle ist für Kreativität zuständig. Er sucht neue Ideen oder Alternativen. Er darf alles vorschlagen, was zu neuen Ansätzen führt, egal wie verrückt oder unrealistisch dies zunächst erscheint.	• Wie lässt sich dieses Problem mal ganz anders lösen? • Wenn wir die ganzen Rahmenbedingungen jetzt einfach mal vergessen, wie könnte dann eine optimale Ideallösung aussehen?
Schwarz	Der „Träger" dieses Huts denkt kritisch. Er versucht möglichst objektiv (!) alle negativen Aspekte der Problemstellung zu finden.	• Welche Gefahren und Risiken gibt es hier? • Was ist das Worst-Case-Szenario? • Welche Probleme könnten bei der Umsetzung auftauchen?
Gelb	Der Inhaber dieser Rolle denkt optimistisch. Er sieht objektiv (!) alle möglichen vorteilhaften Aspekte der Problemstellung und -lösung.	• Welche Vorteile bringt dies? • Welchen Nutzen haben wir noch zusätzlich bei der Umsetzung?
Blau	Der Inhaber dieser Rolle strukturiert und kontrolliert den gesamten Denkprozess. Er fasst dessen Ergebnisse zusammen und behält den Überblick. Er übernimmt oft die Moderatorenrolle.	• Wie können wir das tatsächlich umsetzen? • Was brauchen wir für die Umsetzung? • Wie können wir die Umsetzung kontrollieren? • Wie erkennen wir die Zielerreichung?

AUFGABEN

1. Was versteht man unter der Nullphase eines Projekts?
2. Welche Tätigkeiten werden in der Phase des Projektstarts in Wirtschaftsprojekten durchgeführt?
3. „Die Bearbeitungszeit von Reklamationen ist deutlich zu reduzieren."
   a) Beurteilen Sie dieses Projektziel.
   b) Formulieren Sie ggf. eine bessere Zielformulierung.
4. Was ist eine Kick-off-Sitzung?
5. Wie kann es zur Projektidee in Unterrichtsprojekten kommen?
6. Welche Punkte umfasst eine Projektskizze?
7. Warum ist das Beherrschen von Kreativitätstechniken in Projekten von erheblicher Bedeutung?
8. Warum wird das Brainwriting oft auch 6-3-5-Methode genannt?

AKTIONEN

Sie sind Unternehmensberater für Projektmanagement. Beurteilen Sie die folgenden Zieldefinitionen und machen Sie Verbesserungsvorschläge.

a) Das Projekt gilt als erfolgreich, wenn der Auftraggeber mit dem Buchführungsprogramm zufrieden ist.
b) Die Maschine für die Fahrradproduktion wird nach der Erstellung des Fabrikgebäudes aufgebaut.
c) Das neue Fahrradmodell Cycle-Extreme soll in nächster Zeit am Markt eingeführt werden.
d) Die Rationalisierung der Logistik soll zufriedenstellend abgeschlossen werden.
e) Das ERP-Programm soll schnell installiert werden.

ZUSAMMENFASSUNG

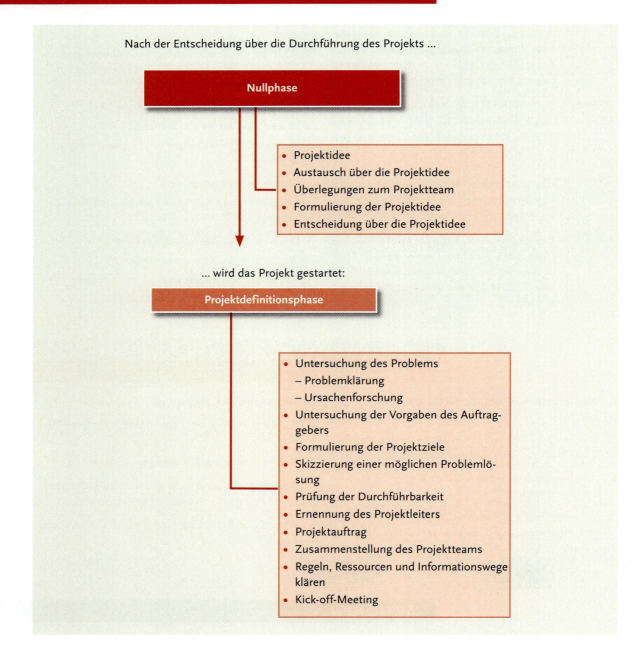

13.3 Wir planen das Projekt

Einstieg

Frau Schwab spricht Carolin Saager an.

Frau Schwab:
„Wir können jetzt in die Projektplanung einsteigen. In dieser Phase müssen wir das Projekt in Teilaufgaben zerlegen. Dazu werden wir demnächst einen Projektstrukturplan erstellen. Zu meiner Unterstützung können Sie sich ja schon einmal in diese Thematik hineindenken."

Carolin Saager:
„Ja, ok."

Frau Schwab:
„Am besten fertigen Sie einen ersten Projektstrukturplan als vorläufigen Entwurf an für unsere neue Filiale in Bern. Sie wissen, dass wir dort auf einem gekauften Grundstück Geschäftsräume und ein Lager bauen werden. Zur Repräsentation sollen auch die Außenanlagen schön gestaltet werden."

1. Führen Sie auf, welche Schritte ein Projektteam im Rahmen der Projektplanung durchführen muss.
2. Erstellen Sie einen Projektstrukturplan.

INFORMATIONEN

Die Projektplanung in Wirtschaftsprojekten

Innerhalb dieser Phase wird die Projektarbeit inhaltlich und terminlich genau strukturiert. Zunächst einmal müssen die für das Projekt erforderlichen **Arbeitspakete** erkannt und erfasst werden. Ein Arbeitspaket stellt eine geschlossene, nicht mehr unterteilbare Aufgabenstellung innerhalb des Projekts dar. Darauf aufbauend wird ein **Projektstrukturplan** angefertigt. Dieser zeigt für das Projekt die einzelnen Teilprojekte und die jeweils dazugehörenden Arbeitspakete auf.

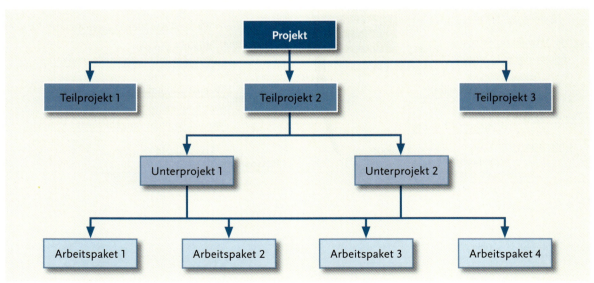

Ein Beispiel für einen Projektstrukturplan

Das Projektteam führt anschließend die **Planung des Projektablaufs** durch. Es durchdenkt also zukünftige Arbeiten im Projekt. Anschließend erfolgt die **Visualisierung des Projektablaufs:** Grafische Darstellungen erlauben es, komplexe Zusammenhänge im Projekt schnell und intuitiv zu präsentieren und zu verstehen. Auch die Termine, zu denen Ergebnisse vorliegen müssen, werden definiert. Dabei werden wesentliche Zwischenziele – die sogenannten *Meilensteine* – formuliert, die dafür Verantwortlichen werden festgelegt. In diesem Zusammenhang sind Arbeitspakete nötig, um die Meilensteine zu erreichen. Schließlich muss das Projektteam im Rahmen der **Ressourcenplanung** die für die Durchführung notwendigen Sachmittel und Personen ermitteln und eine **Kostenkalkulation** durchführen.

Projektrisiken

Projekte sind außergewöhnliche Vorhaben. Solche außergewöhnlichen Vorhaben sind durch drei Risiken gekennzeichnet:
Qualitätsrisiko: Es besteht die Gefahr, dass die Projektziele nicht in vollem Umfang erreicht werden können.
Kostenrisiko: Es besteht die Gefahr, dass das Projekt teurer wird als geplant.
Terminrisiko: Es besteht die Gefahr, dass das Projekt nicht rechtzeitig abgeschlossen wird.

Diese drei Risiken bestehen – in unterschiedlichem Ausmaß – bei jedem Projekt. Um sie zu minimieren, müssen die kritischen Faktoren des Projekts bereits im Vorfeld erkannt und ggf. Gegenmaßnahmen geplant werden. Dabei geht man am besten in drei Schritten vor:
1. Projektrisiken erkennen
2. Projektrisiken hinsichtlich der Kategorien Eintrittswahrscheinlichkeit und Auswirkungen auf das Projekt bewerten
3. Gegenmaßnahmen planen

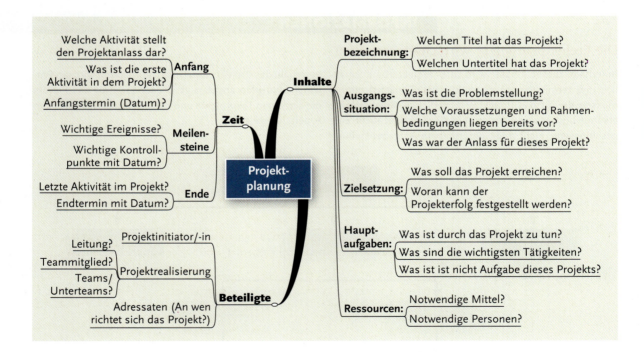

13.3 WIR PLANEN DAS PROJEKT

Idealtypischer Ablauf der Projektplanungsphase	
Identifikation und Beschreibung von Arbeitspaketen	Zunächst einmal muss man einen Überblick über die im Projekt zu erledigenden Aufgaben gewinnen. Damit strukturiert man das Projekt und macht es transparent. Ein solches Vorgehen gibt dem Projektteam später eine klare Richtung vor. Die Projektplanung beginnt mit dem Erkennen und Beschreiben von Arbeitspaketen. **Arbeitspakete** sind abgrenzbare Aufgaben, die nicht weiter sinnvoll unterteilt werden können. Um die Arbeitspakete zu identifizieren hat es sich als sinnvoll erwiesen, stufenweise vorzugehen. Die gesamten Tätigkeiten sind in einer hierarchischen Form zu ordnen: • Ausgangspunkt des Vorgehens ist das Hauptprojektziel (also die Aufgabe, die das gesamte Projektteam betrifft). • Dieses wird in Teilaufgaben zerlegt, die hierarchisch wiederum in Unteraufgaben zerlegt werden können. • Ein Arbeitspaket liegt vor, wenn eine Unteraufgabe nicht mehr zerlegt werden kann. Dies ist der Fall, wenn das Arbeitspaket in sich abgeschlossen ist. Das Arbeitspaket ist dann in Art und Umfang übersichtlich und von anderen Tätigkeiten (Arbeitspaketen) im Projekt klar abgrenzbar. Alle festgestellten Arbeitspakete ergeben zusammengefasst den gesamten Leistungsumfang des Projekts. Für ein Arbeitspaket ist später dann eine Gruppe oder ein einzelner Mitarbeiter zuständig.
Erstellen des Projektstrukturplans	Nach dem Erkennen der Arbeitspakete wird ein **Projektstrukturplan** erstellt. Dieser unterteilt das Projekt visuell in einzelne Blöcke, die für das Projektteam verständlich sind. Der Projektstrukturplan gliedert das Projekt ausgehend von der Projektaufgabe in Teilprojekte und Arbeitspakete. Er enthält sämtliche zur Erreichung des Projektziels durchzuführende Arbeitspakete. Die Zergliederung der gesamten Projektaufgabe lässt sich • objektorientiert • funktionsorientiert vornehmen. Oft kommen in einem Projektstrukturplan beide Gliederungsprinzipien vor, man spricht dann von einem gemischtorientierten Projektstrukturplan.
Planung des Projektablaufs	Steht der Projektstrukturplan, wird im nächsten Schritt der eigentliche Projektablauf geplant. Für jedes einzelne Arbeitspaket wird festgehalten, • wie viel Zeit das einzelne Arbeitspaket normalerweise verbraucht: Zu ermitteln ist also die Dauer der einzelnen Tätigkeiten, • wie die einzelnen Arbeitspakete logisch und zeitlich sinnvoll zusammenhängen. Geklärt wird, in welcher Reihenfolge die Arbeitspakete zu erledigen sind.
Visualisierung des Projektablaufs	Um einen besseren Überblick über komplexe Projekte zu bekommen, wird das Ergebnis einer Projektablaufplanung i. d. R. visualisiert, d. h. grafisch dargestellt. Zunächst wird immer eine **Vorgangsliste** erstellt. Diese ist eine Tabelle, die folgende Informationen in vier Spalten aufnimmt: • eine Vorgangsnummer, • eine eindeutige Bezeichnung für den Vorgang, • die Dauer des jeweiligen Arbeitspakets, • den Vorgänger des Arbeitspakets, der zum Beginn unbedingt beendet sein muss.

Idealtypischer Ablauf der Projektplanungsphase

	Darauf aufbauend können für die grafische Darstellung des zeitlichen Ablaufs drei Visualisierungsinstrumente erstellt werden: • **Termintabelle:** Eine Termintabelle enthält die Arbeitspakete in der Reihenfolge ihrer Bearbeitung mit den jeweiligen Anfangs- und Endbeständen. Termintabellen werden oft nur in einfachen Projekten verwendet. • **Balkendiagramm:** Dieses ist erheblich übersichtlicher als die Termintabelle. Auf einer Zeitachse werden die einzelnen Arbeitspakete durch waagrecht verlaufende Balken dargestellt. Deren Länge lässt die Dauer der jeweiligen Tätigkeiten erkennen. • **Netzplan:** Ein wichtiger Nachteil von Balkendiagrammen ist, dass nur schwer erkennbar ist, wie die Arbeitspakete miteinander zusammenhängen. Deshalb verwenden die meisten Projektteams in komplexen Projekten immer Netzpläne. Diese stellen sämtliche Arbeitspakete und deren Abhängigkeiten voneinander dar, was einer Netzstruktur ähnelt.
Ressourcenplanung	Um den mit den Visualisierungsmitteln erstellten Projektablauf später erfolgreich durchführen zu können, muss das Projektteam nun noch überlegen, welche Ressourcen dazu benötigt werden: Geklärt werden sollte zunächst, welche Mitarbeiter des Unternehmens für die Erledigung des jeweiligen Arbeitspakets zuständig sind. Eventuell können auch unternehmensfremde Personen hinzugezogen werden. Weiterhin müssen die benötigten Räumlichkeiten reserviert werden. Auch die erforderlichen Sachmittel wie z. B. Computer und Programme sind festzustellen.
Kostenkalkulation	Die Daten aus der Projektablauf- und Ressourcenplanung werden hinzugezogen, um die Kosten des Projekts zu berechnen. Dadurch kann entschieden werden, ob es sich überhaupt lohnt, das Projekt durchzuführen. Anderseits dient die Kostenkalkulation dem Controlling: Die eingeplanten Kosten für die einzelnen Arbeitspakete sind später in der Phase der Projektdurchführung zu überwachen. Eventuelle Überschreitungen des Kostenrahmens können andere Projekte bzw. sogar die finanzielle Lage des Unternehmens gefährden.
Qualitätsplanung	Nicht nur die Termine oder die Kosten eines Projekts müssen eingehalten werden, auch die Qualität des Projektergebnisses muss vorher definierten Ansprüchen genügen. Um die Zufriedenheit des Auftraggebers sicherzustellen, sollten im Rahmen der Qualitätsplanung Qualitätsmaßstäbe festgelegt werden. Es gibt verschiedene Verfahren, die die Beibehaltung einer hohen Qualität bzw. eine Steigerung der Qualität zum Ziel haben.

Die Projektplanung in Unterrichtsprojekten

In dieser Phase entsteht aus der Projektskizze ein konkreter Projektplan. Mit dem Projektplan wird das Betätigungsfeld genau festgelegt. Er dient während der Projektarbeit als Orientierungshilfe: Arbeitsschritte und -formen werden geplant, die notwendigen Ressourcen (Personen, Zeit, Materialien, Medien) ermittelt. Diese Phase kann auch genutzt werden, um sich auf ein Endprodukt zu konzentrieren (z. B. Präsentation, Videofilm, Ausstellung).

13.3 WIR PLANEN DAS PROJEKT

AUFGABEN

1. Was sind Arbeitspakete?
2. Erläutern Sie den Begriff Meilenstein.
3. Was ist die Aufgabe eines Projektstrukturplans?
4. Führen Sie Projektrisiken auf, die bei der Planung berücksichtigt werden müssen.
5. Welche Informationen enthält eine Vorgangsliste?
6. Wodurch unterscheiden sich Balkendiagramme und Netzpläne?
7. Welche Ressourcen müssen im Rahmen des Projekts bedacht werden?
8. Führen Sie Ziele der Kostenkalkulation in einem Projekt auf.

AKTIONEN

1. a) Rufen Sie die Internetadresse https://www.e-teaching.org/projekt/organisation/ressourcen/zeit
   b) Untersuchen Sie die dort aufgeführten Informationen zur Netzplantechnik.
   c) Bereiten Sie sich darauf vor, einen Vortrag zur Netzplantechnik zu halten.

> Der Zeitfaktor ist ein wesentlicher Aspekt beim Projektablauf.
>
> Arbeitsabläufe im Rahmen von Projekten können sehr schön mithilfe von Balkendiagrammen visualisiert werden. Diese ermöglichen eine einfach zu erstellende Terminplanung von Arbeitspaketen und Meilensteinen, die in Form von Balken über eine Zeitskala dargestellt werden.

BEISPIEL

In der Finanzbuchhaltung eines Großhandelsunternehmens haben die verschiedenen Mitarbeiter ihre Urlaubswünsche angemeldet:
Dies sind die Abteilungsleiterin Müller, ihr Stellvertreter Meier und die Sachbearbeiter Schulze, Brunotte, Putzig und Gutfried. Der Urlaub soll in einer Zeit von 8 Wochen genommen werden. In der Personalabteilung wird daraufhin zunächst der gewünschte Urlaubsplan als Balkendiagramm erstellt:

Woche Mitarbeiter	1	2	3	4	5	6	7	8
Müller		■	■	■				
Meier				■	■			
Schulze			■	■	■	■		
Brunotte	■	■						
Putzig				■	■	■		
Gutfried						■	■	

Balkendiagramme eignen sich besonders für die Terminplanung. Die Balkendauer gibt die Zeitdauer eines Vorgangs an.

Müller und Schulze haben Kinder und können daher ihren Urlaub nur in den Schulferien (1. bis 6. Woche) nehmen. Die Unternehmensleitung gibt zudem die Anweisung, dass immer ein Vorgesetzter und möglichst die Hälfte der Sachbearbeiter im Betrieb anwesend sein sollen. Daraufhin erstellt die Personalabteilung das folgende Diagramm:

Woche Mitarbeiter	1	2	3	4	5	6	7	8
Müller	■	■	■	■				
Meier					■	■		
Schulze			■	■	■	■		
Brunotte	■	■	■					
Putzig					■	■		
Gutfried						■	■	

2. Die Hoffmann KG plant in Österreich eine Filiale zu eröffnen. Dazu wird ein Projektteam gebildet. Nachdem in einem Wiener Gewerbegebiet ein Grundstück gefunden wurde, soll nun das Betriebsgebäude errichtet werden. Das Projektteam plant die Zeit bis zur Fertigstellung:

Für Ausschachtarbeiten werden 2 Wochen eingerechnet. Der Rohbau wird mit 11 Wochen eingeplant. Ist er hochgezogen, werden die Installationsarbeiten (8 Wochen) vorgenommen und gleichzeitig der Dachstuhl (2 Wochen) aufgesetzt und dann die Dachdeckerarbeiten (1 Woche) ausgeführt. Erst wenn diese drei Arbeiten vorgenommen wurden, können Fenster und Türen eingesetzt werden (1 Woche). Anschließend können der Innenputz (2 Wochen) und der Außenputz (3 Wochen) parallel angebracht werden. Ist das geschehen, werden gleichzeitig die Zufahrt zur Rampe erstellt (1 Woche) sowie die Malerarbeiten (2 Wochen) vorgenommen.

2 Wochen werden letztlich noch für die Tätigkeiten der Betriebseröffnung (Beschicken des Lagers, Einzug) benötigt.

Erstellen Sie für dieses Projekt ein Balkendiagramm.

3. Vor allem bei größeren Projekten wird die Netzplantechnik – in der Regel unter EDV-Einsatz – zur Darstellung von Projektabläufen angewandt.

Ein Netzplan zeigt genau wie das Balkendiagramm die zeitliche und logische Aufeinanderfolge von Vorgängen. Er zeigt drastisch die Ablaufstruktur eines Arbeitsprozesses. Mit einem Netzplan kann man Engpässe und mögliche Störungen frühzeitig erkennen und entsprechende Gegenmaßnahmen einleiten.

Ein Netzplan ist hervorragend dazu geeignet, bei einer größeren Anzahl an Arbeitspaketen eines Projekts die inneren Abhängigkeiten zwischen den einzelnen Arbeitspaketen abzubilden. Aus einem Netzplan können die Projektbeteiligten Folgendes ablesen:

- Wie lange wird das ganze Projekt dauern? Welche Risiken treten dabei auf?
- Welche kritischen Aktivitäten des Projekts können das gesamte Projekt verzögern, wenn sie nicht rechtzeitig fertig werden?
- Ist das Projekt im Zeitplan, wird es früher oder später fertig?
- Wenn das Projekt früher fertig werden soll, was ist am besten zu tun?
- Wie kann man eine Beschleunigung des Projekts mit den geringsten Kosten erreichen?

Der Grundgedanke der Netzplantechnik liegt in der Erkenntnis, dass wenige Tätigkeiten, die den längsten Pfad durch das Netzwerk bilden, den Erfolg des gesamten Projekts beeinflussen können. Werden diese „kritischen" Aktivitäten frühzeitig erkannt, können die Projektbeteiligten frühzeitig Gegenmaßnahmen ergreifen.

Der Netzplan erlaubt eine
- Konzentration auf die kritischen Tätigkeiten,
- Umplanung unkritischer Vorgänge, ohne dass das gesamte Projekt negativ beeinflusst wird.

13.3 WIR PLANEN DAS PROJEKT

BEISPIEL FÜR EINE NETZPLANERSTELLUNG:

Die Erstellung eines Netzplans erfolgt in fünf Schritten:

Schritt 1: Vorgangsliste erstellen
Für die Erstellung eines Netzplans werden alle Vorgänge eines Projekts in einer Vorgangsliste mit dem jeweiligen unmittelbaren Vorgänger und Nachfolger erfasst:

Vorgangs-nummer	Vorgang	Unmittel-barer Vorgänger	Unmit-telbarer Nachfol-ger
1	Ausschachten	–	2
2	Rohbau	1	3, 4
•	•	•	•
•	•	•	•
•	•	•	•

Schritt 2: Vorgangsknoten erstellen
Aus der Vorgangsliste kann der eigentliche Netzplan erstellt werden. Dabei wird zunächst jeder einzelne Vorgang durch einen Vorgangsknoten dargestellt:

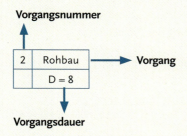

Schritt 3: Vorgangsknoten in Beziehung setzen
Ein Pfeil kennzeichnet im Netzplan die Beziehung zwischen Vorgänger und Netzplan:

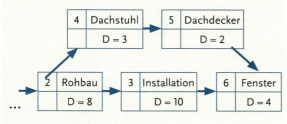

(Ausschnitt aus einem Netzplan)

Schritt 4: Anfangs- und Endzeitpunkt der einzelnen Vorgänge ermitteln
Man ermittelt zunächst für jeden Vorgangsknoten den jeweiligen frühesten Anfangszeitpunkt (FAZ) und frühesten Endzeitpunkt (FEZ). Der FAZ gibt an, wann jeder einzelne Vorgang jeweils beginnen kann. Der FEZ informiert über den Zeitpunkt, wann der Vorgang frühestens beendet sein kann. Der FAZ wird am Vorgangsknoten oben links, der FEZ oben rechts eingetragen.

Anschließend wird der späteste Anfangszeitpunkt (SAZ) und der späteste Endzeitpunkt (SEZ) des jeweiligen Vorgangsknotens unten links bzw. unten rechts eingetragen. Der SAZ gibt an, wann der Vorgang spätestens zu beginnen hat, damit die Gesamtprojektdauer nicht gefährdet wird. Der SEZ informiert darüber, bis wann ohne Beeinträchtigung des Projekts der Vorgang spätestens beendet sein muss.

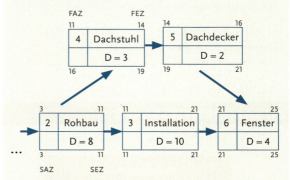

(Ausschnitt aus einem Netzplan)

Bei der Berechnung der Werte gelten die folgenden Regeln:

- Bei der Ermittlung von FAZ und FEZ beginnt man beim ersten Vorgang und geht dann vorwärts zu den nächsten.
- Der erste Vorgang erhält den FAZ 0.
- Der FEZ ergibt sich dann immer nach der folgenden Formel: FAZ + Vorgangsdauer = FEZ.
- Der FEZ des letzten Vorgangs bestimmt die Dauer des gesamten Projekts.
- Man beginnt bei der Bestimmung von SEZ und SAZ beim letzten Vorgang und geht dann rückwärts zum jeweils letzten Vorgang.
- Der FEZ des Endvorgangs entspricht dem SEZ des Endvorgangs.
- Der SAZ wird dann jeweils ermittelt nach der Formel: SAZ = SEZ − Vorgangsdauer.

Schritt 5: Kritischen Weg ermitteln
Für jeden Vorgang berechnet man die Gesamtpufferzeit nach der Formel

> **FORMEL**
> Gesamtpufferzeit = SAZ – FAZ.

Ist diese größer als null, hat man eine entsprechende Zeitreserve. Entspricht jedoch der SAZ dem FAZ (die Gesamtpufferzeit ist gleich null), ist der Vorgang kritisch: Da man keine Zeitreserven hat, führt jede Verzögerung dieses Vorgangs zu einer Verlängerung der Gesamtprojektdauer.

> In einem Projekt wird also besonders auf den kritischen Weg geachtet. Diesen erhält man, wenn alle kritischen Vorgänge verbunden werden.

Im obigen Ausschnitt aus einem Netzplan gehören die Vorgänge 2, 3 und 6 zum kritischen Weg.

4. Das Projektteam „Neue Filiale in Österreich" (siehe Aktion 2) entscheidet sich, den Verlauf des Projekts mit einem Netzplan darzustellen.
   a) Erstellen Sie Vorgangsliste und Netzplan.
   b) Bestimmen Sie den kritischen Weg.
5. a) Sammeln Sie mithilfe eines Brainstormings mögliche Projektrisiken. Stellen Sie sich die Frage: Was könnte alles schiefgehen? Halten Sie die gefundenen Projektrisiken fest.
   b) Untersuchen Sie die Internetadresse www.software-kompetenz.de/?5781. Sammeln Sie alle Gegenmaßnahmen für die dort aufgeführten Projektrisiken. Halten Sie sie auf einem Medium Ihrer Wahl fest.
   c) Bereiten Sie sich auf eine Präsentation zu dem Thema „Projektrisiken und Gegenmaßnahmen" vor.

ZUSAMMENFASSUNG

13.4 Wir führen das Projekt durch

Einstieg

Carolin Saager trifft Dominik Schlote.

Dominik Schlote:
„Na Carolin, wie läuft es bei Euch im Projekt?"

Carolin Saager:
„Och eigentlich ganz gut. Bald sind unsere Schweizer Filialen eröffnet. Wenn da nicht nur immer dieser Papierkram wäre! Jetzt hat mich Frau Schwab gebeten, mitzuhelfen, einen Projektstatusbericht zu erstellen. Der muss regelmäßig an den Projektauftraggeber – in diesem Fall also an unsere Geschäftsleitung – geschickt werden, sagte Frau Schwab. Ich finde das merkwürdig: Ich dachte bisher immer, wir sollten unser Projekt zum Erfolg führen. Stattdessen werden wir gezwungen, Formulare auszufüllen."

Beurteilen Sie die Meinung von Carolin Saager.

INFORMATIONEN

Die Projektdurchführung in Wirtschaftsprojekten

In dieser Phase wird die Erreichung der Projektziele sichergestellt: Während der Projektdurchführung werden die Arbeitspakete in der festgelegten Reihenfolge unter Beachtung der Zeitvorgaben planmäßig abgearbeitet. Entscheidungen im Projektablauf werden kontinuierlich dokumentiert. Es erfolgt eine ständige Kontrolle zwischen den erreichten (Istzustand) und den am Anfang formulierten Zielen (Sollzustand). Abhängig von der Qualität der erreichten Zwischenziele kann das Projekt auf unterschiedliche Weise vorangetrieben werden.

Die Projektdurchführung orientiert sich am festgelegten Projektplan und ist das Herzstück eines Projekts. Nachdem die notwendigen Planungsarbeiten im Projekt geleistet wurden, kann mit der Umsetzung begonnen werden.

In der Phase der Projektdurchführung koordiniert der Projektleiter alle Elemente eines Projekts. In dieser Phase hat der Projektleiter die Aufgabe, dem Projektverlauf im Sinn der Projektplanung aktiv zu steuern und zu beeinflussen. Der Projektleiter gleicht ständig den ursprünglich geplanten und den aktuellen Projektverlauf ab. Es muss regelmäßig geprüft werden, ob das Projekt nach Plan läuft: Sollte dies nicht der Fall sein, sind geeignete Steuerungsmaßnahmen einzuleiten. In der Phase der Projektdurchführung sind also

- Planabweichungen festzustellen,
- gegebenenfalls Ursachen zu analysieren,
- gegebenenfalls Konsequenzen zu ziehen.

Der Projektleiter muss auch sicherstellen, dass alle Beteiligten am Projekt ein Feedback über den Stand des Projekts bekommen.

Hilfsmittel des Projektmanagements in der Phase der Projektdurchführung	
Hilfsmittel	**Erläuterung**
Meilensteinorientierte Fortschrittsmessung	Es wird die zeitliche und qualitative Zielerfüllung von Meilensteinen überprüft. So kann mit einer solchen Analyse der Projektfortschritt regelmäßig ermittelt werden. Für jedes Arbeitspaket gibt es laut Projektplan einen Sollwert. Diesem wird der an einem Stichtag ermittelte Istwert der Termine und Kosten gegenübergestellt.
Projektstatusbericht	Der Projektstatusbericht gibt den Auftraggebern oder den Entscheidern eines Unternehmens Auskunft über den Stand des Projekts. Solche Berichte können erfolgen • periodisch (z. B. monatlich), • bei gravierenden Abweichungen von Terminen oder Kosten, • wenn ein Meilenstein erreicht wurde.
Projektdokumentation	Neben dem Projektergebnis wird eine Projektdokumentation erstellt. Die Dokumentation ist eine wesentliche Grundlage für die Präsentation, aber auch die Reflexion und Evaluation des Projekts. Sie sollte daher Informationen über alle wichtigen Ergebnisse, Stadien des Arbeitsprozesses und Erfahrungen der Projektmitarbeiter/-innen liefern.

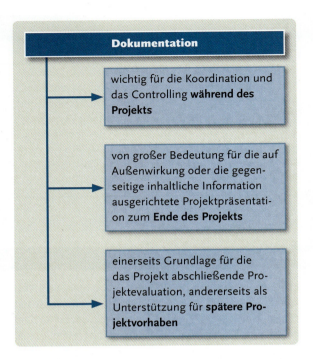

Besteht die Gefahr, dass Termine oder Kosten überschritten werden, gibt es verschiedene Gruppen von Steuerungsmaßnahmen:

- **Zeitliche Beeinflussung der Dauer von Arbeitspaketen:**
  Überlegt werden könnte, die Anzahl der Arbeitsstunden zu erhöhen oder weiteres Personal zu rekrutieren. Eine andere Alternative könnte darin bestehen, dass Teilaufgaben fremd vergeben werden.

- **Änderung der Reihenfolge von Arbeitspaketen:**
  Es könnte beispielsweise versucht werden, Arbeitspakete parallel laufen zu lassen bzw. diese sich überlappen zu lassen.

- **Verschiebung von Terminen:**
  Als letzte Möglichkeit kommt das Verschieben der Meilensteine bzw. sogar des Endtermins in Betracht.

Projektstatusbericht				
Projekt: Hoffmann goes Schweiz			**Anlass:** Monatsbericht März 20..	
Datum: 01.04.20..			**Projektleiter:** Tanja Schwab	
Stand der Gesamtleistung: Das Projekt läuft insgesamt planmäßig. Alle Meilensteine in diesem Monat wurden erreicht. Abweichungen gibt es im Projektabschnitt Bekanntmachen der Hoffmann KG				
Stand der einzelnen Arbeitspakete:				
Arbeitspaket 1:				
.....				
Arbeitspaket 2:				
Bekanntmachen der Hoffmann KG: Stand auf der Schweizer Modemesse				
	planmäßig	*abweichend*	*kritisch*	**Bemerkungen**
Termine			X	Lieferant von Material für den Messestand ist überraschend zahlungsunfähig und kann nicht mehr liefern
Kosten		X		Günstigster Anbieter im Angebotsvergleich
Qualität	X			
Arbeitspaket 3:				
....				
Arbeitspaket 4:				
.....				
Probleme und Risiken: Beschaffung der Materialien für den Messestand könnte nicht rechtzeitig erfolgen und wahrscheinlich teurer als erwartet werden.				
Maßnahmen: Beauftragung des Lieferanten, der im Rahmen des qualitativen Angebotsvergleichs eine sofortige Lieferung garantierte. Dieser war auch bereit, im Fall einer verspäteten Lieferung eine Konventionalstrafe zu zahlen.				
Erwartete Wirkungen: Fristgerechter Aufbau des Messestandes bei leicht erhöhten Kosten				

Ein Beispiel für einen Projektstatusbericht

13.4 WIR FÜHREN DAS PROJEKT DURCH

Möchte man zu einer optimalen Problemlösung kommen, ist es sinnvoll, verschiedene Lösungsansätze mithilfe von **Projektmanagementsoftware** durchzuspielen. Mit solchen Programmpaketen kann man

- den Projektstrukturplan darstellen
- den Einsatz aller Projektressourcen festlegen und der Projektentwicklung anpassen
- die Entwicklung der Termine und Kosten verfolgen
- die Projektplanung anpassen.

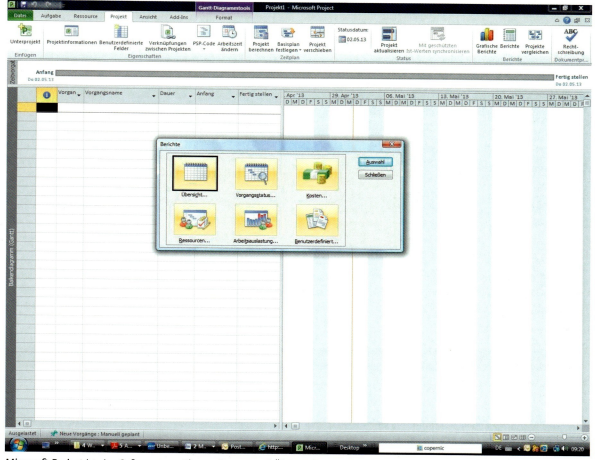

Microsoft Project ist eine Software zum Planen, Steuern und Überwachen von Projekten. Mit einem solchen Programm kann eine Vielzahl von Aufgaben des Projektmanagements erledigt werden. Die Schwerpunkte liegen dabei auf:

- *Terminmanagement*
- *Ressourcenmanagement*
- *Projektüberwachung*
- *Erstellen von Berichten*

Während des Projektverlaufs müssen in regelmäßigen Abständen Vergleiche zwischen Planungsdaten (Solldaten) und den tatsächlichen Zwischenständen durchgeführt werden. Betrachtet werden müssen besonders

- die Qualität,
- die Kosten,
- die Ressourcen,
- die Termine.

Werden Abweichungen zwischen Soll- und Istdaten festgestellt, sind sofort Korrekturmaßnahmen einzuleiten.

In diesen Zusammenhang haben sich in Projekten **Balanced-Scorecard-Systeme** bewährt. Allgemein versteht man unter der Balanced Scorecard ein Kennzahlensystem, mit dem man den Erfolg einer Strategie kontrollieren und auch erhöhen möchte: Durch Kennzahlen wird der Erfolg einer Strategie messbar gemacht. Diese Methodik kann auch auf Projekte übertragen werden. Eine **Projekt-Scorecard** dient der Steuerung eines Projekts mithilfe von Kennzahlen.

Projektbewertungsblatt						
Erfolgsmerkmal	P.	Messgröße	Mindestwert	Abzug	Erzielter Wert	P.
Projektabschlusstermin	25	Projekt-Enddatum	31. Dezember	Pro angefangene Woche –5 Pte.	13. Januar	15
Budgeteinhaltung	10	Projektrechnung	2.500,00 € +/– 10 %	Pro begonnene 100,00 € über 2.750,00 € –3 Pte.	2.850,00 €	7
Qualität des Projektprodukts	20	5 Einschätzfragen mit Skala 1–5	Mittel aus 5 Schätzungen mind. 3,5	Für jede angefangene 0,5 geringer: –3 Pte.	3,2	17
Kundenzufriedenheit	20	5 Einschätzfragen mit Skala 1–5	Mittel aus 5 Schätzungen mind. 3,5	Für jede angefangene 0,5 geringer: –3 Pte.	3,3	17
Sponsorzufriedenheit	25	3 Einschätzfragen mit Skala 1–5	Mittel aus 3 Schätzungen mind. 3,5	Für jede angefangene 0,5 geringer: –4 Pte.	4,4	25
Mögliche Punkte	100			Total erreichte Punkte:		81

Ein anderer Begriff für Projekt-Scorecard ist Projektbewertungsblatt

Die Projektdurchführung in Unterrichtsprojekten

Die Projektteilnehmerinnen und -teilnehmer setzen sich in dieser Phase des Unterrichtsprojekts aktiv mit ihrem Arbeitsgebiet auseinander: Hier wird das angestrebte Projektergebnis erarbeitet. Dazu müssen Informationen gesammelt, aufbereitet, festgehalten und weitergegeben werden.

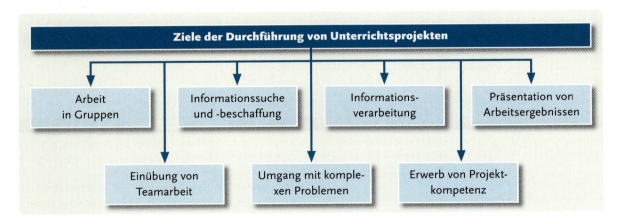

Während dieser Phase besteht – zumindest potenziell – die Gefahr, dass das Projekt aus dem Ruder läuft. Als Lösungsmöglichkeit bietet es sich an, sogenannte „Fixpunkte" einzubauen, um Planungskorrekturen zwischen den Gruppen vornehmen zu können. Beispielsweise unterbrechen die Projektmitglieder bei Bedarf ihre Arbeit, um Fragen zu klären, sich gegenseitig zu informieren, nächste Arbeitsschritte zu planen oder um vorläufige Resultate mitzuteilen.

13.4 WIR FÜHREN DAS PROJEKT DURCH

Tätigkeiten bei der Durchführung von Projekten

- Wir präsentieren das Ergebnis des Projekts.
- Wir legen die Projektdokumentation vor.
- Bei Korrekturen überarbeiten wir die Ergebnisse in den Gruppen.
- Wir führen die Gruppenergebnisse im Plenum zusammen.
  - Wir bereiten die Präsentation des Projektergebnisses vor.
  - Wir erstellen die Dokumentation des Projekts.
- Im Plenum besprechen wir die Gruppenergebnisse.
  - Diskussion
  - inhaltliche Abstimmung
- Wir führen den Arbeitsplan aus.
  - Wir gewinnen Informationen.
  - Wir werten Informationen aus.
  - Wir erreichen Meilensteine.
  - Wir dokumentieren die Ergebnisse in den Gruppen.
  - Wir präsentieren untereinander die Gruppenergebnisse.

Die Dokumentation sollte folgende Punkte beinhalten:
Gesamtergebnisse
- Teilergebnisse
- Projektverlauf
- ggf. Reflexion der Zusammenarbeit mit externen Partnern und Partnerinnen
- Anregungen zur Weiterentwicklung
- Darlegung der verwendeten Methoden und Vorgangsweisen z. B. in Form einer Übersicht
- Stimmen der Beteiligten
- ggf. Fotos
- ggf. Reaktionen der „Öffentlichkeit"
- schon vorhandene Evaluierungsergebnisse

Eine Abschlussdokumentation ist einfach zu erstellen, wenn während der gesamten Projektdauer konsequent alle relevanten Unterlagen gesammelt werden:

- Planungsunterlagen
- Protokolle
- persönliche Notizen
- Arbeitsblätter usw.

Die Phase der Projektdurchführung ist durch einen klar erkennbaren Abschluss gekennzeichnet: Das Projektergebnis wird einer „Öffentlichkeit" vorgestellt. Dazu müssen die Schüler wichtige Präsentations- und Visualisierungstechniken anwenden. Dabei müssen immer die beiden folgenden Fragen beachtet werden:

- Welche Zielgruppe soll vom Projektteam angesprochen werden?
- Was will das Projektteam mitteilen bzw. erreichen?

BEISPIELE

Die normale Präsentation ist die Vorstellung der Arbeitsergebnisse durch die einzelnen Projektgruppen und eine evtl. anschließende Diskussion. Denkbar ist jedoch u. a. auch die Präsentation:
- einer Ausstellung,
- einer Informationsbroschüre oder eines Readers,
- eines Videos,
- eines Theaterstücks,
- einer Internetseite (Homepage).

Die geplanten Vorhaben werden von den Schülerinnen und Schülern selbstständig durchgeführt. Die Lehrkraft beschränkt sich auf die Rolle als
- Koordinator,
- Experte
- und ggf. Konfliktmanager.

Am Ende dieser Projektphase steht ein sichtbares Ergebnis, sei es in Form eines Produkts oder einer Dienstleistung.

3 EIN PROJEKT PLANEN UND DURCHFÜHREN

AUFGABEN

1. Welche Aufgabe hat die Phase der Projektdurchführung?
2. Was ist ein Projektstatusbericht?
3. Wann werden Projektstatusberichte erstellt?
4. Warum ist es in einem Projekt sinnvoll, eine Dokumentation zu erstellen?
5. Welche Steuerungsmaßnahmen sind denkbar, wenn die Gefahr besteht, dass Termine oder Kosten überschritten werden?
6. Welche Aufgaben können mit Projektmanagementsoftware erledigt werden?
7. Führen Sie Tätigkeiten bei der Durchführung von Unterrichtsprojekten auf.
8. Was versteht man unter einer Projekt-Scorecard?

AKTIONEN

1. Stellen Sie fest, ob in
   a) Ihrem Ausbildungsbetrieb,
   b) Ihrer Berufsschule
   eine Software für Projektmanagement vorhanden ist.
2. Eine sehr bekannte Projektmanagementsoftware ist MS-Project. Arbeiten Sie sich in das Programm ein mithilfe des Lernprogramms von Microsoft. Gehen Sie auf support.microsoft.com/de-de und geben „MS Project Erste Schritte" in das Suchfenster ein. Klicken Sie auf „Erste Schritte: Einführung in Project 2010".

ZUSAMMENFASSUNG

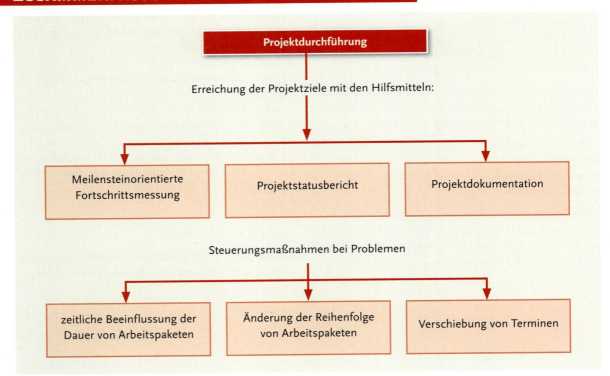

13.5 Wir sorgen für einen erfolgreichen Projektabschluss

Einstieg

Carolin Saager trifft Frau Schwab auf dem Flur:

Frau Schwab:
„Sie haben ja mitbekommen, dass wir unser Hauptprojektziel in der Phase der Projektdurchführung termingerecht erreicht haben. Die ersten drei Filialen in der Schweiz sind mittlerweile eröffnet. Jetzt müssen wir unser Projekt noch zum Abschluss bringen. Da brauche ich mal Ihre Unterstützung."

Führen Sie die in der Abschlussphase notwendigen Schritte auf.

INFORMATIONEN

Der Projektabschluss in Wirtschaftsprojekten

Im Rahmen des Projektabschlusses wird dem inner- oder außerbetrieblichen Auftraggeber das Projektergebnis präsentiert. Weiterhin wird der Ablauf der Projektphasen analysiert: Es werden Stärken und Schwächen der Projektentwicklung dokumentiert

Der Projektabschluss wird durchgeführt, wenn das vom Projektteam klar definierte Projektziel erreicht wurde. In der Phase des Projektabschlusses erfolgen zwei Schritte:
- Das Projekt wird offiziell beendet und dokumentiert.
- Das Projekt wird deorganisiert und endgültig abgewickelt.

Erreicht werden soll in dieser Phase Folgendes:
- Wenn die Projekte gut gelaufen sind, sollen sie positiv gewürdigt werden.
- Sind die Projektergebnisse nicht zufriedenstellend, sollte das Projekt dennoch phasengerecht zu Ende gebracht werden.

Vor diesem Hintergrund ist die Abschlussphase ein wichtiger Baustein organisationellen Lernens. Hier wird die Grundlage für zukünftige erfolgreiche Projekte gelegt. In der Projektabschlussphase wird in strukturierter Form eine Rückschau vorgenommen.

Ursachen für erfolglose Projekte		
fehlendes Gesamtkonzept	kein Phasenkonzept (bestimmte Phasen werden nicht sauber durchgeführt)	fehlende Kommunikation zwischen den Beteiligten
keine klare Aufgabenstellung	schlechtes Projektmanagement und -controlling	unklare Verteilung von Verantwortung
keine eindeutige Aufgaben- und Kompetenzabgrenzung	keine bzw. unzureichende Dokumentation	keine methodische Vorgehensweise

3 EIN PROJEKT PLANEN UND DURCHFÜHREN

Idealtypischer Ablauf der Abschlussphase	
Teilschritt der Phase	**Erläuterung**
Projektabnahme	Zunächst einmal wird das Projekt abgenommen. Das Projektteam und die Auftraggeber stellen fest, ob die Projektziele erreicht wurden. Diese Erfolgsbewertung wird in einem **Abnahmeprotokoll** festgehalten. Ziele der Projektabnahme sind der offizielle Abschluss des Projekts sowie die Entlastung des Projektleiters und des Projektteams.
Evaluation des Projekts	Nach der Projektabnahme erfolgt die Evaluation des Projekts. Untersucht werden sollten unter anderem folgende Fragen: • War der Auftraggeber zufrieden mit dem Projektergebnis? • War der Auftraggeber zufrieden mit dem Projektverlauf? • Was ist in dem Projekt gut gelaufen? • Was ist in dem Projekt warum nicht gut gelaufen? • Was kann in Zukunft bei Projekten besser gemacht werden? • Was haben die Projektteilnehmer bzw. die Organisation während der Projektarbeit gelernt? Die Evaluation erfolgt häufig in einer **Projektabschlusssitzung.**
Projektabschlussbericht	Das Ergebnis der Evaluation ist der Projektabschlussbericht. Hier legt der Projektleiter Rechenschaft ab über Verlauf und Ergebnisse des Projekts. Die einzelnen Projektmitglieder haben hier auch die Möglichkeit einer persönlichen Stellungnahme. Der Projektabschlussbericht kann folgenden Aufbau haben: • Projektauftrag • Projektziele • Verlauf des Projekts • Soll-/Istvergleich hinsichtlich der Qualitäts-, Zeit- und Kostenplanung • Bericht über eventuelle Störungen • Vorschläge für weitere Vorgehensweisen Oft enthält der Projektabschlussbericht auch eine **Nachkalkulation:** die ursprüngliche Planvorgaben (Termine, Kosten) werden den im Projektverlauf veränderten Plangrößen gegenübergestellt. So können die tatsächlichen Kosten aller Einzelaufgaben (Arbeitspakete) und somit schließlich die Gesamtkosten ermittelt werden. Ziel ist es herauszufinden, ob sich das Projekt finanziell gelohnt hat.
Interne Deorganisation	Schließlich muss noch der Schritt der internen Deorganisation folgen. Die Projektorganisation muss abgebaut werden, die Mitglieder des Projektteams müssen wieder in ihre alten Abteilungen integriert werden. Die Projektleitung wird formal von der Unternehmensleitung bzw. vom Projektsteuerungsgremium entlastet. Intern endet das Projekt oft durch eine inoffizielle Abschlussfeier des Projektteams.

13.5 WIR SORGEN FÜR EINEN ERFOLGREICHEN PROJEKTABSCHLUSS

Projektabschlussbericht

Projekt: *Hoffmann goes Schweiz*
Stand: *2.5.20..*

1 Abstract (Zusammenfassung)

2 Einleitung

3 Geplantes Vorgehen
3.1 Gegenstand und Motivation
3.2 Problemstellung
3.3 Zielsetzung
3.4 Frage- und Aufgabenstellung
3.5 Arbeitspakete und Prüfsteine
3.6 Netzplan

4 Abweichungen vom geplanten Vorgehen
4.1 Zielsetzung
4.2 Termine
4.3 Kosten
4.4 Weitere Ressourcen
4.5 Behandlung der Abweichungen

5 Ergebnisse
5.1 Überblick
5.2 Ergebnisse aus Arbeitspaket 1
5.3 Ergebnisse aus Arbeitspaket 2
...

6 Evaluation
6.1 Evaluation der Vorgehensweise
6.2 Evaluation der Projektergebnisse
6.2.1 Erreichen des Projektziels 1
6.2.2 Erreichen des Projektziels 2
...

7 Ausblick

8 Dank an das Projektteam

Anhang
Erhebungsbögen
Abnahmeprotokoll
Übergabeprotokoll
...

Eine mögliche Gliederung für einen Projektabschlussbericht

Der Projektabschluss in Unterrichtsprojekten

Diese Phase dient der Überprüfung der Projektergebnisse und der Weiterentwicklung der Qualität künftiger Projekte. Grundlage für die Zielformulierungen in der Planungsphase war die Fragestellung: Was wollen wir zu welchem Zweck und mit welchen Mitteln erreichen?

Prozessbegleitend und am Ende des Projekts werden diese Ziele auf Basis der gesammelten Daten hinsichtlich ihrer Erreichung bzw. Umsetzung systematisch bewertet.

In den Phasen der Projektreflexion werden die Erfahrungen der Beteiligten und die laufenden Prozesse besprochen. Die Projektreflexion ist ein unabdingbares Element der Evaluation. Sie erfolgt grundsätzlich durch die Projektteilnehmer selbst. Um Betriebsblindheit zu vermeiden, ist es jedoch in manchen Bereichen der Evaluation unerlässlich, auch Außenstehende einzubeziehen.

Eine Reflexion des Projekts hilft
- Fehler aufzudecken bzw. deren Ursachen zu erkennen,
- sich Probleme der Arbeitsgruppen (z. B. hinsichtlich der Effizienz der Teamarbeit) klarzumachen,
- den Mitgliedern der Arbeitsgruppen jeweils die eigenen Stärken oder Schwächen zu zeigen,
- zukünftige Projekte besser durchzuführen.

Insgesamt wird die Projektkompetenz jedes Klassenmitglieds gestärkt.

AUFGABEN

1. Was ist das Ziel der Projektabschlussphase?
2. Warum wird der Projektabschluss auch als „wichtiger Baustein organisationellen Lernens" bezeichnet?
3. In der Evaluation eines Projektes wird dieses als erfolglos beurteilt. Führen Sie mögliche Ursachen dafür auf.
4. Was ist das Ziel der Projektabnahme?
5. Welche Fragen sollten im Rahmen der Projektevaluation beantwortet werden?
6. Was ist Aufgabe der Nachkalkulation?
7. Was versteht man unter der internen Deorganisation?
8. Führen Sie Gründe für die Reflexion von Unterrichtsprojekten auf.

AKTIONEN

1. Fassen Sie die in der Phase des Projektabschlusses notwendigen Teilschritte in einer Mindmap zusammen.
2. Lösen Sie den folgenden kleinen Abschlusstest zum Projektmanagement:
   a) Was ist kein Merkmal eines Projekts?
      (1) Zusammenarbeit von Spezialisten
      (2) Das Projekt ist zeitlich begrenzt
      (3) Einmaliges Vorhaben
      (4) Durch genaue Planung und Organisation kommt es immer zur Planerfüllung.
      (5) Risikominderung durch rechtzeitige Absprachen
   b) Was ist eine Phase eines Projekts?
      (1) Meilenstein
      (2) Kick-off-Sitzung
      (3) Dokumentation
      (4) Projektabschluss
      (5) Netzplanung

13.5 WIR SORGEN FÜR EINEN ERFOLGREICHEN PROJEKTABSCHLUSS

c) Was ist die Phase in einem Projekt, in der die Projektarbeit inhaltlich und terminlich genau strukturiert wird?
   (1) Projektstart
   (2) Projektplanung
   (3) Projektdurchführung
   (4) Projektabschluss
   (5) Nullphase

d) Die Kick-off-Sitzung ist die erste gemeinsame Sitzung des Projektteams nach der Erteilung des Projektauftrags. Was wird hier nicht besprochen bzw. festgelegt?
   (1) Vereinbarung von Spielregeln
   (2) Zusammenstellung des Projektteams
   (3) Herstellen eines gleichen Informationsstandes
   (4) Kennenlernen der Projektmitglieder
   (5) Verteilung von Aufgaben

e) Was kennzeichnet den Begriff „Meilenstein"?
   (1) Eine einfach zu erstellende Terminplanung von Arbeitspaketen
   (2) Wesentliches Zwischenziel in einem Projekt
   (3) Den Projektstart
   (4) Präsentation des Projektergebnisses
   (5) Projektidee

f) Was versteht man unter der Nullphase?
   (1) Es wird erkannt, dass ein Problem vorliegt, dieses Problem soll mithilfe eines Projektes gelöst werden.
   (2) Die Nullphase ist der Punkt, an dem das Projekt beendet ist.
   (3) Die Nullphase kennzeichnet den Zeitpunkt, an dem alle Projektmitglieder vor einem scheinbar unlösbaren Problem stehen und alle sprichwörtlich „null Plan" haben.
   (4) Die Nullphase ist der Punkt, an dem das Projekt beginnt.
   (5) Es wird erkannt, dass während des Projekts keine Probleme auftauchen dürften („null Problem").

g) Was kennzeichnet der Pfeil in einem Netzplan?
   (1) Der Pfeil zeigt die Beziehung zwischen Vorgänger und Nachfolger an.
   (2) Der Pfeil markiert in der Darstellung die Stelle des kritischen Weges, wo die meisten Probleme auftauchen könnten.
   (3) Der Pfeil gibt an, wann jeder einzelne Vorgang jeweils beginnen kann.
   (4) Der Pfeil informiert, wann der Vorgang frühestens beendet sein kann.
   (5) Der Pfeil informiert, welche Gruppe für diesen Arbeitsbereich zuständig

h) Wie berechnet sich der früheste Endzeitpunkt (FEZ) in einem Netzplan?
   (1) SAZ – FAZ = FEZ
   (2) FAZ + FEZ – SAZ = FEZ
   (3) FAZ + Dauer des Vorgangs = FEZ
   (4) Dauer des Vorgangs – SEZ = FEZ
   (5) FAZ – SAZ + (Dauer des Vorgangs + SEZ) = FEZ

ZUSAMMENFASSUNG

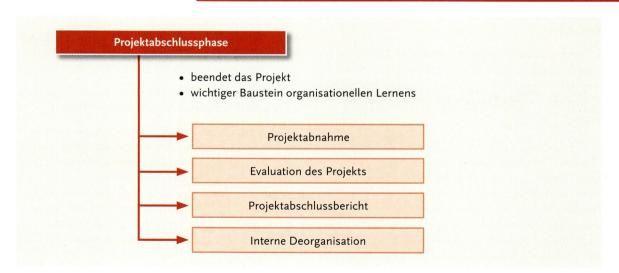

13.6 Wir führen ein Projekt in der Schule durch

Einstieg

Die Hoffmann KG kommt trotz der derzeit angespannten wirtschaftlichen Lage ihrer gesellschaftlichen Verantwortung nach und stellt regelmäßig Ausbildungsplätze zur Verfügung. Von den ständigen Berichten über die „schlechten" Leistungen der Schulabgänger verunsichert, beschließt die Unternehmensleitung, das Unternehmen einer größeren Anzahl potenzieller Bewerber vorzustellen. So soll gesichert werden, dass auch in Zukunft gut qualifizierte Auszubildende gefunden werden.

Um dieses Ziel zu erreichen, scheint der Unternehmensleitung der Hoffmann KG ein Auftritt auf der regionalen Berufsbildungsmesse in Stuttgart bestens geeignet.

Weitere Ziele, die dort angestrebt werden sind:
- eine Erhöhung des Bekanntheitsgrades,
- die Verbesserung des öffentlichen Ansehens,
- Werbung für die eigenen Waren und Dienstleistungen.

Die Auszubildenden der Hoffmann KG erhalten den Auftrag, im Rahmen eines Projekts die Darstellung ihres Unternehmens auf dieser Messe vollständig vorzubereiten und in Form eines Vortrags, der durch ein Plakat bzw. eine Wandzeitung visuell unterstützt wird, umzusetzen. Der Geschäftsleitung sollen die Ergebnisse eine Woche vor dem festgesetzten Messetermin präsentiert werden.

1. In beiden Situationen (Unternehmen und Schulunterricht) wird in einem Projekt gearbeitet. Stellen Sie die Unterschiede, aber auch die Gemeinsamkeiten heraus.

2. Erläutern Sie den Begriff des Projekts.

3. Arbeiten Sie Unterschiede zwischen der Arbeit in Projekten und der normalen Arbeit in einer Abteilung eines Unternehmens heraus.

4. Führen auch Sie ein ähnliches Projekt durch: Stellen Sie ein Unternehmen – vielleicht ein Unternehmen, wo Sie gerne ausgebildet werden möchten – auf einer (im Klassenzimmer stattfindenden) Messe dar.

5. Stellen Sie fest, welche Ziele mit Projekten in der Schule verfolgt werden.

INFORMATIONEN

Projekte in der Schule werden im Projektunterricht durchgeführt. Mit „Learning by doing" kann man sowohl die Methode als auch das Ziel des Projektunterrichts beschreiben:

- Durch die Bewältigung der konkreten Anforderungen und Schwierigkeiten des Arbeitsprozesses im Projekt sollen in inhaltlicher, arbeitstechnischer und sozialer Hinsicht wichtige Erkenntnisse gemacht werden.
- Was im Projekt gelernt wird, muss sich durch die Erstellung eines sinnvollen Handlungsprodukts bewähren.

In einem Unterrichtsprojekt planen die Mitglieder einer Klasse selbst, was sie tun und erreichen wollen. Sie beraten die verschiedenen Vorschläge. Dabei verständigen sie sich über das, was sie tun wollen. Sie führen den Plan selbst aus. Die Mitglieder der Klasse lernen dabei, realistische Ziele zu setzen, mit der Zeit umzugehen, Probleme arbeitsteilig anzupacken und ein Vorhaben zu Ende zu bringen. Am Ende des Projekts werten die einzelnen Arbeitsgruppen (bzw. die Klassenmitglieder) das Projekt aus. Zentrales Merkmal des Projektunterrichts ist also die eigenverantwortliche Tätigkeit der Klassenmitglieder.

Arbeitsergebnis eines solchen Projekts ist ein Handlungsprodukt zu einem bestimmten Unterrichtsthema. Eine Wissensaneignung geschieht dabei in doppelter Hinsicht:

- Die Projektteilnehmer recherchieren und sammeln alle relevanten Informationen zu dem Projektthema.
- Die Ergebnisse der arbeitsteiligen Gruppenarbeit werden zusammengeführt und aufbereitet. Das gemeinsame Handlungsprodukt wird erstellt und nach Möglichkeit einem bestimmten Adressatenkreis präsentiert. Im Idealfall wird das Projektergebnis nach außen im Rahmen der Schulöffentlichkeit kommunikativ vermittelt (bzw. noch effektiver im Rahmen der außerschulischen Öffentlichkeit): Dadurch gewinnt ein Projekt größeren Ernstcharakter.

13.6 WIR FÜHREN EIN PROJEKT IN DER SCHULE DURCH

1. Lehrer und Schüler setzten sich gemeinsame Ziele.

2. Sie erstellen einen Planungsverlauf für die Projektarbeit.

3. Sie arbeiten gemeinsam oder in Gruppen mit verschiedenen Aufgaben (arbeitsteilig).

4. Die Ergebnisse werden z. B. Mitschülern, Eltern, Lehrern vorgestellt.

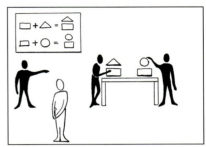

5. Sie bewerten die gemachten Erfahrungen, erstellen Produkte gemeinsam und werten das Projekt aus.

Die Lehrkraft befindet sich während des Projekts überwiegend im Hintergrund: Die Lehrkraft tritt bei der Planung und Reflexion des Projekts nur als Moderator auf. Bei der Durchführung des Projekts ist sie Berater, der die selbst arbeitenden Projektgruppen bei der Lösung evtl. auftretender Probleme unterstützt.

Ein Unterrichtsprojekt ist gekennzeichnet durch:

- Schülerorientierung,
- Wirklichkeitsorientierung,
- Produktorientierung.

Ein solches Unterrichtsprojekt

- erzieht zu planvollem Arbeiten und zur Teamarbeit,
- dient dem Aufbau hierarchischer Arbeitsstrukturen, bricht das Schubladendenken bei Schülern und Lehrern durch fachübergreifende Thematiken auf.

Ziele von Unterrichtsprojekten

- **Learning to know:**
  Erwerb von intelligentem Wissen
- **Learning to do:**
  Erwerb von anwendungsfähigem Wissen
- **Learning to live together:**
  Erwerb sozialer Kompetenzen (Gruppenverhalten)
- **Learning to be:**
  Erwerb von Wertorientierungen
- **Learning to understand:**
  Erwerb von variabel nutzbaren Schlüsselqualifikationen (anwendungsfähiges Wissen)

Vgl.: Deutsche UNESCO-Kommission (Hrsg.): Lernfähigkeit – Unser verborgener Reichtum. UNESCO-Bericht zur Bildung für das 21. Jahrhundert. Neuwied/Kriftel/Berlin: Luchterhand 1997

LF 13 3 EIN PROJEKT PLANEN UND DURCHFÜHREN

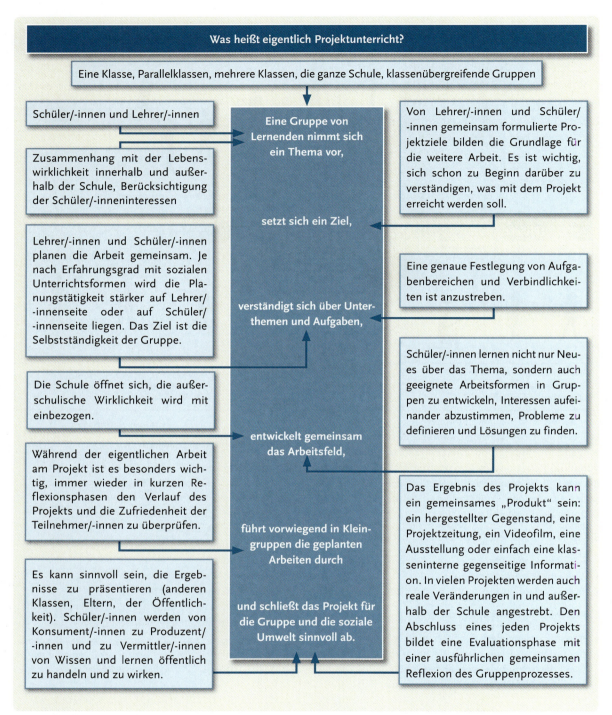

In Anlehnung an: Österreichisches Bundesministerium für Bildung, Wissenschaft und Kultur: Grundsatzerlass zum Projektunterricht, Wien 2001

13.6 WIR FÜHREN EIN PROJEKT IN DER SCHULE DURCH

Bei der Arbeit in Projekten sollte beachtet werden:

- Projekte sind eine Form besonders intensiven Lernens: Ergebnisse von Projekten bzw. die Qualität der Projektarbeit der einzelnen Arbeitsgruppen oder Arbeitsgruppenmitglieder können benotet werden.
- Während der Projektarbeit in der Schule herrscht häufig ein gewisses Maß an produktiver Unruhe. Wichtig ist daher einerseits eine angemessene Arbeitsdisziplin aller am Projekt Beteiligten als auch eine ausreichende Frustrationstoleranz.
- Positiv beeinflusst werden Projektergebnisse, wenn eine lernfreundliche Arbeitsatmosphäre herrscht.
- Projekte können nicht immer geradlinig verlaufen. Manchmal besteht sogar die Gefahr des Scheiterns. Man sollte sich aber klarmachen, dass der Umgang mit solchen Schwierigkeiten gerade auch zum Lernen in Projekten gehört.

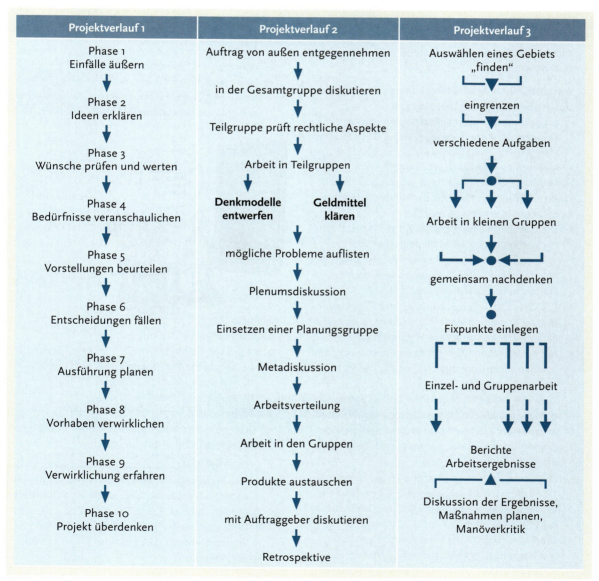

Quelle: Karl Frey: Die Projektmethode, Weinheim/Basel: Beltz 2002, S. 17ff.

3 EIN PROJEKT PLANEN UND DURCHFÜHREN

AUFGABEN

1. Welche Rolle sollte der Lehrer in Unterrichtsprojekten spielen?
2. Durch welche Merkmale ist ein Unterrichtsprojekt gekennzeichnet?
3. Führen Sie Ziele von Unterrichtsprojekten auf.

AKTIONEN

1. Sie sollen ein Unterrichtsprojekt durchführen. Wählen Sie im Klassenverband dazu aus der folgenden Liste ein Projektthema aus das die gesamte Klasse interessiert. Es können auch mehrere Themen ausgewählt werden.

   Vorschläge für mögliche Projektthemen: Unternehmensnah denkbar sind z. B.
   - Im Rechnungswesen sind neue Mitarbeiter zur Führung der Konten einzuarbeiten. Dazu ist ein Handbuch zum Zahlungsverkehr zu erstellen.
   - Mehrere Kunden sind unzufrieden mit dem Unternehmen. Dies führt dazu, dass die Unternehmensleitung ein Konzept zur Kundenzufriedenheit entwickeln lassen möchte.
   - Die Geschäftsleitung beauftragt ein Projektteam mit der Erstellung eines ökologischen Konzepts für das Großhandelsunternehmen. Herausgearbeitet werden sollen Verbesserungen vor dem Hintergrund des Umweltschutzes.
   - Die Geschäftsleitung beauftragt ein Projektteam mit der Erstellung einer Internetseite, auf der die Exclusiva Warenhaus GmbH vorstellt wird.
   - In der Hoffmann KG steht demnächst wieder einmal das alljährliche Betriebsfest an. Dieses muss vorbereitet werden.
   - Die Hoffmann KG möchte alle Beschäftigten systematisch über die Weiterbildungsmöglichkeiten informieren. Dazu wird ein Projektteam gebildet, das alle Informationen sammelt und diese später präsentiert.
   - Die Geschäftsleitung möchte sich auf zukünftige Trends im Handel vorbereiten. Sie beauftragt ein Projektteam, eine kleine Studie „Großhandel 2020" vorzulegen.
   - Die Personalabteilung ist nicht mit dem Auswahlverfahren von Mitarbeitern zufrieden. Ein Projektteam zur Entwicklung eines „Assessment-Centers" wird gebildet.
   - Es soll ein Tag der offenen Tür vorbereitet werden.

   Weitere mögliche Themen:
   - Es soll ein Ratgeber für angehende Berufsfachschüler erarbeitet werden. Dieser soll über den Ausbildungsberuf „Kaufmann/ Kauffrau für Büromanagement" informieren.
   - Eine Klassenfahrt soll organisiert werden. Ziel soll ein für den Bereich Büromanagement wichtiger Ort sein (Messe/Ausstellung/Museum oder ähnliches).

   a) Analysieren Sie das vorgeschlagene Thema.
   b) Legen Sie die folgenden Rahmendaten fest:
      I. Anzahl der Projektsitzungen
      II. Projektdauer und Endtermin
      III. Projektmitglieder
      IV. Projektleitung
   c) Geben Sie dem ausgewählten Projekt durch einen Projektplan eine deutliche Struktur.

   > **DEFINITION**
   > Der Projektplan enthält die Termine, an denen wichtige Ergebnisse vorgelegt oder präsentiert werden müssen. Diese Termine sind von allen Projektteilnehmern unbedingt einzuhalten, da Verschiebungen das gesamte Projekt gefährden können.

   d) Fertigen Sie für jede Projektsitzung ein Protokoll an. Jeder in Ihrer Projektgruppe sollte mindestens ein Protokoll anfertigen.

13.6 WIR FÜHREN EIN PROJEKT IN DER SCHULE DURCH

e) Erstellen Sie für das gesamte Projekt eine Projektdokumentation in schriftlicher Form.
f) Präsentieren Sie das Projektergebnis.
g) Reflektieren und evaluieren Sie Ihr Projekt. Halten Sie auch die Ergebnisse der Projektsitzung(en) in einem Protokoll fest.

2. Falls Sie in Ihrer Klasse ein anderes Thema als in Aktion 1 vorgeschlagen interessant finden, bearbeiten Sie dieses in einem Projekt.

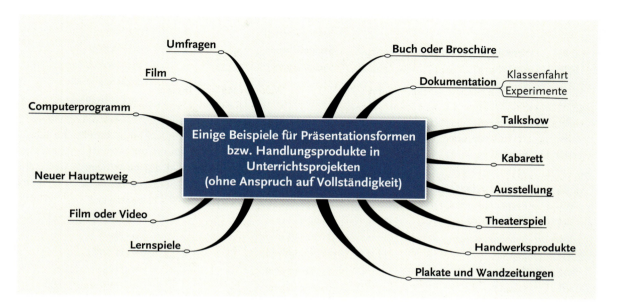

ZUSAMMENFASSUNG

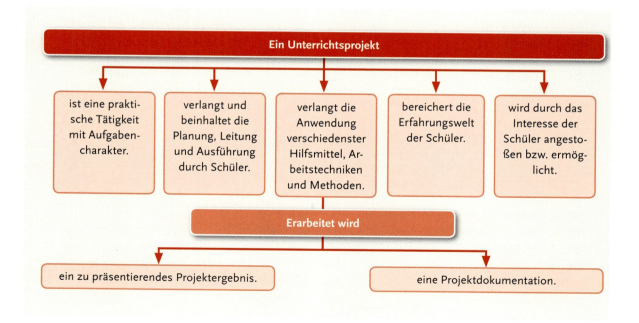

ANHANG
ORGANISATIONSPLAN DER HOFFMANN KG

Planstelle	Abteilung	Tätigkeitsbezeichnung	Name
101	Stabsstelle Organisation/EDV	Organisator/EDV-Unterstützung	Herr Mitschke
102	Sekretariat Geschäftsleitung	Sekretärin	Frau Sander
201	Verwaltung	Abteilungsleiterin	Frau Schwab
202	Verwaltung	Sachbearbeiter	Herr Wehrheim
203	Verwaltung	Sachbearbeiter	Herr Wilkinson
204	Verwaltung	Sachbearbeiterin	Frau Wolicki
205	Verwaltung	Sachbearbeiterin	Frau Adam
206	Verwaltung	Sachbearbeiter	Herr Halfpap
207	Verwaltung	Sachbearbeiter	Herr Kretzschmar
208	Verwaltung	Sachbearbeiterin	Frau Mestanovic
209	Verwaltung	Sachbearbeiterin	Frau Pahlevan
210	Verwaltung	Sachbearbeiter	Herr Pauer
211	Verwaltung	Ausbildungsleitung	Frau Schneider
212	Verwaltung	Sachbearbeiter Poststelle	Herr Kreckler
301	Rechnungswesen	Abteilungsleiterin	Frau Bertram
302	Rechnungswesen	Sachbearbeiterin	Frau Diedrichs
303	Rechnungswesen	Sachbearbeiterin	Frau Duchnik
304	Rechnungswesen	Sachbearbeiter	Herr Eris
305	Rechnungswesen	Sachbearbeiter	Herr Frank
401	Einkauf	Abteilungsleiter	Herr Hetzel
402	Einkauf	Sachbearbeiter	Herr Hickel
403	Einkauf	Sachbearbeiter	Herr Hoffmann
404	Einkauf	Sachbearbeiterin	Frau Janssen
405	Einkauf	Sachbearbeiter (Ausland)	Herr Bittner
406	Einkauf	Sachbearbeiterin (Ausland)	Frau Kolrep
501	Logistik	Abteilungsleiter	Herr Kreipe
502	Logistik	Lagerarbeiter	Herr Kruk
503	Logistik	Lagerarbeiter	Herr Landsberg
504	Logistik	Lagerarbeiter	Herr Schwalenberg
505	Logistik	Lagerarbeiter	Herr Spöhr
601	Verkauf	Abteilungsleiter	Herr Staub
602	Verkauf	Sachbearbeiterin	Frau Vosges
603	Verkauf	Sachbearbeiter	Herr Weidner
604	Verkauf	Sachbearbeiterin	Frau Zahn
605	Verkauf	Sachbearbeiter	Herr Fellmann
606	Verkauf	Reisender (Nord)	Herr Flohr
607	Verkauf	Reisender (Süd)	Herr Kibowski
701	Produktion Fahrräder Eigenmarke	Abteilungsleiter	Herr Klante
702	Produktion Fahrräder Eigenmarke	Stellv. Abteilungsleiter	Herr Tomczak
703	Produktion Fahrräder Eigenmarke	Arbeiter	Herr Witt
704	Produktion Fahrräder Eigenmarke	Arbeiter	Herr Stegenmann
801	Produktion Textilien	Abteilungsleiter	Herr Matthes
802	Produktion Textilien	Stellv. Abteilungsleiter	Herr Barthold
803	Produktion Textilien	Design	Frau Baron
804	Produktion Textilien	Arbeiterin	Frau Bode
805	Produktion Textilien	Arbeiter	Herr Bringewat
806	Produktion Textilien	Arbeiter	Herr Held

Sachwortverzeichnis

6 denkenden Hüte 268

A

Abgrenzungsrechnung 102
Ablauforganisation 151, 159
Ablaufplan 209
Abrechnung 212
Abschreibungsfinanzierung 65
Abstimmungssystem 171
Abteilungsbildung 153
Abzahlungsdarlehen 70
AG 58
Aktiengesellschaft 58
Anderskosten 97
Andersleistungen 98
Anlagevermögen 63
Annuitätendarlehen 70
Arbeitsablaufdiagramm 162
Arbeitspaketen 273
Arbeitsplan 209
Aufbauorganisation 151
Aufgabenanalyse 152
Aufsichtsrat 57, 60
Aufwand 90
Ausfallbürgschaft 73
Ausgabe 90
Außenfinanzierung 65
Außergerichtliches Mahnverfahren 25
Außerordentliche Erträge 98
Außerordentlicher Aufwand 95
Auswertung 212
Auszahlung 90
Autoritärer Führungsstil 169

B

Bahn 226
Balanced Scorecard 281
Balkendiagramm 274
Balkendiagramme 163
Begrüßung 250
Beleg 190
Besprechung 202
Bestuhlungsformen 206
Betriebsabrechnungsbogen 111
Betriebsergebnisrechnung 102
Betriebsfremde Erträge 98
Betriebsfremder Aufwand 95
Beziehungsorientierung 245
Brainstorming 267
Brainwriting 267
Briefhypothek 75
Buchhypothek 75
Bürgschaft 72

C

Controlling 89

D

Dank 212
Darlehen 70
Deckungsbeitragsrechnung 121
Degressive Kosten 100
Dienstreise 215
Dienstreiseantrag 229
Direktes Leasing 81
Direktorialsystem 171
Dividende 59
Dokumentation 211, 280

E

Echtes Factoring 47
Eidesstattliche Versicherung 37
Eigenfinanzierung 65
Einfacher Personalkredit 72
Einladungen 206
Einliniensystem 154
Einnahme 90
ein Projektleiter 264
Einzahlung 90
Einzelkosten 99
Einzelunternehmung 49
Einzelzession 74
EMAS 197
Entscheidungssysteme 171
Ereignisse 188
Ergebnistabelle 101
ERP-Programme 183
Ertrag 90
Erträge 98
Erweiterte ereignisgesteuerte Prozessketten 189
Evaluation 286
Event 203
externen Projekten 257
Externe Zertifikate 195

F

Factoring 45
Fälligkeitsdarlehen 70
Feedback 212
Femininität 248
Finance-Leasing 80
Finanzierung 64, 204
Finanzplan 66
Fixe Kosten 99
Flugpläne 220
Flugzeug 227
Flussdiagramm 161
Forderungspfändungen 37
Fremdfinanzierung 65
Führungsstile 169
Führungstechniken 170
Führungsverhalten 168
Funktionen 187

G

GEMA 211
Gemeinkosten 99, 110
Gemeinkostenzuschlagssätze 112
gerichtliches Mahnverfahren – Zahlungsklage 30
Geschäftsbuchführung 87
Geschäftsführer 57
Geschäftsprozesse 177
Geschäftsprozessmodellierung 186
Geschäftsprozessorientierung 174
Geschäftsreise 214
Geschenke 250
Gesellschafterversammlung 57
Gesellschaft mit beschränkter Haftung 56
Gesetz der Massenproduktion 101
Gesicht wahren 250
Gespräche 250
Globalzession 74
GmbH 56
GmbH & Co. KG 58
Groupware 216
Grundkapital 59
Grundkosten 96
Grundleistungen 98
Grundschuld 75

H

Haftungsbeschränkte Unternehmergesellschaft 57
Hauptkostenstelle 110
Hauptversammlung 60
Hemmung 42
Herstellkosten 120
Hotelzimmer 220
Hypothek 75

I

Improvisation 211
Incentive- Veranstaltung 202
Indirektes Leasing 80
Individualismus 245
Informationsobjekt 189
Inhaberaktie 59
Innenfinanzierung 65
Instanzen 153
interkulturelle Besonderheiten 242
interkulturellen Lernen 243
internen Projekten 256
Investition 63
ISO 195

J

Just-in-time-Verfahren 182

K

Kaizen 182
Kalkulatorische Kosten 96
Kapitalbedarfsrechnung 64
Kapitalgesellschaften 56
Kassationssystem 172
Käufermarkt 144
Kernprozesse 180
KG 53
Kick-off-Sitzung 263
Kollegialsystem 171
Kollektivismus 245

SACHWORTVERZEICHNIS

Kommanditgesellschaft 53
Kommanditisten 53
Komplementäre 53
Konferenz 203
Kongress 203
Konnektoren 188
Kontokorrentkredit 70
Kontopfändung 37
Kooperativer Führungsstil 169
Körpersprache 249
Kosten 90, 98
Kostenartenrechnung 89, 95
Kostenstellen 109
Kostenstellenrechnung 89, 109
Kostenträgerrechnung 89, 119
Kosten- und Leistungsrechnung 88
Kreativitätstechniken 266
Kredit 69
Kreditauskunfteien 38
kritischer Weg 165
Kulturdimensionen 243
Kundenkontakt-Formular 232
Kundenorientierung 144, 178
Kursbuch 219
KVP 182

L

Lastenheft 263
Leasing 79
Immobilienleasing 81
Leistung 90
Lieferantenkredit 71
Limited 58
Lombardkredit 74

M

Machtdistanz 246
Mahnbescheid 31
Mahnung 18, 25
Make-oder-Buy-Entscheidung 204
Management by delegation 170
Management by exception 170
Management by objectives 171
Mantelzession 74
Maskulinität 248
Matrixorganisation 155
Mehrliniensystem 154
Meilensteine 272
Mietwagen 226
Moderation 211

N

Nachkalkulation 119
Namensaktien 59
Nebenkostenstelle 110
Nennwertaktien 59
Netzplan 164, 274
Neubeginn 42
Neutrale Erträge 98
Neutraler Aufwand 95
Nicht-Rechtzeitig-Zahlung 17

Nullphase 261

O

Offene Handelsgesellschaft 51
Offenes Factoring 46
offene Zession 73
OHG 51
Öko-Audit 197
Onlineportale 220
Operate-Leasing 80
Organisation 151
Organisationsbüro 209
Organisationseinheit 189
Outsourcing 183

P

Periodenfremde Erträge 98
Periodenfremder Aufwand 95
Personengesellschaften 51
Pfandkredit 74
Pfändung 36
Pfeile 188
Pflichtenheft 263
Pkw 226
Planung 88
Preisuntergrenze 123
Pressekonferenz 203
Primatsystem 171
Produktpräsentationen 202
Profit Center 155
progressiv 100
Projektabnahme 286
Projektabschlussbericht 286
Projektdokumentation 279
Projektdurchführung 279
Projektet 255
Projektidee 261
Projektmanagement 258
Projektmanagementsoftware 281
Projektplanung 271
Projektstart 262
Projektstatusbericht 279
Projektstrukturplan 271
proportionalen 100
Prozessbenchmarking 198
Prozessorientierung 178
Prozessstruktur 180
Pünktlichkeit 250

Q

Qualitätsmanagement 182
Qualitätsmanagement-System 195
Qualitätssicherung 193

R

Rahmenprogramm 207
Realkredite 74
Referenten 204
Reisedatei 221
Reisekosten 234
Reiseplan 221

Reiserichtlinien 217
Routenplaner 220

S

Sachorientierung 245
Sale-and-lease-back-Leasing 81
Selbstfinanzierung 65
Selbstkosten 120
selbstschuldnerische Bürgschaft 73
Seminar 202
Sicherungsübereignung 74
Sitzung 202
SMART-Formel 262
solidarische Haftung 51
Spartenorganisation 155
sprungfixe Kosten 100
Stabliniensystem 154
Stammkapital 56
Statistik 88
Stelle 153
Stellenbeschreibung 153
Stellenbildung 153
Stille Gesellschaft 54
Stilles Factoring 46
stille Zession 73
Stückaktien 59
Supply-Chain-Management 183

T

Tagung 203
Tagungsprogramm 205
Tagungsräume 205
Teamorientierte Organisation 156
Teilamortisation 80
Teilkostenrechnung 119
Teilnehmerbetreuung 210
Teilprozesse 180
Termintabelle 274
Total Quality Management 197
TQM 197
Training 203
Travel-Management-Software 238

U

Umlaufvermögen 63
Unechtes Factoring 47
Unsicherheitsvermeidung 248
Unterrichtsprojekte 257
Unterstützungsprozesse 180

V

Variable Kosten 100
Veranstaltungen 201
Veranstaltungsformen 202
Verjährung 40
Verjährungsfristen 41
Verkäufermarkt 144
Verkehrsmittel 225
Verknüpfungsoperatoren 188
Vermögensverzeichnis 37
Verrichtungsprinzip 152

SACHWORTVERZEICHNIS

Verschärfte Mahnung   27
Versicherungen   223
Verzugszinsen   19
Videokonferenzen   215
Visa   221
Visitenkarten   250
Vollamortisation   80
Vollkostenrechnung   119
Vollstreckungstitel   35
Vorgangsliste   273
Vorkalkulation   119
Vorstand   60

W

Webinar   215, 216
Web-Meeting   216
Wechselkredit   74
Weisungssysteme   154
Wertschöpfung   181
Wertschöpfungskettendiagramme   187
Wirtschaftsprojekte   257
Workshop   202

Z

Zahlungserinnerung   26
Zahlungsmittel   221
Zahlungsverzug   17
Zeitverschiebung   230
Zusatzkosten   97
Zusatzleistungen   98
Zwangsvollstreckung   35
Zweckaufwand   96
Zweckerträge   98
Zwischenkalkulation   119

Bildquellenverzeichnis

Avenue Images GmbH, Hamburg: 256.1 (Index Stock/Walker)
Bergmoser + Höller Verlag AG, Aachen: 52.1, 53.1, 57.1, 58.1, 60.1
Colourbox.com, Odense: 230.1, 250.1
DB Vertrieb GmbH, Frankfurt am Main: 219 (beide)
Deutsche Bahn AG/Mediathek, Frankfurt am Main: 225.1
dreamstime.com, Brentwood: 268.1 (Ethnica)
fotolia.com, New York: 18.1 (Gina Sanders), 37.1 (leiana), 45.1 (M+S Fotodesign), 75.1 (Aamon), 195.2 (bluedesign), 209.1 (Isaxar), 211.1 (Torbz), 261.1 (contrastwerkstatt)
Felix Görmann, Berlin: 25.1, 30.1, 35.1, 49.1, 51.1, 56.1, 63.1, 69.1, 79.1, 146.1, 151.1, 160.1, 182.1, 196.1, 214.1, 257.1, 294.1
Image & Design – Agentur für Kommunikation, Braunschweig: 291 (alle)
iStockphoto.com, Calgary: 207.1 (kash76)
Karlsruher Energie- und Klimaschutzagentur/UGA-Umweltgutachterausschuss, Berlin: 198.1
Kohlhammer Verlag, Stuttgart: 223.1
Ulf Marckwort, Kassel: 145.1b
Peter Wirtz Fotografie, Dormagen: 40.1
Picture-Alliance GmbH, Frankfurt/M.: 17.1, 76.1, 82.2, 147.1, 168.1, 220.1
Verband Deutsches Reisemanagement e.V., Frankfurt: 215.1
Verlag Franz Vahlen GmbH, München: 248.1 (Stefan Müller, Katja Gelbrich: Interkulturelles Marketing).

Alle weiteren Grafiken: Claudia Hild, Angelburg